A. Heye

Die Marine-Infanterie vom 23 Dezember 1849 bis 1 Oktober 1890

Ein Beitrag zur Geschichte der kaiserlichen Marine

A. Heye

Die Marine-Infanterie vom 23 Dezember 1849 bis 1 Oktober 1890
Ein Beitrag zur Geschichte der kaiserlichen Marine

ISBN/EAN: 9783743625891

Hergestellt in Europa, USA, Kanada, Australien, Japan

Cover: Foto ©ninafisch / pixelio.de

Weitere Bücher finden Sie auf **www.hansebooks.com**

Die

Marine-Infanterie

vom 23. Dezember 1849 bis 1. Oktober 1890.

Ein Beitrag

zur

Geschichte der Kaiserlichen Marine.

Bearbeitet

von

A. Heye,

Premierlieutenant im 5. Rheinischen Infanterie-Regiment Nr. 65
(1882 bis 1887 Lieutenant im See-Bataillon).

EMS

Mit Abbildungen und Skizzen.

Berlin 1891.
Ernst Siegfried Mittler und Sohn
Königliche Hofbuchhandlung
Kochstraße 68—70.

Vorwort.

An dem Aufschwunge, welchen unter der Regierung Seiner Majestät unseres jetzigen Kaisers die Kaiserlich deutsche Marine genommen, ist auch die Marine=Infanterie betheiligt worden, indem dieselbe gemäß Allerhöchster Ordre vom 12. März 1889, um zwei Kompagnien vergrößert, zu zwei selbstständigen See= Bataillonen unter einer Inspektion der Marine=Infanterie for= mirt wurde. Die Umformung, sowie der reiche Stoff, welchen die vielfachen, im Dienste des Vaterlandes unternommenen See= fahrten Seiner Majestät des Kaisers der Geschichte der Marine= Infanterie hinzugefügt haben, dürfte eine Neubearbeitung der von mir im Jahre 1887 herausgegebenen kleinen Schrift „Das See=Bataillon" als zeitgemäß erscheinen lassen.

Indem ich, gestützt auf die wohlwollende Aufnahme, welche jene erste Ausgabe in Kameradenkreisen gefunden hat, auch diese im neuen Gewande erscheinende zweite Auflage einer geneigten Beurtheilung empfehle, sage ich zugleich allen Denen, die durch Rath und That meine Arbeit gefördert haben, nochmals auf= richtigsten Dank.

Berlin, im Februar 1891.

Der Verfasser.

Benutzte Quellen.

Außer den Akten und Parolebüchern des See-Bataillons bezw. der Marine-Infanterie sind benutzt worden:

Die Allgemeinen Marine-Befehle, Marineverordnungsblätter nebst deren Beilagen.

Die Militär-Wochenblätter nebst deren Beilagen.

Die Armee- und Marine-Ranglisten.

Die Nachrichten des Soldatenfreundes, Berlin.

Denkschrift, betreffend die Kriegsmarine in Preußen, Berlin 1849.

Fr. Harkort, Die preußische Handels- und Kriegsmarine, Berlin 1852.

Vorläufige Instruktion für den Dienst auf Seiner Königlichen Majestät Kriegsschiffen, Berlin 1852.

A. Jordan, Geschichte der brandenburgisch-preußischen Kriegsmarine, Berlin 1856.

Briefe über die preußische Kriegsmarine, Berlin 1858.

Offizieller Bericht über die erste preußische Expedition nach Japan und China 1859 bis 1862.

Journal S. M. Korvette „Gazelle" 1862 bis 1865.

Der Feldzug 1866, herausgegeben vom Großen Generalstabe, Berlin 1867.

Livonius, Die Marine des Norddeutschen Bundes 1869.

Graser, Norddeutschlands Seemacht, Leipzig 1870.

Livonius, Unsere Flotte im deutsch-französischen Kriege 1870/71, Berlin 1871.

Kriegstagebuch des See-Bataillons und Reserve-See-Bataillons 1870/71.

A. v. Crousaz, Geschichte der deutschen Kriegsmarine, Berlin 1873.

Die Denkschriften, betreffend die weitere Entwickelung der Kaiserlich deutschen Marine.

Der Krieg 1870/71 gegen Frankreich, herausgegeben vom Großen Generalstabe, Berlin 1874 bis 1881.

Instruktion für den Kommandanten eines von S. M. Schiffen und Fahrzeugen, 1877.

Einzelschriften des Großen Generalstabes, Berlin 1885, Heft 6.

Der Krieg 1864 gegen Dänemark, herausgegeben vom Großen Generalstabe, Berlin 1886.

Die Marine-Ordnung, Berlin.

Mersmann, Geschichte des Garde-Pionier-Bataillons, Berlin 1889.

Inhalts-Verzeichniß.

--

Bilder.

I. Einleitung.

Der dreißigjährige Krieg, der Deutschlands Macht und Ansehen im In- und Auslande vernichtete, war auch das Grab der deutschen Hansa, jenes mächtigen Städtebundes, dessen Marine namentlich vom 12. bis zum 14. Jahrhundert die Meere beherrschte, Deutschlands Küsten und Handel schützte und selbst Königen Gesetze vorschrieb. Der Untergang der Hansa war auch der Untergang der deutschen Marine.

In der zweiten Hälfte des 17. Jahrhunderts war es jedoch einer der fürstlichen Hohenzollern, dem die Geschichte den Namen des „Großen Kurfürsten" nicht hat versagen können, welcher nicht allein der Schöpfer der preußischen Armee war, welche jetzt als deutsche Armee so riesengroß dasteht, sondern auch gewissermaßen den Grundstein zu unserer jetzigen deutschen Marine legte. Mit weitschauendem Blick erkannte der „Große Kurfürst" die Wichtigkeit überseeischen Handels für das materielle und geistige Gedeihen seines Volkes und wandte deshalb seine volle Thatkraft dem Schutze desselben, der Gründung einer Flotte und der Gewinnung eines entsprechenden Kolonialbesitzes zu.

Er*) bediente sich hierzu der fachmännischen Unterstützung eines in seiner Art bedeutenden und in hohem Grade unternehmungslustigen Mannes, des Schiffsrhebers Benjamin Raule, eines geborenen Holländers, der als die Seele des damaligen maritimen Aufschwungs gelten kann und der auch späterhin als Generaldirektor der Marine lange Zeit hindurch die Oberleitung des brandenburgischen Seewesens in Händen hatte. Zu Anfang des Jahres 1680 standen nicht weniger als 28 Kriegsschiffe mit 502 Geschützen zur Verfügung des Kurfürsten, der nunmehr beschloß, die brandenburgische Flagge auch außerhalb der Ostsee zu zeigen.

Um den zuerst ausgerüsteten und nach Guinea bestimmten Schiffen auch die militärische Besatzung zu sichern, beauftragte ein Kurfürstlicher Befehl, gegeben zu Potsdam, den 13. Juli 1680, den Grafen v. Dönhoff: „daß er auf zwei Schiffe, welche Seine Kurfürstliche Durchlaucht schicken, Zwantzig guthe gesunde Musquetiere nebst zwei Unterofficieren von denen in Preußen stehenden

Friedrich Wilhelm, der Große Kurfürst.

---

*) Einzelschriften des Großen Generalstabes. Heft 6. 1885.

Regimentern zu Fuß zu geben und selbige gehörig zu mundiren habe."

Auch die im Sommer desselben Jahres zu Pillau gegen Spanien ausgerüsteten Schiffe erhielten eine Soldatenbesatzung, so die Fregatte „Friedrich Wilhelm" (Flaggschiff) 42: 1 Fähnrich, 2 Unteroffiziere, 1 Tambour, 38 Musketiere vom Regiment von Barfus; die „Dorothea" 40: 1 Fähnrich, 1 Unteroffizier, 29 Mus=ketiere vom Regiment Churprinz und 1 Tambour, 8 Mann vom Regiment von Barfus; der „Rother Löwe" 20: 1 Fähnrich, 1 Unteroffizier, 1 Tambour, 17 Musketiere vom Regiment von Barfus. Der „Fuchs" erhielt Besatzung wie der „Rother Löwe", jedoch vom Regiment Graf von Dönhoff, ebenso die „Berlin" die gleiche Anzahl vom Regiment Churprinz, so daß sich die gesammte Soldatenbesatzung des Geschwaders auf 182 Mann belief.

Das im November 1680 ausgerüstete Geschwader, aus „Prinzeß Marie", „Eichhorn", „Wasserhund", später noch hinzu=tretend „Markgraf von Brandenburg", „Rother Löwe", „Fuchs", „Friedrich Wilhelm" bestehend, zeigte in gleichem Maße einen Besatzungsetat von Soldaten. Die Instruktion für den Geschwaderchef besagte betreffs der Ausbildung der Soldaten: „Die Soldaten aber soll er Schiffsarbeit lehren und mit der Zeit zu Matrosen bequem machen, weil wir geneigt seien, selbige allezeit zur Marine zu ge=brauchen."

Seine aufgeblühte Seemacht nicht allein für kriegerische Zwecke zu verwenden, sondern sie für die Interessen des Landes und namentlich zum Schutze des Handels dienstbar zu machen, veran=laßten den Großen Kurfürsten, nach seinem Erlaß vom 7./17. März 1682, „eine nach der in Africa belegenen so genannten Guineischen Küste handelnde Kompagnie aufzurichten und zu Publiciren, welche unter Unserer Flagge Autorität und Schutz, und mit Unseren See=Pässen versehen, den Handel an freye Orte daselbst treiben sollen und mögen." — Diese im Frühjahr 1682 ins Leben ge=tretene Afrikanische Kompagnie wurde 1684 nach Emden verlegt, in dessen Nähe der Kurfürst auf der Burg Gretzyl eine Besatzung unterhielt.

Um jedoch auch in der Stadt Emden bleibend eine Garnison unterhalten zu können, welche gleichzeitig im Stande war, für die Kriegsschiffe die nöthige Besatzung an Soldaten abzugeben, wurde am 1. Oktober 1684 für die Dienste der Afrikanischen Kompagnie eine „Compagnie de Marine" in der Stärke von 1 Hauptmann, 1 Lieutenant, 1 Fähnrich, 110 Mann errichtet. 1685 erhielt diese Truppe den Namen „Marine=Bataillon" und gab nicht allein die militärische Besatzung der Kriegsschiffe, sondern auch die Mann=schaften für die Bewachung und Vertheidigung der Forts in West=Afrika ab.

Mit dem im Jahre 1688 erfolgten Tode des Großen Kur=fürsten erlahmten indeß bald die Bestrebungen, eine leistungsfähige Flotte als Grundlage und unentbehrliche Stütze aller überseeischen

Unternehmungen zu unterhalten. Die Flagge mit dem rothen Adler, welche in den wenigen Jahren sich einen geachteten Namen zu machen verstanden hatte, verschwand wieder von den Meeren, die Flotte, welche während der kurzen Zeit ihres Bestehens glänzende Proben von Leistungsfähigkeit gegeben hatte, wurde aufgelöst, und 1720 verkaufte Friedrich Wilhelm I. die an der Westküste von Afrika gelegene Niederlassung Gr. Friedrichsburg an die Holländer. Auch das in Emden in Garnison stehende Marine-Bataillon wurde, nachdem es in den nächsten Jahren nach seiner Bildung auf drei, vorübergehend auch auf vier Kompagnien vermehrt war, im Jahre 1692 auf zwei Kompagnien reduzirt, 1744 zusammen mit einer Kompagnie ostfriesischer Truppen in ein Garnison-Bataillon umgewandelt und endlich — im Jahre 1757 — aufgelöst.

Nach dem so bedauerlichen Ende der Schöpfung des Großen Kurfürsten hat 131 Jahre lang eine eigentlich preußische Kriegs-Marine nicht existirt; nur vorübergehende Erscheinungen dieser Art traten infolge von bestimmten Kriegsereignissen auf. So wurden im siebenjährigen Kriege das Pommersche Haff von einer preußischen Flotte, die aus armirten Handelsfahrzeugen und Fischerbarken bestand, gegen schwedische Angriffe erfolgreich geschützt und im Jahre 1807 in Königsberg und Pillau einige Schiffe armirt, um auf dem Frischen Haff eine Kommunikation und Sicherung zu bewirken, ohne indessen zur Aktion zu gelangen.

Mit der Uebernahme von Schwedisch-Pommern seitens Preußens im Jahre 1815 nahm zwar Friedrich Wilhelm.*) die Bestrebungen seines großen Vorfahren, des Großen Kurfürsten, eine preußische Flotte zu schaffen, namentlich in den Jahren 1829 bis 1837, wieder auf, die ausgearbeiteten Pläne konnten jedoch im Hinblick auf die dazu erforderlichen beträchtlichen Geldmittel nicht verwirklicht werden.**)   Friedrich Wilhelm III.

---

*) Aus alten Akten vom Geh. Adm.-Rath Wandel, Beiheft zum Marineverordnungsblatt.

**) Einer der eifrigsten Förderer der Begründung einer preußischen Flotte war Diedrich Johann Longé. Unermüdlich auf dem Gebiete des Seewesens thätig, legte er stets wieder von Neuem seinem Könige, Friedrich Wilhelm III., Kostenanschläge, Schiffszeichnungen und Pläne von Hafenanlagen vor und übersetzte schwedische, englische und französische Reglements über den Dienst zur See ins Deutsche. König Friedrich Wilhelm IV. ernannte ihn noch im Jahre 1842 zu „Seinem Obersten von der Marine", mußte ihn dann aber im Jahre 1848 „seines vorgerückten Alters wegen" in den Ruhestand versetzen. 83 Jahre alt ist Longé am 10. Mai 1863 zu Stralsund gestorben. Ist es ihm als dem ersten preußischen Marineoffizier dieses Jahrhunderts auch nicht vergönnt gewesen, seine Ideale verkörpert zu sehen, so hat er doch dem Aufschwung der jungen Seemacht emsig vorgearbeitet und so der deutschen Flotte zuerst die Wege bereitet. (Diedrich Johann Longé, ein Gedenkblatt zum 5. Dezember 1879, Stralsund.)

1*

In diese Zeit fällt auch die Errichtung eines Detachements „Garde-Mariniers".*) Seit dem Jahre 1823 war auf der Spree bei Berlin das Kanonenboot „Thorn" stationirt, eine Ruderschaluppe mit zwei leichten Geschützen und einem Mörser, welche von der Garde-Pionier-Abtheilung unterhalten und bedient wurde. Mit diesem Boote haben in den 20er und 30er Jahren vielfach Uebungen stattgefunden. An den Truppenmanövern nahm die Schaluppe Theil, so 1825 gelegentlich eines Brückenschlages bei Potsdam, wo ihre Bewegungen die Aufmerksamkeit und den Beifall des Königs hervorriefen. Zur Beaufsichtigung dieses Kanonenboots waren 1 Unteroffizier und 2 Pioniere ständig angestellt, welche zur Pontonierseltion gehörig und einer Kompagnie beigegeben waren, im Uebrigen aber über den Etat verpflegt wurden. Dieselben trugen Marinekleidung, Jacken, rothe Westen, weiße Hosen und Hüte. Als im Sommer 1832 für die Lustfahrten des Königlichen Hofes auf den Havelseen die Fregatte „Royal Louise" in Dienst gestellt war, wurde dieses kleine Kommando nach der Pfaueninsel gezogen, zunächst um die englische Bemannung dieses Schiffes zu unterstützen, dann aber, um das Fahrzeug dauernd zu übernehmen. Das Korps erhielt deshalb die Stärke von 1 Unteroffizier, 8 Mann, welche den Namen „Mariniers" führten und jeden Sommer die Fregatte und die übrigen Königlichen Fahrzeuge bedienten. 1834 finden wir das Kommando 2 Unteroffiziere, 10 Mann stark und zehn Jahre später wurden dieselben auf Antrag der Intendanz der Königlichen Gärten auch in der Führung von Dampfschiffen bei der Seehandlung ausgebildet.

Bei der Rekrutirung für dieses Detachement sollten besonders ausgebildete Matrosen der Handelsflotte berücksichtigt werden und nur dann, wenn es nicht gelang, wirkliche Seeleute zu gewinnen, wurde auf Schiffer zurückgegriffen.

Die „Mariniers" blieben der Garde-Pionier-Abtheilung bis zum Jahre 1849 beigegeben. Durch kriegsministerielle Verfügung vom 28. Dezember 1849 wurden sie der Marine und zwar 1 Unteroffizier, 6 Mann der Matrosen-Stammdivision, der Rest dem Marinierkorps einverleibt.

II. Unter König Friedrich Wilhelm IV.

Hatte König Friedrich Wilhelm III. durch Allerhöchste Kabinets-Ordre vom 27. Januar 1837 von der Errichtung der in Vorschlag gebrachten Marine-Einrichtungen Abstand nehmen müssen, so blieb doch in den nachfolgenden Jahren der Gedanke an eine künftige Marine dauernd erkennbar. Fremde Marine- und Schiffsreglements wurden übersetzt, Versuche mit Marinegeschützen gemacht, statistische Ermittelungen über die Zahl der Seeleute angestellt,

---

*) Geschichte des Garde-Pionier-Bataillons. 1889.

Friedrich Wilhelm
der Große Kurfürst (1640 - 1688)

Friedrich Wilhelm IV
König von Preussen (1840 - 1861)

Wilhelm I
Deutscher Kaiser, König von Preussen (1861-1888)

Friedrich III
Deutscher Kaiser, König von Preussen (9.3-15.6 1888)

Adalbert, Prinz von Preussen
Oberbefehlshaber und General-Inspecteur der Marine 1848-1873

Heinrich, Prinz von Preussen
Kapitain z S und Kommandeur der I Matrosen-Division.

zwei Kanonenjollen gebaut, eine Segelkorvette, die „Amazone“, armirt u. f. w. Auch der Gedanke und Wunsch blieb rege, einen kriegserfahrenen Offizier einer größeren Seemacht für die dies= seitigen Königlichen Dienste zu gewinnen.

Aber erst das Jahr 1848 brachte unter dem Drucke der dänischen Blockade wirkliches Leben in die Marine=Angelegenheiten. So- groß und mächtig auch Preußen damals schon dastand, so vermochte doch das winzige Dänemark mit seiner kleinen Flotte, seinen wenigen Kriegsschiffen, unserm Vaterlande tiefe Wunden zu schlagen, indem es unsere Häfen blockirte und den Seehandel unterdrückte. Der für Preußen wie für das nördliche Deutschland so nothwendige Seehandel will aber unterstützt sein, er bedarf einer Anlehnung und verlangt eine Gewährleistung seiner Lebens= fähigkeit. Diese giebt aber nur eine Kriegsmarine, die, wie England beweist, die Pforten zu allen Märkten der Erde öffnet und alle dahin führenden Seestraßen seinem Verkehr freihält.

Wurden die Bestrebungen der deutschen Nation, durch Er= richtung eines Marine=Departements zu Frankfurt a. M. im Jahre 1848, durch Ankauf von Kriegsschiffen mit den bewilligten Geldern, eine deutsche Marine zu schaffen, durch die Uneinigkeit der deutschen Stämme vereitelt,*) so strebte Preußen allein, obwohl es auch zu dieser deutschen Flotte seine Beiträge gezahlt, um so eifriger nach der Schaffung einer eigenen Flotte. Als deren Geburtstag können wir den 5. September 1848 feiern, an welchem Tage eine Allerhöchste Ordre**) Friedrich Wilhelms IV., hauptsächlich auf Anregung Seiner Königlichen Hoheit des Prinzen Adalbert von Preußen, die Ueberweisung der Angelegenheiten der Küstenflottille an das Ressort des Kriegsministeriums und die Errichtung einer Marine=Kommission unter Leitung des Prinzen verfügte.

Marginalien rechts:
Der Krieg 1848/49 gegen Dänemark.

Die deutsche Flotte.

Die preußische Flotte.

---

*) War es doch der provisorischen Centralgewalt im deutschen Reichsministerium zu Frankfurt a. M. nicht einmal gelungen, die deutsche Flagge zu allgemeiner Anerkennung zu bringen, drohte doch England sogar, dieselbe wie die von Seeräubern zu behandeln. — Die deutsche Reichsflotte besaß 3 Rad=Dampffregatten, „Hansa“, „Erzherzog Johann“ und „Barbarossa“, und 6 Rad=Dampfkorvetten, „Ernst August“, „Groß= herzog von Oldenburg“, „Frankfurt“, „Hamburg“, „Lübeck“, „Bremen“, dann noch 2 Segelfregatten, „Gefion“ und „Deutschland“, und 53 Kanonen= boote, welche Flotte, zu 3 120 000 Gulden geschätzt, noch unter der Taxe veräußert wurde.

In den Bestrebungen Deutschlands, sich eine eigene Flotte zu schaffen und sich namentlich sofort der Angriffe der Dänen zu erwehren, bilden die darauf gerichteten Anstrengungen Schleswig=Holsteins bezw. des „Kieler Ausschuß“ einen besonderen Abschnitt. Seine kleine Flotte hat, die schleswig=holsteinische Küste vertheidigend, zu wiederholten Malen mit feindlichen Kreuzern Fühlung genommen, und sich auch in den statt= gehabten Gefechten voll bewährt. Aber auch sie wurde durch Bundes= beschluß aufgelöst und 1852 an Dänemark abgeliefert.

**) Militär=Wochenblatt 1848.

Prinz Adalbert,*) dessen Standbild zum ewigen Gedenken in Wilhelmshaven, seiner ureigensten Schöpfung, seinen Platz gefunden, machte es sich zur Lebensaufgabe, die Lücke, das Fehlen einer genügend starken Kriegsflotte, in der Macht Preußens auszufüllen. Er erkannte es nicht allein als seine Bestimmung, sich praktisch dem Beruf des Seemanns zuzuwenden, sondern auch mit ganzer Thatkraft für die Errichtung einer Kriegsflotte zu wirken und für dieselbe mit dem Gewicht seiner Stellung und seines fürstlichen Ranges einzutreten.

Wie schwierig das Werk der ersten Flottengründung für Preußen gewesen ist, davon ist es heute schwer, sich ein rechtes Bild zu machen. Es fehlte eben alles: Häfen, Schiffe, Etablissements zum Bau derselben, vor allem Personal.

Nachdem nun 1848 die Errichtung einer Marine-Kommission befohlen, konnte sich die Thätigkeit derselben vorerst nur auf Vervollständigung der übernommenen Flottille von Ruder-Kanonenbooten und -Schaluppen zur Küstenvertheidigung und den Erlaß weniger organisatorischer Bestimmungen beschränken. Förderlich wirkte hierbei der am 26. August 1848 mit Dänemark geschlossene Waffenstillstand. Als derselbe jedoch bereits wieder im April 1849 gekündigt, wurde die weitere Verstärkung und Armirung der „Amazone"**) und die Augmentirung ihrer Bemannung auf Kriegsstärke, ingleichen die Armirung der Postdampfschiffe „Preußischer Adler" und „Elisabeth", sowie des gemietheten Privatdampfschiffes „Danzig" angeordnet. An Stelle der fehlenden Marinesoldaten wurden Infanterie-Kommandos der Armee gestellt. Die Kanonenschaluppen wurden, sowie sie nach und nach fertig wurden, in Stettin ausgerüstet, armirt, bemannt und sektionsweise nach den verschiedenen Stationsorten entsendet. Bugsier-Dampfschiffe und einige Transportschiffe für den Dienst der in vier Divisionen organisirten Küsten-Flottille wurden gemiethet und den schlagfertigen Divisionen der letzteren überwiesen.

Aller Anstrengungen ungeachtet, war es nicht möglich geworden, zur Zeit der Eröffnung der Feindseligkeiten mehr als die „Amazone", den „Danzig" und eine Division der Küsten-Flottille in schlagfertigen Zustand zu setzen. Nach und nach kamen erst der „Preußischer Adler", die „Elisabeth" und die 2. und 3. Division der Küsten-Flottille hinzu. Ende Juli 1849 befanden sich schlagfertig dem Feinde gegenüber unter den Befehlen des Kommodore Schröder:

die Segelkorvette „Amazone",
die Dampfschiffe „Preußischer Adler" und „Danzig",
21 Kanonenschaluppen,
6 Kanonenjollen,

*) Siehe Anlage Nr. 4,1.
**) Denkschrift, betreffend die Kriegsmarine in Preußen. Berlin 1849.

Margin notes:

Prinz Adalbert von Preußen.

Die erste Flottengründung.

Errichtung einer Marine-Kommission.

Waffenstillstand 1848 und Wiederbeginn des Krieges mit Dänemark 1849.

vor Swinemünde, Lauterbach, Barhöft und West=Divenow mit
67 Geschützen, 37 Offizieren, 1521 Mann.

In Formation begriffen waren die 2. und 3. Sektion der
3. Küsten=Flottillen=Division:

6 Kanonenschaluppen mit 12 Geschützen, 8 Offizieren, 133 Mann
in Stettin.

Nach Ratifikation des Waffenstillstandes mit Dänemark im
August 1849, dem erst ein Jahr später der eigentliche Frieden
folgte, wurden die aufgebrachten maritimen Streitmittel aufgelöst.
Hatten dieselben, vom Sommer 1848 bis dahin 1849 neu beschafft,
auch nicht genügt, Preußens Seehandel auf offenem Meere frei=
zuhalten, noch dessen Küstenschifffahrt überall zu sichern und den
Küstenschutz von Memel bis zum Dars zu übernehmen, so war
doch in diesem Jahre die dänische Blockade der Ostseehäfen trotz
der Erklärung nicht mehr ganz durchgeführt worden. Viele Handels=
schiffe liefen noch während der Blockade aus und ein, auch die
Küstenschifffahrt ist lebhaft geblieben. Die dänischen Kriegsschiffe
ankerten nur selten und dann in großen Entfernungen von der
Küste, wohl begründet durch die in diesseitigem Besitz befindlichen
besser armirten Fahrzeuge. Mit Ausnahme des „Preußischer Adler",
der ein Gefecht*) am 27. Juni 1849 auf der Höhe von Brüsterort
mit der dänischen Brigg „St. Croix" bestanden, haben Fahr=
zeuge der Küsten=Flottille, abgesehen von einzelnen Schüssen gegen
nahende dänische Kreuzer, keine Gelegenheit zu offensiven Operationen
gefunden. Das Gefecht des „Preußischer Adler" zeigt uns aber
schon den hohen Geist, der die junge preußische Marine beseelte
und wie solcher auch durch besonderen Tagesbefehl Seiner Königs=
lichen Hoheit des Prinzen Adalbert anerkannt wurde:**)

„Es ist für Mich erfreulich gewesen, aus dem Berichte des
Marine=Kommandos über das Gefecht des „Preußischer Adler"
mit einer dänischen Brigg ersehen zu haben, daß die Offiziere,
Matrosen, Soldaten des Schiffes bei dieser ersten kriegerischen
Unternehmung den gehegten Erwartungen so vollkommen ent=
sprochen haben, als es sich nur immer vermuthen ließ.

Ich sage Ihnen allen daher Meinen Dank nebst Meinem
herzlichsten Glückwunsch und bringe hiermit zur öffentlichen
Kenntniß, daß Seine Excellenz der Kriegsminister Mich beauf=
tragt haben, die Marinelieutenants 1. Klasse Schirmacher
und Barandon, sowie den Auxiliaroffizier Held deshalb
besonders zu beloben und gleichzeitig den übrigen Offizieren
und der gesammten Bemannung des Schiffes seine vollste Zu=
friedenheit mit ihrer Haltung im Treffen auszusprechen, und ist

*) Nach Allerhöchster Kabinets=Ordre vom 19. Januar 1850 kam
der Besatzung des „Preußischer Adler" für dieses Gefecht ein Kriegsjahr
in Anrechnung.

**) A. Jordan, Geschichte der brandenburgisch=preußischen Kriegs=
marine. Berlin 1856.

derselbe überzeugt, daß dieser erste Versuch nicht ohne Nutzen für die Folge bleiben werde. — Für diejenigen Offiziere der Königlichen Marine, denen bis jetzt noch nicht Gelegenheit gegeben werden konnte, dem Feinde gegenüber sich des preußischen Namens würdig zu zeigen, wird das tapfere Benehmen ihrer Kameraden, daran zweifle Ich nicht, ein um so größerer Anlaß sein, im Kampfe muthig und ausdauernd sich zu bewähren, und dadurch der jungen Marine Achtung im In= und Auslande zu verschaffen."

Das Marine-korps.

Ersatz.

Das Marinekorps hatte seit 1848 gewissermaßen das Depot für die Besatzung der vorhandenen Kriegsfahrzeuge abgegeben. Die Bemannung derselben bestand theils aus freiwillig eingetretenen, theils noch dienstpflichtigen Matrosen, aus freiwillig engagirten Artillerie=Unteroffizieren, Bombardieren und Artilleristen, die ihrer Dienstpflicht genügt hatten und aus der seemännischen Bevölkerung, die bisher bei der Artillerie und den Pionieren des Heeres eingestellt war.

Offiziere.

Für die artilleristischen und baulich technischen Beziehungen wurden einige Artillerie= und Ingenieuroffiziere kommandirt und die so gebildete gesammte Bemannung mit Ober= und Unteroffizieren so lange, bis sie mit den ausgerüsteten Fahrzeugen unter Befehl des Marinebefehlshabers gestellt wurde, dem Kommando eines zugleich mit der Direktion des in Stettin errichteten Marine-Depots betrauten Stabsoffiziers, Major Gaede,*) untergeordnet. Nachdem nun durch den Waffenstillstand mit Dänemark, Herbst 1849, die Feindseligkeiten beendet, die gemietheten Fahrzeuge ihren Eigenthümern zurückgegeben worden waren, wurde auch die Mannschaftsstärke des Marinekorps auf ca. 650 Köpfe vermindert.

Theilung des Marinekorps: Matrosen-Stammdivision; Marinierkorps.

Nach der kriegsministeriellen Ordre vom 23. Dezember 1849 wurde weiter für das Etatsjahr 1850 eine Neuaufstellung des Marinekorps vorgesehen, indem dasselbe in ein Matrosen= und ein Marinierkorps getheilt werden sollte.

Die Theilung des Marinekorps in seine Elemente hatte sich als unbedingte Nothwendigkeit herausgestellt. Bei dem damaligen Charakter der Kriegsschiffe — Segelschiffe — wurden so große spezifisch seemännische Anforderungen an die Besatzungen gestellt, daß man auf eine eingehende militärische Ausbildung der Matrosen fast ganz verzichten mußte, wenn man die Mannschaften nicht

*) Johann Friedrich Gaede, Major und Kommandeur des Marinierkorps, Vorstand des Marine=Depots zu Stettin, geb. 1. November 1786 zu Anclam, eingetreten in den Militärdienst am 8. Mai 1813, war ein von dem lebhaftesten Interesse für die Schöpfung einer Marine erfüllter Offizier, der bereits 1838 einen Plan zur Organisation einer Küstenvertheidigung ausgearbeitet. Schon in den Feldzügen 1813, 14, 15 hatte er sich das Eiserne Kreuz 1. Klasse erworben. Vor seiner Ernennung zum Kommandeur des Marinierkorps Hauptmann im Ingenieurkorps und Kommandeur der 1. Pionier=Abtheilung, starb er am 26. September 1851. (Jordan, Geschichte der brandenburgisch-preußischen Kriegsmarine 1856.)

überanstrengen wollte. Sollten aber die Schiffe fähig sein, auch kleine Landungsgefechte zu führen, so mußte man ihnen daher nothgedrungen eine militärische Truppe an Bord geben, welche in der Landungs-Abtheilung den Kern, das Rückgrat, bildete.

Die „Matrosen = Stammdivision" hatte nur das rein see= männische Personal aufzunehmen, deren Bedarf größtentheils durch Freiwillige zu decken war.

Das „Marinierkorps" sollte gleich der Armee seinen Bestand durch Ersatzmannschaften zu bestimmten Einstellungsterminen decken und so sich durch herangebildete Reserve= und Seewehrmann= schaften den Bedarf für etwaigen Kriegszustand heranbilden.

Der Generaletat für das Jahr 1850 sah für das Marinier= korps zwei Kompagnien in der Friedensstärke von 1 Stabsoffizier, 1 Sekondlieutenant als Adjutant, 1 Unterzahlmeister, 1 Schreiber; 2 Hauptleuten, 2 Premier=, 4 Sekondlieutenants, 2 Feldwebeln, 8 Sergeanten einschließlich Kapitain d'armes, 10 Unteroffizieren, 40 Gefreiten, 10 Spielleuten, 260 Mariniers und 2 Assistenz= ärzten vor. Es war ausdrücklich bestimmt, daß zur Verminderung des Bedarfs an Matrosen für die Küsten=Flottille im Frieden, wie im Kriege, der Ruderdienst größtentheils von den seegewohnten Marinesoldaten zu verrichten war. Nur zu diesem Zwecke, wie gleichzeitig zur Hergabe der Detachements an Bord der größeren armirten Schiffe, sowie zum Wachtdienst in den See=Etablissements waren diese zwei Kompagnien als Stamm des Marinierkorps organisirt. Das Marinierkorps war dem Marinekommando zu Stettin untergeordnet.

Etat 1850.

Das Marine-
kommando zu
Stettin.

Was die Bekleidung der Mariniers bezw. späteren Seesoldaten anbetrifft, so ist dieselbe seit dem Bestehen der Truppe bis heute vielfachen Aenderungen unterworfen gewesen.

Bekleidung.

Die Mariniers bezw. Seesoldaten trugen einen dunkelblauen Waffenrock nach dem Schnitte der Armee mit ebenfalls dunkel= blauem Kragen, der jedoch mit keiner goldenen Litze, wie der bei der Offiziere versehen war. Ebenfalls fiel der bei dem Waffenrock der Offiziere auf der Patte des brandenburgischen Aufschlags ange= brachte Vorstoß weg; derselbe ist jedoch an allen übrigen Theilen des Waffenrocks, vom Kragen längs der Knöpfe abwärts und auch an den hinteren Taschenleisten sichtbar.

Die Achselklappen von weißem Tuche waren mit einem un= klaren Anker, aus gelbem Tuche geschlagen, versehen. Letztere Zeichnung wurde 1878 in zwei gekreuzte klare Anker mit darüber stehender Kaiserkrone abgeändert, wie auch schon 1875 die Farbe der Kragen und Aufschläge an den Waffenröcken der Offiziere und Mannschaften aus weißem Tuche gewählt war.

Die Knöpfe waren anfangs bie mit preußischen Emblemen versehenen goldenen bezw. gelben Ankerknöpfe der Marine; 1875 wurden diese Knöpfe mit der deutschen Kaiserkrone über dem unklaren Anker ersetzt, für welche 1878 die glatten messingnen Knöpfe eintraten.

Die Beinkleider sind von dunkelblauem Tuch mit weißer Biese. Als Galabeinkleid war den Offizieren im Jahre 1858 eine dunkelblaue Hose mit Goldstreifen, ähnlich der der Seeoffiziere, Allerhöchst gestattet, doch durfte dieselbe nur im Auslande und auch nicht im Dienste vor der Truppe angelegt werden.*)

Die Kopfbedeckung bestand bis 1862 in dem Helm der Linien-Artillerie. Da derselbe jedoch mit seinen Beschlägen sich an Bord und namentlich während des Aufenthalts in den Tropen durchaus nicht bewährte, so wurde der leichte Filzczako mit blauem — seit 1883 an den Offizierczakos schwarzem — Tuchbezug mit lackirtem Lederdeckel, ledernem Vorderschirm und Kinnriemen und bronzenem Anker, über demselben einen fliegenden preußischen Adler mit der Inschrift: „Mit Gott für König und Vaterland" eingeführt. 1875 erhielt dieser Czako den deutschen Reichsadler, eine schwarz-weiß-rothe Kokarde und ein schwarz-weiß-rothes Nationale. Zum Schutz des Czakos gegen Regen diente ein Wachstuchüberzug mit Nackenklappe, für die Tropen ein weißleinener Ueberzug. Mit 1883 wurde dem Bataillon am Lande bei Paraden 2c. die Anlegung eines Lackczakos mit Haarbusch gestattet und zwar werden von den Offizieren und Mannschaften schwarze, vom Musikkorps und den Spielleuten rothe Haarbüsche getragen.

Die Mütze, anfangs wie die der Matrosen von dunkelblauer Farbe, in der Mitte mit einem weißen Vorstoß versehen, trug unter diesem Vorstoße ein aus gelbem Tuche geschlagenes K. M. (Königliche Marine) ohne Schirm. Das K. M., an den Offiziersmützen in Gold gestickt, wurde bereits 1854, an den Mannschaftsmützen 1859, durch die Nationalkokarde ersetzt. An Stelle der schwarz-weißen Kokarde der Mannschafts- bezw. Offiziermütze trat 1874 ein schwarz-weiß-rothes Nationale; 1875 erhielt die Mütze einen weißen Besatzstreifen um den unteren Theil und einen weißen Vorstoß am Deckel.

Ein anderes Bekleidungsstück des Mariniers bezw. Seesoldaten ist eine dunkelblaue Tuchjacke mit stehendem Kragen, sowie dunkelblauer Achselklappe mit früher unklaren, jetzt klaren Ankern, aus gelbem Tuche geschlagen, versehen. Diese Jacke dient vornehmlich zum Dienst an Bord und ist daher in Schnitt und Aussehen möglichst praktisch diesem schwierigen Dienst angepaßt. Den Offizieren ist es gestattet, an Bord eine Jacke von dunkelblauem Tuche mit acht kleinen Ankerknöpfen wie die der Seeoffiziere zu tragen, auf den Aermeln fehlt jedoch der Stern,**) das Abzeichen des Seeoffiziers. Dieselbe darf nur an Bord zur Mütze und bei kriegerischen Expeditionen, im Auslande jedoch auch am Lande getragen werden.

*) Siehe auch Seite 108.
**) Durch Allerhöchste Kabinets-Ordre vom 29. Juni 1888 trat an Stelle des Sternes eine Kaiserkrone.

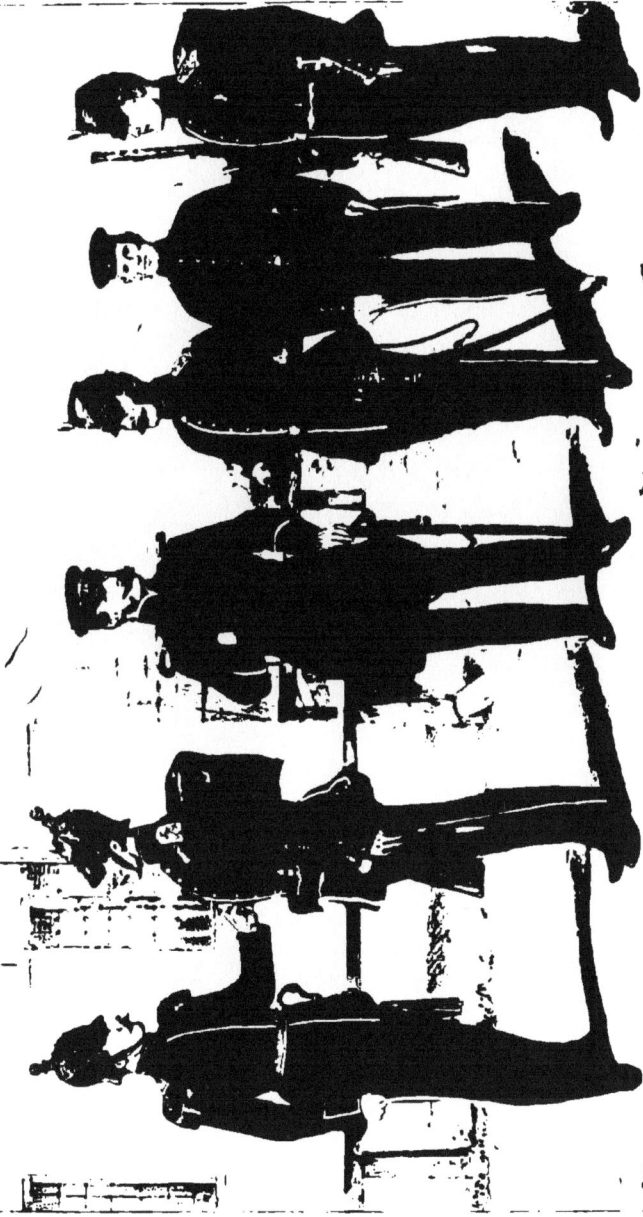

1932

S. Stock. Hauptmann Bernard Hauptmann Feldwebel Oberst...
Fromm Lieutenant von Veterinck... ...Oberst...

Der Mantel der Mariniers wie der der Seesoldaten ist der der Artillerie der Landarmee von grauer Farbe.

Den Offizieren wurde es gestattet, außer Dienst, später auch im Dienst, einen dunkelblauen Ueberrock zu tragen, dessen Kragen anfangs von dunkelblauer, später von weißer Farbe gewählt wurde.

Die Epaulettes der Offiziere waren früher ganz dieselben wie die der Seeoffiziere, nur waren die Felder nicht aus gewirktem, sondern aus weißem Tuch, ebenso die Anker und Auszeichnungen nicht aus Silber, sondern aus Gold. 1854 jedoch wurden schon die Epaulettes der Landarmee mit goldenen Halbmonden von den Offizieren getragen, denselben auch im Jahre 1867 gestattet, die Achselstücke der korrespondirenden Chargen der Seeoffiziere, jedoch mit weißem Futter, anzulegen.

Für die Tropen ist für Offiziere und Mannschaften ein weißer Tropenanzug mit Tropenhelm und Nackenschleier vorgesehen.

Bewaffnet war der Marinier bezw. Seesoldat Anfang der fünfziger Jahre mit dem zur Perkussion abgeänderten Steinschloßgewehr M/28. Als Waffe der Offiziere diente anfangs der Füsiliersäbel der Infanterie. Nachdem jedoch mehrfach Offiziere beim Herabsteigen vom Fallreep durch den an der Seite befestigten Säbel zu Schaden gekommen, sogar auf diese Weise der Tod eines Offiziers, des Hauptmanns John, an Bord der „Barbarossa" herbeigeführt worden war, wurde 1862 den Offizieren, wie etwas später auch den Feldwebeln des Bataillons die Anlegung des Marine-Offiziersäbels gestattet. —

Schon das Jahr 1850 schien dem jungen Mariniertorps unter seinem Kommandeur, Major Gaede, Aussicht auf Erwerbung kriegerischer Lorbeeren zu bringen. Da die allgemeinen politischen Verhältnisse Deutschlands die Mobilmachung der preußischen Armee veranlaßten, so wurde solche auch im November auf das Mariniertorps ausgedehnt. Dasselbe wurde auf die Kriegsstärke von vier Kompagnien, von denen die 4. anfangs nur aus Matrosen bestand, kompletirt; dazu trat noch eine Ersatz-Kompagnie.

Um nun das Korps bei seiner eigenthümlichen Zusammensetzung in kürzester Zeit, worauf es ankam, überhaupt kriegsbrauchbar zu machen, wurde eifrig nach dem Exerzir-Reglement der Infanterie exerzirt, hierbei aber alle Evolutionen weggelassen, die im Felde vor dem Feinde keine Anwendung finden. Auch wurde aller Fleiß auf die Einübung der Matrosen, Marinereservisten und Seewehrleute im Gebrauch des Gewehrs verwandt.

Da sich jedoch betreffs Verpflegung und Löhnung der 4. Kompagnie (Matrosen) Mißhelligkeiten im Hinblick auf ihre verschiedenen Kompetenzen herausstellten, so sollte nach telegraphischer Ordre vom 2. Dezember 1850 eine Weiterkompletirung der 4. Kompagnie mit Matrosen nicht mehr stattfinden. Alle Offiziere, die von der Matrosen-Stammdivision kommandirt, sollten bis auf die Auxiliaroffiziere*) Rogge, Henkel, Wachsen, Haffenstein und Arendt zu ihrem Marinetheil zurücktreten. Weiter verfügte eine Ordre des Oberkommandos vom 3. Dezember, daß das mobile Marinier= korps, sowohl die vier Kompagnien, ausschließlich der Offiziere, in der Stärke von 1002 Mann, als auch die Ersatz=Kompagnie von 150 Mann, nur aus Marinieren gebildet werden sollten. Der Mangel, der durch die Wiederabkommandirung der früher zur Ver= fügung gestellten Seeoffiziere eingetreten, sollte durch geeignete Armee= und Landwehroffiziere, die selbst den Eintritt wünschten, gedeckt werden.

Hiernach stellte sich die Rangliste des mobilen Mariniers korps am 8. Dezember 1850 wie folgt:

Stab: Major Gaede.
    Adjutant: Sekondlieutenant Rehbein.
    Rechnungsführer: Zahlmeister Wirth.
1. Kompagnie: Hauptmann Zoeller.
    Sekondlieutenant Wormbs.
    Auxiliaroffizier Rogge.
2.   =   Premierlieutenant Rode, Kompagnieführer.
    Sekondlieutenant Keller.
    Auxiliaroffizier Wachsen.
3.   =   Sekondlieutenant von der Golz, Kompagnie=
    führer.
    Auxiliaroffizier Arendt.
4.   =   Premierlieutenant John, Kompagnieführer.
    Auxiliaroffizier Haffenstein.
    =   Henkel.
Ersatz=Kompagnie: Sekondlieutenant v. Ramin, Kompagnie=
    führer.

Zur Komplettierung des Waffenbestandes erhielt das mobile Korps im Dezember 171 umgeänderte neupreußische Infanterie= Perkussionsgewehre, sowie 570 Stück neupreußische Infanterie= Seitengewehre mit Scheiden.

Eine kriegsministerielle Ordre vom 3. Dezember 1850 be= stimmte, daß das Marinierkorps, nachdem es mobil gemacht, dem Königlichen Generalkommando des Gardekorps überwiesen werden und zur Disposition desselben verbleiben sollte. Seine Königliche Hoheit der Prinz Adalbert sprach unterm 6. Dezember die Er= wartung aus, daß die Mannschaften sich der dem Korps wider= fahrenen Ehre nicht nur, wo es noth thun sollte, durch kriegerische Tapferkeit, sondern auch überall durch Disziplin, Waffengeübtheit und musterhafte Haltung würdig zeigen würden.

Major Gaede erstattete dann dem damaligen Kommandirenden General des Gardekorps, Generallieutenant v. Prittwitz, unterm 10. Dezember seine Meldung betreffs der Zutheilung des Korps

*) Auxiliaroffiziere hatten den Rang der Sekondlieutenants.

an das Gardekorps und sprach dabei die Hoffnung aus, daß, wenn
gleich diese junge Waffe wegen Mangels an Zeit hinsichtlich ihrer
taktischen Ausbildung noch Manches zu wünschen übrig ließ, dieselbe jedoch durch Tapferkeit, eingedenk ihres mehrseitigen Berufs,
in treuer Hingebung für König und Vaterland ihren Waffen-
gefährten der Armee nicht nachstehen, vielmehr jede Gelegenheit
benutzen würde, für die Erhaltung des dem Königlichen Gardekorps angestammten Ruhmes nach Kräften mitwirken zu können.
Das Korps würde in 4 bis 5 Wochen bereit sein, sobald die noch
fehlenden Bekleidungs- und Ausrüstungsstücke, sowie ein großer
Theil seiner Ersatzmannschaften eingetroffen sein würden!

Doch es sollte nicht zum Ausrücken kommen. Bereits am
11. Dezember sistirte eine kriegsministerielle Ordre die Augmentation
des Marinierkorps; am 23. Dezember wurde weiter die Auflösung der
Ersatz-Kompagnie durch das Oberkommando der Marine angeordnet.

Der Rapport des Marinierkorps vom 21. Dezember wies eine
Effektivstärke von 1 Stabsoffizier, 5 Kompagnieführern, 1 Adjutant,
9 Kompagnieoffizieren, 2 Aerzten, 1 Unterzahlmeister, 1 Büchsenmacher, 2 Feldwebeln, 8 Sergeanten, 24 Unteroffizieren, 1 Korps-
schreiber, 1 Bataillonstambour, 41 Gefreiten, 14 Spielleuten,
263 Gemeinen, im Ganzen 354 Mann, ausschließlich Offiziere auf.
Es fehlten also immerhin zur Kompletirung auf die vorgeschriebene
mobile Stärke von 1152 Mann noch 798 Mann Ersatz, sowie
19 Mann Train für die Feldfahrzeuge, als gegen Ende Dezember
mit der Einstellung der weiter noch zur kriegsfertigen Aufstellung
der Armeekorps erforderlichen Maßnahmen auch von der Verwendung des Marinierkorps zu Landzwecken gänzlich abgesehen wurde.
Die Zurückführung des Korps auf die bisherige Friedensstärke von
zwei Kompagnien war sofort einzuleiten. Dieselbe war bis zum
4. Januar 1851 durchgeführt.

Bei Auflösung bezw. Verauktionirung der deutschen Flotte Erwerb der Fregatte „Gesion"
und der Dampf-
korvette „Bar-
barossa".
im Frühjahr 1852 erhielt Preußen in Anrechnung seiner schon
gezahlten Beiträge die Fregatte „Gesion",*) 1848 im Gefecht bei
Eckernförde den Dänen abgenommen, und die Dampfkorvette
„Barbarossa".*) Nach erfolgter Besitznahme und nach Formirung
einer Besatzung von Offizieren, Matrosen und Seesoldaten wurde
die „Barbarossa" schon am 3. Juli von Bremerhaven nach Swinemünde übergeführt, dort durch den Prinzen Adalbert inspizirt und
zu kleineren Uebungen wie unter Anderem mit dem seit dem
1. Mai 1852 von Stettin nach Swinemünde verlegten See-
Bataillon zu Landungsmanövern in der Nähe des Dorfes Misdroy
verwandt. Die „Gesion" ging nach Ausführung einer Reparatur
in Vlissingen mit der „Amazone" nach der Westküste Afrikas und der

---

*) Die „Gesion" führte als deutsche Fregatte den Namen „Eckern-
förde", erhielt durch Allerhöchste Kabinets-Ordre vom 27. Mai 1852
aber ihren ersten Namen wieder.

Die „Gesion" war eine Segelfregatte zu 48 Kanonen, die „Barbarossa" ein Raddampfer zu 9 Kanonen.

Ostküste Südamerikas, um zum ersten Male wieder wohlausgerüstete Kriegsschiffe unter preußischer Flagge an den fernen Küsten zu zeigen.

Nominelle Umwandlung des Marinierkorps in das „See-Bataillon".

Die Benennung „See-Bataillon" hatte das bisherige Marinierkorps durch Allerhöchste Ordre erhalten. Dieselbe lautete:

„Ich habe beschlossen, dem bisherigen Marinierkorps fortan die Benennung „See-Bataillon", den Marinieren aber die Benennung „Seesoldaten" beizulegen, und gebe Ihnen behufs der Ausführung dieser Meiner Ordre die nöthige Bekanntmachung anheim.

Potsdam, den 13. Mai 1852.   Friedrich Wilhelm.

An den Kriegsminister."

Instruktion, betreffend Personenstand der Königlichen Marine 1852.

Eine vorläufige Instruktion für den Dienst auf Seiner Königlichen Majestät Kriegsschiffen regelte auch im Jahre 1852 die Stellung und den Dienst der Seesoldaten an Bord. Hiernach macht das Seesoldaten-Detachement einen Theil der Besatzung des Schiffes aus und steht als solches unter dem direkten Befehl des Schiffskommandanten bezw. des ersten Offiziers und des Offiziers der Wache, ohne Rücksicht auf den Rang des Detachementsführers, der, wenn er Offizier, zu den gedachten Offizieren des Schiffes in gleichem Verhältniß wie die übrigen Seeoffiziere der Besatzung steht. Das Seesoldaten-Detachement ist in erster Linie dazu bestimmt, alle militärischen Wachen und Posten auf dem Schiffe zu besetzen. Die Seesoldaten sollten aber auch wie die übrige Bemannung zur Bedienung der Batterien gebraucht, ferner, soweit es der erstberegte Dienst zuläßt, zu den Arbeiten der Matrosen herangezogen werden. Von dem Labsalben und Schmieren der Takelage, dem Malen außenbords, dem Deckscheuern sollten sie aber befreit sein, auch waren sie nicht verpflichtet, für Manöver aufzuentern.

Der Detachementsführer hatte die Aufsicht über sein Detachement in Bezug auf Waffen, Bekleidung 2c.; die Uebungen des Detachements mit Gewehr und Säbel, sowie das Bajonnetfechten, sei es am Lande, bei Ausschiffungen oder an Bord, hatte er nach den Befehlen des Kommandanten zu leiten. Auch konnte er zum Gewehr- und Säbelexerziren der Matrosen herangezogen werden. — Während eines Gefechts kommandirte der Detachementsführer die für das Kleingewehrfeuer bestimmten Seesoldaten. Waren zwei Offiziere des See-Bataillons an Bord, so hatte der ältere seinen Platz auf Quarterdeck oder auf der Kampange. Doch konnte auch einer von ihnen nach dem Ermessen des Kommandanten in der Batterie verwendet werden.

Für das See-Bataillon war noch besonders bestimmt, daß Offiziere und Mannschaften die dem Vorgesetzten schuldigen Ehrenbezeugungen gleich der Armee durch Anlegen der Hand an die Kopfbedeckung zu erweisen, während ja die Matrosen durch Abnehmen der Kopfbedeckung zu grüßen hatten.

Verlegung des See-Bataillons von Stettin nach Swinemünde.

Wie schon erwähnt, war das See-Bataillon mit seinem Stabe und beiden Kompagnien von Stettin nach Swinemünde verlegt worden und hatte damit in Stettin die Frauenthor-Kaserne geräumt, die nun dem dort garnisonirenden 2. Infanterie-Regiment zur Disposition gestellt wurde. In Swinemünde waren Kasernen für die Seesoldaten nicht vorhanden; sie wurden daher in Bürger-quartieren untergebracht. Im ganzen Ort war nur eine einzige Straße gepflastert, welche wie die übrigen von kleinen Hecken und Zäunen eingefaßt. Da zudem jedwede Beleuchtung der Straßen mangelte, so war das Revidiren der Bürgerquartiere, die in den meist kleinen Häusern weit auseinander lagen, für Offiziere und Unteroffiziere keine Annehmlichkeit.

Zum Kommandeur des See-Bataillons war für den ver-storbenen Major Gaede der Major Burchardt ernannt worden, der gleichzeitig am 12. Juni 1852 die Kommandanturgeschäfte von Swinemünde übernahm.

Das Jahr 1853 war besonders reich an organisatorischen Veränderungen innerhalb der Marine. Die bisher vom Kriegs-ministerium provisorisch geleiteten Marine-Angelegenheiten sollten fortan durch eine neu zu bildende Centralbehörde, welche den Namen „Admiralität" führen sollte, übernommen werden. Diese *Die Admiralität.* Behörde sollte zugleich Kommando- und Verwaltungsbehörde sein.

Seine Königliche Hoheit Prinz Adalbert von Preußen wurde dementsprechend durch Kabinets-Ordre vom 30. März 1854 von seiner noch bisher innegehabten Stellung als Generalinspekteur der Artillerie entbunden und zum Admiral der preußischen Küsten er-nannt. — Ferner wurde im Dezember 1853 dem bisherigen Marinekommando zu Stettin der Name „Marinestations-Kommando" *Das Marine-stations-Kom-mando zu Danzig.* mit dem Sitz in Danzig beigelegt.

Auch das See-Bataillon hatte eine Vergrößerung erfahren. Den Anforderungen, welche an das Bataillon in Bewachung des Depots und der Strandbatterien gestellt wurden, zu genügen, wie auch um den erhöhten Bedarf an Besatzungsmannschaften für die neu zur Marine hinzugetretenen Kriegsschiffe „Danzig", „Gefion", „Barbarossa" zu decken, waren schon mehrfache Anträge seitens des Kommandos des See-Bataillons auf Formirung einer 3. Kom- *Bildung der 3. Kompagnie des See-Bataillons.* pagnie gestellt worden. Eine kriegsministerielle Verfügung vom 26. Juni 1853 hatte daher die Bildung dieser Kompagnie dahin angeordnet, daß gleichzeitig der Friedensetat der Kompagnie an Gefreiten und Gemeinen, der bis jetzt 150 Mann pro Kompagnie betrug, auf 125 Köpfe herabzusetzen sei. Die Führung der neu zu formirenden 3. Kompagnie übernahm der Premierlieutenant John. Die Etatsstärke jeder Kompagnie war auf 11 Unter-offiziere, 13 Gefreite, 5 Spielleute, 112 Seesoldaten angesetzt. Unter den 11 Unteroffizieren einer Kompagnie befand sich auch eine Portepeefähnrichsstelle, die jedoch noch nicht besetzt werden sollte, da eine Regelung der Ergänzung des Offizierkorps des See-Ba-taillons noch ausstand.

Im Ganzen war der neue Etat für 1853 auf 14 Offiziere, 3 Feldwebel, 3 Fähnriche, 12 Sergeanten, 16 Unteroffiziere, 40 Gefreite, 15 Spielleute, 335 Seesoldaten, in Summa 424 Mann,

außerdem 1 Unterzahlmeister, 2 Schreiber, 3 Aerzte und 1 Büchsen=
macher festgesetzt.

Von der wirklichen Stärke befanden sich Juli 1853 kom=
mandirt: 4 Offiziere, 5 Sergeanten, 5 Unteroffiziere, 15 Gefreite,
7 Spielleute, 88 Seesoldaten, davon an Bord:

auf S. M. Dampfkorvette „Danzig":
    Sekondlieutenant v. Ramin, 1 Sergeant, 1 Unteroffizier,
    3 Gefreite, 2 Spielleute, 20 Seesoldaten;
auf S. M. Korvette „Amazone":
    1 Sergeant, 1 Gefreiter, 1 Spielmann, 8 Seesoldaten;
auf S. M. Dampfaviso „Salamander":
    1 Unteroffizier, 2 Gefreite, 1 Spielmann, 12 Seesoldaten;
auf S. M. Fregatte „Gefion":
    Premierlieutenant Graf von der Goltz, 2 Sergeanten,
    3 Unteroffiziere, 6 Gefreite, 3 Spielleute, 47 Seesoldaten.

Verlegung der Matrosen-Stammdivision und Bildung einer Hand-werker-Sektion. Zur Matrosen=Stammdivision, deren Stab im Jahre 1853
von Stettin nach Stralsund verlegt, trat 1854 eine Handwerker=
Sektion, deren Mannschaften zu allen technischen Arbeiten an Bord
zu verwenden.

Da nun das neue Marinestations=Kommando seinen Sitz in
Danzig hatte, wo auch das zu den Kriegsschiffen gehörige Material
lagerte, ging das Streben der Admiralität dahin, möglichst die
vorhandenen Streitmittel und Ausrüstungsstücke bei dieser Haupt=
station zu vereinigen. Es erfolgte daher noch 1854 die Verlegung
des Stabes der Matrosen=Stammdivision nebst drei Sektionen von
Stralsund nach Danzig.

Die 1. Kompagnie See-Bataillons von Swinemünde nach Danzig. Weiter folgte durch Allerhöchste Kabinets=Ordre vom 17. April
1854 die Verlegung der 1. Kompagnie See=Bataillons von
Swinemünde nach Danzig. Zur Ueberführung der Kompagnie
dorthin diente der Dampfaviso „Nix", an dessen Bord sich dieselbe
in der Stärke von 2 Offizieren, 1 Feldwebel, 1 Portepeefähnrich,
2 Sergeanten, 8 Unteroffizieren, 8 Gefreiten, 3 Spielleuten, 81 See=
soldaten am 26. Juni 1854 Nachmittags 4 Uhr eingeschifft hatte.

Die 2. Kompagnie See-Bataillons in Stralsund. Für den Wachtdienst bei dem Marinedepot in Stralsund war
die weitere Verlegung der 2. Kompagnie See=Bataillons dorthin
erforderlich geworden. Sie marschirte am 27. Juli 1854 in der
Stärke von 3 Offizieren, 1 Feldwebel, 1 Portepeefähnrich, 4 Ser=
geanten, 7 Unteroffizieren, 10 Gefreiten, 5 Spielleuten, 95 Seesoldaten
von Swinemünde ab und rückte am 1. August in Stralsund ein,
um auch den Wachtdienst auf dem Dänholm, einer kleinen befestigten
Insel dicht ostwärts vor Stralsund, durch den sogenannten Ziegelei=
graben davon getrennt, auf der sich der Flottillenhafen befand,
von der Infanterie der Armee zu übernehmen.

Die 3. Kompagnie See-Bataillons in Swinemünde. Die 3. Kompagnie verblieb vorläufig mit dem Stabe des
See=Bataillons zur Ausübung des Wachtdienstes in Swinemünde,
war aber durch Abgabe von Bord=Detachements so geschwächt, daß
zur Theilnahme am Wachtdienste am 19. August 1854 das Füsilier=

Bataillon 9. Infanterie-Regiments in Swinemünde einrückte. Da aber die 3. Kompagnie See-Bataillons durch die mehrfache und dauernde Abkommandirung des größten Theils seiner Mannschaften nothwendig in ihrer Ausbildung zurückgekommen war und die vorzunehmenden Exerzitien nicht durch Garnison-Wachtdienst unterbrochen werden sollten, so durfte die Kompagnie von Herbst 1854 ab nicht mehr zum Garnison-Wachtdienst herangezogen werden, sondern hatte nur Arbeiter zu Marine-Depotzwecken, zu Holzverladungen in Starkenhorst zu stellen.

Bei der nun dreifachen Trennung des See-Bataillons und da das Marinestations-Kommando in Danzig seinen Sitz hatte, erschien es zur Vereinfachung des Geschäftsbetriebes dringend nothwendig, daß auch der Stab des Bataillons sich in Danzig befinde. Diese Verlegung wurde denn auch am 25. August 1854 Allerhöchst genehmigt, so daß der Stab, am 18. September in Swinemünde an Bord des Avisos „Nix" gegangen, am 19. September 1854 in Danzig landen konnte. *Der Stab des See-Bataillons in Danzig.*

Ein Allerhöchster Erlaß vom 4. April 1854 regelte den Ersatz an Mannschaften für die Marine. Dieselbe hatte ihren Bedarf zu decken aus Freiwilligen, Seedienstpflichtigen, Ersatzpflichtigen und bei Expeditionen und Kriegsausrüstungen durch Einziehung von Marine-Reserven und Seewehrmannschaften. Für das See-Bataillon wurden von den jährlich zur Aushebung kommenden Heerespflichtigen Mannschaften aus den Bereichen sämmtlicher Armeekorps überwiesen, mit besonderer Berücksichtigung solcher, die ein Gewerbe auf Flüssen und Seen trieben. *Ersatz der Marine.*

Gleichzeitig brachte der 7. Juli 1854 das Allerhöchst genehmigte Organisations-Reglement für das Personal der Königlichen Marine. Dasselbe gliederte sich hiernach in: *Organisations-Reglement für das Personal der Marine 1854.*

1. das Seeoffizierkorps und Kabettenkorps; 2. das Matrosenkorps; 3. das Deckoffizierpersonal; 4. das Werftkorps; 5. das See-Bataillon; 6. die Marine-Stabswache; 7. das Lazarethgehülfenpersonal; 8. die Maschineningenieure; 9. die Marine-Verwaltungsbeamten; 10. die Marinegeistlichen, Aerzte und Auditeure.

Das See-Bataillon war hiernach eine Infanterietruppe, vorzugsweise bestimmt zum Garnisondienste und in den See-Etablissements, zu Landungen und zum Dienste auf der Flottille. Soweit nicht besondere Verfügungen erlassen, fanden auf dasselbe die für die Infanterie der Landarmee geltenden Dienst- und Ausbildungsvorschriften Anwendung. *Bestimmung des See-Bataillons.*

Die Friedensstärke einer Seesoldaten-Kompagnie war auf 1 Hauptmann, 1 Premierlieutenant, 2 Sekondlieutenants, 1 Portepeefähnrich, 4 Sergeanten, 9 Unteroffiziere, 5 Spielleute, 16 Gefreite, 112 Seesoldaten, in Summa 148 Köpfe festgesetzt; für die Kriegsstärke traten noch 4 Unteroffiziere und 98 Seesoldaten hinzu. *Friedensstärke.*

Die Beförderung zum Unteroffizier im See-Bataillon setzte außer der Genügung der bei der Infanterie der Landarmee gestellten Anforderungen eine angemessene Ausbildung im Geschütz- *Beförderung der Unteroffiziere.*

exerziren, und die Beförderung zum Sergeanten einen dreimonat=
lichen Dienst zur See voraus.

Zulassung zur Offiziersкarriere. Die Zulassung zur Offizierskarriere bedingte das von einer
inländischen Abiturienten=Prüfungskommission ausgestellte Zeugniß
der Reife für die Universität; im Jahre 1857 wurde diese Be=
stimmung nach den für die Armee geltenden Vorschriften modifizirt.

Das Exerziren des See=Bataillons. Das infanteristische Exerziren des Bataillons sollte sich gemäß
Bestimmung der Admiralität vom 17. April 1856 nur auf das
Exerziren der einzelnen Kompagnien beschränken; im Bataillonsver=
hältniß war nur die Paradeaufstellung und der Parademarsch zu üben.

Inspizirung des See=Bataillons durch einen Brigadekom= mandeur der Armee. Damit aber die infanteristische Ausbildung genau den Aller=
höchsten Vorschriften entsprach, ordnete König Friedrich Wil =
helm IV. am 5. Juli 1855 eine alljährliche Inspizirung des See=
Bataillons durch einen Brigadekommandenr der Infanterie der
Armee an. Die Inspizirung hatte vor etwaiger Einschiffung der
Detachements an Bord stattzufinden und wurde hierzu gewöhnlich
durch kriegsministerielle Verfügung der Kommandeur des der
Garnison des See=Bataillons nächstgelegenen Brigadebezirks aus=
gewählt. Generalmajor Fritze, Kommandeur der 4. Infanterie=
Brigade, konnte nach seiner ersten Inspizirung am 25. April 1856
Vormittags der Admiralität nur berichten, daß die Ausbildung der
Mannschaften im Infanteriedienst, der einzelnen Kompagnien in
allen reglementarischen Linienbewegungen und im zerstreuten Ge=
fecht recht gute gewesen und daß auch das Bataillon in den
Paradeverhältnissen vollständig befriedigte. Desgleichen konnte sich
schon im darauffolgenden Jahre, am 6. Juni 1857, der General=
major v. Manstein, Kommandeur der 3. Infanterie=Brigade,
überzeugen, daß die Mannschaften aller drei Kompagnien mit der
Bewaffnung mit dem Zündnadel= gewehr M/41. neuen Waffe, dem Zündnadelgewehr M/41, welches das Bataillon am
30. und 31. März desselben Jahres übernommen, wohl vertraut war.

Kommando zum Lehr=Infanterie= Bataillon. Die infanteristische Ausbildung noch mehr zu fördern, wurde
am 18. März 1857 die alljährliche Kommandirung von 2 Unter=
offizieren und 2 Gefreiten des See=Bataillons zum Lehr=Infanterie=
Bataillon nach Potsdam Allerhöchst genehmigt, an welchem Kom=
mando in verschiedenen Jahren auch Offiziere Theil nahmen.

Kommando zu den Pionieren. Weiter wurde behufs Ausbildung der Mannschaften im Pionier=
dienste durch Allerhöchste Ordre vom 26. Februar 1857 die alljährliche
Kommandirung von 1 Offizier, 3 Unteroffizieren zu einem achtwöchent=
lichen Kursus bei der 1. Pionier=Abtheilung in Danzig angeordnet.

Das See= Bataillon in Danzig. Am 14. März 1855 war die Konzentrirung des See=Bataillons
in Danzig Allerhöchst genehmigt worden. Die Vereinigung der
drei Kompagnien hatte sich für die allmälige weitere Entwickelung
der Marine als nothwendig herausgestellt, da durch häufige De=
tachirungen bei Indienststellungen der Kriegsschiffe, deren Ausrüstung
mit wenigen Ausnahmen in Danzig erfolgte, eine einheitlich ge=
sicherte Ausbildung des See=Bataillons zu der Zeit um so mehr
erschwert wurde, als die alljährlich einzustellenden Ersatzmann=
schaften den durch den Dienst an Bord wie am Lande bedingten

höheren Grad der Ausbildung wegen Mangels an lokaler Gelegenheit in Swinemünde fast gar nicht, in Stralsund aber nur unvollständig erlangen konnten.

Die 2. und 3. Kompagnie trafen demgemäß am 29. Juni 1855 Nachmittags 3 Uhr auf dem Privatdampfer „Ostsee" in Danzig ein. Die 2. Kompagnie rückte in der Stärke von 1 Offizier, 1 Feldwebel, 2 Sergeanten, 8 Unteroffizieren, 7 Gefreiten, 5 Spiel= leuten, 72 Seesoldaten, die 3. Kompagnie mit 2 Offizieren, 1 Fähn= rich, 2 Sergeanten, 3 Unteroffizieren, 6 Gefreiten, 1 Spielmann und 46 Seesoldaten in ihrer neuen Garnison ein. Von der 2. Kompagnie war zur weiteren Bewachung des Marine=Etablisse= ments und des Dänholm ein Detachement in der Stärke von 1 Offizier (Premierlieutenant Wormbs), 2 Unteroffizieren, 3 Ge= freiten, 26 Mann in Stralsund zurückgeblieben und ist denn auch in den nachfolgenden Jahren bis 1870 stets ein solches Detachement in wechselnder Stärke vom See=Bataillon gestellt worden. Seesoldaten= Detachement in Stralsund.

In Danzig waren die Kompagnien in Bürgerquartieren in der Altstadt untergebracht und zwar in Stuben zu 6 bis 20 Mann, in denen im Winter auch exerzirt wurde. Die Ueberwachung dieses Exerzirens seitens der Offiziere war wegen der großen räum= lichen Trennung der Quartiere nicht leicht und in den schmutzigen und engen Straßen nicht angenehm. Unterbringung des See= Bataillons in Danzig.

Zum Exerziren im Freien waren dem Bataillon zwei Bastione der inneren Festungsenceinte und zwei kleine ungepflasterte öffentliche Plätze überwiesen. Zum Kompagnie=Exerziren, sowie zu Besichtigungen benutzte man den sogenannten kleinen Exerzirplatz, der der ganzen Garnison gemeinsam gehörte.

Täglich gab das Bataillon ein Wachtkommando von 1 Offizier, 1 Unteroffizier, 1 Spielmann, 30 Mann zur Bewachung und zum Schutz der Königlichen Werft, wo sich ein hölzernes Wachtgebäude befand.*)

Die Bekleidungs= und Ausrüstungskammern des Bataillons und der Kompagnien lagen auf der Speicher=Insel in einem gemietheten Speicher, etwa eine Wegstunde von den Quartieren entfernt. —

Bereits im Anfange der fünfziger Jahre hatten die „Gefion", „Amazone", „Mercur" und die „Danzig" an den Küsten Süd= und Mittel=Amerikas bezw. an den Küsten des Mittelmeeres ge= kreuzt. Von Neuem sollte im Juli 1856**) ein vereinigtes Ge= schwader, bestehend aus der „Danzig", „Thetis",***) „Amazone" Expeditionen der Kriegsschiffe.

---

*) Merkwürdig war, daß ein Antrag der Offiziere des Bataillons, „je eine ganze Woche", später sogar „je einen ganzen Monat als Wacht= kommandant auf der Werft zu wohnen", thatsächlich vom Ober=Kommando der Marine genehmigt wurde. Erst mit Uebernahme des Werft=Wacht= kommandos durch Infanteriemannschaften hörte dieser seltsame Zustand auf, der übrigens den Antragstellern sehr bald herzlich leid gethan hat.

**) A. v. Crousaz, Geschichte der deutschen Kriegsmarine 1873.

***) Die „Thetis", eine Segelfregatte, von den Engländern im Jahre 1854 durch Umtausch gegen die Avisos „Nix" und „Salamander" in

2*

und „Hela", nach dem Atlantischen Ocean abgehen. Zum ersten
Male hatte der Prinz-Admiral an Bord der „Danzig" seine Flagge
gehißt. Bis Madeira sollte das Geschwader beisammen bleiben,
dann gingen die „Thetis" und der Schooner „Frauenlob" aus
handelspolitischen Gründen nach den La Plata - Staaten, die
„Amazone" kehrte mit ihren Kadetten nach dem heimathlichen
Hafen zurück, während der Prinz-Admiral sich mit der „Danzig"

Die „Danzig" im Gefecht bei Tres-Forcas. dem Mittelmeere zuwandte. Hier war es, wo der Prinz Adalbert
die an der afrikanischen Küste El Rif wohnenden Seeräuber für
den Raub eines preußischen Handelsschiffes züchtigen wollte. Bei
dem Vorgebirge Tres-Forcas landend, Seine Königliche Hoheit
Prinz Adalbert voran, eine steile Felswand hinaufklimmend,
wurde das kühne Unternehmen schneidig und erfolgreich durchgeführt und die preußische Flagge auf der Höhe der Felswand
aufgepflanzt, nachdem zahlreiche Seeräuber ihre Räuberei mit dem
Leben gebüßt. Von dem an Bord Seiner Majestät Schiff „Danzig"
befindlichen Seesoldaten-Detachement der 3. Kompagnie des Bataillons waren zur Ausschiffung gelangt: Premierlieutenant Ewald,
1 Unteroffizier, 3 Gefreite, 20 Seesoldaten und erhielten für ihr
rühmliches Verhalten bei der siegreichen Unternehmung durch besonderen Tagesbefehl eine höchste Belobigung seitens des Prinzen,
welcher in diesem Gefecht selbst verwundet worden war. Außerdem erhielt der Gefreite Grade das Militär-Ehrenzeichen als Anerkennung seines in diesem Gefechte bewiesenen Benehmens.

Von dem Gesammtverlust des Gefechts von 7 Todten und
22 Verwundeten entfielen auf das See-Bataillon*) todt: 1 Gefreiter, verwundet: 1 Unteroffizier, 1 Gefreiter, 6 Seesoldaten.
Von den Todten sind der Lieutenant zur See 1. Klasse**) Niese-
mann, Adjutant Seiner Königlichen Hoheit des Prinzen Adalbert,
sowie 3 Matrosen (Coulson, Sengeisen und Fischer) auf dem
Kirchhofe der Nordseite zu Gibraltar begraben worden, während
die Verwundeten im Bürgerhospital dieser englischen Besitzung von
ihren Wunden geheilt wurden.

Anfang des Jahres 1863 lag Seiner Majestät Korvette
„Gazelle" (Kommandant Kapitän zur See Heldt), an Bord vom
See-Bataillon: Premierlieutenant Mebes, 1 Sergeant, 1 Unter-
offiziere, 2 Spielleute, 2 Gefreite, 32 Seesoldaten, auf der Aus-
reise nach Japan begriffen,***) im Hafen von Gibraltar vor
Anker, um das zum Andenken der im Gefecht von Tres-Forcas

preußischen Besitz übergegangen. Am 28. November 1871 wurde sie aus
der Liste der Kriegsfahrzeuge gestrichen.

*) Siehe Anlage Nr. 5.
**) Durch Allerhöchste Kabinets-Ordre vom 20. Mai 1864 sind die
Benennungen: Lieutenant zur See 1. Klasse, 2. Klasse, Fähnrich zur See
und Volontärkadett umgeändert worden in: Kapitänlieutenant, Lieutenant
zur See, Unterlieutenant, Kadett.
***) Vergl. Seite 48.

Das Denkmal zu Gibraltar

zum Gedächtniß der im Gefecht bei Tres-Forcas am 7. August 1856 Gefallenen,
eingeweiht am 8. Januar 1863.

Gefallenen bestimmte und von den Offizieren und Beamten der Königlichen Marine mit Seiner Königlichen Hoheit dem Prinzen Adalbert an der Spitze gestiftete Denkmal auf dem Kirchhof der Nordseite von Gibraltar aufzustellen. Am 8. Januar, Vormittags 10½ Uhr, landeten die Offiziere und Mannschaften der „Gazelle", soweit sie dienstlich von Bord abkömmlich, und begaben sich, begleitet von dem Königlich preußischen Konsul, Georg Wortmann, nach dem Kirchhof. Dort erschien auch zur Beiwohnung dieser ganz privaten Feier ein englischer Marineoffizier, entsandt vom Gouverneur von Gibraltar, den selbst seine dienstlichen Pflichten am Kommen noch im letzten Moment verhinderten. Nachdem um das Denkmal ein Kreis gebildet, hielt Kapitän Heldt eine der Bedeutung der Feier entsprechende Ansprache, die Umstände erwähnend, unter denen die hier in fremder Erde, fern von der Heimath, Begrabenen für die Ehre der preußischen Flagge gefallen. Nach stillem, den Todten geweihtem Gebet schifften sich Offiziere und Mannschaften gegen 12 Uhr wieder an Bord der „Gazelle" ein. Das Denkmal selbst ist eine gußeiserne Säule, überragt von einem Adler mit ausgebreiteten Flügeln. Auf der Vorderseite trägt das Denkmal die Namen der hier Begrabenen, während auf der Rückseite in erhabener Schrift die Widmung verzeichnet steht: „Den für die Ehre ihrer Flagge im Gefechte bei Cap Tres-Forcas, den 7. August 1856, gebliebenen Mannschaften Sr. Maj. Schiff „Danzig". Die Offiziere und Beamten der preußischen Marine." Das Denkmal wie die vier Gräber sind von einem eisernen Gitter umschlossen.

Das Ende des Jahres 1856 festigte weiter die innere Organisation der Marine. War es schon bis zu dieser Zeit dem Prinzen-Admiral gelungen, ein Marine-Offizierkorps heranzubilden, das den Vergleich mit denen anderer Marinen nicht zu scheuen brauchte, so führten ihn diese Bestrebungen auch dazu, einer Pflanzstätte des See-Offizierkorps, dem Seekadetten-Institut, das schon provisorisch in Stettin bezw. Danzig bestanden, festere Formen zu geben. Die Organisation desselben lehnte sich an die bewährten Einrichtungen des Königlich preußischen Kadettenkorps zu Berlin an und zerfiel hiernach die Ausbildung des Seekadetten in eine wissenschaftliche im Kadetteninstitut und eine praktische an Bord. {Das Marine-Offizierkorps und das Seekadetten-Institut.}

Dem Marine-Offizierkorps aber auch die für eine Mobilmachung und Kriegsbereitschaft nothwendige Vermehrung zu sichern, ordnete eine Allerhöchste Ordre vom 23. Dezember 1856 die Bildung eines Seewehr-Offizierkorps an. Hiernach sollte das Seewehr-Offizierkorps aus Seewehroffizieren des See-Offizierkorps und aus solchen des See-Bataillons bestehen. Zu denselben hatten diejenigen dienstfähigen Offiziere überzutreten, welche nach ihrem Abgange aus dem aktiven Dienste noch nach dem Gesetz vom 3. September 1814 dienstpflichtig waren. Ebenso ergänzte sich das Seewehr-Offizierkorps des See-Bataillons aus Freiwilligen des See-Bataillons, die sich hierzu die Qualifikation während {Bildung eines Seewehr-Offizierkorps.}

ihrer Dienstzeit erworben. Zur Kontrole der Marine-Reserven und Seewehr wurde am 8. Januar 1857 ein Stab bezw. Stamm errichtet. Zum Führer der Marine-Reserven und Seewehr wurde der Major Rohde des See-Bataillons kommandirt, als sein Adjutant ein Lieutenant des See-Bataillons beigegeben, dessen Etat dafür um eine Sekondlieutenantsstelle zu vermehren. Eine Allerhöchste

Neue Organi- sation des Per- sonals der Marine 1857.

Kabinets-Ordre vom 18. Januar 1857 brachte weitere Modifikationen des Organisations-Reglements vom Jahre 1854. Darnach sollte

Die Matrosen-, Schiffsjungen- und Werft- Division.

für jede Marinestation (die Errichtung einer Marinestation der Nordsee war in Aussicht genommen) eine Matrosen-Division, zu welcher sämmtliche Matrosen, eine Schiffsjungen-Division, zu welcher sämmtliche Schiffsjungen, und eine Werft-Division, zu welcher sämmtliche Handwerker und Maschinisten gehören, bestehen. Die

Die Marine- Stabswache.

im Organisations-Reglement vom Jahre 1854 erwähnte Marine- Stabswache diente an Bord zur Unterstützung des Kommandanten bezw. ersten Offiziers zur Aufrechterhaltung der inneren Ordnung des Schiffes. Sie bestand aus Stabswachtmeistern und Stabs- sergeanten, unterstand am Lande dem betreffenden Hafenmajor, ein ausführendes Organ des Marinestations-Kommandos. 1857 trat nun diese Stabswache in ein näheres Verhältniß zum See- Bataillon. In wechselnder Stärke 1859 aus 18, 1867 aus 37, 1878 aus 67 und 1880 aus 20 Stabswachtmeistern und Stabs- sergeanten bestehend, ist die Stabswache bis zum Jahre 1881 dem See-Bataillon attachirt gewesen. Zu diesem Zeitpunkt scheinbar eingehend, existirt sie bei den Matrosen-Divisionen weiter, indem der Dienst der früheren Stabswachtmeister und Stabssergeanten von Matrosenunteroffizieren (Maaten) ausgeübt wird.

Die See- Artillerie.

Dem See-Bataillon wurde desgleichen die im Jahre 1857 errichtete See-Artillerie*) attachirt.

Anlage der Werft und des Kriegshafens in Danzig.

Die Bestrebungen, sich auch in Bau und Reparatur von Schiffen vom Auslande unabhängig zu machen, hatte ja schon Anfang der fünfziger Jahre zur Anlage einer Werft in Danzig wie eines Marine-Depots in Stettin geführt. Mit der Verlegung des Marinestations-Kommandos nach Danzig wurde dieser Hafen zum Marine-Kriegshafen erhoben, da die Marine doch eines Hafens bedurfte, in dem die Kriegsschiffe gesammelt, gesichert und zum Kampfe vorbereitet wurden. Der bisherige Flottillenhafen auf dem Dänholm bei Stralsund hatte sich hierzu nicht als ausreichend

Anlage eines Kriegshafens an der Nordsee.

erwiesen. Sollte aber die preußische Flotte einen größeren Auf- schwung nehmen, so war es auch nothwendig, sich an der Nord- seeküste einen Punkt, einen Hafen zu sichern, schon um unabhängig von dem Preußen wenig günstig gesinnten Dänemark zu sein, das ja im Stande war, mit geringer Mühe alle Ausgänge der Ostsee zu sperren. Hatte schon das Reichsmarine-Departement zu Frank- furt a. M. Anfang der fünfziger Jahre die Anlage eines Kriegs- hafens an der Jade für die Nordsee-Flotte ins Auge gefaßt, so

---

*) Siehe Anlagen Nr. 6 und 7.

nahm Preußen, als fast einziger Erbe aller dieser Bestrebungen, den Plan wieder auf. Schon im Jahre 1853 gelang es der preußischen Admiralität, dank dem patriotischen Entgegenkommen des Großherzogs von Oldenburg, einen Vertrag auf käufliche Erwerbung eines Terrains am Jadebusen abzuschließen. Während in den nachfolgenden Jahren die ungeheure Arbeit bei den größten Terrainschwierigkeiten langsam aber stetig vor sich ging, war die Werft in Danzig schon in diesen Jahren im Stande, der Marine zwei auf eigenem Grund gebaute große Kriegsschiffe, die Dampf= korvetten „Arcona"*) und „Gazelle", sowie 2 Dampfavisos, die „Grille" und „Lorelen", einzuverleiben.

Die Erbauung der Korvetten machte denn auch von Neuem eine Vergrößerung des See=Bataillons nothwendig. Dementsprechend erfolgte am 1. Juni 1859 die Formirung der 4. Kompagnie und zwar so, daß die drei Kompagnien soviel Mannschaften an die 4. Kompagnie abgaben, daß diese auf 98 Köpfe gebracht wurde. Der Rest am festgesetzten Friedensetat von 148 Köpfen wurde durch Einziehung von Reserve=Mannschaften gedeckt. Die Führung der neuen 4. Kompagnie übernahm der Premierlieutenant Ewald.

Schon im Juli 1859 erfolgte eine weitere Einziehung von Marine=Reserven. Da sich Preußen infolge des im Jahre 1859 zwischen Frankreich und Oesterreich ausgebrochenen Krieges zur Mobilmachung seiner gesammten Armee und Marine veranlaßt sah, so wurde auch für das See=Bataillon und die See=Artillerie die Kriegsbereitschaft eingeleitet. Die Kompagnien hatten sich durch Einstellung von Reserven auf die Kriegsstärke von 178 Mann zu vervollständigen. Gleichzeitig wurden dem Bataillon am 1. August 352 Rekruten überwiesen, denen eine zweite Rate von 120 Mann am 1. Oktober desselben Jahres folgte. — Bereits am 13. August verfügte das Ober=Kommando der Marine die Redu= zirung des Bataillons auf 890 Köpfe. Im Hinblick jedoch auf den in dieser Zeit besonders geforderten Wacht= und Arbeitsdienst gestattete das Ober=Kommando im Einvernehmen mit der Marine= verwaltung, daß vorläufig bis zur Ausschiffung des Detachements Seiner Majestät Fregatte „Gefion" 150 Mann über den Etat verblieben, die Reduktion des Bataillons bis zum 1. Oktober 1859 durchzuführen sei. Es befanden sich nämlich im August 1859 an Bord eingeschifft:

auf Seiner Majestät Fregatte „Gefion": 8 Unteroffiziere, 2 Gefreite, 3 Spielleute, 46 Gemeine; auf Seiner Majestät Fregatte „Thetis": 4 Unteroffiziere, 4 Gefreite, 3 Spielleute, 49 Gemeine;

Marginalien: Formirung der 4. Kompagnie; See=Bataillons. Kriegsbereit= schaft 1859.

---

*) Die „Arcona" wurde am 18. März 1884, die „Gazelle" am 8. Januar 1884 aus der Liste der Kriegsfahrzeuge gestrichen. Eine Ersatzkorvette „Arcona" wurde am 18. März 1885 vom Vizeadmiral Jachmann getauft und vom Stapel gelassen.

auf Seiner Majestät Korvette „Danzig": 3 Unteroffiziere, 3 Gefreite, 2 Spielleute, 44 Gemeine.

Beim Wacht=Detachement in Stralsund waren 6 Unteroffiziere, 7 Gefreite, 1 Spielmann, 35 Mann.

Die „Thetis" verließ Ende des Jahres 1859 mit anderen Fahrzeugen der Königlichen Marine den heimathlichen Hafen zu einer größeren Expedition, ein damals bedeutendes Ereigniß. Begleiten wir sie daher auf dieser Fahrt.

Erste Expedition der Marine nach Ostasien.*) Schon in den vierziger Jahren war in Preußen der Gedanke rege geworden, eine größere Ambassade nach Ostasien zu entsenden, dort Handels= und Schiffahrtsverträge abzuschließen, aber erst im Jahre 1859 vermochte Preußen den Plan, eine handelspolitische Mission auszurüsten, wieder aufzunehmen. Geleitet von König=lichen Kriegsschiffen, welche dabei erwünschte Gelegenheit fanden, die preußische Kriegsflagge in fernen Gegenden zu zeigen und ihre Führer und Mannschaften mit Erfahrungen zu bereichern, sollte die Mission sich nach Japan, China und Siam begeben, das Terrain in wissenschaftlicher und kommerzieller Beziehung zu erforschen und den Abschluß von Freundschafts=, Handels= und Schiffahrtsverträgen herbeizuführen suchen.

Das Expeditions= geschwader. Das Expeditionsgeschwader unter dem Befehl des Kommodore, Kapitän zur See Sundewall, bestand aus der Dampfkorvette „Arcona" (Flaggschiff, 27 Geschütze, 319 Mann Besatzung), der Segelfregatte „Thetis", Kapitän zur See Jachmann (38 Geschütze, 333 Mann), dem Schooner „Frauenlob",**) Lieutenant zur See Retzke (1 Geschütz, 41 Mann), und dem Transportschiff „Elbe", Lieutenant zur See 1. Klasse Werner (6 Geschütze, 47 Mann). An Bord der „Arcona", die am 11. Dezember 1859 Danzig verließ, befanden sich vom See=Bataillon der Sekondlieutenant Frhr. v. Imhoff als Detachementsführer mit 3 Unteroffizieren, 2 Spielleuten, 34 Seesoldaten, an Bord der „Thetis", mit dem „Frauenlob" am 25. Oktober 1859 die Rhede von Danzig ver=lassend, der Sekondlieutenant Schönlank mit 4 Unteroffizieren, 3 Spielleuten, 50 Seesoldaten.

Die „Elbe", am 7. März 1860 von Hamburg abgegangen, erreichte am 7. August die Rhede von Singapore, wo bereits „Arcona" seit dem 26. Juli, die „Thetis" seit dem 30. Juli und der „Frauenlob" seit dem 5. August ankerten. Sämmtliche Schiffe hatten auf ihrer Reise in den verschiedenen Breiten der Meere und südlich vom Kap der Guten Hoffnung schwere und anhaltende Stürme zu bestehen, in welchen sich die junge Mannschaft vor=trefflich bewährte und einen erheblichen Grad von Uebung und Gewandtheit erlangte.

---

*) Offizieller Bericht über diese Expedition.

**) Der Schooner „Frauenlob", aus den von patriotisch gesinnten Frauen gesammelten Geldern in Wolgast erbaut, wurde 1856 von der Marine übernommen.

Singapore war zugleich der Einschiffungsort des preußischen Gesandten, Grafen Friedrich zu Eulenburg, sowie der Mit=glieder der politischen Mission, wodurch das Unternehmen erst seine volle Gestaltung gewann.

Singapore war aber auch der letzte von „Frauenlob" be=rührte Hafen. Am 16. August mit der „Arcona" zugleich in See gegangen, sollte der Schooner mit der Korvette bis Yebbo (Japan) segeln. In der Nacht zum 2. September riß beim plötz=lichen Ausbruche eines Typhoons (Wirbelsturm) die Trosse, an welcher das Flaggschiff unter Dampf den Schooner in der Wind=stille schleppte. Bei Tagesanbruch war der Schooner außer Sicht. „Arcona" selbst gerieth bei dem furchtbaren Orkan in große Gefahr; von „Frauenlob" und seiner braven Bemannung ist trotz aller Nachforschungen nie wieder eine Spur entdeckt worden.*)

Erst Anfang März 1862 sollten „Arcona" und „Thetis" nach fast zweijähriger Reise in den japanischen und chinesischen Gewässern wieder im Hafen von Singapore vor Anker liegen. Die „Elbe" war bereits am 24. Dezember 1861 von Singapore aus direkt nach der Heimath zurückgefahren; „Arcona" und „Thetis" trafen erst ein Jahr später, Ende Dezember 1862, wieder in der Ostsee ein.

Die Expedition, inmitten ernster politischer Verwickelungen trotz mancher Zweifel und Widersprüche ausgerüstet, hatte ein großes für alle Zeiten wichtiges Werk durch aufopfernde Arbeit und zähe Thatkraft vollendet, den Deutschen in Ostasien eine feste

---

*) Ein Jahr später ging der jungen Marine wieder ein Glied im Kampfe mit den Elementen verloren. Es war die Korvette „Amazone", die am 29. Oktober 1861 auf einer Uebungsfahrt zur Ausbildung von Seekadetten und Schiffsjungen unter Befehl des Lieutenants zur See 1. Klasse Herrmann Danzig verließ und im November in der Nordsee spurlos verschwand. Die See allein brachte die einzige, nur zu sichere Kunde, daß die „Amazone" an der holländischen Küste gescheitert sein mußte und mit ihr 5 ausgezeichnete Offiziere, 19 junge Kadetten, 1 Arzt, 36 Schiffsjungen und 38 Matrosen, Verwaltungs= und Handwerker=personal den Tod in den Wellen gefunden. Unter den im Dienste Gestorbenen war auch der Stabssergeant Koritzki, attachirt dem See=Bataillon.

Ein von den Hinterbliebenen errichtetes Denkmal wurde auf Befehl des Königs Wilhelm I. im Invalidenpark zu Berlin am 2. November 1862 aufgestellt und am 11. April 1863 eingeweiht. Es ist ein Obelisk, aus schwarzweiß gesprenkeltem schlesischen Granit, der sich über 20 Fuß hoch auf einer dreistufigen Treppenunterlage erhebt. In die vier Seiten des Sockels sind Erztafeln eingefügt, welche in erhabener vergoldeter Schrift die Namen der sämmtlichen verunglückten 114 Seeleute enthalten. Die Vorderseite des Obelisken enthält die Zeitangabe des unglücklichen Ereignisses: „Kriegskorvette „Amazone", November 1861" mit Kreuz und Anker; die Rückseite die Widmung der trauernden Eltern mit dem Kranz, den sie mit den Worten weihen: „Ihren geliebten Kindern die trauernden Eltern".

Basis für ihre Thätigkeit und wirksamen Rechtsschutz zu gewähren. Nicht geringen Antheil hat an diesem Ereigniß von höchster Bedeutung die Marine!

Die an Bord der „Arcona" und „Thetis" eingeschifften Detachements hatten auf dieser zweijährigen Reise manches Interessante erlebt und gesehen. Bot sich der Besatzung der Kriegsschiffe auf hoher See nur geringe Abwechselung, so wurde dieselbe durch den längeren Besuch der fremden asiatischen Städte und Länder umsomehr geboten.

Die Tagesordnung an Bord der Kriegsschiffe. Auf hoher See war die Tagesordnung an Bord der Kriegsschiffe ungefähr folgende: Morgens 10 Minuten vor 4 Uhr wird die Wache „gepurrt", welche um 4 Uhr ablöst; die Hängemattenstauer treten schon 5 Minuten vor 4 Uhr bei den Finkennetzen an. Nach Verstauung der Hängematten werden entweder die Decke mit Sand und Steinen geschrubbt, oder Kleider und Hängematten gewaschen; in beiden Fällen herrscht auf dem Verdeck und in der Batterie eine wahre Sündfluth. Um 6 Uhr werden die Decke gesegt und „Enden heruntergelegt", d. h. alle auf das Verdeck herabhängenden Taue in Schneckenform niedlich aufgerollt, nach Seemannsausdruck „in Scheiben aufgeschossen". Um 6½ Uhr heißt es abermals „Hängematten auf"; die um 4 Uhr abgelöste Wache muß nun auch aufstehen. Um 7 Uhr ist Frühstück, wozu den Mannschaften ½ Stunde gegeben; während der Zeit darf in der Batterie geraucht werden. Gleich nachher kleidet sich die freie Wache für den Tag und erscheint um 7¾ Uhr auf Deck; die abtretende reinigt das Zwischendeck und kleidet sich ebenfalls um. Um 7½ Uhr finden sich die sämmtlichen Aerzte im Lazareth ein, wo Alle, die sich beim Profoß*) krank gemeldet haben, mit Letzterem zur Stelle sind. Der Arzt du jour stattet dem ersten Offizier Rapport über den Gesundheitszustand ab. Kurz vor 8 Uhr muß der Observationsoffizier die Chronometer aufziehen und dem Kommandanten wie dem Offizier der Wache Meldung machen. Der Letztere darf sich vor Empfang dieser Meldung nicht ablösen lassen, ebensowenig der Posten vor der Kapitänskajüte, ehe dieselbe Meldung an den Kommandanten durch den Offizier der Wache erfolgt ist. Um 8 Uhr werden in heißen Gegenden die Sonnensegel und die Windsäcke aufgebracht. — Unterdessen haben die Deckoffiziere ihr Detail durch das ganze Schiff gründlich revidirt und rapportiren darüber dem ersten Offizier. Um 8½ Uhr werden die Waffen und das Holzwerk geputzt, bei schönem Wetter auch die Geschütze losgemacht, und um 9 Uhr ist Inspizirung. Schiff und Mannschaft müssen jetzt für den Tag ihre volle Toilette gemacht haben, schmuck

---

*) Der Profoß hatte auch die körperliche Züchtigung, wenn sie an Bord als Strafe verhängt, zu vollstrecken. Mehr als 30 Hiebe durften nicht ausgetheilt werden. Das dazu benutzte Instrument bestand in einer an dem Ende mit zwei Takelungen versehenen Leine oder Tau von höchstens einem Zoll im Durchmesser.

und ordentlich aussehen. Die Schrubber, Besen und sonstiges Putzzeug sind weggestaut, die Geschütze wieder festgemacht, die Treppen aufgestellt — Alles ist blank und sauber. Sonnabends ist die Musterung erst um 11 Uhr; die dadurch gewonnene Zeit wird zu einer gründlicheren Reinigung des Schiffes benutzt. Dann werden alle Räume, Rumpf und Takelage nachgesehen und, wo nöthig, gekalkt, gelabsalbt, das Kupfergut geschmiert und die Farbe mit Oel abgerieben. Die Mannschaften, nach der Jahreszeit entweder weiß oder in blauer Wolle gekleidet, treten jetzt divisionsweise oder bei den Geschützen mit ihren Waffen an, die Seesoldaten mit ihren Gewehren. Sie werden zunächst von den Unteroffizieren und Kadetten, dann von den Divisionschefs bezw. dem Detachementsführer in Bezug auf Sauberkeit des Körpers, der Kleidung und Waffen gemustert. Der erste Offizier rapportirt darauf dem Kommandanten über das Ergebniß der Musterung, den Zustand des Schiffes, den Verbrauch an Wasser, Proviant ꝛc., über die Vergehen, die Bestrafungen der letzten 24 Stunden, und empfängt dessen Befehle über die zum Rapport zu bestellenden Personen und die im Laufe des Tages vorzunehmenden Arbeiten und Exerzitien. Darauf inspizirt entweder der Kommandant selbst oder nach seinem Ermessen der erste Offizier. Die Musterung erstreckt sich an Wochentagen gewöhnlich nur auf die Mannschaft und verschiebenen Decke, an Sonntagen, wo der Kommandant regelmäßig selbst inspizirt, auch auf die Vorrathsräume und das ganze Schiff. Zur Zeit der Musterung macht auch der Stabsarzt dem Kommandanten seine Meldungen über den Gesundheitszustand. — Unmittelbar nach dem Abtreten der Mannschaft ist Rapportzeit. Alle Personen, vom Unteroffizier abwärts, welche Klagen haben, werden durch den Profoß auf dem Halbdeck an Backbord aufgestellt; der erste Offizier nimmt ihre Klagen und Gesuche entgegen, entscheidet, soweit seine Befugnisse reichen und trägt das Uebrige dem Kommandanten vor. Die Deckoffiziere wenden sich mit ihren Anliegen direkt an den ersten Offizier; die Offiziere und die Beamten von deren Range werden zu gleichem Zwecke vom Kapitän in seiner Kajüte empfangen, wo sie mit Hut bezw. Helm, Epaulettes und Säbel erscheinen müssen.

Die Mannschaft geht gleich nach der Musterung an ihre Exerzitien und Arbeiten; sie exerzirt am Geschütz oder mit den kleinen Waffen. Einmal wöchentlich, gewöhnlich Freitags, wird „Klar Schiff" exerzirt, so bezeichnet man die Kampfbereitschaft vor dem Feinde. — Diese Kampfbereitschaft eintreten zu lassen, war der Kommandant der „Thetis" am 29. August 1860 gegenüber chinesischen Piratendschunken in der Nähe der Küste Chinas gezwungen. Nachdem die „Thetis" diese verfolgt, auch ihnen einige Granaten nachgesandt, nahm die Fregatte ihren alten Kurs wieder auf, ohne diesen Verbrechern gegenüber blutige Erfolge errungen zu haben.

Arbeiten giebt es hundertfältige an Bord eines Kriegsschiffes; da sind Segel und Kartuschen zu machen, Taue zu drehen, Kleider zu flicken u. s. w. Fast alle Reparaturen, aller Bedarf an Segeln und Takelwerk, alle Zimmermannsarbeiten werden an Bord aus dem rohen Material gefertigt. Die Mannschaften müssen ihre Sachen selbst ausbessern; jeder hat für seine Habseligkeiten einen Kleidersack, dessen Inhalt von Zeit zu Zeit nachgesehen wird.

Um 11½ Uhr werden die Exerzitien und die Arbeiten eingestellt, die Decke aufgeräumt und gefegt; eine Viertelstunde später meldet der Schiffskoch sich mit einer Probe des Essens bei dem Offizier der Wache, der es kostet und 5 Minuten vor 12 „Backen und Banken" kommandirt. Im Zwischendeck werden die Tische und Bänke gesetzt, das Essen aufgetragen. Um 12 Uhr heißt es „Schaffen" d. h. Zugreifen. In einer halben Stunde muß „geschafft" sein, dann werden die wachthabenden Mannschaften abgelöst und halten ebenfalls ihre Mahlzeit. Nach dem Essen hat die ganze Schiffsmannschaft eine halbe Stunde freie Zeit, während deren wieder in der Batterie geraucht werden darf. Nur in bringenden Fällen und auf ausdrückliche Erlaubniß des Kommandanten darf die Zeit der Mahlzeiten und die Freizeit abgekürzt werden; letztere dauert Sonntags gewöhnlich bis 4 Uhr. An Wochentagen werden um 1 Uhr die „Backen" geräumt und die Geschirre gereinigt, um 1½ Uhr das Zwischendeck geräumt und gefegt. Von 2 bis 4 Uhr wieder Arbeiten und Exerziren. Um 4 Uhr erhalten die Mannschaften ihre Kleidersäcke und ziehen sich wachenweise für die Nacht um. Um 5 Uhr ist die Abendmusterung, wobei vorzüglich die Gefechtsbereitschaft der Geschütze für die Nacht, die Bereitschaft der Sturmpumpen und der Rettungsbojen ins Auge gefaßt wird. In kaltem Klima und bei drohendem Wetter werden um diese Zeit die Geschützpforten geschlossen und erst am Morgen wieder geöffnet. Nach der Musterung folgen Segelexerzitien und um 6½ Uhr erhält die Mannschaft ihr Abendbrot. Um 7 Uhr werden im Zwischendeck die Tische und Bänke weggestaut, alle Vorbereitungen zum Aufknüpfen der Hängematten getroffen, und die Mannschaft gewöhnlich zur Erholung auf Deck geschickt, damit das Zwischendeck auslüfte. Die Hängemattenstauer rufen auf das Kommando „Hängematten weg" die Nummer jeder einzelnen auf und händigen sie dem Eigenthümer ein. Die freie Wache zieht sich zurück. Nachdem die wachthabenden Leute verlesen und die nöthigen Posten ausgestellt sind, werden die Hängemattenkleider übergezogen, die dienstfreien Mannschaften der Wache in die Batterie beordert und 10 Minuten nach 8 Uhr alle Lichter der Mannschaft unter Aufsicht des Profoßes gelöscht. Um 10 Minuten nach 9 Uhr geht der erste Offizier mit dem Unteroffizier der Seesoldaten du jour, den Kadetten der verschiedenen Decke, allen Deckoffizieren und dem Profoß die erste Nachtronde, rapportirt dem Kommandanten und erhält dessen Befehle für die Nacht und den folgenden Morgen. Hierauf ertheilt er selbst den auf dem Halbdeck versammelten Ka-

betten die nöthigen Instruktionen und „wahrschaut" dem wacht=
habenden Offizier, wann ihm der Kommandant die schriftlichen
Befehle für die Nacht geben will. Von da an bis zum Aufstehen
des Kommandanten fungirt der Offizier der Wache im weiteren
Sinne als dessen Stellvertreter und hat ihm oder dem ersten Offi=
zier nur das besonders Befohlene oder sehr wichtige Vorfälle zu
melden. Die ganze Nacht durch geht der Kadett der Wache mit
einem Feuerwerksmaat und dem wachthabenden Unteroffizier der
Seesoldaten halbstündige Nachtronden durch das ganze Schiff. Um
10 Uhr müssen alle Lichter bei den Offizieren, mit Ausnahme der
ausdrücklich gestatteten, gelöscht werden.

So ist ungefähr der tägliche Dienst auf See, je nach den
örtlichen Verhältnissen und Aufgaben nicht gleichmäßig eingehalten,
verschieden gegen den Dienst an Bord des im Hafen liegenden
Kriegsschiffes.

Den munteren Geist der Mannschaft rege, die Langeweile
fern zu halten, wird in den Freizeiten viel Gesang und Musik
getrieben. Ist kein Musikkorps an Bord, so finden sich bald solche
zusammen, die die edle Kunst ausüben und es auch während der
Reise zu einer gewissen Fertigkeit bringen. Die Freizeit, namentlich
am Sonntag, wird zum Tanzen, vielleicht auch zum Fischfang
benutzt. So wurden namentlich am 24. August 1860 im chinesischen
Meere zum großen Jubel der Mannschaft der „Arcona" drei der
so gefräßigen Haifische geangelt und an Bord geholt. Die Un=
geheuer, die im Triumph von der Mannschaft über das Deck nach
vorn geschleppt wurden, schlugen und schnappten gewaltig um sich,
wobei von einem der verendenden Fische der Führer des Seesoldaten=
Detachements, Lieutenant v. Imhoff, einen Schlag an das Bein
erhielt, der ihn für einige Zeit lahm machte.

Die Seesoldaten, mit dem ärztlichen Personal, den Inten=
danturbeamten, Geistlichen und etwaigen Passagieren, gemeinsam
von den Matrosen mit dem Schmeichelnamen „Badegäste" be=
zeichnet, werden für den Dienst an Bord mit in die Wachen ver=
theilt, müssen bei allen Segelmanövern mit Hand anlegen. Sie
beziehen außerdem die Posten vor der Kapitänskajüte und Offiziers=
messe sowie im Hafen, vor Anker, am Fallreep, auf der Kommando=
brücke und an anderen Stellen. Vornehmlich dient das Detachement
zur direkten Vertheidigung des Schiffes im Nahgefecht und als
Kern der landenden Abtheilungen. Haben diese auch während der
langen Reise der „Arcona" und „Thetis" nicht Gelegenheit gehabt,
in den fremden Landen den Einwohnern mit der Gewalt ihrer
Waffen direkt feindlich gegenüber zu treten, so haben doch Theile
derselben, größere Wachen ꝛc. durch ihre Anwesenheit und ihr Auf=
treten Bedeutendes zur Sicherheit des preußischen Gesandten und
seiner Mission, namentlich den allen Fremden feindlich gesinnten
Japanern gegenüber, beigetragen.

Die „Arcona" war am 4. September 1860 auf der Rhede Landung in
von Yeddo (Japan) angekommen. Am Sonnabend, den 8. Sep= Japan.

tember, beabsichtigte der Gesandte an Land zu gehen. Um Mittag
bestieg man die Boote, welche — in Kreuzesform geordnet — auf
das Land zuruderten, während die mit Flaggen festlich geschmückte
„Arcona" den schuldigen Salut gab. Vorauf fuhr die erste
Pinasse, dann der Kutter, dann die Gig des Geschwaderchefs mit
dem Gesandten, dann die zweite Pinasse, auf den Flanken die
beiden Barkassen. Alle Boote waren armirt. Die Fahrt — fünf
Seemeilen — nahm bei dem schlechten Wetter und der starken
Bemannung fast zwei Stunden in Anspruch. Am Landungsplatze
liefen sämmtliche Boote der Gig vor, welche zuletzt anlegte; die
Seesoldaten und Matrosen wurden ausgeschifft und bildeten
Spalier. Graf Eulenburg bestieg, von mehreren japanischen
Staatsbeamten begrüßt, mit seinen Begleitern die bereitgehaltenen
Pferde und der Zug setzte sich in Bewegung: vorn die Musik der
„Arcona", das Preußenlied spielend, dann ein Detachement von
40 Seesoldaten, dann der Gesandte mit dem Kommodore, gefolgt
von den übrigen Herren vom Civil und einigen Marineoffizieren,
zuletzt ein Detachement Matrosen. Der Zulauf der Bevölkerung
war nicht so groß, als man erwartet hatte, und die Musik schien
viel weniger Eindruck zu machen, als die Bewaffnung und
militärische Haltung der Seesoldaten. Den Japanern verbietet
ein Gesetz jede Entblößung der Klinge auf der Straße, so mußten
die blanken Waffen unserer Seesoldaten und der gezogene Säbel
des kommandirenden Offiziers, Lieutenants v. Imhoff, wohl einiges
Aufsehen erregen. Angekommen an dem dem Gesandten zuge=
wiesenen weitläufigen Gebäude, marschirten die Seesoldaten und
Matrosen in den Hof und hißten unter militärischem Salut die
preußische Flagge an dem dort aufgerichteten Mast, als Zeichen
der Besitznahme des Gebäudes durch die Gesandtschaft. Viel
Interesse erregte den Japanern, wie auch später 1862 den Siamesen,
die Bewaffnung der Mannschaft mit dem Zündnadelgewehr. Sie
äußerten gleich den Wunsch, ein solches zu sehen und erfaßten sehr
schnell das Prinzip des Mechanismus.

Die Seesoldaten und Matrosen hatten sich noch an demselben
Abend unter Führung ihrer Offiziere wieder an Bord begeben,
nur eine Wache von Seesoldaten zum Schutze des Gesandten in
dem Gesandtschaftsgebäude zurücklassend. Die Wache hatte den
Gesandten auch bei seinen offiziellen Besuchen zu begleiten.

Auch am 19. November 1860 wurden zur Beiwohnung einer
Feierlichkeit — Einweihung eines russischen Denkmals in Kanagava —
80 Seesoldaten und 220 Matrosen der „Arcona" und „Thetis"
ausgeschifft, welche „Thetis" von Jeddo dorthin gebracht.

Da aber die feindliche Stimmung der Japaner gegen alle
Fremden Anfang des Jahres 1861 mehr und mehr zunahm, die
Regierung sogar eine Verschwörung gegen die in Jeddo ansässigen
Ausländer entdeckt haben wollte, deshalb zum Schutze der Lega=
tionen besondere Vorsichtsmaßregeln getroffen habe, so schickte
Kapitän Sundewall noch 10 Seesoldaten der „Arcona" und

einige von der „Thetis" mit Munition und Signalraketen, so daß
das Gesandtschaftsgebäude jetzt eine Wache von 20 Seesoldaten
hatte. Auf den Kriegsschiffen hielt man Alles zur armirten Landung
bereit und stellte Posten auf, die beständig nach den Signalen
ausschauen mußten. In der Nacht zum 4. Januar 1861 kam es
dann beinahe zum Zusammenstoß mit den Japanern: der Unter=
offizier der Landwache wollte die Posten revidiren und begegnete
in tiefer Dunkelheit einer japanischen Patrouille; beide Theile
glaubten auf den Feind zu stoßen; schon knackten die Pistolen=
hähne des Unteroffiziers und die Schwerter der Japaner fuhren
blitzend aus den Scheiden, als man sich zum Glück noch erkannte.
Der Haß der fremdenfeindlichen Japaner führte denn auch am
15. Januar zur Ermordung eines Holländers, der, als Attachee
der amerikanischen Gesandtschaft, der preußischen Expedition bei
Ebnung der Wege zur Abschließung eines Vertrages mit Japan
besonders behülflich gewesen war. Für den 18. war das feierliche
Leichenbegängniß von dem amerikanischen Gesandtschaftsgebäude
aus angesetzt. Zum Leichenbegängniß waren außer holländischen
Seesoldaten von der Kriegsbrigg „Cachelot" 20 Seesoldaten,
20 Matrosen und das Musikkorps kommandirt, denen sich Kapitän
Jachmann mit vielen Offizieren, Beamten und Kadetten der
beiden Kriegsschiffe anschloß, um dem Gemordeten die letzte Ehre
zu erweisen. Kapitän Sundewall blieb wegen Unwohlseins
an Bord.

Das Detachement wurde auf die Nachricht der japanischen
Obrigkeit, daß ein Angriff der Verschworenen auf das Leichen=
begängniß beabsichtigt, die Obrigkeit aber für nichts einstehen
könne, sofort um 10 Mann von der Wache des Gesandten ver=
stärkt und erhielt den Befehl, scharf zu laden. Der Gesandte und
seine Begleiter bewaffneten sich mit Säbeln und Revolvern.
Kapitän Sundewall, welchem die Nachricht von dem beabsichtigten
Ueberfall mitgetheilt worden war, schickte die Barkassen und
Pinassen der beiden Kriegsschiffe armirt nach dem Landungsplatz,
um für alle Fälle bereit zu sein. Der Tag verging jedoch ohne
Störung. War ein Angriff beabsichtigt gewesen, so ist er wohl
nur wegen der drohenden Reihe der den Zug begleitenden Ba=
jonette unterblieben. Die Feier war durchgesetzt, nicht bloß um
dem Verstorbenen die letzte Liebespflicht zu erweisen, sondern auch
um die Ehre der Flaggen zu wahren. Neun Monate später, als
die Expedition nach Abschluß des chinesischen Vertrages in Peking
weilte, ließen die dortigen Behörden den Gesandten bitten, die
als Ordonnanzen mitgenommenen Seesoldaten nicht mit Helm
und Seitengewehr in den Straßen erscheinen zu lassen; bei dem
Leichenbegängniß in Jeddo marschirten über 70 militärisch be=
waffnete Seeleute, ihre Offiziere und die Diplomaten in ge=
schlossenen Gliedern umgebend, in drohender Haltung, den War=
nungen der Obrigkeit, wie dem Hohn der Menge trotzend, durch

die Hauptstadt des Landes. In der That demüthigend für die stolzen Japaner.

Nach den Ereignissen dieser letzten Tage war nicht an dem Ernst der Lage zu zweifeln. Kapitän Jachmann ließ noch 10 Seesoldaten von der „Thetis" in dem Gesandtschaftsgebäude, auch kommandirte Kapitän Sundewall zum Schutze der französischen Gesandtschaft eine Abtheilung preußischer Seesoldaten, welch letztere, als der französische und englische Gesandte sich am 26. Januar 1861 nach Yokohama einschifften, den französischen Gesandten bis zum Landungsplatz geleiteten. In einem an den Führer des Seesoldaten-Detachements gerichteten Schreiben drückte der französische Geschäftsträger, Herr v. Bellecourt, seine dankbare Zufriedenheit mit deren Führung und Wachsamkeit aus.

Am 28. Januar 1861 verabschiedete sich der Gesandte Graf Eulenburg von den japanischen Behörden, ritt unter Eskorte des 40 Mann starken Seesoldaten-Detachements nach dem Landungsplatz. Nachdem die Seesoldaten in Reihe aufmarschirt und präsentirten, stieß die Gig mit dem Gesandten unter dem Hurrah aller Anwesenden nach der „Arcona" ab. Am 29. dampfte die „Arcona" aus dem Golf von Yeddo und dann gemeinsam mit der „Thetis" am 31. von Yokohama nach Nagasaki ab.

Manch Interessantes sahen und erlebten die Besatzungen der Schiffe noch auf ihren weiteren Fahrten in Shang-Hae, Hongkong und Bangkok; sie hatten oft Gelegenheit in den Tropengenüssen leichtsinnig zu schwelgen, hatten dann aber auch die Folgen zu tragen.

Nicht Alle, die Ende 1859 den heimathlichen Hafen verlassen, kehrten dorthin wieder zurück. Die ertragenen klimatischen Strapazen forderten noch auf der Rückreise manches Opfer. So erlagen sämmtliche (sechs) als Ordonnanzen zur Gesandtschaft kommandirt gewesenen Seesoldaten noch vor Rückkehr der Schiffe den Nachwirkungen des verderbenbringenden Klimas von Tien-Tsin. So starb auch der Detachementsführer des Seesoldaten-Detachements auf der „Thetis", Sekondlieutenant Schönlank, auf der Heimreise am 12. Mai 1862 und fand mit anderen sein Grab im tiefen Meer.

Vor Shang-Hae hatten die Kriegsschiffe am 1. März 1861 die Trauerbotschaft von dem Heimgange Seiner Majestät des Königs Friedrich Wilhelm IV. erhalten, worauf von den Offizieren und Mannschaften sofort der Eid der Treue für Seine Majestät König Wilhelm I. geleistet wurde. Am 5. März ließ der Kommodore auf den beiden Schiffen „Arcona" und „Thetis" von 6 Uhr Morgens an den Trauersalut von 66 Schüssen in Zwischenräumen von fünf Minuten feuern. Nach Beendigung desselben kleideten sich beide Schiffe in festlichen Flaggenschmuck und feuerten den Königlichen Salut in rascher Folge, während das Personal der Gesandtschaft, das Offizierkorps und die Beamten in Gala, die Mannschaft im Paradeanzug auf Deck Seiner Majestät König Wilhelm I. ein dreifaches donnerndes Hoch brachten. —

Albrecht Graf v. Roon
General-Feldmarschall, Marine-Minister 1861-1871

Albrecht v. Stosch
General der Infanterie z.D. (mit dem Range eines Admirals)
à la suite des See-Offizier-Korps und à la suite des I.See-Bataillons.
Chef der Admiralität 1872-1883

Leo v. Caprivi
General der Infanterie u. Chef des Inf. Regts. Herzog
Friedrich Wilhelm von Braunschweig (Ostfriesisches) N° 78
Chef der Admiralität 1883-1888.

Alexander Graf v. Monts
Vice-Admiral,
Kommandirender Admiral der Marine 1888-1889

Max Freiherr v.d.Goltz
Vice-Admiral
Kommandirender Admiral der Marine

Helmuth Graf v. Moltke
General-Feldmarschall,
Chef des Kolberg'schen Grenadier-Regts. Graf Gneisenau
(2.Pommersches) N° 9 u. à la suite des I. See-Bataillons

III. Unter König Wilhelm I.

a. Von 1861 bis zur Beendigung des Krieges 1866.

Am 2. Januar 1861 starb König Friedrich Wilhelm IV. Tod König Friedrich Wilhelms IV. nach langem schweren Leiden. König Wilhelm I. bestieg den Thron seiner Väter, nachdem ihm bereits seit dem 23. Oktober 1857 Thronbesteigung König Wilhelms I. die Stellvertretung des erkrankten Königs, seit dem 7. Oktober 1858 die Regentschaft übertragen worden war.

Am 3. Januar 1861, Mittags 1 Uhr, leistete das See=Bataillon mit den noch in Danzig garnisonirenden Marinetheilen dem neuen Kriegsherrn in Danzig auf dem Seegerthorplatz den Eid der Treue.

Wie für die Reorganisation des preußischen Heeres, so trat auch König Wilhelm durch seine Regierung für die schnellere Erweiterung und Vermehrung der preußischen Flotte ein. Preußens Großmacht bedingte eine Stärkung nicht nur seines Landheeres, sondern auch seiner Wehrkraft zur See, sollte dieselbe nicht bei etwaiger Verwickelung mit seemächten Mächten diesen mit unzureichenden Mitteln entgegentreten. Die auf heimischen Werften begonnenen Schiffsbauten sollten schneller gefördert, Panzerschiffe gleich den anderen Seemächten beschafft und an der Küste Rügens ein Kriegshafen angelegt werden. Die dazu geforderten Gelder, im Jahre 1862 dem Abgeordnetenhause zur Bewilligung vorgelegt, wurden ebenso wie die Forderung zur Aufrechterhaltung des Heerbestandes vom Abgeordnetenhause versagt. Zwar konnte hierdurch die Förderung der Marine an sich nicht aufgehalten werden, aber die Versagung größerer Mittel führte doch dazu, daß der Bau der nöthigen Kriegsschiffe nur langsam vor sich ging. So kam es, daß Preußen in dem Kriege 1864 dem Königreich Dänemark wieder mit unzulänglicher Flotte entgegentreten mußte.

Betreffs innerer Organisation der Marine hatte eine Aller= Veränderung der Organisation der obersten Marinebehörde. höchste Ordre vom 16. April 1861 die im März 1859 reorganisirte Centralbehörde, die Admiralität, wieder aufgehoben, ihre Verwaltungsangelegenheiten einem Marineministerium übertragen, welches vom König zum Kriegsminister, Generallieutenant v. Roon,*) zugleich als Marineminister übergeben wurde. Das Oberkommando der Marine sollte fortbestehen und der Befehlshaber der Marine weiter Inspekteur des Marinewesens bleiben.

Der Juni 1862 brachte eine anderweitige Organisation der Die Marinestations-Kommandos. Marinestations=Kommandos, des der Ostsee und des seit Erwerbung des Gebietstheiles am Jadebusen errichteten Stations=Kommandos der Nordsee. Die Marinewerften und -division waren hiernach direkt dem Marineministerium unterstellt; die Matrosen=Division mit der Schiffsjungen=Division, die Werft=Division, die Stabswache,

---

*) Siehe Anlage 4, 2.

das See-Bataillon mit den See-Artillerie-Kompagnien unterstanden dem Marinestationschef.

Die Kriegs-schiffe der Marine 1863. An Kriegsschiffen besaß die preußische Marine Ausgang 1863:

I. An Dampfern:
1. die Korvetten „Arcona", „Gazelle", „Vineta",*) „Nymphe", „Barbarossa" (Wachtschiff in Danzig);
2. die Avisos „Preußischer Adler"*) und „Loreley";
3. die Yacht „Grille";
4. 4 Kanonenboote 1. Klasse;
5. 17 Kanonenboote 2. Klasse;
6. 2 Bugsirdampfer;
im Ganzen 31 Dampfer mit 164 Kanonen.

II. An Segelschiffen:
1. die Fregatten „Gefion", „Thetis", „Niobe"*);
2. die Briggs „Musquito", „Rover", „Hela";
3. zwei kleine Schooner;
im Ganzen 8 Fahrzeuge mit 144 Kanonen.

III. An Ruderfahrzeugen**):
1. 36 Kanonenschaluppen;
2. 4 Kanonenjollen;
im Ganzen 40 Fahrzeuge mit 76 Kanonen.

Von diesen 79 Kriegsfahrzeugen konnten jedoch nur die 31 Dampfschiffe mit ihren 164 Kanonen als kriegsbrauchbar gelten. **Das seemänn-liche Personal.** Das hierzu zur Verfügung stehende Personal, abgesehen vom See-Bataillon und der See-Artillerie, bestand aus 1 Admiral (Prinz Adalbert), 3 Kapitäns zur See, 7 Korvettenkapitäns, 18 Kapitän-lieutenants, 34 Lieutenants zur See und 15 Fähnrichen zur See, 20 Seekadetten, 60 Deckoffizieren, 1022 Unteroffizieren, Matrosen und 300 Schiffsjungen.

Ursachen des Krieges 1864 gegen Dänemark. Durch den Tod des Königs Friedrich VII. von Dänemark am 15. November 1863 war die schleswig-holsteinische Frage wieder in den Vordergrund getreten.

Entgegen einem feierlichen Versprechen ließen die Dänen sich hinreißen, dem Herzogthum Schleswig eine mit Dänemark gemein-same Verfassung zu geben, um es so von dem zum deutschen Bund

---

*) „Nymphe" ist am 15. April 1863 von Stapel gelaufen; „Niobe" 1862 von der englischen Marine angekauft; „Preußischer Adler" 27. No-vember 1877, „Vineta" 15. August 1884 aus der Liste der Kriegsfahrzeuge gestrichen.
**) Die Kanonenschaluppen hatten zwei, die Kanonenjollen ein schweres Geschütz mit einer Bemannung von 60 bis 40 Köpfen, die jedoch nicht dauernd an Bord unterzubringen war. Zum Ruhen in der Nacht mußte immer die eine Hälfte der Besatzung an Land gehen, wozu Zelte mit-gebracht wurden. Jedes Boot hatte etwa 30 Ruder und zu jedem ge-hörten zwei Mann, aber nur mit großer Anstrengung legten die Boote zwei Meilen zurück. Zur Beschleunigung der Fahrt setzten diese Kanonen-boote oft Segel, man ruderte dann aber gleichzeitig.

gehörigen Holstein vollständig zu trennen. Preußen und Oester=
reich, die Dänemarks Rechte in Bezug auf Schleswig wohl aner=
kannten, vermochten jedoch jenen Rechtsbruch nicht zu dulden und
erklärten an Dänemark den Krieg.

Am 8. Dezember 1863*) verfügte, nachdem Ende November
schon für einen Theil der Armee die Mobilmachung ausgesprochen,
eine Allerhöchste Ordre auch die Kriegsbereitschaft der Seestreit=
kräfte.

*Kriegs=
bereitschaft der
Marine.*

Für die Seeoperationen in der Ostsee standen, da ein Theil
der vorhandenen Schiffe noch im Bau, ein Theil sich auswärts
stationirt fand, zunächst nur 23 Kriegsdampfer mit 117 Geschützen
und 22 Ruderschiffen (Kanonenbooten und Kanonenjollen) mit zu=
sammen 40 Geschützen zur Verfügung. Außer drei Korvetten waren
dies nur kleine Fahrzeuge — meist Kanonenboote —, welche bei
unruhiger See viel an Schnelligkeit und an Sicherheit ihres Feuers
einbüßten.

An Personal waren außer den Seeoffizieren, Kadetten, der
Matrosen=, Werft= und Schiffsjungen=Division, das See=Bataillon
mit 22 Offizieren, 611 Mann, die dem See=Bataillon attachirten
zwei See=Artillerie=Kompagnien mit 8 Offizieren, 304 Mann und
die Stabswache mit 24 Stabsfeldwebeln und Stabssergeanten vor=
handen.

*Personenstand
des See=
Bataillons und
der See=
Artillerie.*

Bewaffnet war das See=Bataillon seit dem Frühjahr 1862
mit dem Füsiliergewehr M/60.

*Bewaffnung des
See=Bataillons.*

Der Mobilmachungsbefehl für das See=Bataillon und die
See=Artillerie traf am 12. Dezember 1863 beim Kommando des
See=Bataillons in Danzig mit dem gleichzeitigen Befehl ein, von
der Marine=Reserve 25 Unteroffiziere,
9 Spielleute und 328 Gemeine zur Komplitirung des See=Ba=
taillons, 10 Unteroffiziere, 61 Gemeine für die See=Artillerie=
Kompagnien einzuziehen. Weiter verfügte das Kommando der
Marinestation die Bereitstellung der Seesoldaten=Detachements zur
Einschiffung auf der

Mobilmachung.

Korvette „Arcona" mit 1 Sekondlieutenant, 1 Sergeanten,
2 Unteroffizieren, 2 Spielleuten, 33 Gemeinen,
auf der Korvette „Nymphe" mit 1 Sergeanten, 1 Unteroffizier,
1 Spielmann, 14 Gemeinen,
und von Abtheilungen zur Bemannung der 18 Kanonenschaluppen
und 4 Kanonenjollen: 2 Premierlieutenants, 12 Sergeanten, 28 Unter=
offiziere, 6 Spielleute, 400 Mann, zum Theil vom See=Bataillon,
zum Theil von den See=Artillerie=Kompagnien zu geben.

Beim See=Bataillon trafen von der Seewehr des See=Bataillons
im Dezember der Premierlieutenant Foerstner, der dann als
Adjutant des Werftdirektors kommandirt, und der Sekondlieutenant
v. Ramin ein; zur Komplitirung der See=Artillerie=Kompagnien

---

*) Der Krieg gegen Dänemark 1864, herausgegeben vom Großen
Generalstabe, Berlin.

waren nach Mittheilung des Oberkommandos der Marine die Sekondlieutenants Heimbrod und Peisker seitens der General= inspektion der Artillerie der Armee angewiesen, sich beim Bataillon zu melden.

Obgleich sich in Danzig das Kommando der Marinestation der Ostsee, sowie der größte Theil der für die Flotte bestimmten An= lagen, Werkstätten und Vorräthe befanden, entschloß man sich bei Ausbruch des Krieges dazu, die Seestreitkräfte in Swinemünde und in Stralsund, dem Standorte der Kanonenboote und Ruderfahr= zeuge, zu versammeln.

Zu Stralsund war im Dezember ein Flottillenkommando er= richtet und dem Kapitän zur See Kuhn übertragen worden; als Adjutant desselben wurde Premierlieutenant Krause des See= Bataillons kommandirt.

Mitte März 1864, bei Beginn der Seeoperationen, waren die preußischen Seestreitkräfte wie folgt vertheilt:

A. Ein Geschwader, bestehend aus „Arcona", „Nymphe" und „Grille" in Swinemünde. Die „Vineta" vereinigte sich mit dem Geschwader am 21. Mai 1864.

An Bord der „Arcona" befanden sich seit dem 22. Februar 1864 eingeschifft: Sekondlieutenant Freund, 3 Unteroffiziere, 2 Spiel= leute, 33 Seesoldaten;

an Bord der „Vineta": Sekondlieutenant v. Heydebreck, 5 Unteroffiziere, 2 Spielleute, 34 Seesoldaten;

an Bord der „Nymphe": 2 Unteroffiziere, 1 Spielmann, 14 Seesoldaten.

B. Die Flottille:

a) operirender Theil: „Loreley", I., II. und III. Flottillen= Division, bestehend aus je sechs Dampf=Kanonenbooten in Stralsund;

b) stationärer Theil: bestehend aus der IV. Flottillen=Division mit 12 Ruder=Kanonenbooten (Kanonenschaluppen) und 4 Kanonenjollen und der V. Flottillen = Division mit 6 Ruder = Kanonenbooten (Kanonenschaluppen), beide in Stralsund.

Der IV. Flottillen = Division standen zwei, der V. Flottillen= Division ein Bugsir=Dampfboot zur Verfügung.

Zur Besatzung dieser IV. und V. Flottillen = Division gingen am 19. März 1864 die Sekondlieutenants Peisker und Heimbrod als Detachementsführer mit 298 Mann des See=Bataillons und 70 Mann der 1. See=Artillerie=Kompagnie von Danzig nach Stral= sund ab, wo noch von der 2. See=Artillerie=Kompagnie 70 Mann hinzutraten.

Dem Geschwader attachirt, aber nicht zu Operationen bestimmt, befanden sich die Segelfregatte „Niobe", die Segelbriggs „Mus= quito" und „Rover", am 16. November 1863 von einer Uebungs= reise in der Nordsee zurückbeordert, in Swinemünde stationirt. An

Bord der „Niobe" befanden sich 3 Unteroffiziere, 2 Spielleute, 20 Seesoldaten.

Ein Geschwader: der Aviso „Preußischer Adler", an Bord 2 Unteroffiziere, 3 Gefreite, 9 Seesoldaten, die beiden Dampf= kanonenboote „Basilisk" und „Blitz", kreuzte Herbst 1863 im Mittelmeer, traf aber, infolge eines am 3. Dezember erlassenen Befehls, am 4. Mai 1864 in der Elbemündung ein, während die aus Ostasien am 23. Februar 1864 zurückberufene „Gazelle", an deren Bord sich der Premierlieutenant Mebes mit 3 Unteroffizieren, 2 Spielleuten, 33 Seesoldaten befand, die heimischen Gewässer erst nach Beendigung der Feindseligkeiten erreichte.

Im Laufe des Krieges trat noch die Glattdeckskorvette „Augusta" hinzu, welche, am 3. Juli 1864 in Bremerhaven in Dienst gestellt, ihre Mannschaften von dem damals in Reparatur befindlichen „Preußischen Adler" und der außer Dienst gestellten V. Flottillen= Division erhielt. Vom See=Bataillon waren dann 2 Unteroffiziere, 1 Spielmann, 14 Seesoldaten an Bord. Nach der zweiten Waffen= ruhe kommt am 14. September 1864 auch noch die Glattdecks= korvette „Victoria" in Zuwachs; sie erhielt ein gleiches Seesoldaten= Detachement wie die „Augusta".

Von den österreichischen Seestreitkräften wurde erst am 20. Fe= bruar 1864 ein Geschwader in Dienst gestellt, welches erst im Mai bezw. Juli in der Nordsee gegen Dänemark auftrat. Die österreichi= schen Seestreit= kräfte.

Dänemark selbst verfügte im Ganzen über 31 Dampfer mit 502, 12 Segelschiffen mit 427 und 50 Ruderfahrzeugen mit 100 — im Ganzen über 93 Kriegsfahrzeuge mit 1029 Geschützen. Die dänischen Seestreitkräfte.

Die mobilen Seestreitkräfte sollten zur Deckung der rück= wärtigen Verbindungen der durch die Herzogthümer Schleswig= Holstein vorrückenden Verbündeten mitwirken. Man hatte dazu die Kanonenbootsflottille im Hafen von Stralsund vereinigt, während das gegen feindliche Blockadeschiffe zu verwendende Geschwader Swinemünde als Standort erhalten hatte. Die Witterungsver= hältnisse verhinderten vorerst jedoch jedwede Thätigkeit der Flotte. Da zudem im Februar bereits einzelne Schiffe des dänischen „Ge= schwaders im östlichen Theile der Ostsee" zwischen den dänischen Inseln und der deutschen Küste streiften, das Geschwader selbst sich am 1. März auf der Höhe von Dornbusch bei Rügen sammelte, um von dort die bei Stralsund und Swinemünde liegende preu= ßische Kriegsflotte zu überwachen, so mußte auf eine Mitwirkung der Flotte bei den Operationen der verbündeten Feldarmee ver= zichtet werden, zumal die preußische Flotte allein einen Kampf mit dem übermächtigen dänischen Geschwader nicht aufnehmen konnte. Beginn der Seeoperationen

Das dänische Geschwader sollte von Anfang März an die deutschen Ostseehäfen blockiren, hat dies aber im ganzen Kriege nicht durchführen können, denn nach wie vor verkehrten zahlreiche Handelsschiffe in den preußischen Häfen der Ostsee. Preußischer= seits faßte man nunmehr eine gemeinschaftliche Thätigkeit der im Hafen von Stralsund liegenden Kanonenboots=Flottille und des im Hafen von Swinemünde vereinigten Geschwaders gegen die dänischen Blockadeschiffe ins Auge. Bereits am 16. März rekognoszirte Kapitän zur See Jachmann, Chef des Geschwaders, mit der „Arcona" und „Nymphe" über die Greifswalder Oie hinaus, bemerkte auf der Rückkehr in östlicher Richtung drei dänische Schiffe, verzichtete jedoch wegen vorgerückter Tageszeit auf einen Angriff.

Nachdem die „Arcona" und „Nymphe" Swinemünde wieder am Seegefecht bei Jasmund am 17. März 1864. 17. März, 7¹/₂ Uhr Morgens, verlassen, kamen ihnen acht Seemeilen nordöstlich Stubbenkammer gegen 12¹/₄ Uhr Mittags feindliche Schiffe in Sicht. Es war dies das dänische Geschwader, bestehend aus den Schiffen „Skjold", „Själland", „Heimdal", „Thor" und „Tordenskjold". Trotz der augenscheinlich großen Ueberlegenheit des dänischen Geschwaders befahl Kapitän Jachmann sofort den Angriff. Er rechnete bei dem ruhigen Wetter sowohl auf die Mitwirkung der anwesenden preußischen Kanonenboots-Division, welche gleichzeitig mit den Dänen im Westen in Sicht kam, sowie auf die größere Schnelligkeit der preußischen Schiffe. Durch ein Mißverständniß jedoch zog sich die Kanonenboots-Division, anstatt sich zur Deckung des Rückzugsgefechts bei der Greifswalder Oie aufzustellen, weiter an der Granitz unter das Land zurück, von wo sie das Gefecht nicht unterstützen konnte. „Arcona", „Nymphe" und „Loreley" (Flaggschiff der Kanonenboots-Flottille) führten nun allein von 2¹/₂ bis 5 Uhr den Geschützkampf gegen das dänische Geschwader. Gegen 5 Uhr erreichten „Arcona" und „Nymphe" die Greifswalder Oie; die Dänen folgten, doch wurde ihr Feuer immer schwächer; in der Höhe von Streckels Berg gaben sie die Verfolgung auf. Die „Loreley" war bereits um 4 Uhr nach Thießow zurückgegangen.

Die preußischen Verluste bezifferten sich auf 5 Todte und 8 Verwundete. Die Seesoldaten-Detachements hatten keine Verluste erlitten.

Die Schiffe waren arg durch feindliche Schüsse mitgenommen. So hatte „Arcona" fünf in den Rumpf erhalten, eine Granate hatte das Deck zerschlagen und in der Batterie einigen Schaden angerichtet, außerdem war die Takelung zerschossen. Die „Nymphe" hatte 19 Schuß in den Rumpf, 4 durch Verschanzung, Schornstein und Dampfrohr, etwa 50 durch das Takelwerk erhalten. — Bereits am 19. März ging aber die „Arcona" wieder von Swinemünde auf die Rhede hinaus.

Hatte das kleine Geschwader in diesem Gefecht auch keinen Erfolg errungen, so war es den Dänen auch nicht gelungen, ihre Uebermacht zur Geltung zu bringen. Der Tag war insofern auch von hoher Bedeutung, als die junge Marine damit ihre Feuertaufe erhalten und sich das kleine Geschwader durch den Angriff des dreifach überlegenen Gegners unsterbliche Lorbeeren errungen hatte. Beförderungen, Orden und Ehrenzeichen nebst huldvoll anerkennenden Worten König Wilhelms I. wurden dem Geschwader zu Theil. Kapitän zur See Jachmann wurde noch am 18. März zum

Kontre-Admiral befördert. So erhielten auch als Anerkennung ihres tapferen Verhaltens vom See-Bataillon der Sekondlieutenant Freund den Rothen Adler-Orden 4. Klasse mit Schwertern, der Seesoldat Werner, an Bord Seiner Majestät Schiff „Arcona", das Militär-Ehrenzeichen und die österreichische Tapferkeitsmedaille und der Sergeant Sänger, Führer des Seesoldaten-Detachements an Bord Seiner Majestät Schiff „Nymphe", eine Allerhöchste Belobigung.

Der Plan, die Landarmee bei ihren Unternehmungen durch die Flotte zu unterstützen, wurde durch den Oberbefehlshaber, Admiral Prinz Adalbert, am 27. März wieder aufgenommen, indem der Prinz-Admiral am 29. bei Stralsund eine Streitmacht von 28 Dampfern versammelte, um damit die Fahrt nördlich um Alsen herum auszuführen. Stürmisches Wetter verhinderte aber das Auslaufen der Flotte.

Um die Mitte April wurde endlich die Absicht, die Flotte bei den Unternehmungen des Landheeres wirken zu lassen, endgültig aufgegeben. Besonders entscheidend war hierfür die große Ueberlegenheit, welche der Gegner jeden Augenblick bei Rügen zu vereinigen vermochte. Von großer Bedeutung war es aber immerhin, daß es der Flotte gelang, den wichtigsten Theil der feindlichen Seestreitkräfte zu fesseln. Sie unterstützte dadurch wenigstens indirekt die Operationen des verbündeten Heeres.

Am 14. April unternahm die „Grille" eine Erkundungsfahrt mit dem Prinz-Admiral an Bord in der Richtung auf Jasmund, wobei Nachmittags ein dänisches Geschwader, bestehend aus „Skjold" und „Själland", nordöstlich in Sicht kam. Nach 2½ stündigem Feuergefecht ließen die Dänen von der Verfolgung der „Grille" ab, die, während des Gefechts nach Süden steuernd, in der Richtung nach Dievenow dampfte und erst nach Eintritt der Dunkelheit wieder in Swinemünde anlangte. Die Dänen hatten dem schwach ausgerüsteten Schiffe nichts anhaben können. *Seegefecht der „Grille" am 14. April.*

Schon am 24. April ging der Prinz-Admiral wieder mit der „Grille" und 4 Kanonenbooten 1. Klasse von Stralsund der an demselben Tage bei Dornbusch in Sicht kommenden dänischen Fregatte „Tordenskjold" entgegen, welches Fahrzeug dann nach Norden steuerte. Während der Kanonenboote unter Land blieben, folgte die „Grille" bis halbwegs Möen, wobei sich ein erfolgloses Feuergefecht auf große Entfernung entspann, das nach 1½ Stunden seitens der „Grille" abgebrochen wurde. *Seegefecht der III. Flottillen-Division bei Dornbusch am 24. April.*

Auch „Vineta" wechselte 2 bis 3 Seemeilen vor dem Hafen von Neufahrwasser am 30. April einige Schüsse mit dem „Skjold" und zwei dänischen Radbampfern ohne Erfolg. Ebenso führten wiederholte Erkundungsfahrten, welche einzelne, in den Gewässern bei Swinemünde und Rügen liegende preußische Schiffe in den letzten Tagen des April und den ersten des Mai unternahmen, zu keinem Gefecht, obwohl es ihnen am Willen dazu nicht fehlte. *Seegefecht der „Vineta" am 30. April bei Hela.*

In der Nordsee hatten sich unterdeß am 1. Mai 1864 das preußische Mittelmeergeschwader: „Preußischer Adler", „Basilisk" und „Blitz" unter Korvettenkapitän Klatt zu Nieuwediep mit den österreichischen Fregatten „Schwarzenberg" und „Radetzky" unter Befehl des Kommodore Tegetthoff vereinigt. Am 9. Mai in der Elbemündung ankernd, ging das vereinigte Geschwader auf die Nachricht von feindlichen Schiffen bei Helgoland sofort in See. Von dänischer Seite befanden sich in der Nähe dieser Insel die „Niels Juel", „Heimdal" und „Jylland". Bei dem ruhigen klaren Wetter bekamen sich die beiden Geschwader sehr bald in Sicht. Da man auf beiden Seiten den Kampf wünschte, so entspann sich bald ein lebhaftes Geschützfeuer. Nachdem bereits zweimal während des Kampfes auf dem „Schwarzenberg" Feuer ausgebrochen, aber sofort gelöscht werden konnte, fing um 3½ Uhr Nachmittags das Vormarssegel der Fregatte durch eine feindliche Granate Feuer, welches nun mit großer Schnelligkeit um sich griff. Trotzdem wurde der Geschützkampf kraftvoll fortgesetzt; das böse Element zwang jedoch den Kommodore, mit dem „Schwarzenberg" Kurs auf Helgoland zu nehmen, vom „Radetzky" auf das Kräftigste auf dem Rückzuge gedeckt. Bis das Feuer auf dem „Schwarzenberg" gelöscht, ankerte das vereinigte Geschwader bei Helgoland bis zum Abend und kehrte dann am 10. Mai nach Curhaven zurück. Verluste hatten nur die Oesterreicher erlitten, auch waren nur die öster= reichischen Fregatten beschädigt.

Wenn auch der österreichische Geschwaderchef durch das Feuer auf dem „Schwarzenberg" gezwungen gewesen war, das Gefecht abzubrechen, so war doch sein kühnes Auftreten dem überlegenen Feind gegenüber, kurz vor Beginn der Waffenruhe, von wesentlicher Bedeutung für die Stellung der Verbündeten.

An Bord des „Preußischer Adler" erwarb sich der Sergeant Schwarzkopf vom See=Bataillon für sein braves Benehmen in diesem Seegefecht eine Allerhöchste Belobigung.

Die Dampfkanonenboote „Blitz" und „Basilisk" hatten noch im Juli Gelegenheit, im Verein mit zwei österreichischen Kanonen= booten, an den Operationen gegen den dänischen Kapitänlieutenant Hammer, der die nordfriesischen Inseln Föhr, Sylt u. s. w. besetzt hielt, Theil zu nehmen und dadurch auch diese Inseln unter die Oberhoheit der Verbündeten zu bringen.

Wichtige Ereignisse fielen auch in der Ostsee nicht mehr vor, da dort eine Offensive der kleinen preußischen Flotte gegen die dort übermächtigen Dänen sich von selbst verbot.

Die III. Flottillen=Division hatte noch am 2. Juli einen ein= stündigen Geschützkampf gegen „Tordenskjold" und „Hecla" nördlich Dornbusch ohne Verluste durchgeführt.

Die verbündeten Heere hatten unterdeß, siegreich vordringend, die ganze jütische Halbinsel besetzt und durch die Erstürmung der Düppeler Schanzen am 18. April 1864 und den Uebergang nach Alsen am 29. Juni 1864 die Dänen selbst auf ihren Inseln erzittern gemacht.

So führten denn auch die erneuten Verhandlungen zwischen den Verbündeten und Dänemark am 20. Juli 1864 zur zweiten Waffenruhe und am 1. August zum Abschluß des Präliminarfriedens, der am 30. Oktober 1864 zu Wien unterzeichnet wurde.

Waffenstillstand und der Friede zu Wien.

Schon am 27. Juni waren nach Außerdienststellung der IV. Flottillen-Division Mannschaften dem See-Bataillon nach Danzig zurücküberwiesen worden; am 25. Juli folgte die Außerdienststellung der V. Flottillen-Division, deren Mannschaften mit zur Besatzung der Korvette „Victoria" bestimmt wurden. Am 12. Juli wurde durch Verfügung des Marineministeriums die Reduzirung des See-Bataillons, dem am Lande keine Gelegenheit geworden, seine Tüchtigkeit gegenüber dem Feinde zu erweisen, auf 80 Unteroffiziere, 29 Spielleute, 683 Gemeine, die der See-Artillerie-Kompagnien auf 47 Unteroffiziere, 6 Spielleute, 290 Gemeine angeordnet, so daß am 19. Juli 125 Mann des See-Bataillons und 86 Mann der See-Artillerie zur Entlassung gelangen konnten.

Demobilmachung.

Das Flottillen-Kommando wurde am 31. August aufgelöst; das Geschwader: „Arcona", „Vineta", „Nymphe", „Grille" kreuzte an der Ostküste Schleswig-Holsteins und traf am 21. September 1864 zur Ueberwinterung in Kiel ein. Dort trat im Oktober die „Victoria", im November die „Augusta" zum Geschwader hinzu. Erst am 24. März 1865 erfolgte die Auflösung des Geschwaders.

Für das See-Bataillon und die See-Artillerie-Kompagnien ordnete eine neue Verfügung des Oberkommandos der Marine vom 29. August 1864 die weitere Demobilmachung auf die etatsmäßige Friedensstärke an, welche im Laufe des September durchgeführt wurde.

Hatte unsere junge preußische Marine in dem beendeten Kriege auch nicht große Erfolge zu verzeichnen gehabt, so hatte sie mit ihren geringen Mitteln doch das Aeußerste geleistet. Dies erkannte König Wilhelm I. auch in seinem Armeebefehl vom 7. Dezember 1864 an, indem Seine Majestät durch die in dem Befehl gesagten Worte:

„Meine neugegründete Flotte hat sich den Landtruppen würdigst angeschlossen und zählte in ihrem Erstkampfe nicht die Zahl der feindlichen Schiffe",

auch der Marine seine Allerhöchste Anerkennung und seinen Königlichen Dank auszusprechen geruhten!*)

Glänzend hatte sich schon in diesem Kriege die durch König Wilhelm durchgeführte Reorganisation des preußischen Heeres bewährt. Auch die Marine hätte mehr zur Ueberwältigung ihres übermächtigen Gegners beitragen können, wäre die Regierungsvorlage des Jahres 1862 vom Abgeordnetenhause bewilligt. So hatte der

---

*) Die durch Allerhöchste Kabinets-Ordre vom 10. November 1864 gestiftete Kriegsdenkmünze wurde der Besatzung der aus Anlaß des dänischen Krieges in der Ostsee in Dienst gestellten Schiffe sowie der zum Nordseegeschwader gehörigen Schiffe verliehen. Auch kam diesen ein Kriegsjahr bei Berechnung ihrer Dienstzeit in Anrechnung.

Krieg nur dargethan, wie viel der Marine noch fehlte, sollte sie wirklich im Stande sein, erstens den Seehandel Preußens und Deutschlands zu schützen, die Küsten der Ost= und Nordsee zu ver=theidigen, dann aber auch für alle Zukunft Preußens Einfluß auch solchen Ländern gegenüber zu wahren, die nur zur See erreichbar sind. In diesem Sinne wurde erneut am 5. April 1865 dem preußischen Abgeordnetenhause ein Plan zur Erweiterung der preußischen Kriegsmarine vorgelegt. Aber wie dasselbe durch Ver=werfung des Militärgesetzes die bewährte neue Heereseinrichtung gefährdete, so versagte es auch die Mittel zur Herstellung einer dem Bedürfniß entsprechenden Flotte. Erst neuer glänzender Siege, erkauft durch viel theures deutsches Blut, bedurfte es, um den Frieden zwischen Regierung und Abgeordnetenhaus wieder her=zustellen.

König Wilhelm, von der Sorgfalt für die Sicherheit des Landes nicht abgehend, ließ, bis ein Gesetz über den Staatshaushalt 1865 festgestellt, dem Marineministerium 500 000 Thaler zur Be=schaffung der für die Flotte so nothwendigen schweren Gußstahl=geschütze zur Verfügung stellen, sowie auch eine Panzerfregatte in Bestellung geben.

Aber auch der am 15. Januar 1866 eröffnete Landtag wollte den Wünschen der Regierung nicht Rechnung tragen, seine Sitzungen wurden daher schon am 22. Februar 1866 vertagt, das Haus der Abgeordneten endlich am 9. Mai 1866 aufgelöst. Die für den Landtag bestimmt gewesene Vorlage faßte ganz besonders die An=lage eines befestigten Marine=Etablissements in den Gewässern der Elbherzogthümer ins Auge.

Betreffs des Besitzes des Kieler Hafens hatte die Gasteiner Uebereinkunft vom 14. August 1865 festgesetzt, daß Preußen im Hafen von Kiel das Kommando und die Polizei haben und be=rechtigt sein sollte, daselbst Befestigungen anzulegen und sie zu besetzen. Preußen war entschlossen, das Gewonnene im nationalen Interesse festzuhalten. Schon ehe die Marinevorlage dem Landtage Anfang des Jahres 1866 unterbreitet werden sollte, hatte König Wilhelm in dieser Angelegenheit die nöthigen Anordnungen ge=troffen. Die Schiffe größeren Tiefganges wurden dauernd in Kiel stationirt, die Marinestation der Ostsee durch Ordre vom 24. März 1865, die Flotten=Stammdivision dorthin verlegt, auch ein provi=sorisches Marinedepot gegründet. Die unter dänischer Regierung verfallene Seefeste Friedrichsort wurde wieder in Stand gesetzt, armirt und hier das See=Bataillon mit seiner 1. und 3. Kompagnie am 24. Juni 1865 untergebracht, während der Stab, die 2. und 4. Kompagnie des See=Bataillons am 13. September 1865 von Danzig nach Kiel übergeführt*) wurden. (Gleichzeitig wurde die

*) Die Ueberfahrt geschah auf S. M. S. „Vineta", Kommandant Kapitän z. S. Kuhn.

2. See=Artillerie=Kompagnie von Stralsund nach Kiel verlegt, rückte aber schon am 16. Januar 1866 nach Friedrichsort.

Aber schon der am 30. Oktober 1864 zu Wien geschlossene Frieden barg die Keime eines neuen Kampfes in sich. Nach diesem Frieden fiel Preußen die Verwaltung des Herzogthums Schleswig, Oester= reich die des Herzogthums Holstein zu. Die vielfachen Reibungen und Zusammenstöße, welche diese gemeinsame Besetzung der Herzog= thümer mit sich führte, drohten schon im Jahre 1865 zu offenem Konflikte überzugehen, welchen Konflikt der Vertrag zu Gastein auch nur äußerlich beilegte. Welches Besatzungsrecht Preußen in Kiel hatte, ist oben erwähnt. Oesterreichischerseits befand sich von 1865 bis 1866 das 22. Jäger=Bataillon und zeitweise eine halbe Eskadron Windischgrätz=Dragoner=Regiments Nr. 2 in Kiel in Garnison.

(Randnote: Ursachen des Krieges 1866 gegen Oesterreich.)

(Randnote: Oesterreichische Garnison in Kiel.)

Ebendaselbst hatte der österreichische Statthalter von Holstein, Feldmarschallieutenant Frhr. v. Gablenz, mit den Beamten der Civilverwaltung und seinem Militärstabe seinen Sitz.

Mit dem Jahre 1866 schwand die Einigkeit zwischen Preußen und Oesterreich immer mehr!

(Randnote: Das Jahr 1866.)

Schon April 1866 begann auch das See=Bataillon sich durch Ein= ziehung von Reserven zu vervollständigen. Dieselben langten nur allmälig, nicht in „geschlossenen Kommandos", sondern einzeln im Stabsquartier an. Diese ausnahmsweise Maßregel hatte den Grund darin, daß durch den Vertrag von Gastein den preußischen Truppen in den Elbherzogthümern nur zwei Etappenstraßen zu= fielen: von Hamburg nach Rendsburg und von Lübeck nach Kiel. Hierdurch war die Eisenbahnroute von Neumünster nach Kiel geschlossenen Militärtransporten nicht zugänglich. Die in Richtung von Hamburg kommenden Reserven waren daher genöthigt, einzeln die Bahn zu benutzen.

(Randnote: Einziehung der Reserven seitens des See= Bataillons.)

Preußen hatte sich, wenn es auch gegenüber den Rüstungen Oesterreichs mit gleichen Maßregeln antwortete, in vollständig ab= wartender Stellung befunden, hoffend, den Streit noch friedlich beilegen zu können. Doch Oesterreich wie auch die deutschen Süd= und Mittelstaaten setzten ihre Rüstungen fort und als dann ein Kaiserlich österreichischer Erlaß vom 6. Mai 1866 die gesammte österreichische Kriegsmacht auf den Kriegsfuß setzte, spricht auch König Wilhelm die Mobilmachung seiner Armee und Marine aus. Im Bunde mit dem Königreich Italien wollte Preußen den Kampf bestehen!

(Randnote: Kriegs= bereitschaft.)

Ein weiterer Grund, das Schwert aus der Scheide zu ziehen, fand sich bald. Im Auftrage des Kaisers von Oesterreich erließ am 5. Juni 1866*) der Statthalter von Holstein, Feldmarschall= lieutenant v. Gablenz, eine Verordnung, die die Stände des Herzogthums Holstein für den 11. nach Itzehoe berief. Da diese

(Randnote: Beginn des Krieges 1866.)

---

*) Der Feldzug von 1866, herausgegeben vom Großen Generalstabe. Berlin 1867.

einseitige Berufung der Stände einen Eingriff in die Rechte des
Königs von Preußen bedeutete, so erklärte Preußen, daß es nun
ebenfalls den Gasteiner Vertrag für aufgehoben erachte. Der
Gouverneur von Schleswig, General v. Manteuffel, erhielt
daher den Befehl, als auch Gablenz die Verordnung betreffs
Berufung der Stände nicht zurückziehen wollte, am 7. Juni mit
den preußischen Truppen in Holstein einzurücken, um das preußische
Mitbesatzungsrecht wieder in Anspruch zu nehmen. Oesterreich
beantragte nun sofort beim deutschen Bund die Mobilmachung aller
nichtpreußischen Armeekorps, da Preußen durch sein Einrücken den
Bundesfrieden gebrochen habe. Ein friedlicher Ausgleich wurde
also damit unmöglich gemacht, und so ergriff Preußen schon am
15. Juni die Offensive, indem es gleichzeitig mit den Operationen
gegen Hannover und Kurhessen seine Armee in Sachsen und dann
weiter in Böhmen einrücken ließ, nachdem sich diese Staaten eben=
falls mit Baden, Württemberg und Bayern auf Oesterreichs Seite
gestellt hatten!

Nur das zwischen dem Gouverneur von Schleswig und dem
Statthalter von Holstein bestehende militärisch=kameradschaftliche Ver=
hältniß hat Reibungen zwischen den österreichischen und preußischen
Truppen in Rendsburg und Kiel vorgebeugt.

Vorgänge in
Kiel. In Kiel hatten sich mit dem Einrücken der preußischen Truppen
in Holstein das See=Bataillon wie die im Hafen liegenden Kriegs=
schiffe in die Lage setzen müssen, etwaigen feindlichen Zusammen=
stößen zu begegnen.

Es erfolgte daher noch am Nachmittage des 7. Juni die Zu=
sammenziehung des See=Bataillons — die 1. und 3. Kompagnie
waren ebenfalls am 4. September 1865 von Friedrichsort nach
Kiel verlegt worden — unter seinem Kommandeur, Major v. Bis=
marck, in dem provisorischen Marinedepot in Düsternbrook. Die
preußischen Kriegsschiffe lagen noch am Abend „Klar zum Gefecht"
im Hafen.

Das österreichische Jäger=Bataillon Nr. 22 trat auf dem
städtischen Exerzirplatze zusammen.

So verbrachte die Garnison Kiels die Nacht, bis am folgenden
Tage Mittags, am 8. Juni, die Einschiffung des österreichischen
Jäger=Bataillons auf der Eisenbahn nach Altona erfolgte. Gleich=
zeitig räumten auch auf demselben Wege der österreichische Statt=
halter mit seinem Stab und seinen Regierungsorganen Stadt und
Schloß, nachdem sich am Bahnhof die österreichischen Kameraden
von dem gesammten Seeoffizierkorps und dem Offizierkorps des
See=Bataillons unter den Klängen der österreichischen National=
hymne „O du mein Oesterreich", gespielt von der Musik des See=
Bataillons, verabschiedet hatten.

Ebenso friedlich hatte bereits einige Tage früher das einzige
dort ankernde österreichische Kriegsschiff den Hafen von Kiel ver=
lassen. Es war dies die (Holz=) Korvette „Friedrich", die, da ein

— 45 —

Hinaussegeln nicht möglich, durch ein preußisches Kanonenboot bis in See geschleppt worden war.

Während nun in den ersten Tagen nach der Kriegserklärung die preußische Armee in unaufhaltsamen Märschen gegen die feindlichen deutschen Staaten anrückte, hatte König Wilhelm, in Abänderung einer schon am 7. Juni gegebenen Ordre, am 22. Juni für die Marine befohlen:

Ordre, betreffend Formirung der kriegsbereiten Seestreitkräfte.

„Die kriegsbereiten Streitkräfte Meiner Flotte formiren sich zu einem Geschwader und einer Flottille und zwar das Geschwader aus den Korvetten „Arcona", „Hertha", „Gazelle", „Augusta", „Victoria" und dem Dampf-Aviso „Loreley"; die Flottille aus der Korvette „Nymphe", den Panzerfahrzeugen „Arminius" und „Prinz Adalbert" und fünf Dampf-Kanonenbooten. Unter dem Kommando der Marinestation der Ostsee verbleiben die in Dienst gestellten Segelschiffe und ein Dampf-Kanonenboot. Das Geschwader, über dessen Aufgaben Ich Mir Bestimmungen vorbehalte, tritt unter den Spezialbefehl des Kontreadmirals Jachmann. Die Flottille, unter dem Kapitän zur See Henk bezw. dem jeweiligen ältesten Offizier, hat zunächst nur die ihr durch das Oberkommando zugehende Bestimmung."

Demgemäß wurden die Seestreitkräfte vertheilt:

A. Geschwader: Die Korvetten „Arcona", „Hertha", „Gazelle", „Augusta",*) „Victoria",*) Aviso „Loreley".

B. Flottille: Korvette „Nymphe", Panzerfahrzeuge „Arminius"*) und „Prinz Adalbert" Dampfkanonenboote „Basilisk", „Blitz", „Delphin", „Tiger", „Wolf".

C. Zur Marinestation der Ostsee gehörten: Artillerieschiff „Gefion", Fregatte „Niobe", die Briggs „Musquito" und „Rover" und das Dampfkanonenboot „Cyclop".

Das See-Bataillon, dessen Mobilmachung bereits Ende Mai 1866 zur Stärke von 22 Offizieren, 5 Feldwebeln, 4 Portepeefähnrichen, 16 Sergeanten, 58 Unteroffizieren, 80 Gefreiten, 20 Spielleuten, 700 Seesoldaten durchgeführt worden war, hatte an Bord der Kriegsschiffe abgegeben:

Besetzung S. M. Kriegsschiffe mit Seesoldaten.

an Bord Seiner Majestät Korvette „Arcona":
Sekondlieutenant Müller, 1 Sergeant, 2 Unteroffiziere, 3 Gefreite, 2 Spielleute, 31 Seesoldaten;
an Bord Seiner Majestät Korvette „Vineta":
Sekondlieutenant Sack, 1 Sergeant, 2 Unteroffiziere, 2 Gefreite, 2 Spielleute, 32 Seesoldaten;
an Bord Seiner Majestät Korvette „Hertha":
Sekondlieutenant Harms, 1 Sergeant, 2 Unteroffiziere, 6 Gefreite, 2 Spielleute, 28 Seesoldaten;

---

*) „Arminius" 20. August 1864, „Augusta", „Victoria" 1864 von Stapel gelaufen.

an Bord Seiner Majestät Artillerieschiff „Gefion":
    Sekondlieutenant Strehlke, 1 Sergeant, 4 Unteroffiziere,
    2 Gefreite, 2 Spielleute, 58 Seesoldaten;
an Bord Seiner Majestät Korvette „Gazelle":
    Sekondlieutenant Zech, 3 Unteroffiziere, 2 Gefreite, 2 Spiel=
    leute, 32 Seesoldaten;
an Bord Seiner Majestät Korvette „Nymphe":
    1 Unteroffizier, 3 Gefreite, 1 Spielmann, 11 Seesoldaten;
an Bord Seiner Majestät Korvette „Augusta":
    1 Sergeant, 1 Unteroffizier, 1 Gefreiter, 1 Spielmann,
    13 Seesoldaten;
an Bord Seiner Majestät Korvette „Victoria":
    1 Sergeant, 1 Unteroffizier, 1 Spielmann, 14 Seesoldaten;
an Bord Seiner Majestät Fregatte „Niobe":
    3 Unteroffiziere, 3 Gefreite, 2 Spielleute, 16 Seesoldaten.

Betheiligung der Marine am Kriege 1866. Der Marine sollte es aber nicht vergönnt sein, gleich der Armee so siegreiche Lorbeern zu erringen. Nur einzelne Kriegs= schiffe hatten Gelegenheit, die kriegerischen Operationen im Jahre 1866 einzuleiten. So fiel dem „Arminius", auf der Elbemündung stationirt, die Aufgabe zu, den Uebergang des Generals v. Man= teuffel mit seinen Truppen über die Elbe, im Vormarsch gegen das feindliche Hannover, am 16. Juni zu unterstützen. Noch in der Nacht vom 16. zum 17. Juni rekognoszirte „Arminius" mit den Kanonenbooten „Cyclop" und „Tiger" das linke Ufer der Elbe, da man erfahren, daß in Stade, der hannoverschen Festung, bedeutendes Kriegsmaterial lagere und man daher versuchen wollte, sich der Festung mittelst Ueberfalls zu bemächtigen. Schon bei der nächtlichen Rekognoszirung wurden die hannoverschen Ufer= Batterien bei Brunshausen vernagelt. Dem in der nächsten Nacht auf der „Lorelen", dem „Cyclop" und einem Privatdampfer über= gesetzten preußischen Infanterie=Bataillon (I/25) gelang es auch, bei Twidenfleth landend, sich der Festung in schnellem Ueberfall und ohne Blutvergießen zu bemächtigen. In den nächsten Tagen nahmen die preußischen Kriegsschiffe die anderen hannoverschen Küsten=Batterien an der Weser und Ems wie auch den Hafenplatz Emden in Besitz.

Vom See=Bataillon war es nur dem Stabssergeanten Horn an Bord des „Arminius" vergönnt gewesen, diese kriegerischen Ereignisse an der Unter=Elbe mitzumachen.

Gleich dem See=Bataillon, das, die Küsten bewachend, in Kiel, Friedrichsort und Laboe vertheilt gestanden, mußte auch die Flotte in der Ostsee unthätig ausharren und konnte nicht dem Mittelmeer zueilen, um dort vereint mit den italienischen Bundesgenossen den Kampf gegen Oesterreichs Seemacht zu bestehen. Wagte man diese Entsendung der Flotte nach dem Mittelmeer und die daraus folgende Entblößung der deutschen Küste von maritimer Vertheidi= gung der zweifelhaften Haltung Dänemarks wegen im Anfang des

Krieges 1866 nicht, so verhinderte nach den Siegen der preußischen Heere, da ein Bund Dänemarks mit Oesterreich nicht mehr zu befürchten, der so schnelle Friedensschluß am 23. August 1866 diese Fahrt und damit auch eine Theilnahme der Flotte an den kriegerischen Ereignissen.*)

König Wilhelm war es gelungen, den Feinden fast unter den Thoren ihrer Hauptstädte einen Frieden zu diktiren, der den weiteren Grundstein zu der heutigen Stellung Preußens legte.

Ende September 1866 war, nachdem am 17. desselben Monats das Geschwader, am 25. die Flottille aufgelöst worden, die Demobilmachung der Marine durchgeführt.

Demobilmachung der Marine.

Unter dem Eindruck der glänzenden Siege von 1866 fand König Wilhelm und seine Regierung, geleitet durch den Staatsminister Grafen Bismarck, in dem am 18. Juli 1866 zum 5. August berufenen Landtag der preußischen Monarchie das Entgegenkommen, welches die Großherzigkeit des Königs so sehr verdiente. Die seit dem Konflikt im Jahre 1865 durch Königliche Machtvollkommenheit für die Armee und Marine aufgestellten Staatshaushaltsetats wurden nachträglich gutgeheißen. Am 17. August wurde dem Landtage die Königliche Botschaft, welche die Vereinigung von Hannover, Hessen, Nassau und Frankfurt mit dem preußischen Staate aussprach. Der Weihnachtsabend 1866 brachte Deutschland auch den Wiedergewinn Schleswig-Holsteins als ein Bestandtheil des Königreichs Preußen. —

Erfolg des Krieges 1866

Ehe wir das Zeitalter der speziell preußischen Kriegsmarine beschließen, sind noch einige innere Organisationen und Vorgänge der letzten Jahre nachzuholen.

Innere Organisation der Marine.

Eine Allerhöchste Ordre vom 16. Juni 1864 regelte den Ersatz des Seeoffizierkorps; es folgte am 15. Mai 1866 eine Allerhöchste Bestimmung über die Organisation der Marineschule, die, nun nach Kiel verlegt, in nächster Berührung mit der Flotte und deren Einrichtungen ihre Schüler zu der wichtigen Stellung des Seeoffiziers vorbereiten sollte.

Ersatz des Seeoffizierkorps.

Ein Allerhöchster Erlaß vom 31. Juli 1866 änderte auch die Ergänzung des Offizierkorps des See-Bataillons, indem von jetzt an dieselbe aus geeigneten Offizieren der Armee stattfinden sollte, welche nach Ablauf einer Reihe von Jahren zur Armee zurückzutreten hatten. Die Schwierigkeit im Avancement in einer so kleinen Truppe, die zu einseitige Ausbildung derselben, da Uebungen in der Division, Brigade, im Regimentsverbande fortfielen, auch

Ergänzung des Offizierkorps des See-Bataillons

---

*) Das für den Feldzug 1866 gestiftete Erinnerungskreuz wurde durch Allerhöchste Kabinets-Ordre vom 31. Januar 1867 auch an die Marine verliehen und erhielten dasselbe alle diejenigen Offiziere, Beamten und Mannschaften, welche zur Besatzung des Panzerfahrzeuges „Arminius", des Avisos „Loreley" oder der Dampfkanonenboote „Cyclop" und „Tiger" bis zur Inbesitznahme der Batterien von Bremerhaven bezw. Emden gehört hatten.

ein Bataillonsexerziren wegen Abgabe der Bord=Detachements, wie auch wegen räumlicher Trennung der einzelnen Kompagnien nicht möglich war, hatten diese Anordnung nöthig gemacht. Waren doch selbst die Kompagnien zur Kompagnie=Exerzirzeit der Kopfzahl nach so klein, daß sie eigentlich diesen Namen nicht verdienten. Dazu kam, daß die oft Jahre lang an Bord der Kriegsschiffe kommandirt gewesenen, später zur Armee übertretenden Offiziere den Armee= verhältnissen fremd waren, so daß es, wenn sie gleich in eine selbstständige Stellung wie die eines Kompagniechefs einrückten, fraglich erschien, ob sie dem gewachsen sein würden. Nun nach dem neuen Erlaß die Portepeefähnrichsstellen aus dem Etat des See= Bataillons gestrichen, werden nur solche Offiziere von der Armee dorthin versetzt, die mindestens schon 2 bis 3 Jahre Dienst als Offiziere in der Front gethan und so ihre erworbenen Dienst= kenntnisse im Interesse des Dienstes beim See=Bataillon und an Bord der Kriegsschiffe verwenden, ohne nachher bei ihrem Rücktritt zur Armee fürchten zu müssen, nicht auch mit dieser im Streben nach Vervollkommnung fortgeschritten zu sein.

Verlegung der 2. See=Artillerie=Kompagnie und Formirung einer 3. See=Artillerie=Kompagnie. Ausscheiden der See=Artillerie aus dem Verbande des See=Bataillons. Hatte das Fehlen von Artilleristen in der Feste Friedrichsort außer der Verlegung der 2. See=Artillerie=Kompagnie am 11. Januar 1866 von Danzig dorthin, die Verlegung der 3. Kompagnie der Garde=Festungs=Artillerie von Spandau nach Friedrichsort am 8. März 1866 nothwendig gemacht, so entschloß man sich im Sommer 1866 zur Formirung einer 3. See=Artillerie=Kompagnie. *) Am 1. Juli erfolgte die Formirung derselben in Kiel, wobei gleich= zeitig in Aussicht genommen, die drei See=Artillerie=Kompagnien zu einer besonderen Abtheilung zusammenzustellen. Die See=Artillerie schied damit durch Allerhöchste Ordre vom 31. Januar 1867 aus dem bisherigen Verbande mit dem See=Bataillon aus.

Organisation der Werft-Division. Ein Allerhöchster Erlaß vom 21. Juni 1866 gab für die Organisation der Werft=Division nähere Bestimmungen. Hiernach bestand diese Division, dem Oberbefehl des Marinestations=Kom= mandos untergeordnet, aus einer Handwerker= und einer Maschinen= Kompagnie. Dieselben gaben die erforderlichen Handwerker, Heizer und Maschinisten an Bord der Kriegsschiffe.

Thätigkeit S.M. Schiffe während der Friedens= jahre 1862—1866. Verfolgen wir nun die Kriegsschiffe auf ihren seit 1862 unter= nommenen Fahrten.

2 Expedition nach Ostasien „Gazelle". Im Sommer 1862 hatte Seiner Majestät Korvette „Gazelle" eine zweite Expedition nach dem fernen Japan angetreten zur Ratifizirung der Verträge der ersten Expedition.**) An Bord waren eingeschifft vom See=Bataillon der Premierlieutenant Mebes, 1 Sergeant, 2 Unteroffiziere, 2 Spielleute, 2 Gefreite, 32 See=

In Japan. solbaten. Die Korvette war, am 8. August 1863 von China kommend, mit dem preußischen Generalkonsul v. Rehfueß, mit dem Legationssekretär v. Radowitz und dem Konsul v. Brandt

---

*) Näheres siehe Anlage Nr. 6.
**) Siehe Seite 20.

an Bord, auf der Rhede von Yokohama (Japan) vor Anker ge=
gangen, um erst wieder am 11. Februar 1864 die japanische Küste
zu verlassen, dann China noch anzulaufen und erst im Mai 1865
nach der Heimath zurückzukehren.

In Japan war seit der ersten Expedition der „Arcona" und
„Thetis" der Fremdenhaß nicht geringer geworden. Stets mußte
eine Wache, bestehend in der Regel aus 14 Matrosen, 6 See=
soldaten, befehligt durch 1 Seekadetten, an Land zum Schutz des
der preußischen Gesandtschaft überwiesenen Gesandtschaftsgebäudes
gegeben werden, nachdem sich Anfang August und September ein
größeres Detachement, darunter 32 Seesoldaten unter Lieutenant
Mebes, mit 2 Landungsgeschützen an Land befunden hatten.
Wiederholt ging dann später in Yokohama wie in Yeddo das
Seesoldaten=Detachement zum Patrouilliren an Land, exerzirte dann
wohl auf dem in Yokohama dazu angewiesenen Platz und geleitete,
wie am 16. Oktober 1863, das Begräbniß eines von den Japanern
ermordeten französischen Offiziers. Da an demselben Tage zwischen
Japanern ein größeres Treffen stattgefunden, so ging am 17. Ok=
tober der Kommandant, Kapitän zur See v. Bothwell mit
150 Matrosen und Seesoldaten, mit dem ersten Offizier, Lieutenant
Baron von der Goltz, und Premierlieutenant Mebes zur Re=
kognoszirung an Land, konnten aber, ohne von der Waffe Gebrauch
gemacht zu haben, schon Abends wieder in vier Booten an Bord
zurückkehren. Der Aufenthalt vor Yokohama und Yeddo bot über=
haupt neben seinem reichlichen Dienst viel Abwechselung. Auf den
Rheden waren meist englische, französische, amerikanische und hol=
ländische Kriegsschiffe, die erstere Nation oft in größeren Ge=
schwadern, vertreten. Die guten Verhältnisse, wie sie gerade damals
im fernen Ostasien von den seefahrenden Nationen untereinander
gepflegt, ließen die Mannschaften auch durch Segel= und Ruder=
Regattas in friedlichen Wettbewerb treten, wobei z. B. am 6. Ok=
tober 1863 die Gig der „Gazelle" von neun Booten den ersten
Preis in der Klasse der ersten Gigs gewann.

Nachdem am 2. Januar 1864 die „Gazelle" nach Yeddo ge=
gangen und auch dort zu des preußischen Abgesandten Schutz ein
Seesoldaten=Detachement unter Lieutenant Mebes an Land ge=
geben, konnte am 21. Januar 1864 die Ratifikation der mit der
japanischen Regierung geschlossenen Handelsverträge erfolgen. Zur
Auswechselung derselben und zur Uebernahme eines Briefes des
Königs Wilhelm erschien Mittags eine japanische Gesandtschaft an
Bord. Die Mannschaften der „Gazelle" waren im Paradeanzug an
Deck angetreten, die Offiziere befanden sich in großer Gala. Unter
dem Donner der Schiffsgeschütze übergab der japanische Gouverneur
Tauwura Stigonokami die Verträge, während der General=
konsul v. Rehfueß den japanischen Ministern Siuva Mabo=
nokami und Tatsibana Wsumonokami das Schreiben König
Wilhelms an den Taikun von Japan aushändigte. Außer einem
zahlreichen Gefolge der Minister war auch der japanische Gesandte

für Europa Kawabsi Ibsunokam an Bord. Auch hier zeigten sich die Japaner wieder außerordentlich interessirt für die Ausrüstung und Bewaffnung der Besatzung. Es wurde daher Generalmarsch geschlagen und das Gewehr- und Geschützexerziren den Japanern gezeigt, die dann am Nachmittage gegen 5 Uhr auf ihrem Kriegsdampfer nach Jebbo zurückkehrten. Jetzt konnte sich auch der Premierlieutenant Mebes mit seinem an Land kommandirt gewesenen Detachement von 2 Unteroffizieren, 1 Spielmann, 20 Seesoldaten wieder einschiffen.

In China.   Die „Gazelle", am 22. Januar ,nach Yokohama Anker auf gehend, ging nach kurzem Aufenthalt in Nagasaki nach dem Wangtsekiang und warf am 8. März 1864 vor Shang-Hae Anker. Am 13. März ging der Schraubendampfer „Faust", dem preußischen Vizekonsul in Shang-Hae gehörig, mit einem Detachement von 3 Unteroffizieren, 40 Mann, mit Munition wohl versehen, den großen chinesischen Fluß hinauf, kehrte aber am 14. schon wieder zurück. Am 22. März wurde auf der Rhede von Shang-Hae des Königs Geburtstag mit Salut und Flaggen über alle Toppen gefeiert, an welcher Feier sich ebenso die im Hafen liegenden englischen Schiffe betheiligten. Im April auf der Rhede des Forts Taku vor Tientsin, im Golf von Petschili, vor Anker liegend und kreuzend, wurden, da der Krieg mit Dänemark ausgebrochen, die unter dänischer Flagge segelnden Handelsschiffe „Falk" und „Caroline", nachdem sie durch einen scharfen Granatschuß vor den Bug gezwungen, die Flagge zu zeigen, als Prisen erklärt und, mit einer Wache versehen, dem preußischen Konsul zu Tientsin übersandt.

Im Mittelmeer.   Erst im Mai 1865 nach der Ostsee zurückkehrend, wurde die „Gazelle" nach dem Kriege 1866 schon wieder nach dem Mittelmeer entsandt, an Bord Sekondlieutenant Zech als Führer des Seesoldaten-Detachements, um erst im August 1867 zur Zeit der Luxemburger Verwickelungen nach der Heimath zurückberufen zu werden. Die Besatzung der „Gazelle" hatte sich nach dem schrecklichen Erdbeben in Mytilene auf der Insel Lesbos durch reiche Hülfeleistungen besonders verdient gemacht.

Auch S. M. S. „Hertha"*) und das Kanonenboot „Blitz" fanden Gelegenheit, durch Aufbietung aller Kräfte und vorhandenen Mittel in den Tagen des 26. bis 29. Dezember 1867 wesentlich dazu beizutragen, die auf der Insel Pascha in der Chiosstraße gestrandete Kaiserlich französische Schraubenkorvette „Roland" wieder abzubringen. König Wilhelm I. nahm auf den Bericht des Prinzen Adalbert von Preußen von diesem Akt der bereitwilligen und thatkräftigen Hülfeleistung einem Schiffe einer befreundeten Nation gegenüber mit großer Befriedigung Kenntniß; Prinz Adalbert selbst sprach dem Kapitänlieutenant v. Blanc, welcher in Abwesenheit des Kommandanten, Kapitän zur See Heldt, mit

---

*) „Hertha" ist am 12. August 1884 aus der Liste der Kriegsschiffe gestrichen.

S. M. S. „Medusa", das Kommando führte, für die umsichtige
Leitung der von S. M. S. „Hertha" und Kanonenboot „Blitz"
ausgeführten Operationen und sämmtlichen betheiligten Offizieren
und Mannschaften für den bewiesenen Eifer und die gemachten
Anstrengungen seine Anerkennung aus. Gleichzeitig unterließ es
der Prinz=Admiral nicht, dem Kapitän zur See Heldt seine Zu=
friedenheit dahin zu erkennen zu geben, daß an Bord des ihm
unterstellten Schiffes der Geist und die Disziplin herrschten, welche
eine solche Leistung ermöglicht hatten. — An Bord der „Hertha"
war Sekondlieutenant Haacke mit einem Seesoldaten=Detachement
von 39 Köpfen eingeschifft gewesen.

b. Die Norddeutsche Bundesmarine bis zum Ende des Krieges 1871.

Gemäß der am 1. Juli 1867 in Kraft tretenden Verfassung Organisation.
des Norddeutschen Bundes ging die bisherige preußische Kriegs=
marine in die Bundesmarine über. Unter preußischem Oberbefehl
bleibend, sollte der König von Preußen Organisation und Zu=
sammensetzung derselben leiten, Offiziere und Beamten derselben
ernennen. Dem Könige von Preußen sollte auch nach wie vor
von den Offizieren, Beamten und Mannschaften der Eid der Treue
geleistet werden. — Kiel und der im Bau begriffene Jadehafen
wurden Bundeskriegshäfen. — Die zur Erweiterung der Flotte
und der damit verbundenen Anstalten erforderlichen Geldmittel
sollten aus der Bundeskasse bestritten werden. Die gesammte see=
männische Bevölkerung des Bundes war zum Dienst in der Kriegs=
marine verpflichtet. Letztere Bestimmung wurde dann noch durch
das Gesetz, betreffend die Verpflichtung zum Kriegsdienst, vom
9. November 1867 ergänzt und ausgeführt.

Am 1. Oktober 1867 wurde in allen Marine=Etablissements,
auf allen Kriegsschiffen der preußische Adler auf weißem Grunde
niedergeholt und die schwarz=weiß=rothe Kriegsflagge feierlichst auf=
gehißt.

Nachdem nun nach dem Kriege 1866 die Mittel für Erweite=
rung der Flotte reichlicher flossen, begann man mit dem Bau der
so nothwendigen Schlachtschiffe, Panzerfregatten, sollte durch sie es
der Flotte möglich werden, schon auf hoher See den Gegner von
der heimathlichen Küste fern zu halten. So treten bis zum Jahre
1870 die Panzerfregatten*) „Friedrich Carl", „Kronprinz", die
mächtige Panzerfregatte „König Wilhelm", die gedeckte Korvette
„Elisabeth" und im Sommer 1870 das Linienschiff*) „Renown"

---

*) „Friedrich Carl" 18. Januar 1867, „Kronprinz" 6. Mai 1867,
„König Wilhelm" 25. April 1868, „Elisabeth" 18. Oktober 1868 von
Stapel gelaufen. „Renown" ist am 30. September 1881 aus der Liste
der Kriegsfahrzeuge gestrichen.

hinzu, während nach Allerhöchster Ordre vom 26. April 1870 die noch vorhandenen Ruder=Kanonenschaluppen und =Jollen aus der Liste der Kriegsschiffe gestrichen wurden.

Einweihung
des Kriegshafens
an der Jade.

Der Bau des Kriegshafens am Jadebusen war im Jahre 1869 soweit fortgeschritten, daß König Wilhelm, auf einer Reise durch Hannover, Bremen und Ostfriesland begriffen, den Kriegs= hafen am 17. Juni einweihen und der mit ihm verbundenen Hafen= stadt und seinen Befestigungen den Namen „Wilhelmshaven" bei= legen konnte.

Bildung der
5. Kompagnie
des See=
Bataillons.

Wiederum machte die Vergrößerung der Flotte an Panzer= schiffen, die fortschreitende Verstärkung des Kieler Kriegshafens und der dadurch vermehrte Wachtdienst auch eine Verstärkung des See= Bataillons erforderlich. Der Etat von 1869 sah bereits eine Ver= mehrung um 1 Hauptmann, 1 Premierlieutenant, 3 Sekondlieute= nants, 1 Feldwebel, 4 Sergeanten, 13 Unteroffiziere, 16 Gefreite, 5 Spielleute, 127 Seesoldaten, 11 Oekonomiehandwerker und 1 La= zarethgehülfen vor. Das Stabswachtpersonal sollte auf die Kopf= zahl von 52 gebracht werden. Die Formation der 5. Kompagnie ging danach am 1. Oktober 1869 durch Abgabe von Mannschaften der anderen vier Kompagnien derart vor sich, daß die Kompagnien nach Einstellung des Ersatzes 1869/70 ihre Etatsstärke von 17 bezw. 19 Unteroffizieren, 5 Spielleuten, 1 Lazarethgehülfen, 168 bezw. 166 Seesoldaten erreicht hatten. Es war bei der Formation gleich= zeitig Bedacht genommen worden, die Anzahl der Abkommandirten bei allen fünf Kompagnien gleich zu machen, da das Bataillon, außer Bordkommandos, auch noch zwei Wachtdetachements in Stral= sund und Geestemünde*) bei den Marinedepots von 1 Offizier, 5 Unteroffizieren, 1 Spielmann, 60 Seesoldaten, bezw. 1 Offizier, 4 Unteroffizieren, 1 Spielmann, 50 Seesoldaten gab.

Der Krieg
1870/71 gegen
Frankreich.

So kam das Jahr 1870 heran; Frankreich benutzte die Kan= didatur des Prinzen von Hohenzollern auf den spanischen Königs= thron, um frevelhaft einen Krieg vom Zaune zu brechen, indem es angab, diese Kandidatur als ein gegen Frankreichs territoriale Sicherheit gerichtetes Unternehmen betrachten zu müssen. Aber das Kaiserreich fand nicht allein Preußen als seinen wohlgerüsteten Gegner, sondern einmüthig von den Ufern des Meeres bis zum Fuße der Alpen erhob sich das deutsche Volk auf den Ruf seiner Fürsten, nicht zu dulden, daß der fremde Eroberer jemals deutschen Boden betrete. Dies gab auch König Wilhelm I. in einer Thron= rede bei Eröffnung des Reichstages des Norddeutschen Bundes am 19. Juli 1870, alle Herzen dadurch fortreißend, zu erkennen, indem er sprach:**)

---

*) Seit 1866 errichtet, stand das Marinedepot Geestemünde bis zur Einsetzung des Marinestations=Kommandos der Nordsee, 1870, unter dem Oberbefehl des Marinestations=Kommandos der Ostsee.

**) Beiheft zum Militär=Wochenblatt 1888: „Kaiser Wilhelm".

„Hat Deutschland Vergewaltigungen seines Rechts und seiner Ehre in früheren Jahrhunderten schweigend ertragen, so ertrug es sie nur, weil es in seiner Zerrissenheit nicht wußte, wie stark es war. Heute, wo das Band geistiger und rechtlicher Einigung, welches die Befreiungskriege zu knüpfen begannen, die deutschen Stämme verbindet, heut! wo Deutschlands Rüstung dem Feinde keine Oeffnung mehr bietet, trägt Deutschland in sich selbst den Willen und die Kraft der Abwehr erneuter französischer Gewaltthat."

Am 19. Juli 1870 erhielt König Wilhelm die französische Kriegserklärung, nachdem bereits auf Vorgänge in der französischen Hauptstadt hin am 15. Juli die Mobilmachung der gesammten Norddeutschen Kriegsmacht ausgesprochen. An eben diesem Tage, dem 19. Juli 1870, an dem vor 60 Jahren des Königs Mutter, der edlen Königin Luise, das Herz über die Schmach und Erniedrigung des Vaterlandes brach, erneuerte König Wilhelm den Orden des Eisernen Kreuzes. Ohne Unterschied des Ranges und Standes zu verleihen, sollte es den Tapferen im Kampfe für die Ehre und Selbstständigkeit des deutschen Vaterlandes belohnen. *(Die Mobilmachung.)*

Der deutschen Bundesmarine standen gegenüber der französischen Kriegsmarine nur 12 größere Kriegsschiffe (darunter 5 Panzer) und 21 Kanonenboote zur Verfügung, von denen noch 3 Korvetten und 1 Kanonenboot sich auf auswärtigen Stationen befanden. In Frankreichs Häfen waren aber 232 Kriegsschiffe, darunter 33 Panzer, zur Verwendung vorhanden. — Das Personal der kriegsbereiten preußischen Kriegsmarine belief sich am 31. Juli auf 10 832 Mann. *(Stärke der deutschen Bundes- und der französischen Marine.)*

Da dem Prinzen Adalbert von Preußen Königliche Hoheit, Oberbefehlshaber der Marine, vom Könige von Preußen die Theilnahme an dem bevorstehenden Feldzuge bei der Armee gestattet, so gingen vermöge Allerhöchster Ordre vom 29. Juli 1870 die Geschäfte des Oberkommandos der Marine an das Marineministerium über. Dieses wurde vom Kriegsminister v. Roon mitversehen. Die Stelle als Direktor im Marineministerium wurde an den Kontreadmiral Kuhn übertragen und der bisherige Direktor im Marineministerium, Vizeadmiral Jachmann, zum Oberbefehlshaber der Seestreitkräfte in der Nordsee ernannt. *(Veränderungen in dem Oberkommando der Marine.)*

Zur Leitung der direkten Küstenvertheidigung *) war das Generalgouvernement der deutschen Küstenlande unter dem General der Infanterie Vogel v. Falckenstein errichtet, zu dessen Verfügung namentlich im Beginn des Krieges recht ansehnliche Truppenmassen bereitstanden, um etwaigen feindlichen Landungen rechtzeitig entgegentreten zu können. Sämmtliche Schifffahrtszeichen wurden in den bedrohten Gewässern aufgenommen. *(Maßregeln zur Küstenvertheidigung.)*

---

*) Der Krieg 1870/71 gegen Frankreich. Herausgegeben vom Großen Generalstabe.

Bei der so großen Ueberlegenheit der französischen Flotte mußte unsere Marine ihre Aufgabe nur darin suchen, die deutschen Küsten zu schützen und namentlich Unternehmungen der französischen Flotte auf die offen liegenden deutschen Seehäfen zu verhindern. Von größtem Vortheil hierbei war der Umstand, daß die Ostsee=häfen infolge des flachen Strandes schwierig anzugreifen und Lan=bungen daselbst schwer auszuführen waren. Es konnten deshalb die eigentlichen Schlachtschiffe sämmtlich in der Außenjade postirt werden, um die noch unvollendeten Anlagen von Wilhelmshaven zu sichern und Bremen und Hamburg zu schützen.

Wilhelmshaven. Durch Allerhöchste Ordre vom 19. Mai 1870 war in Wil=helmshaven ein Ober=Werftdirektor eingesetzt, dem bis zur Einsetzung eines Marinestationschefs der Nordsee (am 11. Oktober 1870) die Funktionen eines solchen übertragen worden. Die Marinestation selbst aber befand sich bei Ausbruch des Krieges in höchst unfertigem Zustande.*) Von den in Aussicht genommenen Befestigungs=anlagen waren die nach der Seeseite liegenden erst wenig vorge=schritten, die übrigen noch nicht einmal begonnen. Zum Schutze gegen einen schon um Mitte Juli erwarteten Handstreich von Seiten des französischen Oceangeschwaders wurden einige besonders geeignete Bauernhöfe an den Straßenengen im Vorlande nördlich von Heppens zur Vertheidigung eingerichtet und mit Schützengräben untereinander verbunden. Batteriestände wurden hergestellt, um mehrere von den deutschen Panzerschiffen abgegebene Landungs=geschütze aufzunehmen. Zur Ausführung und Deckung dieser Arbeiten hatten zunächst die damals noch in Oldenburg stehenden Truppentheile: Infanterie=Regiment Nr. 91, Dragoner=Regiment Nr. 19 und zwei Batterien des X. Armeekorps gedient, von welchem ein Bataillon nach Wilhelmshaven verlegt und eine Dra=goner=Abtheilung bei Schillig aufgestellt war, während die übrigen stets zur Abfahrt nach dem Norden bereit gehalten wurden.

Nach und nach erhoben sich auch auf der Landseite der Marine=station sieben mit Feldgeschützen ausgerüstete Schanzen, während die Batterien auf der Seeseite in aller Eile fertig gestellt und Anfang August mit 30 schweren Geschützen armirt wurden.

Nachdem sich das X. Armeekorps Ende Juli nach dem Rhein hin in Bewegung gesetzt hatte, wurden zwei Landwehr=Bataillone nebst einigen Ersatz=Abtheilungen als Garnison von Wilhelmshaven verwendet. Zur Geschützbedienung standen außerdem drei Kom=

---

*) Auch der Bau des Kriegshafens selbst war 1870 nur soweit fort=geschritten, daß erst am 24. Dezember die Docks in Benutzung genommen werden konnten. Das erste Schiff, welches diese Anlagen benutzte, war der „Kronprinz", dann folgte „König Wilhelm". — Bisher hatten die großen Schiffe, im Falle einer Havarie stets in England gedockt werden müssen.

Die zweite Hafeneinfahrt des Kriegshafens Wilhelmshaven ist am 13. November 1886 feierlichst durch Einfahrt S. M. Panzerfregatte „Friedrich Carl" eröffnet worden.

pagnien See=Artillerie dafelbft zur Verfügung. Die Befaßung beftand mithin aus 2 Bataillonen Landwehr=Regiments Nr. 57, 100 Hufaren, 80 Pionieren, 2 mobilen und 1 Referve=Kompagnie der See=Artillerie mit im Ganzen etwa 2000 Mann. Einen ganz befonderen Schuß gewährte jedoch das Nordfeegefchwader. Daffelbe beftand aus den Panzerfchiffen „König Wilhelm", „Kronprinz", „Friedrich Carl" und „Prinz Adalbert", hatte unter Kommando des Prinz=Admirals am 18. Juli 1870 eine Uebungsreife von Plymouth nach den Azoren angetreten, war aber dann noch recht= zeitig, vermittelft des nach Dartmouth detachirten Panzerfahrzeuges „Prinz Adalbert" durch die preußifche Gefandtfchaft von der Kriegs= gefahr benachrichtigt, zur Umkehr beordert. — Einem bereits am 24. Juli 1870 von Cherbourg aus abgefandten franzöfifchen Ge= fchwader von 26 Schiffen entgangen, langte das kleine preußifche Gefchwader am 26. Juli wieder vor Wilhelmshaven an. „König Wilhelm", „Kronprinz" und „Friedrich Carl" wurden auf der Außenjade poftirt. Das Nordfee=
gefchwader.

An Bord des „König Wilhelm" (Kommandant Kapitän zur See Hent) waren eingefchifft vom See=Bataillon: Hauptmann Grüzmacher, Sekondlieutenant Frhr. v. Diepenbroick=Grüter, 8 Unteroffiziere, 2 Spielleute, 102 Seefoldaten; an Bord des „Kronprinz" (Kapitän zur See Werner) Premierlieutenant v. Tyszka, 5 Unteroffiziere, 2 Spielleute, 73 Seefoldaten und an Bord des „Friedrich Carl" (Kapitän zur See Klatt) Premier= lieutenant Harms, 5 Unteroffiziere, 2 Spielleute, 73 Seefoldaten. Die Panzerfchiffe „Prinz Adalbert" (an Bord 2 Stabsgefreite des See=Bataillons) und „Arminius" (2 Stabsgefreite des See= Bataillons) follten in Verbindung mit einer Anzahl fchnell in Dienft geftellter Kanonenboote und kleiner gehenerter Dampfer die Außenjade und die untere Elbe decken. Befeßung der
Panzerfchiffe
mit Seefoldaten

In der Oftfee befanden fich die Werke des Bundes=Kriegs= hafens Kiel beim Ausbruch des Krieges im Umbau, Anfang Auguft aber fchon in achtunggebietender Verfaffung. Friedrichsort, das neu errichtete Fort auf dem Brauneberge und die Batterien am gegenüberliegenden Oftufer des Hafens beherrfchten mit 56 Ge= fchützen die Einfahrt, welche überdies noch durch Sperren unzu= gänglich gemacht worden war. Kiel.

Die etwa 5000 Mann ftarke Garnifon Kiel beftand aus den preußifchen Marinetruppen nebft einigen Landwehr= und Erfaß= Abtheilungen: dem See=Bataillon mit feinen Neuformationen, 6 Kompagnien See=Artillerie, Erfaß=Bataillon Nr. 36, Landwehr= Bataillon Nr. 36, ¼ Referve=Hufaren=Eskabron; auch hatte die 17. Infanterie=Divifion von Hamburg aus 3 Bataillone, 1 Eska= bron und 1 Batterie als Avantgarde nach Kiel vorgefchoben.

Im Hafen lagen die unter Befehl des Kontreadmirals Heldt vereinigten Theile des Oftfeegefchwaders und drei gemiethete Avifo= dampfer. Das Oftfeegefchwader beftand aus dem Linienfchiff „Renown", der gedeckten Korvette „Elifabeth", dem Avifo „Adler" Das Oftfee=
gefchwader.

und den Kanonenbooten „Camaeleon", „Tiger", „Scorpion". An
Bord der „Elisabeth" (Kapitän zur See Grapow) war vom See-
Bataillon Sekondlieutenant v. Kleist mit 4 Unteroffizieren, 2 Spiel-
leuten, 39 Seesoldaten eingeschifft.

Die anderen Fahrzeuge der Marine waren derartig vertheilt,
daß die Korvette „Nymphe" (an Bord 2 Stabsgefreite des See-
Bataillons) die Weichselmündung vertheidigen sollte und eine
Kanonenbootsflottille, bestehend aus der Jacht „Grille" und drei
Kanonenbooten unter Korvettenkapitän Graf Walderfee, bei Stral-
sund gebildet wurde.

Deutsche Kriegs-
schiffe auf
auswärtigen
Stationen.

Auf auswärtigen Stationen befanden sich Juli 1870 die
Korvetten „Hertha" und „Medufa"*) in Ostasien; die „Arcona"
und das Kanonenboot „Meteor" bewegten sich in den westindischen
Gewässern. Es waren eingeschifft vom See-Bataillon an Bord
der „Hertha" (Kapitän zur See Köhler) Sekondlieutenant Kutzen,
4 Unteroffiziere, 2 Spielleute, 39 Seesoldaten; an Bord der
„Arcona" (Korvettenkapitän Frhr. v. Schleinitz) Sekondlieutenant
Schuster, 4 Unteroffiziere, 2 Spielleute, 39 Seesoldaten.

Die Norddeutsche Bundesmarine verfügte somit zur aktiven
Vertheidigung der deutschen Küsten und Häfen nur über 19 Kriegsfahrzeuge mit zusammen 169 Geschützen, eine kleine Macht gegenüber der französischen.

Mobilmachung
des See-
Bataillons.

Schon am 16. Juli 1870 waren seitens des Kommandos des
See-Bataillons die beurlaubten Offiziere, Beamten, Aerzte und
Mannschaften einbeordert, die an Land befindlichen Mannschaften
kriegsmäßig eingekleidet, aber erst am 17. traf die Allerhöchste
Ordre de dato 16. Juli ein, wonach das See-Bataillon und die
See-Artillerie-Abtheilung nach den Etats vom 30. Januar 1869
mobil zu machen. Hiernach hatte sich das Bataillon auf die Stärke
von 1 Bataillonskommandeur, 5 Hauptleuten, 5 Premierlieutenants,
16 Sekondlieutenants, 5 Feldwebeln, 30 Sergeanten, 69 Unteroffizieren, 100 Gefreiten, 50 Spielleuten, 1000 Seesoldaten, im Ganzen
1254 Mann, durch Einziehen von Reserven und Seewehr zu kom-
pletiren. Ein Kriegs-Verpflegungsetat sowie endlich ein Mobil-
machungsplan lagen für diese Verstärkung sowie für jede Neuformation nicht vor. Es zeigte sich dies Fehlen namentlich bei der
Aufstellung
eines Reserve-
See-Bataillons.
Neuformation des Reserve-See-Bataillons, welches ohne bestehende
Kadres, ohne bestimmten Etat, überhaupt ohne jeden Anhalt, wann
und wie viel Kompletirungsmannschaften, welche Offiziere beim
Bataillon einzutreffen, als ein großer Uebelstand. Traf auch ein
Kriegs-Verpflegungsetat am 3. August beim See-Bataillon ein, so
führte das Fehlen eines ausführlichen Mobilmachungsplanes bei
Beginn des Krieges das Mißverhältniß nach sich, daß ein Detache-
ment des Bataillons beim Artilleriedepot zu Geestemünde von
1 Offizier, Sekondlieutenant Schenk v. Reinborf, und 30 Mann,

---

*) „Medusa" ist am 5. April 1881 aus der Liste der Kriegsfahrzeuge
gestrichen.

obgleich im Kriegsetat des mobilen Bataillons liegend und gerechnet, auf höhere Verfügung drei Monate lang als nicht mobil zu betrachten war. Am 17. Oktober 1870 wurde das Detachement vom Bataillon zurückgezogen.

Die Offiziere des See-Bataillons vertheilten sich am 17. Juli wie folgt:

Kommandeur Oberstlieutenant v. Haefeler,
  Adjutant Sekondlieutenant Sorsche,
1. Kompagnie Hauptmann v. Spankeren,
  Sekondlieutenant v. Elpons.
2. Kompagnie Hauptmann Jacobi,
  Sekondlieutenant v. Schirach.
3. Kompagnie Kompagnieführer Premierlieutenant v. Lübbers,
  Sekondlieutenant Rosentreter (vom Wachtkommando Stralsund zurück).
4. Kompagnie Kompagnieführer Premierlieutenant Graf
  v. Schweinitz,
  Sekondlieutenant Braber.
5. Kompagnie Hauptm. Frhr. v. Meerscheidt-Hüllessem,
  Sekondlieutenant Rüppel,
  Sekondlieutenant Aue.

Vertheilung der Offiziere des See-Bataillons an Land.

Zur Bildung der Ersatz-Kompagnie und als deren Führer wurde Premierlieutenant Alt, von der Kriegsakademie zurückkehrend, kommandirt, zum Reserve-See-Bataillon, zur Bildung und Führung, der Hauptmann v. Natzmer vom Marinestations-Kommando designirt.

Abkommandirt waren:

Sekondlieutenant Haacke, Adjutant beim Marinestations-Kommando der Ostsee,

Sekondlieutenant Vanselow, Adjutant beim Kommando der Marinestation der Nordsee,

Sekondlieutenant Schenk v. Neindorf in Geestemünde, sowie 7 Offiziere an Bord der Kriegsschiffe.

Sekondlieutenant Gervais befand sich krank in der Heimath.

Im Laufe der Monate Juli und August trafen Sekondlieutenant Kolbe vom 25. Landwehr-Regiment, die Premierlieutenants der Seewehr v. Ramin, Braune, die Sekondlieutenants der Seewehr Drewitz, Hannemann, Schröder, Friese, Schönlein, der Premierlieutenant v. Alvensleben vom Reserve-Landwehr-Bataillon Berlin, die Sekondlieutenants a. D. Martius, v. Oertzen, Gebser, Klingsporn, Born, Kaufmann und Arnauld be la Perière beim Ersatz-Bataillon ein und wurden theils den mobilen, theils den Ersatz- bezw. Reserve-Kompagnien zugetheilt.

Nachdem bereits am 18. Juli ein Detachement von 1 Offizier, Sekondlieutenant Aue, 100 Seesoldaten nach Friedrichsort gesandt, welches Detachement, allmälig durch eintreffende Reservisten,

Abrücken des See-Bataillons von Kiel nach Friedrichsort

nach Einkleidung derselben in Kiel, verstärkt, unter Kommando des Hauptmanns v. Spanken gestellt wurde, rückte das See-Bataillon, dem am 21. Juli der Kriegszustand eröffnet, am 28. Juli Nachmittags 1 Uhr nach Friedrichsort. Um 4 Uhr dort einrückend, kam die 4. Kompagnie nach Möltenort, die 3. Kompagnie nach Laboe. Die 2. Kompagnie marschirte nach Fort Brauneberg, gleichzeitig zwei Unteroffizierfeldwachen während der Nacht an den Strand vorschiebend. Die 3. Kompagnie hatte ein Detachement in Friedrichsort zurückgelassen, dessen Führung Sekondlieutenant Rosentreter übernahm.

Die Vertheilung des Bataillons an Land war demnach:

		Offiz.	Unteroffiz.	Spielleute.	Seesoldaten.	Lazarethgehülfen.
A. Friedrichsort:	1. Komp.	3	12	9	128	1
(westliches Ufer)	3. =	1	2	2	36	—
	4. =	3	8	6	125	1
	5. =	—	1	—	—	—
	Ersatz-Komp.	2	10	2	116	—
	Im Ganzen	9	33	19	405	2
B. Brauneberg:	2. Komp.	3	8	8	126	1
C. Möltenort:	5. Komp.	2	11	7	122	1
D. Jägersberg:	3. =	2	6	3	91	1
(östl. Ufer C u. D)	5. =	—	1	2	15	—
	Im Ganzen (C und D)	4	18	12	228	2
E. An Bord		7	30	12	371	—
F. In Geestemünde . . .		1	1	—	30	—
Gesammtsumme (A bis F) .		24	90	51	1160	5

Die Zahlmeistergeschäfte des mobilen Bataillons übernahm am 21. Juli der Verwalterapplikant Klotz; als Oberarzt fungirte der Stabsarzt der Seewehr Dr. Gretzel.

Bildung einer Ersatz-Kompagnie des See-Bataillons. Zur Bildung der Ersatz-Kompagnie waren vom See-Bataillon die Stammmannschaften dem Premierlieutenant Alt am 23. Juli übergeben. Am 25. wurde auch die Bildung des Reserve-See-Bataillons aus den überschießenden Reserven des See-Bataillons befohlen. Als Stamm wurden vom See-Bataillon 15 Unteroffiziere und 30 Gefreite überwiesen; weiter traten als Attachirte die Lazarethkranken, Kommandirten, die Stabswache und später auch die Musik des See-Bataillons hinzu. Gleichzeitig sollte vom Reserve-

Bildung einer Handwerker-Abtheilung beim Reserve-See-Bataillon. See-Bataillon, als dessen Führer der Hauptmann v. Natzmer definitiv bestätigt, eine Handwerker-Abtheilung gebildet werden, als deren Stamm das See-Bataillon 25 Handwerker abgab. Mit der Führung dieser Abtheilung wurde Premierlieutenant v. Ramin beauftragt.

Das Reserve-See-Bataillon und Auflösung der Ersatz-Kompagnie. Da es zur Formation einer bezüglichen Bestimmung ermangelte, so wurde das Reserve-See-Bataillon nach dem Etat eines Besatzungs-Bataillons zu 802 Mann aufgestellt. Am 15. August wurde jedoch die Formation dieses Bataillons dahin festgesetzt, daß vier Kompagnien zu bilden mit im Ganzen 22 Offizieren, 83 Unteroffizieren, 40 Spielleuten, 880 Gefreiten und Seesoldaten = 1003 Mann, außerdem 1 Büchsenmacher und 4 Lazarethgehülfen. Als 4. Kompagnie war bereits am 10. August die Ersatz=Kompagnie dem Reserve=See=Bataillon mit 2 Offizieren, Premierlieutenant Alt und Sekondlieutenant Drewitz, und 10 Unteroffizieren, 3 Spielleuten, 137 Gemeinen überwiesen worden und konnte hiermit auch die Formation des Reserve=See=Bataillons als abgeschlossen betrachtet werden.

Der Etat der Handwerker=Abtheilung wurde am 15. August zu 1 Offizier, 9 Unteroffizieren, 175 Gemeinen festgesetzt.

Schon am 17. Juli 1870 war seitens des Marinestations=chefs, Kontreadmiral Heldt, über die Hafenbefestigung der Kieler Bucht und deren Rayonbezirk der Belagerungszustand erklärt worden. Mit Wahrnehmung der Geschäfte des Kommandanten der Feste Friedrichsort wurde der Oberst Dalitz, Kommandeur der See=Artillerie=Abtheilung, durch Allerhöchste Kabinets=Ordre vom 19. Juli 1870 für die Dauer der Kriegsbereitschaft beauftragt, während Hauptmann Rechenberg der See=Artillerie=Abtheilung für die ersten Tage das Kommando über das östliche Ufer der Bucht übernahm. *Verhängung des Belagerungszustandes im Bereich der Kieler Hafenbefestigungen.*

Schon am 19. Juli kursirten Gerüchte über Bewegungen der französischen Flotte und ihr Erscheinen in der Nordsee. Am 29. Juli, früh 3 Uhr, ließ denn auch der Kommandant von Friedrichsort die Besatzung alarmiren, da in den letzten Stunden französische Kriegsschiffe um Skagen gegangen sein sollten. *Französische Kriegsschiffe in der Ostsee.*

Auf französischer Seite war ein Geschwader von 26 Schiffen, darunter 12 Panzer, mit zusammen 588 Geschützen für den Seekrieg in der Nord= und Ostsee in Dienst gestellt. Ein Theil der Flotte hatte, wie erwähnt, bereits gegen Ende Juli Cherbourg verlassen, um das deutsche Panzergeschwader, welches man noch an der Südküste Englands vermuthete, aufzusuchen und erschien alsdann bereits am 28. Juli beim Kap Skagen. Erst am 6. August kamen in Nordost von Friedrichsort Nachmittags 3½ Uhr sechs französische Panzerschiffe in Sicht. Nord=Nord=West steuernd kamen die Schiffe schon nach einer Stunde wieder außer Sicht.

Die Sicherheitsmaßregeln, für Friedrichsort und Fort Brauneberg dem Kommandeur des See=Bataillons, Oberstlieutenant v. Haeseler, seitens des Kommandanten übertragen, waren natürlich seit dem 28. Juli ganz besonders erhöhte. Starker Patrouillengang längs des Strandes; auf dem östlichen Ufer liegt Alles in Alarmquartieren; die Posten stehen dort am Strande bis nach Stein; Abends werden die Geschütze mit Kartätschen geladen! *Maßregeln gegen feindliche Ueberraschungen der Kieler Hafenbefestigungen.*

Zur Bedienung der Geschütze gab das See=Bataillon 100 Mann ab; ein Theil der Mannschaften arbeitete mit etwa 1000 Civilarbeitern an der Vervollständigung der Befestigungen. Der starke

Wacht= und Arbeitsdienst ließ denselben kaum eine wachtfreie Nacht!

Am 2. August, Nachmittags 3¹/₂ Uhr, ließ Seine Königliche Hoheit der Großherzog von Mecklenburg=Schwerin, Friedrich Franz II., Kommandirender der Truppen in den Küstenprovinzen, die Besatzung alarmiren, inspizirte sodann Truppen und Werke, wobei aus allen Geschützen nach schwimmenden Scheiben geschossen wurde; später am 9. August besichtigte auch der Generalgouverneur der Küstenlande, General der Infanterie Vogel v. Falckenstein die Befestigungswerke.

Der 5. August brachte früh 1¹/₂ Uhr neuen Alarm; Schüsse waren innerhalb der Postenkette auf angerufene oder entfliehende Personen gefallen, doch brachte weiteres Nachforschen keine Aufklärung. Um 3 Uhr konnten die Truppen wieder in ihre Quartiere einrücken. Als nun am 6. August wirklich sechs französische Kriegsschiffe in Sicht von Friedrichsort erschienen, wurden, um einem Bombardement widerstehen zu können, in der Festung die Gebäude abgedeckt und noch ein Unteroffizierposten nach Bülk zur Sicherheit der Telegraphenstation vorgeschoben.

Bereits am 8. August wurden die Besatzungen von Neuem auf ihre Vertheidigungsstellen gerufen. Früh 8¹/₂ Uhr war nordöstlich in See ein französisches Panzergeschwader von 11 Schiffen in Sicht gekommen. Die Schiffe, sich der Festung auf eine Meile nähernd, entfernten sich mit östlichem Kurs, so daß sie nach zwei Stunden außer Sicht kamen. Abends lag dieses Geschwader vor Marienleuchte auf Fehmarn.

Eine 17. August Morgens 1 Uhr 45 Minuten von Westermarkelsdorf, Telegraphenstation auf Fehmarn, eintreffende Depesche: „9 bis 10 Kriegsschiffe befinden sich nahe der Küste, daß man die Maschinen deutlich arbeiten hört. Wegen Dunkelheit nicht deutlich weiter zu erkennen, als die Lichter", zeigte, daß das vom Admiral Bouët kommandirte französische Geschwader wohl noch eine Unternehmung auf Kiel oder Lübeck plante. Der Admiral hatte am 15. die Blockade der Ostseehäfen angesagt, in Kiel traf dieselbe erst am 19. August ein.

Auf dem östlichen Ufer, dessen Kommando seit dem 10. August der Kommandeur des See=Bataillons, Oberstlieutenant v. Haeseler, übernommen, waren in diesen Tagen die Verhältnisse folgende:

in Neu=Heikendorf befanden sich der Stab und die 5. Kompagnie des See=Bataillons;

in Laboe die 3. Kompagnie des See=Bataillons, von der Flotten=Stammdivision 500 Mann unter dem Kommando des Oberst à la suite des See=Bataillons Rode, eine Landungs=Batterie, eine Batterie in Emplacements und 4 Husaren=Ordonnanzen;

in Brodersdorf die 3. Kompagnie des Besatzungs=Bataillons Magdeburg (Nr. 36);

in Lutterbeck Rittmeister Freimark mit einem Theil der
4. Eskadron des 1. Reserve-Husaren-Regiments;
in Stein 4 Husaren-Ordonnanzen;
in Probsteihagen 8 Husaren.

Für die Nacht waren besondere Sicherheitsmaßregeln dahin
getroffen, daß die Mannschaften zu 40 bis 50 Mann in Alarmquartieren zusammengezogen, in den Kantonnements die Dorfwachen
Doppelposten aussetzten, dabei aber regen Patrouillengang zwischen
den Kantonnements bis Stein am nördlichen Ufer entlang, von
Lutterbeck und Probsteihagen bis Wisch unterhielten.

Von den Befestigungswerken waren die Schanzen in Jägersberg und Möltenort fertig armirt und zwar nach der Seeseite
theilweise mit gezogenen 24-Pfündern. Zwischen diesen beiden
Schanzen war die sogen. Waldbatterie, armirt mit glatten dänischen
36-Pfündern. Im Bau befanden sich noch die Redoute Ober-
Jägersberg, davor eingeschnitten die Batterie Ober-Jägersberg und
die Redouten-Batterie Körügen. Die Batterien Ober-Jägersberg
und Körügen wurden bis zum 21. August fertig und beide mit
gezogenen 24-Pfündern armirt.

Die Hafensperre selbst, unter Leitung des Oberst Robe an- Die Sperre des Kieler Hafens.
gelegt*) und gegen Mitte August vollendet, bestand aus zwei Reihen
Kähnen, die durch Trossen verbunden, verankert und am Ufer durch
Ketten und Drahtseile befestigt waren. Dazwischen, und besonders
etwa 200 Schritte davor, waren Torpedos, elektrische wie Kontakt-
Torpedos, festgelegt; dann befand sich etwa 100 Schritt vor der
Kahnsperre eine Floßsperre, die nach See zu noch durch Netze und
dergleichen verstärkt war.

Im Hafen lagen nahe bei Friedrichsort zur aktiven artilleristischen Vertheidigung der Sperren „Renown" und „Camaeleon",
einige Kanonenboote und Dampfer; dicht bei Friedrichsort der
„Adler", an dessen Bord sich der Chef der Marinestation, Kontreadmiral Heldt, mit seinem Stabe befand; endlich weiter rückwärts
im Hafen die „Elisabeth". Der vom See-Bataillon dem Marinestations-Chef als Adjutant kommandirte Lieutenant Haake mußte
aus Mangel an Platz an Bord des „Adler" in Kiel verbleiben.

In Friedrichsort befanden sich außer der 1. und 2. Kompagnie 2 Kompagnien des Reserve-See-Bataillons in Friedrichsort.
des See-Bataillons (Feste Friedrichsort und Fort Brauneberg)
noch die 1. Kompagnie (frühere Ersatz-Kompagnie) und die 2. Kompagnie des Reserve-See-Bataillons. Wurden die 3. und 4. Kompagnie des Reserve-See-Bataillons in Kiel zum Wachtdienst der
dortigen Marine-Etablissements herangezogen, so nahmen die 1. und
2. Kompagnie gemeinschaftlich mit den beiden Kompagnien des See-
Bataillons an dem Vorpostendienst vor Friedrichsort Theil.

*) Die Korvetten-Kapitäne Razeburg und Butterlin über-
wachten insbesondere das Legen der Sperre, der Kapitänlieutenant
Hohenholz das der Seeminen.

Unternehmung eines See-soldaten-Detachements gegen Noer.

Gegen die Mittagszeit des 1. September erhielt der Komman-dant von Friedrichsort die sichere Nachricht, daß in Dänisch Wohld französische Sympathien verbreitet seien, daß von dort häufig Ver-kehr mit der französischen Flotte unterhalten werde, und daß be-sonders bei dem Gute Noer ziemlich regelmäßig nächtliche Lan-bungen stattgefunden hätten. Es sollten etwa 40 Matrosen von dort Proviant für die Flotte geholt haben. Oberst Dalitz ertheilte daher dem Hauptmann v. Spankeren den Befehl, mit einem Theil seiner Kompagnie Erkundungen in Noer einzuziehen. 2 Offi-ziere, 10 Unteroffiziere und 70 Mann erreichten dann zu Wagen noch gegen Abend Noer. Ein Detachement des 1. Reserve-Husaren-Regiments war aus Dänischenhagen zum Patrouillendienst heran-gezogen, während die Kompagnie eine Feldwache am Strande aussetzte. Da aber nichts Verdächtiges festzustellen war, rückte die Kompagnie am Morgen des 2. September nach Friedrichsort ab, wo sie um 9 Uhr wieder einrückte.

Französische Kriegsschiffe nicht mehr in der Ostsee. — Erleichterung des Sicherheits-dienstes.

Wenn nun auch noch Ende Oktober Gerüchte von einem beab-sichtigten Angriff der französischen Flotte umliefen, auch noch nach Mittheilung des Marinestations-Kommandos am 20. Dezember oberhalb Korsör fünf französische Kriegsschiffe gesehen wurden, so kamen solche vor dem Bundeskriegshafen Kiel doch während des ganzen Feldzuges nicht mehr in Sicht. Es konnten daher auch den Truppen mehrfache Erleichterungen im Sicherheitsdienst, als auch in Betreff der Unterbringung der Mannschaften gewährt

Verlegung der Besatzung.

werden. So geht der „Adler" mit dem Marinestations-Chef an Bord am 30. September nach Kiel zurück und bleibt dort vor Anker; so geht am 1. Oktober der Stab des See-Bataillons von Neu-Heikendorf nach Schrevenborn, so rückt die 5. Kompagnie, nach-dem sie 14 Tage im Barackenlager auf Körügen gelegen, am 16. Oktober nach Schönkirchen und läßt nur 11 Mann Wache auf Körügen. Die 3. und 4. Kompagnie, ebenfalls in den Baracken von Körügen und Ober-Jägersberg untergebracht gewesen, quar-tieren nach Brodersdorf, Lutterbeck und Alt-Heikendorf. So wird endlich den Offizieren, Aerzten, Beamten von Seiten der Kom-mandantur Friedrichsort die Entfernung von Friedrichsort ohne vorherige Genehmigung wieder gestattet. Auch der Oberst Dalitz wird am 18. November durch Allerhöchste Kabinets-Ordre von seiner Stellung als Kommandant von Friedrichsort entbunden, sowie auch an diesem Tage die Matrosen aus dem Barackenlager bei Laboe nach Kiel zurückgesandt. Nur 2 Lieutenants, 1 Seekadett, 150 Unter-offiziere und Matrosen wurden dort belassen.

Beurlaubung von eingezoge-nen Ersatz-mannschaften. — Versetzung von Offizieren des See-Bataillons.

Endlich traten vom 27. November ab Beurlaubungen von Wehrmännern und Reservisten aus Anlaß ihrer häuslichen Ver-hältnisse ein, nachdem auch schon vorher einzelne Offiziere des Bataillons, wie Hauptmann v. Natzmer, Premierlieutenant Harms und fünf beim Reserve-See-Bataillon kommandirt ge-wesene Offiziere des Beurlaubtenstandes zu mobilen bezw. Ersatz-Truppentheilen der Armee versetzt, auch das Detachement des

1. Reserve-Husaren-Regiments am 21. November nach dem Kriegs-schauplatze abrückte.

Trotzdem, daß das siegreiche Vorschreiten der deutschen Armeen mit seinen Folgen auf die Bewegungen der französischen Flotte einen Angriff auf die Kieler Hafenbefestigungen nicht mehr be-fürchten ließ, wurden die fortifikatorischen Arbeiten an denselben noch mit Energie fortgesetzt. Die Mannschaften des See-Bataillons wurden zu diesen Arbeiten ohne Entschädigung, meistens acht Stunden täglich, herangezogen. Das andauernd schlechte Wetter hierbei, das Arbeiten in dem tief aufgeweichten Lehmboden, dabei die Benutzung der schlecht gebauten und feuchten Baracken auf Körügen und Ober-Jägersberg führte denn oft einen erheblichen Krankenbestand herbei; ja es zeigten sich im Januar und Februar 1871 sogar einzelne Fälle von Pockenerkrankungen und Typhus. *Weitere Ver-stärkung der Kieler Hafen-befestigungen.*

In dienstlicher Beziehung wurde während des Januar be-sonders die Ausbildung der Mannschaften des See-Bataillons an den Geschützen gemäß Marinestations-Befehl gefördert. Die Mann-schaften sollten erforderlichenfalls mit zur Geschützbedienung heran-gezogen werden. *Ausbildung der Mannschaften des See-Ba-taillons an den Geschützen.*

Infolge weiteren Befehls der Marinestation der Ostsee vom 23. Januar 1871 rückte das See-Bataillon am 27. Januar mit seinem Stabe, der 3., 4. und 5. Kompagnie nach Kiel. Die 1. und 2. Kompagnie verblieben im Fort Brauneberg und Friedrichsort. Trotz dieses Zurückziehens des größten Theiles des Bataillons aus dem Rayon der Hafenbefestigung war das Bataillon weiter als mobil anzusehen. Die verlassenen Kantonnements auf dem östlichen Ufer bezog dafür das Reserve-See-Bataillon, nachdem es die ihm attachirte Handwerker-Abtheilung und mit ihr die Stabswache, die Musik des See-Bataillons und die innerhalb Kiels Kommandirten dem See-Bataillon zugewiesen hatte. *Einrücken des See-Bataillons in Kiel.*

Gleichzeitig trat der Oberstabsarzt Dr. Friedel als Oberarzt und der Zahlmeister Triede, welcher die ganze Bekleidungswirth-schaft der See-Truppen verwaltete, speziell auch die Neuanfertigungen der Handwerker-Abtheilung leitete, zum See-Bataillon, während der Verwalterapplikant Klotz die Zahlmeister-Geschäfte, der Stabs-arzt Dr. Gretzel und der seit einiger Zeit beim See-Bataillon kommandirte Unterarzt Möhring die ärztlichen Geschäfte beim Reserve-See-Bataillon übernahmen.

Das Reserve-See-Bataillon trat mit seiner Dislokation voll-ständig zur Besatzung von Friedrichsort und unter Befehl des Garnisonältesten, Oberst Dalitz. Hauptmann v. Spanteren übernahm das Kommando auf dem östlichen Ufer bezw. auch über die See-Artillerie-Besatzungen in Möltenort, Jägersberg, Körügen, aber nicht über die zur Bedienung der Sperren und Torpedos in Laboe zurückgebliebenen Abtheilungen der Matrosen-Stammdivision. Die Kompagnien des Reserve-See-Bataillons waren demnach Ende Januar wie folgt untergebracht: *Dislokation des Reserve-See-Bataillons.*

In Friedrichsort (westliches Ufer):

	Offiz.	Unter-offiz.	Spiel-leute	See-sold.	Summe Mann	
1. Komp. .	2	21	7	203	231	
2. = .	3	19	7	214	240	u. 1 Laz. Geh.
Im Ganzen	5	40	14	417	471	u. 1 Laz. Geh.

Auf dem östlichen Ufer:

	Offiz.	Unter-offiz.	Spiel-leute	See-sold.	Summe Mann	
3. Komp. .	2	20	8	200	228	i. Alt=Heikendorf, Neu=Heikendorf u. Diedrichsdorf;
4. = .	4	23	6	177	206	u. 1 Büchsenmacher in Brodersdorf und Lutterbeck.
Im Ganzen	6	43	14	377	434	u. 1 Büchsenmacher.

Die 3. Kompagnie gab außer den nöthigen Dorfwachen noch die Pulverhauswache in Diedrichsdorf und 1 Unteroffizier, 10 Mann Wache in Schanze Körügen.

Die 4. Kompagnie hatte 1 Offizier, 4 Unteroffiziere, 28 Mann zum Wachtdienst nach der Schanze Jägersberg gelegt.

Von der Besatzung von Friedrichsort hörte mit dem 1. Februar auch der letzte Vorpostendienst, sowie das Entsenden von Patrouillen außerhalb der Werke und am Strande auf.

Schon seit dem 20. Dezember 1870 war scharfe Kälte einge-treten, so daß am 26. Dezember der Hafen, der stark mit Eis bedeckt, nicht mehr passirbar blieb. Der Verkehr des östlichen Ufers mit Friedrichsort ging seit Februar 1871 übers Eis, doch wurde dieser Uebergang, weil seit dem 27. Februar gefährlich, verboten, so daß der Verkehr auf dem umständlichen Wege um die Kieler Bucht geleitet werden mußte. Der Kälte wegen hatten auch an die Posten der Hafenbefestigungen Schafpelze verabreicht werden müssen.

Gegen Mitte Februar erfuhren der Stab und die 3. und 4. Kompagnie des Reserve=See=Bataillons, um die Ortschaften zu-nächst der Seeküste, die seit dem Beginn des Kriegszustandes dauernd ziemlich starke Einquartierung zu tragen hatten, zu entlasten, von Neuem eine Veränderung ihrer Quartiere. Der Stab ging nach Neumühlen, die 3. Kompagnie nach Neumühlen, Diedrichsdorf, Wellingdorf, die 4. Kompagnie nach Alt= und Neu=Heikendorf und Jägersberg. Die 3. Kompagnie behielt hierbei die Wachen in Diedrichsdorf und Körügen.

Einstellung der Rekruten Jahr-gang 1870/71 im See-Bataillon. Beim See=Bataillon in Kiel waren unterdessen am 1. Februar 1871 die Rekruten des Jahrganges 1870/71 eingetroffen; dieselben, bei den mobilen Kompagnien über den Etat eingestellt, erhielten Kriegsverpflegung. Diese Einstellung der Rekruten war ein Grund gewesen, daß das mobile See=Bataillon nach seiner Garnison hatte zurückgezogen werden müssen, da ein Ausbilden der Rekruten in den Kantonnements nicht zu ermöglichen war.

Am 15. März 1871 ging die Allerhöchste Kabinets-Ordre vom 9. März ein, wonach das See-Bataillon demobil zu machen und auf den Friedensetat pro 1871 zurückzuführen sei. Das Reserve-See-Bataillon sollte schleunigst aufgelöst werden, rückte daher am 17. März nach Kiel, wo noch an demselben Tage die nöthigen Ausführungsmaßregeln begannen.

Mit dem 18. März war die Demobilmachung des See-Bataillons bezw. Auflösung des Reserve-See-Bataillons durchgeführt.

Beendet war damit ein Kriegszustand, der dem See-Bataillon und seinen Neuformationen, wie der ganzen Besatzung der Kieler Hafenbefestigung keine Gelegenheit gegeben, sich mit den Waffen in der Hand dem angreifenden Feinde gegenüber Lorbeeren zu erringen, aber in steter Erwartung eines solchen, in nie rastender Wachsamkeit hatte ein Jeder treu seine Pflicht für seinen König und Kriegsherrn zur Ehre und Selbständigkeit des Vaterlandes erfüllt!

Als ein Uebelstand hatte sich während der Mobilmachung die geringe Stärke der Kompagnien herausgestellt, da ihnen nach Abzug der an Bord der Kriegsschiffe kommandirten Detachements, die innerhalb des Kriegsetats lagen, nur etwa 130 Mann zur Verfügung verblieben, die zudem noch in lauter kleine Detachements aufgelöst waren. Ein zweites Uebel war der Mangel an jeglichen dienstlichen Fahrzeugen, wie besonders Patronenwagen und Packkarren, welcher Mangel gewiß eine jede größere Aktion, wie z. B. die Verhinderung einer feindlichen Landung, entfernt von den Hafenbefestigungen, wenn nicht unmöglich gemacht, so doch besonders erschwert hätte.

Der Geist der Mannschaften war während des ganzen Kriegszustandes trotz des angreifenden Dienstes und oft harter Arbeit ein heiterer und guter geblieben. Jede freie Zeit, die ihnen zwischen dem Wacht- und Arbeitsdienst, dem Detail-Exerziren, Schießübungen und Uebungen im Gelände verblieb, benutzten sie gar häufig zu kleinen Aufführungen. —

In der Nordsee hatte der französische Vizeadmiral Fourichon, Chef des Anfang August 1870 bei Helgoland eingetroffenen Geschwaders, ebenfalls die Blockade der deutschen Seehäfen der Nordsee angesagt, aber einen Angriff auf die nur durch so kleine maritime Macht vertheidigten Seehäfen nicht gewagt. Es war die Zeit, da in der Nordsee das französische Panzergeschwader kreuzte und unser kleines Panzergeschwader auf der Außenjade bei Schillig zur Abwehr bereit lag, für die Besatzung desselben eine schwere Zeit, reich an Aufregungen und Entsagungen, denn es hieß fast jeden Tag, das feindliche Geschwader würde angreifen. — Nachdem bereits am 5. August die drei Panzerfregatten, ein feindliches Panzerschiff abzufangen, das gesehen sein sollte, in See gegangen, aber ohne den Feind bemerkt zu haben, zurückgekehrt waren, erhielt eines Abends im August der Kapitän z. S. Werner, Kommandant S. M. S.

Heye, Die Marine-Infanterie. 5

„Kronprinz", die Erlaubniß, hinauszudampfen. Das genannte Schiff kreuzte die ganze Nacht bei verschlossenen Luken, gelöschten Laternen u. s. w., um eines der feindlichen Schiffe, die natürlich im Geschwader mit Positionslaternen fahren mußten, vielleicht zu rammen, doch waren dieselben leider denselben Abend westwärts gedampft.

Mit großem Unrecht hat man wohl nach dem Kriege 1870/71 der Marine vorgeworfen, hier in der Nordsee, wo ihr doch die Panzerschiffe zur Verfügung gestanden, nicht thätig genug gewesen zu sein. Hätte aber Vize-Admiral Jachmann, der Befehlshaber der Seestreitkräfte in der Nordsee, nicht vor Wilhelmshaven, stets zum Schlage und zur Aufopferung bereit, sobald die übermächtige französische Flotte Hamburg, Bremen oder Wilhelmshaven angegriffen hätte, die Paar Schiffe gerettet, sondern nur den persönlichen Gefühlen, dem Ehrgeiz Rechnung getragen, sich mit dem Feinde zu messen, so hätte er damit auch den Keim zu den jetzigen Leistungen unserer Marine höchst wahrscheinlich zerstört, ohne dem Staate wesentlichen Nutzen zu leisten. Dies sind durch Entsagung errungene Lorbeern!

Aber auch durch kühnes schneidiges Vorgehen, wie das der „Grille" im Gefecht bei Dornbusch am 17. August, das der „Nymphe" bei einer Rekognoszirung in der Danziger Bucht in der Nacht vom 22. zum 23. August, das des „Meteor" im Gefecht bei Havanna am 9. November 1870, endlich das der „Augusta" im Biscayischen Meerbusen im Januar 1871, hat die Marine gezeigt, wo sie Gelegenheit fand, daß sie unserm so siegreichen Heere, wenn auch nicht in den Siegen, doch in Geist und Wesen ebenbürtig sei.

Ereignisse in der Ostsee. Die „Nymphe" war unter dem Kommandanten Korvettenkapitän Weickmann in der Danziger Bucht stationirt gewesen. Am 22. Juli erschien ein französisches Geschwader von drei Panzern im Putziger Wiek, war daselbst vor Anker gegangen und hatte nach dem Bericht des Admirals Bouët zur nächtlichen Sicherung alle ihm nöthig erscheinenden Vorsichtsmaßregeln getroffen. Die „Nymphe" ging nun in der Nacht vom 22. zum 23. August aus dem Hafen, näherte sich um 1½ Uhr Morgens trotz hellen Mondscheins bis auf 2500 Schritt dem Feinde und gab auf das zunächst liegende Panzerschiff „Surveillante" zwei konzentrirte Breitseiten ab. Zwar nahmen die französischen Schiffe sofort die Verfolgung der „Nymphe" auf, verloren sie aber bald aus dem Gesicht, so daß dieselbe um 3 Uhr Morgens unbeschädigt wieder in den Hafen laufen konnte.

Die „Augusta" im Biscayischen Meerbusen. Die Korvette „Augusta" war erst im Oktober 1870 in Dienst gestellt, um möglichst dem Feinde in seiner Zufuhr an Kriegsmaterial, die derselbe aus England und Amerika erhielt, Abbruch zu thun. Von französischer Seite war bereits Ende September die Flotte aus der Nordsee und Ostsee zurückgezogen worden, um zahlreiche Marinemannschaften nach Paris und an die Loire zu werfen, wohin ja die siegreichen deutschen Heere nach Gefangennahme des Kaisers Napoleon III. und seines Heeres in Sedan

ihre Märsche richteten. So konnte denn Korvettenkapitän Weickh=
mann, nachdem er bereits Ende Dezember mit der „Augusta"
vergeblich im Kanal gekreuzt, es wagen, bis in den Biscayischen
Meerbusen einzubringen. Am 4. Januar 1871 wurden in der
Gironde die französische Brigg „St. Marc" und die Bark „Pierre
Adolphe" weggenommen und der französische Regierungsdampfer
„Max" zerstört. Nach diesem dreifachen Handstreich in unmittel=
barer Nähe der feindlichen Küste ging das deutsche Kriegsschiff
nach dem spanischen Hafen Vigo, wo es bis zum Frieden von
französischen Kriegsschiffen blockirt ward.

Von den auf der westindischen Station befindlichen Schiffen Ereigniſſe auf
der weſtindiſchen
Station.
gelang es dem kleinen „Meteor"*) (Kapitänlieutenant Knorr)
am 9. November 1870 in der Nähe von Havanna den französischen
Aviso „Bouvet" in zweistündigem Gefecht in die Flucht zu schlagen,
während die „Arcona" (Korvettenkapitän Frhr. v. Schleinitz),
die sich wegen ihrer geringen Schnelligkeit wenig zu einem Kampfe
mit überlegenem Gegner eignete, während ihrer Rückkehr nach der
Heimath zwei Blockaden bei der azorischen Insel Fayal und im
Hafen von Lissabon zu bestehen hatte.

Auch die Korvette „Hertha" (Kapitän zur See Köhler) und Ereigniſſe auf
der oſtaſiatiſchen
Station.
„Medusa" (Korvettenkapitän Struben) hatten es auf der ost=
asiatischen Station nicht wagen dürfen, sich mit der dort über=
mächtigen französischen Flotte — 27 Dampfer mit 175 Geschützen —
in einen Kampf einzulassen. Nachdem die „Hertha" seit dem
12. August 1870 im japanischen Hafen Nagasaki Sicherheit ge=
funden, vereinigte sie sich am 2. September mit der „Medusa" in
Yokohama, wo dann beide Schiffe, bewacht von französischen Kriegs=
schiffen, bis zum Friedensschluß ausharren mußten.

Am 1. März 1871 war mit der Uebergabe von Paris der Der Friede.
vorläufige Frieden geschlossen. Der Krieg war beendet!

Als Deutscher Kaiser kehrte König Wilhelm nach seinen Lan=
den zurück. Umjubelt von seinen Kriegern, hatte König Wilhelm
am 18. Januar 1871 im Schlosse Ludwig XIV. zu Versailles,
umgeben von den deutschen Fürsten, die Kaiserkrone auf sein ehr=
würdig Haupt gesetzt, verheißend,**) „allezeit ein Mehrer des
Deutschen Reichs zu sein, nicht an kriegerischen Eroberungen, sondern
an den Gütern und Gaben des Friedens auf dem Gebiete natio=
naler Wohlfahrt, Freiheit und Gesittung".

Am 16. Mai 1871 erfolgte der Abschluß des Friedens mit
Frankreich, das außer einer großen Kriegsentschädigung dem Reiche
die langentbehrten Grenzlande Elsaß und Lothringen endgültig
zurückgab. Am 16. Juni führte Kaiser Wilhelm selbst seine
Garden und Abordnungen des ganzen deutschen Heeres und der

---

*) Am 26. November 1877 ist Seiner Majestät Dampfkanonenboot
„Meteor" aus der Liste der Kriegsfahrzeuge gestrichen. Am 20. Januar
1890 ist in Kiel ein Aviso „Meteor" von Stapel gelaufen.

**) Beiheft zum Militär=Wochenblatt 1888: „Kaiser Wilhelm".

5*

Marine in festlichem Triumphzug in die eigene Hauptstadt, die nun des Deutschen Reiches Hauptstadt ward.

Betheiligung der Marine an dem Einzug in Berlin. Unter der zum Einzuge von der Marine abgesandten Deputation, bestehend aus 1 Offizier jeder Charge und 20 Matrosen einschließlich Unteroffiziere, befand sich der Kommandeur des See=Bataillons, Oberstlieutenant v. Haeseler. Ein Mann der 4. Kompagnie, die durch das Loos bestimmt, war in voller Ausrüstung in das aus der ganzen Armee zusammengesetzte Bataillon eingestellt worden.*)

---

*) Die für den Krieg 1870/71 gestiftete Kriegsdenkmünze für Kombattanten verlieh Seine Majestät der Kaiser und König auch der Marine durch Allerhöchste Kabinets=Ordre vom 27. Februar 1872 und zwar allen Offizieren, Aerzten und Mannschaften, die auf einem der Schiffe oder Fahrzeuge im Kriege 1870/71 zu dem Zweck, den Feind aufzusuchen, in See gegangen, oder sich auf solchen Schiffen oder Fahrzeugen befunden haben, die in dienstlichem Auftrage ausgelaufen und in den unmittelbaren Machtbereich der französischen Flotte gelangt sind. Hiernach erhielten die Denkmünze, jedoch ohne Berechnung eines Kriegsjahres:

1. die Besatzungen Seiner Majestät Schiffe „König Wilhelm", „Kronprinz", „Friedrich Carl" für die Anbordkommandirung vom 5. August bis 11. September 1870;
2. die Besatzung Seiner Majestät Schiff „Arminius" vom 24. August bis 11. September 1870;
3. die Besatzung des als Aviso benutzten Dampfers „Cuxhaven", welche am 13. August 1870 eingeschifft war;
4. die Besatzungen Seiner Majestät Schiffe „Elisabeth", Aviso „Preußischer Adler", Dampfboote „Camaeleon", „Tiger" vom 5. September 1870;
5. die Besatzungen Seiner Majestät Schiffe „Arcona", „Nymphe", „Augusta", Aviso „Grille", „Falke", Kanonenboote „Basilisk", „Comet", „Fuchs", „Hay", „Schwalbe", „Sperber", „Wolf", „Cyclop", „Habicht", „Jäger", „Pfeil", „Hyäne", „Natter", „Wespe", „Blitz", „Drache", „Salamander", „Meteor" und des als Aviso benutzten Dampfers „Holsatia", welche sich während der Dauer des Krieges vom 17. Juli 1870 bis 2. März 1871 an Bord genannter Schiffe befunden haben;
6. das vom 18. Dezember 1870 bis Mitte März 1871 in Frankreich (Orléans) detachirt gewesene Marine=Detachement.

Ein Kriegsjahr erhielten angerechnet:
a. pro 1870
1. die Besatzungen Seiner Majestät Aviso „Grille" und Kanonenboote „Blitz", „Drache", „Salamander" für das Gefecht am 17. August 1870;
2. die Besatzung Seiner Majestät Schiff „Nymphe" für das Gefecht am 22. August 1870;
3. die Besatzung Seiner Majestät Kanonenboot „Meteor" für das Gefecht am 9. November 1870;
4. die Besatzung Seiner Majestät Schiff „Augusta" für das erfolgreiche Eindringen in die Gironde und Machen von Prisen am 4. Januar 1871;
5. das vorhin erwähnte, vom 18. Dezember 1870 bis Mitte März

IV. Unter Kaiser Wilhelm I.

Gemäß der am 20. April 1871 erschienenen Verfassung des *Organisation.* Deutschen Reichs wurde aus der norddeutschen Bundesmarine eine Kaiserlich deutsche Marine. König Wilhelm behielt auch als Kaiser wie bisher den Oberbefehl über diese Kriegsmarine. Mit den größeren Mitteln, die nun zur Bestreitung des erforderlichen Aufwands aus der Reichskriegskasse bestritten wurden, konnte die Marine auch einen größeren Aufschwung nehmen. Vorerst bestimmte *Veränderung in der Organisation* eine am 15. Juli 1871 ausgegebene Kabinets=Ordre, daß das *des Oberkommandos der* Oberkommando der Marine als gesonderte Behörde aufgehoben *Marine.* bliebe, daß dagegen die Funktionen des früheren Oberbefehlshabers und des Oberkommandos der Marine auf den Marineminister bezw. das Marineministerium übergehen sollten. Eine weitere Ordre vom 1. Januar 1872 gab dem Marineministerium wieder die Bezeichnung „Kaiserliche Admiralität". Auf den Wunsch des Kriegs= und Marineministers, Grafen v. Roon, entschloß sich Kaiser Wilhelm, den Grafen am 31. Dezember 1871 unter dankbarer Anerkennung seiner großen Verdienste um die Entwickelung der preußischen und norddeutschen Flotte von der Stellung als Marineminister zu entbinden, da die Verwaltung der deutschen Marine jetzt so umfangreich geworden, daß eine Vereinigung dieser und des preußischen Kriegsministeriums in einer Hand nicht mehr angängig erschien.

Zum Chef der Admiralität wurde der Generallieutenant *Der Chef der Admiralität.* v. Stosch,*) seit dem 26. Oktober 1871 schon zur Disposition des Kriegs= und Marineministers stehend, ernannt.

Prinz Adalbert von Preußen war nach dem Kriege 1870/71 *Der General-inspekteur der* zum Generalinspekteur der Marine ernannt worden. Wenn es *Marine.* dadurch dem hohen Herrn nicht mehr vergönnt war, unmittelbar in das Leben der Marine bestimmend einzugreifen, so hat der Prinz=Admiral doch unaufhörlich bis zu seinem Tode, am 6. Juni 1873, die vaterländische Marine zu fördern gesucht.

Der Wechsel in der Organisation der oberen Marine=Behörden *Denkschrift, betreffend Vergrößerung der* und ihres Leiters veranlaßte den deutschen Reichstag, die Reichs=*deutschen Flotte.* regierung um Vorlage einer Denkschrift zu bitten, welche klar=

. 1871 in Frankreich (Orléans) detachirt gewesene Detachement der Marine.

Die Offiziere und Mannschaften des See=Bataillons und Reserve=See=Bataillons, welche mit den Waffen in der Hand angesichts der feindlichen Flotte treu ihren Dienst in den Festungswerken des Hafens von Kiel gethan, jederzeit bereit, dieselben mit ihrem Blute gegen den täglich zu erwartenden Feind zu vertheidigen, erhielten, obwohl auch sie in den unvollendeten Festungswerken eine völlig kriegsmäßige Unterkunft gefunden, gleich den anderen Marinetheilen an Land, für das Jahr 1870 kein Kriegsjahr angerechnet.

*) Siehe Anlage Nr. 1 unter 112.

legen follte, wie weit ber Flottengründungsplan von 1867 aus=
geführt fei unb welche Mittel bis zur Vollenbung beffelben noch
aufgewenbet werben müßten.

Die Abmiralität legte am 6. Mai 1872 bem Reichstag eine
Denkschrift vor, welche eingehenb ausführte, wie fich die Verhält=
niffe feit 1867 wefentlich geänbert hätten. Artillerie unb Panzer
waren verftärkt unb bebingten Aufwenbung größerer Mittel in
Bezug auf Armirung unb Bau ber Schiffe; bas Wachfen ber Eifen=
preife unb die erhöhten Lohnverhältniffe fteigerten die Herftellungs=
koften; neue Seekriegsmittel (Minen, Torpebos) mußten einge=
führt werben. Schließlich hatte bas Deutfche Reich erweiterte
Intereffen im Auslanbe zu vertreten, ba unfer Seehanbel faktifch
an Bebeutung gewonnen. Die Machtentwickelung bes Deutfchen
Reichs hat zubem die im Auslanbe lebenben Deutfchen wieber zu
Deutfchen gemacht; fowohl biejenigen Deutfchen, die ben heimath=
lichen Verbanb auf auswärtigen Hanbelsnieberlaffungen erhalten
haben, als auch bie ganz ausgewanberten Deutfchen fuchen eine An=
lehnung an bas Deutfche Reich, wie fie im Jahre 1867 nicht vor=
auszufehen war.

Diefen Rückfichten entfprechenb, erfolgte 1873 die Aufftellung
unb Vorlage eines neuen Flottengründungsplans, welcher für die
beutfche Marine, follte fie ben an fie geftellten Anforberungen
gerecht werben, forberte:

1. eine große Anzahl Korvetten, welche theils in benjenigen
Gewäffern, in benen fich beutfche Intereffen konzentriren
unb am meiften in Frage geftellt finb, ftationirt werben;
2. eine Torpeboflottille;
3. fchwimmenbe Batterien für bie Vertheibigung ber Außen=
jabe unb Monitors für bie Flußmünbungen;
4. zur lebenbigen Küftenvertheibigung Panzerfregatten unb =Kor=
vetten;
5. Schulfchiffe zur Ausbilbung bes Perfonals;
6. zu allgemeinen Zwecken Avifos, Vermeffungsfahrzeuge unb
Stationstenber.

Hieraus ergab fich ein Gefammterforberniß von 8 Panzer=
fregatten, 6 Panzerkorvetten, 7 Monitors, 2 Batterien, 20 Kor=
vetten, 6 Avifos, 18 Kanonenbooten, 28 Torpebofahrzeugen, 5 Schul=
fchiffen.

Ift ber Flottengründungsplan von 1873 infolge ber fort=
fchreitenben Entwickelung im Schiffsbau, infolge bes noch immer
nicht entfchiebenen Kampfes zwifchen Panzer unb Artillerie nicht
voll zur Ausführung gelangt, fo hat er boch bie Grunblage zur
Vergrößerung ber Flotte an Schiffen wie an Perfonal abgegeben.

Verlegung von Marinetheilen nach Wilhelms= haven.

Die Einfetzung ber neuen Kommanbobehörbe ber Marineftation
ber Norbfee in Wilhelmshaven machte ingleichen eine Verlegung
von Marinetheilen, wie auch im Hinblick auf bie nun von beiben
Marineftationen zu befetzenben Kriegsfchiffe eine Vergrößerung biefer
Marinetheile nothwenbig.

So wurde aus der Flotten-Stammdivision der Ostsee die der Nordsee gebildet, indem die I. Abtheilung, in Wilhelmshaven garnisonirt, ausschied. Die Werftdivision gab die Hälfte ihrer Mannschaften nach Wilhelmshaven ab und wurde dann die in Kiel stationirte mit dem Namen der Werftdivision der Ostseeflotte, die in Wilhelmshaven mit dem Namen der Werftdivision der Nordseeflotte belegt. 1872 erhielten jedoch die Stammdivisionen wie die Werftdivisionen die Namen der I. bezw. II. Matrosen-, der I. bezw. II. Werftdivision. Die I. Matrosendivision gab dann die Schiffsjungen-Kompagnien, die ihr bisher attachirt waren, zur Formirung einer Schiffsjungen-Abtheilung ab. *(Die Matrosen- und Werft-Divisionen.)*

1884 wurden die Matrosen- und Werftdivisionen, die bis dahin den betreffenden Marinestations-Kommandos direkt untergeordnet, je einer Marine-Inspektion in Kiel und Wilhelmshaven unterstellt. An der Spitze einer Marine-Inspektion steht ein Kontreadmiral oder älterer Kapitän zur See. *(Die Marine-Inspektionen.)*

Den Matrosendivisionen waren im Jahre 1877 je eine Seeartillerie-Abtheilung, in Friedrichsort und Wilhelmshaven garnisonirt, attachirt worden. Die bisher von der Landarmee zur Seeartillerie übertretenden Offiziere wurden von nun an durch Seeoffiziere ersetzt, da man zur energischen Abwehr feindlicher Kriegsschiffe nautische Kenntnisse von Seiten der die Küstenartillerie befehligenden Offiziere fordern mußte und auch, da man die Marine mehr und mehr von der Armee, die ja ihre eigenen Artillerieoffiziere nur allzusehr brauchte, unabhängig machen wollte. 1883 wurde die Seeartillerie, da die Ausbildung der Matrosenartilleristen an Wichtigkeit gewann, als Matrosenartillerie wieder in zwei selbstständige Abtheilungen formirt und zur Ueberwachung ihrer Ausbildung einer Inspektion der Marineartillerie unterstellt. Zur Besetzung der Befestigungen an der Weser und Unter-Elbe kam dann 1886 eine III. Matrosenartillerie-Abtheilung in Lehe hinzu. *(Die Seeartillerie.)*

Die erhöhte Wichtigkeit der Torpedowaffe, die nun nicht mehr allein von kleineren und besonders schnellen Schiffen, sondern auch von den großen Schlachtschiffen geführt wird, führte 1886 zur Bildung einer Inspektion des Torpedowesens in Kiel, der weiter je ein Torpedo-Detachement bezw. Abtheilung in Kiel und Wilhelmshaven unterstellt wurde. *(Die Inspektion des Torpedowesens. Torpedo-Detachements.)*

Das See-Bataillon hatte seit seinem Einrücken in Kiel wieder seine alte Kaserne in der Fleethörn bezogen. Ein Theil der Mannschaften war jedoch, wie auch schon vor dem Kriege, wieder in Bürgerquartieren*) untergebracht. Der Exerzirplatz lag dicht vor der Kaserne am „Kleinen Kiel" und wurde fleißig benutzt. Da *(Das See-Bataillon.)*

---

*) Da auch die Bürgerquartiere bis zum Einzug in die neue Kaserne in der Brunswick zum Unterbringen der Mannschaften oft nicht ausreichten, so mußten hin und wieder, namentlich zur Zeit der Rekruteneinstellung, 1 bis 2 Kompagnien nach Preetz oder Segeberg in Kantonnements gelegt werden.

die alte Kaserne, die schon zu dänischer Zeit als solche gebraucht worden war, den Mannschaften einen wenig angenehmen Aufenthalt bot, so wurde der Umzug 1872 nach der neuen Kaserne in der Brunswick vom See-Bataillon mit großer Freude begrüßt. Dort-

Das Marine-Offizierkasino. hin wurde auch das Marine-Offizierkasino, zu dem die Offiziere des See-Bataillons ja ebenfalls gehörten, verlegt. Die ersten An- fänge eines Marine-Offizierkasinos in Kiel waren in dem Eckhause der Haßstraße, am Markt, eine Treppe hoch gelegen, sehr primitiv untergebracht gewesen und besserten sich erst jetzt mit der Verlegung.

Bildung der 6. Kompagnie des See- Bataillons. In der neuen Kaserne fand auch die neue 6. Kompagnie Auf- nahme, die am 1. Oktober 1871 formirt war. Schon im Frühjahr 1871 war dieser Termin für die Formirung der Kompagnie durch eine Verfügung des Marineministeriums vorgesehen worden. Es sollten 1 Bataillonsschreiber, 5 Spielleute, 1 Unter-Lazarethgehülfe, 5 Öko- nomiehandwerker vorzeitig eingestellt, auch die Bildung der anderen Kadres der neu zu formirenden Kompagnie, soweit dies nicht von der Gestellung des Ersatzes abhängig gemacht war, vorgesehen werden. Dieser Verfügung wurde so entsprochen, daß, nach der am 1. April erfolgten Einstellung von 5 Ökonomiehandwerkern, der neuen Kompagnie 5 ausgebildete Spielleute, 1 Lazarethgehülfe und 1 Unteroffizier als Kammerunteroffizier überwiesen wurden, welch' Letzterer die Bekleidung und Ausrüstung der neuen Kom- pagnie regelte. Bei der wirklichen Formation der 6. Kompagnie, deren erster Chef der Hauptmann Alt, wurden Unteroffiziere und Mannschaften von den fünf alten Kompagnien nach deren derzeitiger Präsentstärke im Lande und nach Maßgabe der Etatsstärke 1869/70 abgegeben. Schon bei den im Sommer 1871 erfolgten Indienst- stellungen S. M. Schiffe wurde aus den für die 6. Kompagnie designirten Mannschaften die entsprechende Anzahl an Bord kom- mandirt, so daß die nun am 1. Oktober zusammentretende Kom- pagnie gleichmäßig mit den fünf anderen zu den Bordkommandos herangezogen war, abgesehen von S. M. S. „Hertha", deren Be- satzung bereits zwei Drittel der bestimmten Zeit auf ferner Station zugebracht, daher das Seesoldaten-Detachement bei Bildung der 6. Kompagnie nicht in Betracht gezogen wurde. Im Ganzen be- fanden sich am 1. Oktober 1871 an Bord der Kriegsschiffe „König Wilhelm", „Kronprinz", „Friedrich Carl", „Hertha", „Vineta", „Gazelle", „Arcona", „Medusa", „Elisabeth" und „Arminius" 398 Seesoldaten kommandirt.

Als Bewaffnung erhielt die 6. Kompagnie zunächst 147 Füsilier- Gewehre M/60 der ehemaligen Ersatz-Kompagnie, den Rest aus den von Geestemünde überwiesenen 200 Gewehren der Flotten- Stammdivision.*)

---

*) Die Kompagnien des See-Bataillons verwalten die für die im Mobilmachungsfalle eingezogenen Kompletirungsmannschaften bestimmten Gewehre selbst.

Die Kasernen des See-Bataillons

in Wilhelmshaven 1871—1888,

in Kiel 1872—1889
(jetzt Kaserne des 1. See-Bataillons).

Die 1. Kompagnie wurde am 15. November 1871 durch ihren Hauptmann und Chef v. Spankeren per Eisenbahn nach Wilhelms= haven übergeführt, um den Wachtdienst auf der dortigen großen Werftanlage zu versehen. Dieselbe wurde dort ebenfalls wie die am 1. Juni 1873 nach Wilhelmshaven übergeführte 2. Kompagnie in einer einstöckigen, aus Holz erbauten Baracke, an der Roon= straße gelegen, untergebracht. Wenn hier auch genügender Platz zum Exerziren vorhanden war, so mußte der Schießdienst unter der so ungünstigen Anlage der Schießstände leiden. Dieselben, außer= halb des Deiches gelegen, hatten fast täglich durch die Fluthver= hältnisse zu leiden, ließen daher Schießübungen nur zu bestimmten Stunden zu und entbehrten der trockenen Standplätze.

Verlegung der 1. und 2. Kom- pagnie nach Wilhelmshaven.

Vom Jahre 1872 wurden an Bord der Korvetten „Arcona", „Gazelle", „Medusa", „Nymphe", „Augusta", „Victoria", „Vineta", „Hertha" und der Segelfregatte „Niobe" die Seesoldaten=Detache= ments nicht mehr gestellt. Nur je 2 bis 3 Stabsgefreite sollten noch zur Unterstützung der inneren Ordnung vom See=Bataillon an Bord dieser Kriegsschiffe gegeben werden.

Zurückziehung der Seesoldaten- Detachements von Bord der Korvetten. Be- gründung dieser Maßnahme.

Schon seit Beginn der Gründung der preußischen Marine hatten sich großartige Veränderungen im Schiffbau bemerkbar gemacht. Die Dampfschiffe begannen die Segelschiffe zu verdrängen, die Schiffsschraube siegte über die anfänglich gebauten Räder= dampfer. Dabei suchte man die Schnelligkeit der Schiffe immer mehr zu steigern; der maschinelle Theil des Schiffes nahm daher an Größe, die Takelage, die schon an und für sich beim Gefecht ein gefährliches Hinderniß, an Wichtigkeit ab, und man glaubt sie jetzt schon ganz entbehren zu können. Infolge der Abnahme der Segelschiffe gegenüber den Dampfschiffen trat allmälig Mangel an Seeleuten, namentlich im Hinblick auf den durch die größeren neuen Schiffe erhöhten Bedarf an solchen ein. Man suchte diesen Mangel durch Einstellung von Nichtseeleuten, welche sich aus dem deutschen Vaterlande freiwillig meldeten und die man verpflichtete, vier Jahre zu dienen, zu decken. Die dann so zahlreich eingestellten Nichtseeleute ließen es aber dringend wünschenswerth erscheinen, mög= lichst viel solcher Leute zu ihrer nautischen Ausbildung gemeinsam mit den Seeleuten an Bord unterzubringen. Dazu kam, daß der Fortfall bezw. die Verminderung mancher seemännischen Uebungen eine Vermehrung der militärischen Ausbildung des einzelnen Matrosen zuließ, wodurch der Werth der Besatzungen der zum politischen Dienst im Auslande bestimmten Kreuzer für etwaige Landungen erhöht und so die Nothwendigkeit der Mitgabe einer besonderen militärisch gebildeten Truppe gemindert wurde. Deshalb zog man schließlich die Seesoldaten=Detachements von den Korvetten ganz zurück und ersetzte sie durch vorher militärisch ausgebildete Matrosen und vierjährig Freiwillige.

An Bord der großen Panzerschiffe gewannen dagegen die Seesoldaten=Detachements eine vermehrte Bedeutung. Die erhöhte Wichtigkeit des Feuergefechts in den kurzen Momenten, wo feind=

Die Seesoldaten- Detachements an Bord der Panzerschiffe.

liche Schiffe an einander vorbeikommen oder ein feindliches Schiff geentert werden soll, machte eine erhöhte Leistung des Scharf= schützenfeuers nothwendig. Denn ein gutes Gewehrfeuer, welches einerseits den feindlichen Kommandanten, die Steuerleute, die Offi= ziere u. s. w. trifft und in Massen auf das feindliche Deck oder in Thürme, in die Geschützluken u. s. w. schlägt, kann die ganze feind= liche Besatzung in ihrem inneren Zusammenhange zerstören und derart demoralisiren, daß das Schiff seine Flagge streicht. Dieses Trefferschießen ist in erster Linie Sache der Scharfschützen, der Seesoldaten, die schon am Lande durch gute Schießausbildung eine erhöhtere Fertigkeit im Schießen erlangt als der Matrose, der durch solche Ausbildung, wie sie der Seesoldat im Schießen, Tirailliren und Exerziren erhält, seinem übrigen schweren Dienst und seinen besonderen verschiedenartigen Funktionen, welche an Bord die Be= dienung des Geschützes, des Torpedos, das Handhaben des Ruders, der Boote, der Anker, der Signale umfaßt, zu sehr entzogen würde.

Die Scharfschützen, untergebracht an Bord in den Marsen, haben von dort die beste Einsicht in das feindliche Schiff und sind hier am wenigsten durch Pulverdampf behindert.

Von dem Rest des Seesoldaten=Detachements wird, unterstützt von den nicht zur Geschützbedienung nothwendigen Matrosen, das Massenfeuer von einer für das Gefecht bestimmten Stelle, an der Bordwand, auf den Backen abgegeben. Gleich Tirailleuren haben sie sich hier schnell und so gedeckt zu placiren, daß sie bequem feuern können und weites Gesichtsfeld haben. Ihre Disziplin soll es ermöglichen, trotz des Getöses und Geknatters die Leitung des Feuers stets in der Hand des Detachementsführers zu belassen, um dasselbe dem Zwecke entsprechend leiten zu können.

An Bord der Panzerschiffe haben die Detachements weiter vor Allem den Wachtdienst zu leisten und den Kern der Landungs= truppen abzugeben.

Zur Regelung des Dienstes an Bord, jedem Mann der großen Besatzung für all' die verschiedenen Manöver, Exerzitien einen bestimmten Platz und bestimmte Thätigkeit anzuweisen, werden die sogenannten Schiffsrollen bei jeder Indienststellung aufgestellt. Jeder Mann erhält eine Nummer, die sich auf seiner Hängematte und seinem Kleidersacke wiederfindet, durch alle Rollen geht und ihm für alle ihm zufallenden Dienstleistungen, im Gefecht, in den Booten, bei ausbrechendem Feuer, bei der Schiffsreinigung, in den Schlafräumen einen festen Platz giebt. So werden denn auch die Seesoldaten gleich der übrigen Besatzung zu den mannigfachen Manövern der Feuer= und Verschlußrolle, des Torpedowachtdienstes und zum Armiren der Boote herangezogen. So werden sie auch in den Munitionsräumen des Schiffes, wie zum Bedienen der Geschütze gebraucht. Bei letzteren allerdings nur als Hülfsnummern, da es bei Verminderung der Geschützzahl an Bord der Kriegsschiffe und Vergrößerung der Kaliber mehr noch wie früher auf den einzelnen Schuß ankommt, daher auch seemännische Kenntnisse zur Bedienung der Geschütze bei den Hauptnummern (Matrosen) gefordert werden müssen.

Zur Förderung dieser artilleristischen Ausbildung des Seesoldaten an Bord werden gemäß Verfügung des Chefs der Admiralität vom 4. Mai 1878, alljährlich und zu vierwöchentlicher Uebung 2 Offiziere 6 Unteroffiziere des Bataillons an Bord des Artillerieschiffes „Renown", jetzt des „Mars" kommandirt.

Aber auch am Lande erhält seit 1884 der Seesoldat neben seiner infanteristischen Ausbildung eine Ausbildung am Festungs- und Küstengeschütz. Werden die Seesoldaten im Kriegsfalle auch an diesen Geschützen nur als Hülfsnummern verwendet werden, so wird doch hierdurch eine Ersparniß an Matrosenartilleristen eintreten, die gerade in der ersten Zeit der Mobilmachung mehr durch den anstrengenden Seeminen- und Sperrdienst gefesselt sind. Dementsprechend erhalten auch Offiziere und Unteroffiziere ihre artilleristische Ausbildung an Festungs- und Küstengeschützen jeden Sommer bei den Matrosenartillerie-Abtheilungen, um, wenn es Noth thut, im Kampfe, zum Ersatz gefallener tapferer Führer, das Kommando eines Geschützes, einer Batterie, zu übernehmen.

Das See-Bataillon macht eben im Verein mit den Matrosenartillerie-Abtheilungen die Marine selbstständiger, wi'l die Marine die ihr übergebenen Küstenbefestigungen, ohne noch Theile, Regimenter, der Armee zu entziehen, selbstständig vertheidigen. Die Armee muß frei sein, ihre volle Kraft nach Osten oder Westen einzusetzen und muß dies in dem bestimmten Vertrauen thun können, daß ihre Flanke zur See gedeckt, die Flotte hier sie sogar noch unterstützen kann. Dazu bedarf die Marine auch einer infanteristisch besonders ausgebildeten Truppe, die, mit den anderen Marinetheilen unter einheitlichem Kommando schon im Frieden für diese besondere Aufgabe vorbereitet, ihre Kräfte mit denen der Matrosenartillerie vereinigt, der Flotte auf hoher See die Küstenpunkte und Einfahrten zu sichern, wo dann kampferprobte Schiffe ihre Schäden zu neuen Thaten auszubessern vermögen.

Aber auch noch zum Wacht- und Sicherheitsdienst auf den so großen Marine-Etablissements, zur Gestellung der an Land so zahlreich nothwendigen Ordonnanzen und Burschen ist das See-Bataillon erforderlich. Denn kein Mann, der die so schmucke Uniform des Matrosen trägt, damit seemännische Ausbildung kundgiebt, soll seinem Dienst an Bord der Kriegsschiffe entzogen werden.

Diesen vielseitigen Anforderungen, die hiernach an das See-Bataillon gestellt, gerecht zu werden, regelt sich der Dienst des Jahres. Im November jeden Jahres wird der Ersatz eingestellt, der aus dem Bereich des Deutschen Reichs, ausschließlich Bayern und Württemberg, ausgehoben, so kräftig sein muß, daß er den Dienst an den schweren Marinegeschützen versehen kann. Mannschaften unter 1,67 m Minimalmaß sind seit 1884 von der Einstellung ausgeschlossen. Auf Grund der für die Infanterie der

Ausbildung des Seesoldaten an dem Festungs- und Küstengeschütz.

Werth des See-Bataillons für die Marine.

Verlauf des Dienstes beim See-Bataillon an Land.

Armee geltenden Dienst= und Ausbildungsvorschriften ausgebildet,
werden die Rekruten meist im Anfang Februar als ausgebildet
vorgestellt. Schon während der Ausbildung der Kompagnie er=
halten die älteren Jahrgänge der Mannschaften eine Vorbildung
für den etwaigen Dienst an Bord, im Aufentern, in Bedienung
der Geschütze, da nach beendigter Exerzirperiode oft gleich die
Kommandirung an Bord erfolgt. So können denn meist im April
an Bord der Panzerschiffe die schon vorher zusammengestellten
Bord=Detachements gegeben, um gewöhnlich nach Abschluß der
Uebungen im Geschwader, Mitte September, wieder ausgeschifft zu
werden. Zog sich die Indienststellung der Schiffe hinaus, so wurde
auch wohl an Land noch das Bataillon in Kiel im Bataillons=,
in Wilhelmshaven im Halbbataillons=Verhältniß exerzirt.

Für die an Land zurückbleibenden Theile des See=Bataillons
beginnt dann eine angestrengte Thätigkeit im Wachtdienst auf den
Werften, Scheibenständen, Artillerie=Depots und auf den inneren
Sicherheitswachen der beiden Garnisonen.*) Besonderer Werth
wurde und wird der Schießübung des Seesoldaten beigelegt.
Schießübungen nach der Scheibe auf den Schießständen folgten
Schießübungen von Land, von Booten und Dampfschiffen nach
Zielen an Land und auf schwimmenden Flößen. Die artilleristische
Ausbildung des Seesoldaten an Land in den Exerzir=Batterien
wurde seit 1886 im Abhalten einer Schießübung mit dem 9 cm
Festungsgeschütz nach schwimmender Scheibe erprobt. Ruderübungen,
Einschiffen und Ausschiffen aus Booten machten den Mann zu
Landungen geeignet. Uebungen im Feldpionierdienst wechselten
mit Feldbienstübungen. Turnen, Bajonettiren und Schwimmen
gaben dem Seesoldaten Gesundheit und Gewandtheit, um dann in
den August= und Septembertagen in Festungsmanövern in größerem
Umfange mit und gegen das jedesmalige Uebungsgeschwader zu
zeigen, wie nützlich und förderlich die verflossene Ausbildungszeit
für jeden Einzelnen und im Zusammenwirken aller Kräfte ge=
worden.

Die seit dem Jahre 1875 erfolgte alljährliche Kommandirung
zweier Offiziere des See=Bataillons zu einem Infanterie=Regiment
des IX. oder X. Armeekorps in der Zeit der großen Herbstübungen
kam ebenso wie die alljährliche Kommandirung eines Offiziers des
See=Bataillons zu einem Sommerkursus der Militär=Turnanstalt
mit dem Jahre 1884 bis auf Weiteres in Fortfall, da die Offiziere
infolge vermehrter Kommandirung an Bord der Kriegsschiffe (im
Sommer an Bord des Panzergeschwaders und an Bord des

*) Das Bataillon stellte außerdem von 1871 bis 1885 ein Wacht=
Detachement von 1 Offizier, 70 Mann in Friedrichsort, welches erst nach
Auflösung des daselbst befindlich gewesenen Marine=Festungsgefängnisses
zurückgezogen wurde. Die Marine=Festungsgefangenen werden jetzt dem
Festungsgefängniß zu Köln überwiesen, wohin das See=Bataillon 8 Unter=
offiziere zur Unterstützung zu stellen hat.

Kabettenschulschiffes, der Segelfregatte „Niobe", im Winter an Bord des Schulgeschwaders), sowie infolge vermehrter Ausbildung im Artilleriedienste nicht mehr für diese Kommandos disponibel blieben.

Am 1. Oktober 1875 hatte das See=Bataillon die Jäger= büchse M/71 erhalten; im September 1886 wurde diese Büchse mit dem Infanteriegewehr M/71.84 vertauscht.*) Neubewaffnung des See= Bataillons.

Wenn auch im Jahre 1872 die Seesoldaten=Detachements von Bord der Korvetten zurückgezogen wurden, so ist das Bataillon doch bei den interessantesten Ereignissen der letzten Jahrzehnte, welche die Kriegsschiffe im Auslande erlebten, entweder durch die Seesoldaten=Detachements an Bord der Panzerschiffe oder durch Stabsgefreite**) und hier und dort auch durch einzelne Offiziere vertreten gewesen. Ereignisse zur See, insoweit das See= Bataillon dabei vertreten.

So zeigten Ende des Jahres 1872 die Kriegsschiffe „Friedrich Carl", „Vineta", „Gazelle", „Elisabeth" und „Albatroß" unter dem Kapitän zur See Werner die deutsche Kriegsflagge in Sa= banailla in Columbien (Südamerika), um den berechtigten An= sprüchen einer Bremischen Handelsgesellschaft an die bortige Regie= rung Geltung zu verschaffen. An Bord des Panzerschiffes „Friedrich Carl" befand sich vom See=Bataillon Premierlieutenant Gervais mit 6 Unteroffizieren, 2 Spielleuten, 70 Seesoldaten und 3 Stabs= gefreiten, an Bord der „Vineta" Premierlieutenant Frhr. v. Diepen= broick=Grüter mit 3 Unteroffizieren, 2 Spielleuten, 34 Mann, an Bord der „Gazelle" Premierlieutenant v. Elpons mit eben= falls 39 Unteroffizieren, Spielleuten und Seesoldaten und an Bord der „Elisabeth" 3 Stabsgefreite kommandirt. Das bloße Erscheinen der Schiffe genügte, um eine Nachgiebigkeit hervorzurufen, die durch diplomatische Verhandlungen nicht erreicht worden wäre. In Westindien.

Die Panzerfregatte „Friedrich Carl", die Korvette „Elisabeth" und das Kanonenboot „Delphin" mußten sich 1873 der spanischen Küste zuwenden, da dort die Republik proklamirt, die Sicherheit der dort angesiedelten Deutschen gefährdet erschien. An Bord des „Friedrich Carl" wie der „Elisabeth" befanden sich noch dieselben Offiziere und Mannschaften wie im Jahre 1872. Nachdem nun durch das Panzerschiff der unter rother Flagge fahrende spanische Aviso „Vigilante" weggenommen, sah sich der deutsche Kommodore, Kapitän zur See Werner, genöthigt, mit der sich ihm zur Ver= fügung stellenden englischen Panzerfregatte „Swiftsure" die von In Spanien.

---

*) Zur Uebernahme der Gewehre war Premierlieutenant Scheeffer in Erfurt kommandirt gewesen. Dort hatten auch vom 1. bis 28. August 1886 behufs Information über das Infanteriegewehr M/71.84 die Sekond= lieutenants v. Etzel und v. Freyhold mit den Schießunteroffizieren der Kompagnien einen Kursus durchzumachen gehabt.
**) Die Stabsgefreiten an Bord Seiner Majestät Kriegsschiffe sind mit Emanirung des Besatzungsetats für die Schiffe und Fahrzeuge der Kaiserlichen Marine 1887 in Fortfall gekommen.

ben Kommunisten besetzten spanischen Panzerschiffe „Viktoria" und „Almanfa" mit Beschlag zu belegen. Durch dies so entschiedene Auftreten des deutschen Kommodore, gestützt auf die drohende Macht seiner Kriegsschiffe, wurde denn auch der gewünschte Erfolg, die Lage der Deutschen zu sichern, erreicht.

In China. Die Anfang der siebziger Jahre in den chinesischen Gewässern zunehmende Unsicherheit, die wiederholt vorgekommene Beraubung deutscher Handelsfahrzeuge durch chinesische Piraten gebot im Jahre 1876 in dringender Weise, der deutschen Handelsflagge Schutz zu gewähren. Auf Allerhöchsten Befehl wurden die in den ostasiatischen Gewässern stationirten Kriegsschiffe, die Korvetten „Hertha" (3 Stabs= gefreite des See=Bataillons) und „Ariadne" (2 Stabsgefreite) durch die Korvetten „Nineta" (3 Stabsgefreite) und „Luise" (2 Stabs= gefreite) verstärkt. Die so im Mai 1876 in Hongkong vereinigten Schiffe standen unter dem Befehl des Kapitän zur See Grafen v. Monts und repräsentirten eine Macht von etwa 1400 Mann mit 57 Geschützen. Die bereitwillige Gewährung der von deutscher Seite erhobenen Ansprüche seitens der chinesischen Regierung machte schärfere Maßregeln überflüssig, und so konnte daher bereits im August desselben Jahres das Geschwader wieder aufgelöst werden.

Im Mittelmeer 1876. Als gleichzeitig mit jenen Ereignissen im fernen Osten der deutsche Konsul in Salonichi (Türkei) ermordet und die dort leben= den Deutschen bedroht wurden, folgte sogleich der aus dem Mittel= meer nach Salonichi entsandten Korvette „Medusa" (2 Stabs= gefreite) das schnell in Dienst gestellte Kanonenboot „Komet". Aus Wilhelmshaven kommend, traf außerdem nach 35 tägiger Reise ein aus den schwersten Panzern gebildetes Geschwader, die Panzer= fregatten „Kaiser",[*)] „Deutschland", „Kronprinz", „Friedrich Carl" und der Aviso „Pommerania", unter dem Befehl des Kontre=Admirals Batsch mit 2250 Mann und 52 Geschützen am 25. Juni 1876 vor Salonichi ein. An Bord der Kriegsschiffe befanden sich vom See=Bataillon: an Bord des „Kaiser" Premierlieutenant Mosler, „Deutschland" Premierlieutenant v. Kathen, „Kronprinz" Sekond= lieutenant Boymann und an Bord des „Friedrich Carl" der Sekondlieutenant v. Zastrow mit je einem Seesoldaten=Detachement von 6 Unteroffizieren, 2 Spielleuten, 70 Seesoldaten und 3 Stabs= gefreiten. Aber auch hier erklärte sich die Türkei angesichts dieser deutschen Machtentfaltung zu jeder Genugthuung bereit, so daß weitere Maßregeln unterbleiben konnten.

Im Mittelmeer 1877. Doch schon 1877 mußten deutsche Kriegsschiffe von Neuem im Mittelmeer zum Schutze christlicher Bevölkerung auftreten. Der russisch=türkische Krieg 1877 hatte in Syrien unter der muselmänni= schen Bevölkerung eine große Erregung gegen die in Palästina lebenden Christengemeinden erzeugt. Die Korvette „Gazelle" (3 Stabsgefreite) wurde daher zum Beistand der Kolonisten nach

---

*) „Kaiser" am 19. März 1874, „Deutschland" am 12. September 1874 von Stapel gelaufen.

der Küste von Syrien entsandt. Mit ihr vereinigte sich kurze Zeit darauf das für dieses Jahr wieder unter dem Befehl des Kontre-Admirals Batsch ausgerüstete Uebungsgeschwader, bestehend aus den Panzerfregatten „Kaiser", an Bord Premierlieutenant Deininger, „Deutschland", an Bord Premierlieutenant Börner, „Friedrich Carl", an Bord Premierlieutenant John mit je einem Seesoldaten-Detachement von 81 Köpfen, und dem Aviso „Falke", das, von Wilhelmshaven auslaufend, sich zunächst ebenfalls an die syrische Küste begab, dann Beyrut, Salonichi und Athen besuchte und an diesen Orten durch seine äußere Erscheinung, stramme Disziplin und durch die gründliche Ausbildung der Besatzung einen unverkennbar wirksamen Eindruck auf die Landbewohner machte. Bei der andauernden Spannung indessen, die durch den russisch-türkischen Krieg zwischen den Landeseinwohnern und Europäern bestehen blieb, machte das Geschwader die See zwischen den Inseln Paros und Naxos den größten Theil des Sommers hindurch zum Feld seiner militärisch-seemännischen Uebungen, dadurch dem in große Besorgniß gerathenen Theil der christlichen Bevölkerung Sicherheit und Rückhalt gebend, ohne mit den Waffen zum Einschreiten gekommen zu sein.

Frühjahr 1878 zwangen die Korvetten „Leipzig"*) (3 Stabs- _In Mittel-_ gefreite), „Elisabeth" (3 Stabsgefreite) und „Ariadne" (2 Stabs- _amerika._ gefreite) unter Befehl des Kommodore, Kapitän zur See v. Wickede, die Republik Nicaragua (Mittelamerika) durch Ausschiffung eines Landungskorps von 3 Kompagnien Matrosen mit 4 Landungsgeschützen, im Ganzen 400 Mann, zu dem von diesem Staate lang verweigerten Salut.

Am 29. Mai 1878 Abends war von Wilhelmshaven wieder _Im englischen_ ein Panzergeschwader, bestehend aus den Panzerschiffen „König _Kanal; Unter-_ Wilhelm", „Großer Kurfürst", „Preußen"**) und dem Aviso „Falke" _gang des_ unter Befehl des Kontre-Admirals Batsch auf der Ausreise nach _„Großer Kur-_ dem Mittelmeer in See gegangen. An Bord des „König Wilhelm" _fürst"._ befand sich vom See-Bataillon Hauptmann Schröder, Sekondlieutenant Lodemann mit einem Detachement von 7 Unteroffizieren, 2 Spielleuten, 100 Seesoldaten und 3 Stabsgefreiten, an Bord des „Großer Kurfürst" Sekondlieutenant Schnackenburg, an Bord der „Preußen" Sekondlieutenant Gühne mit je einem Detachement von 6 Unteroffizieren, 2 Spielleuten, 70 Seesoldaten und 3 Stabsgefreiten. Aber jäh sollte die Reise des Panzergeschwaders unterbrochen werden. Wenige Tage nach dem Auslaufen, am 31. Mai 1878, führte im englischen Kanal, unweit Folkestone, ein Zusammenstoß der Panzerschiffe „König Wilhelm" und „Großer Kurfürst" den Untergang des Letzteren herbei, wobei mehr als die Hälfte der Besatzung ihren Tod in den Wellen

---

*) „Leipzig" am 13. September 1875 von Stapel gelaufen.
**) „Großer Kurfürst" am 17. September 1875, „Preußen" am 22. November 1873 von Stapel gelaufen.

fand.*) Mit Hülfe englischer Lootsen= und Fischerboote gelang es den vereinten Anstrengungen der Besatzung des „König Wilhelm" und der „Preußen" über 200 Mann des „Großer Kurfürst" zu retten. Unter den Geretteten befanden sich vom See=Bataillon der Detachementsführer Sekondlieutenant Schnackenburg, 2 Gefreite, 1 Spielmann, 20 Seesoldaten.

Zum Gedächtniß der mit dem „Großer Kurfürst" Verunglückten wurde ein vom Professor Lürßen entworfenes und ausgeführtes Denkmal am 27. Februar 1880 auf dem deutschen Marinefriedhof zu Folkestone aufgestellt. Das Denkmal hat eine Höhe von etwa 4 m. Auf einem 2 m hohen Sockel erhebt sich der ebenso hohe Obelisk, dessen rechte Vorderecke mit der zum Zeichen der Trauer nieder= hängenden Marineflagge bedeckt ist. An der Spitze der Vorder= seite ist das deutsche Marinezeichen, der Reichsadler mit dem Anker, angebracht, während darunter die Worte stehen: „Dem Andenken an die mit S. M. S. Großer Kurfürst am 31. Mai 1878 unter= gegangenen Offiziere und Mannschaften. Die deutsche Marine!" Die übrigen drei Seiten tragen die Namen aller bei der Katastrophe Verunglückten. An den vier Ecken des reich mit architektonischem Schmuck versehenen Sockels befinden sich antike Schiffsschnäbel, während die Seitenwände mit Sarkophagen, die von Palmen und Immortellen umgeben, bedeckt sind.

Das See=Bataillon setzte seinen verunglückten Mannschaften noch außerdem einen einfachen Denkstein in den Gartenanlagen**) vor der Kaserne des See=Bataillons in Kiel.

Prinz Heinrich von Preußen Königl. Hoheit. Herbst 1878 trug die Kreuzerfregatte „Prinz Adalbert"***) (3 Stabsgefreite) wieder einen Sohn unseres preußischen Königs= hauses hinaus in das Weltmeer, zur Reise um die ganze Welt. Seine Königliche Hoheit Prinz Albert Wilhelm Heinrich von Preußen,†) geboren am 14. August 1862, am 14. August 1872 zum Unterlieutenant zur See ernannt, hatte schon Sommer 1877 seine Ausbildung als Kadett an Bord Seiner Majestät Segel= fregatte „Niobe" (3 Stabsgefreite) erhalten. Ueberall, wo der Königliche Prinz auf seiner ersten Weltreise wie auch bei seinen späteren Fahrten gelandet, hat er die Herzen aller Deutschen durch seine Persönlichkeit gewonnen und dazu beigetragen, das Bewußt= sein „ein Deutscher zu sein" bei allen unseren zahlreich um die Welt vertheilten Reichsangehörigen zum stolzen Gefühl zu erheben.

Deutsche Kolo= nien. Erhöhte Thätigkeit der Marine. Anfang der achtziger Jahre waren unsere Kriegsschiffe, oft einzeln, oft im Geschwaderverbande auftretend, mehr als je berufen, Deutschlands Interessen zu vertreten. Dem Drange der deutschen

*) Siehe Anlage Nr. 8.
**) Um Herstellung der Gartenanlagen und Errichtung des Gedenk= steines hat sich der damalige Adjutant des See=Bataillons, Sekond= lieutenant Rogge, besonders verdient gemacht.
***) „Prinz Adalbert" am 17. Juni 1876 von Stapel gelaufen.
†) Siehe Anlage Nr. 4,7.

Das Denkmal zu Folkestone

zum Gedächtniß der mit S. M. S. „Großer Kurfürst" am 31. Mai 1878 untergegangenen
Offiziere und Mannschaften der Marine.

Gedenkstein des See-Bataillons zu Kiel
zum Gedächtniß seiner mit S. M. S. „Großer Kurfürst" untergegangenen
Unteroffiziere und Mannschaften.

Nation nachgebend, neue Absatzgebiete dem immer mehr wachsenden deutschen Handel zu eröffnen, hatten zuerst die Kriegsschiffe „Leipzig" (3 Stabsgefreite) und „Elisabeth" (an Bord vom See-Bataillon Sekondlieutenant Bode und 3 Stabsgefreite) Gelegenheit, das sogenannte Groß-Namaqualand (Angra Pequenna) am 7. August 1884 unter deutschen Schutz zu stellen. Nördlich Angra Pequenna erwarb später das Kanonenboot „Wolf" das Kamara-Land. Am 22. Juli 1884 konnte bereits der Kreuzer „Möwe" in Kamerun die deutsche Flagge hissen, deren Macht allerdings den Negern noch in den Tagen des 20. bis 22. Dezember 1884 durch S. M. Kreuzer-korvette „Bismarck"*) (3 Stabsgefreite) und „Olga"*) (an Bord vom See-Bataillon Sekondlieutenant v. Etzel und 2 Stabs-gefreite) unter dem Donner der Geschütze in siegreichem Landungs-gefecht**) eingeprägt werden mußte. Orden und Ehrenzeichen

An der west-afrikanischen Küste.

Die militärische Aktion in Kamerun.

---

*) „Bismarck" 25. Juli 1877, „Olga" 14. Dezember 1880 von Stapel gelaufen.

**) Am 18. Dezember 1884 waren S. M. SS. „Bismarck" (Kapitän zur See Karcher) und „Olga" (Korvettenkapitän Bendemann) unter dem Geschwaderchef Kontreadmiral Knorr vor Kamerun vor Anker ge-gangen. Am 20. Dezember früh 6 Uhr fuhr die Landungs-Division der Kriegsschiffe unter Befehl des Kapitäns zur See Karcher den Kamerun-Fluß hinauf, die aufständischen Neger zu züchtigen, ihre Städte mit

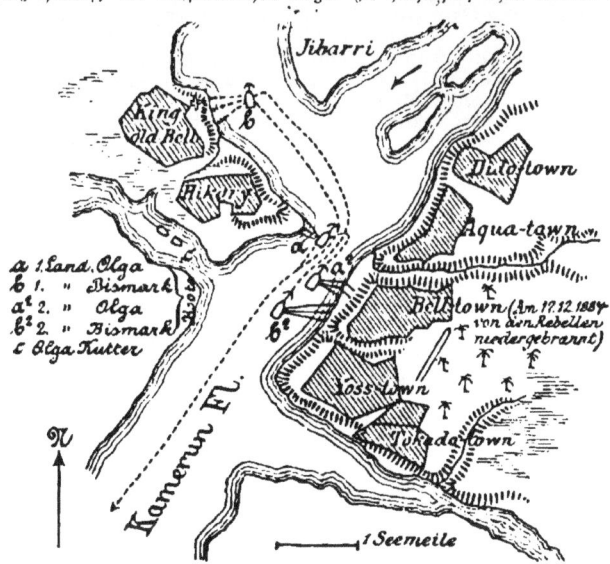

Waffengewalt zu nehmen. Kurz nach 9 Uhr wurde die Halbinsel Hikory erreicht, auf der die beiden zu zerstörenden Ortschaften Hikory und Ring

Heye, Die Marine-Infanterie.　　　6

wurden den Tapferen zu Theil, unter denen sich auch der Sekond=
lieutenant v. Etzel, dekorirt mit dem Rothen Adler=Orden mit

old Bell lagen. Gemäß Befehl des Kapitäns zur See Karcher wandten
sich die „Bismarck"=Boote gegen King old Bell, die der „Olga" gegen
Hikory, so beide Orte von Norden und Süden umfassend. Unter dem
Feuer der in den Büschen und Häusern versteckten Neger landete die
Landungs=Kompagnie „Bismarck", Lieutenant zur See Graf Moltke I.
und drang in die Stadt ein, kehrte dann, da eine Verbindung mit der
„Olga"=Kompagnie eines Sumpfes wegen nicht hergestellt werden konnte,
nachdem die Stadt abgebrannt, nach dem Landungsplatz zurück. Die
„Olga"=Mannschaften waren unterdeß, ohne Widerstand gefunden zu haben,
bei Hikory gelandet und hatten einen Theil der Stadt niedergebrannt.
Auch hier hatte der Feind wie in King old Bell Todte und Verwundete
hinterlassen.

Auf die Meldung, daß auf dem jenseitigen Ufer in einer deutschen
Faktorei die deutsche Flagge insultirt und ein Deutscher von den Yoß=
leuten gefangen fortgeführt sei, fuhr Kapitänlieutenant Riedel, der Chef
der „Olga"=Kompagnie, sofort mit den „Olga"=Booten nach dem jen=
seitigen Ufer. Um 1 Uhr landete die Kompagnie unter heftigem Feuer
der Yoßleute, aber unterstützt durch das wirksame Bootsgeschütz= und
Revolverkanonenfeuer der „Olga"=Barkaß und „Bismarck"=Dampfpinnaß
— Unterlieutenant zur See Mießner. Mit Marsch, Marsch, Hurrah!
stürmte der 2. Zug der „Olga"=Kompagnie unter Sekondlieutenant
v. Etzel auf das etwa 30 m hohe Plateau von Bell=town, erst vor der
Schlucht Halt machend, die Bell=town von Yoß=town trennt. Der 1. Zug
unter Lieutenant zur See Höpner hatte, dem 2. Zuge folgend, zwei
Sektionen in der linken Flanke des 2. Zuges ausschwärmen lassen, den
Rest als Soutien in gedeckter Stellung zurückhaltend.

Zu einem weiteren Vorgehen der „Olga"=Kompagnie gegen den etwa
500 Mann starken Feind bedurfte es aber der Verstärkung durch die
„Bismarck"=Mannschaften. Bis diese heran, mußte die gewonnene Stellung
in fast dreiviertelstündigem Feuergefecht gegen den die Kompagnie um=
fassenden Feind vertheidigt werden, wodurch Kapitänlieutenant Riedel
gezwungen wurde, das ganze Soutien in die Schützenlinie vorzunehmen.
Daß in diesem langen Feuergefecht die Kompagnie so geringe Verluste
erlitt — nur zwei Matrosen leicht verwundet — lag einmal an dem
schlechten — zu hohen — Schießen der Neger, dann aber auch an der
sachgemäßen Ausnützung des Geländes seitens der Matrosen.

Gegen 3 Uhr 5 Minuten traf Kapitän zur See Karcher mit der
„Bismarck"=Kompagnie vor Bell=town ein, ließ sofort den zuerst gelan=
deten Theil der „Bismarck"=Mannschaften in die „Olga"=Schützenlinie
einrücken und gab, den übrigen Theil der „Bismarck"=Kompagnie als
Soutien mitnehmend, den Befehl zum weiteren Vorrücken gegen Yoß=
town und Tokodo=town. Die Neger hielten jedoch nicht mehr Stand,
sondern flohen in den Busch, wohin zu folgen nicht thunlich erschien.

Am Abend wurde die Landungs=Kompagnie in der deutschen Faktorei
und auf einer Hulk untergebracht. Die Neger hatten in dem Gefecht auf
dem linken Ufer etwa 20 Todte und 40 Verwundete verloren. Der
diesseitige Verlust belief sich auf 1 Offizier (Unterlieutenant zur See
v. Ernsthausen), 8 Mann verwundet; gelandet waren von der „Bis=
marck" und „Olga" 17 Offiziere, 332 Mann.

Am 21. Dezember ging dann die „Olga", mit dem Geschwaderchef,

Schwertern, befand. König Wilhelm I. geruhte der Besatzung S. M. Korvette „Olga" aber noch eine ganz besondere Auszeichnung zu Theil werden zu lassen, indem Seine Majestät Befehl gaben, daß auf die Dauer von 24 Stunden der Doppelposten vor dem Königlichen Palais in Berlin von Matrosen der „Olga" zu besetzen sei. Es war das erste Mal, daß seit dem Bestehen der brandenburgisch=preußisch=deutschen Marine Matrosen derselben in der Hauptstadt vor ihrem Allerhöchsten Kriegsherrn Ehrenposten zu stellen hatten. Es war dies nicht nur eine Auszeichnung der genannten Mannschaften, sondern auch eine für die gesammte Marine!

Die zum Westafrikanischen Geschwader mit der „Bismarck" und „Olga" gehörigen Kriegsschiffe „Ariadne" (an Bord vom See=Bataillon Sekondlieutenant v. Bülow und 2 Stabsgefreite) und „Gneisenau"*) (3 Stabsgefreite) hatten sich im November 1884 in St. Vincent (Kap Verdesche Inseln) getrennt. Von hier unternahm S. M. S. „Ariadne" eine Expedition nach Monrovia und dem Kapitai=Lande, während die „Gneisenau" über Capstadt nach Zanzibar ging. Da jedoch hier der Sultan von Zanzibar der An der ostafri=
kanischen Küste. Deutschen Ostafrikanischen Handelsgesellschaft fortwährend bei Ausübung ihres Handels und bei Erwerbung von Land Hindernisse in den Weg legte, so wurde schon März 1885 die Heranziehung eines mächtigen deutschen Geschwaders nothwendig. Mit der „Gneisenau" vereinigten sich unter dem Oberbefehl des Kommodore Kapitän zur See Paschen, später des Admirals Knorr, die Kriegsschiffe „Bismarck", „Stosch"*) (3 Stabsgefreite) und das Kanonenboot „Habicht". Hierzu trat auch die „Elisabeth",*) die von Angra Pequenna nach den australischen Gewässern gesandt, auf mehreren Punkten der großen Insel Neu=Guinea im November 1884 die deutsche Flagge gehißt und von der Inselgruppe Neu=Britannien mit den Admiralitäts= und Hermit=Inseln Besitz ergriffen hatte. — Das drohende Erscheinen eines so starken Geschwaders genügte,

---

Kontreadmiral Knorr, an Bord, noch den Kamerun=Fluß hinauf, um am 22. Hikory=Stadt einzuschießen und auf die Negerbevölkerung durch das Schießen aus den schweren Geschützen und das Krepiren der Granaten einen größeren Eindruck auszuüben.

Zum ehrenden Gedächtniß der im Gefecht Gefallenen und vom Klima Hinweggerafften wurde in Kamerun ein Denkstein gesetzt, der nachstehende Inschrift trägt: „Dem Andenken des Matrosen Bugge, gefallen im Landungsgefecht am 20. Dezember 1884, des Matrosen Wolgast und des Gefreiten Schulz (vom See=Bataillon), vom Klima hinweggerafft, gewidmet von der Besatzung S. M. S. „Olga". — Den Besatzungen S. M. SS. „Bismarck" und „Olga" kommt für die militärische Aktion bei Kamerun gemäß Allerhöchster Kabinets=Ordre vom 4. Juni 1885 ein Kriegsjahr in Anrechnung.

*) „Gneisenau" 4. September 1879, „Stosch" 8. Oktober 1877 von Stapel gelaufen. „Elisabeth" 20. September 1887 aus der Liste der Kriegsfahrzeuge gestrichen.

daß der Sultan von Zanzibar die Forderungen der deutschen Re=
gierung annahm und versprach, in Zukunft die deutschen Reichs=
angehörigen in ihren Kolonisationsbestrebungen nicht nur nicht zu
hindern, sondern ihnen auch Schutz angedeihen zu lassen. So
konnte denn die „Elisabeth" im November 1885 ungestört 12 Meilen
südlich von Zanzibar an dem Hafen Dar=es=Salaam die deutsche
Flagge aufrichten und von dem Lande für Deutschland Besitz
ergreifen.

Im Atlantischen Ocean. Wie die „Olga" und „Ariadne" Herbst 1884 als Freiwilligen=
Schulschiffe zum politischen Dienst im Westafrikanischen Geschwader
mit der „Bismarck" und „Gneisenau" verwandt wurde, so ging vom
Jahre 1885 ab, meist alljährlich im Herbst, ein Schulgeschwader
zur Ausbildung der Vierjährig=Freiwilligen nach der westindischen
Station. Sekondlieutenant Scheeffer an Bord der Kreuzer=
fregatte „Stein" (3 Stabsgefreite), Sekondlieutenant Keller an
Bord der Kreuzerfregatte „Moltke"*) (3 Stabsgefreite), Sekond=
lieutenant Frhr. Treusch v. Buttlar=Brandenfels an Bord
S. M. Kreuzerkorvette „Sophie"*) (2 Stabsgefreite) hatten so
im Winter 1885/86 Gelegenheit, die westindischen Inseln und den
Boden von Venezuela, wie Sekondlieutenant Keller auch noch
die Insel Island zu betreten. Ebenso machten Sekondlieutenant
v. Oven an Bord S. M. S. „Stein"**) und Premierlieutenant
Frhr. v. Barnekow an Bord S. M. Kreuzerfregatte „Prinz
Adalbert" (3 Stabsgefreite) eine halbjährliche Reise nach den
westindischen Inseln mit.

Untergang S. M. S. „Augusta". Bestimmt, Besatzung, Material und Lebensmittel für die
auf der australischen Station befindlichen Kriegsschiffe „Gneisenau",
„Albatroß" und „Hyäne" zu überbringen, war am 14. April 1885
in Wilhelmshaven S. M. S. „Augusta" unter Kommando des
Korvettenkapitäns v. Gloeden in Dienst gestellt worden. Die
Kreuzerkorvette hatte den heimathlichen Hafen am 28. April ver=
lassen, erreichte am 22. Mai Suez (Aegypten) und ging in der
Nacht vom 1. zum 2. Juni von der am Südende des Rothen
Meeres gelegenen Insel Perim nach Albany in Australien in See.
Seit dieser Zeit ist die „Augusta" verschollen. Alle Nachforschungen
im Indischen Ozean haben keinen Aufschluß über den Verbleib des
Schiffes ergeben, und so mußte als traurige Thatsache angenommen
werden, daß das stolze Schiff mit seiner kräftigen und hoffnungs=
vollen Bemannung für immer verloren, einem Cyclon im Golf
von Aden, den in dieser Gegend so furchtbar wüthenden Wirbel=
winden, Anfang Juli zum Opfer gefallen. Mit ihr fanden auch
3 Stabsgefreite***) des See=Bataillons ihren Tod in den
Wellen!†)

*) „Moltke" 13. Oktober 1877, „Sophie" 10. November 1881 von
Stapel gelaufen.
**) „Stein" 14. September 1879 von Stapel gelaufen.
***) Siehe Anlage 8, 2.
†) Auch im Jahre 1884 hatte die Marine den Verlust eines Schiffes

Nach dem Mittelmeer war im Januar 1886 das Panzerschiff Flottendemon- „Friedrich Carl" unter seinem Kommandanten Kapitän zur See stration vor Piraeus Stenzel gesandt, als es sich darum handelte, gemeinsam mit den (Griechenland). anderen europäischen Großmächten den Frieden auf der griechischen Halbinsel aufrecht zu erhalten. An Bord des „Friedrich Carl" hatte sich vom See=Bataillon der Sekondlieutenant Geßner mit einem Detachement von 81 Köpfen befunden.

Winter 1887/88 wendete sich das Schulgeschwader, bestehend Das Schul- aus den Kreuzerfregatten „Stein", „Gneisenau", „Moltke", „Prinz geschwader im Mittelmeer. Adalbert",*) dem Mittelmeere zu. An Bord der „Stein" befand sich vom See=Bataillon Sekondlieutenant Becker und 3 Stabs= gefreite, auf der „Gneisenau" Sekondlieutenant Eben und 3 Stabs= gefreite, auf der „Moltke" Sekondlieutenant v. Roques und 3 Stabsgefreite und auf dem „Prinz Adalbert" der Sekond= lieutenant Frhr. v. Wangenheim und 3 Stabsgefreite. Während die „Stein" behufs Reparatur in Neapel zurückbleiben mußte, passirten die Kreuzerfregatten „Prinz Adalbert", „Gneisenau" und „Moltke" am 1. Dezember 1887 die Rhede von San Remo, den kranken Helden, unsern hehren, vielgeliebten Kronprinzen Friedrich Wilhelm von Preußen mit dem Donner ihrer Geschütze zu begrüßen.

In der Ostsee hatte unterdeß die Marine wiederholt Gelegen= In der Ostsee. heit gehabt, ihren Kaiserlichen Kriegsherrn zu begrüßen und durch Uebungen unter seinen Augen die Allerhöchste Anerkennung zu finden.

Das im Sommerhalbjahr 1875 in Dienst gestellte Manöver= Flottenrevue 1875. geschwader bestand aus den Panzerschiffen „König Wilhelm", „Kaiser", „Hansa"**) „Kronprinz" und dem Aviso „Falke". An Bord des „König Wilhelm" befand sich Hauptmann Frhr. v. Meer= scheidt=Hüllessem, Sekondlieutenant v. Klinkowstroem mit 112 Unteroffizieren, Gefreiten, Spielleuten und Seesoldaten, an Bord des „Kaiser" Premierlieutenant Sorsche, an Bord des „Kronprinz" Premierlieutenant v. Lossau mit je einem See= soldaten=Detachement von 81 Köpfen, auf der „Hansa" waren 3 Stabsgefreite eingeschifft. Schon am 29. und 30. Juni 1875 inspizirte Seine Kaiserliche und Königliche Hoheit der Kronprinz Friedrich Wilhelm das Geschwader, am 14. Juli 1875 schiffte sich Seine Königliche Hoheit Prinz Friedrich Karl an Bord des Flaggschiffes „König Wilhelm" ein und sprach bei seinem Von= bordgehen am 18. Juli sich höchst anerkennend über die Leistungen

---

u beklagen. Es war die Schiffsjungen=Brigg „Undine", die, am 24. No= vember d. J. den Stürmen der Nordsee erliegend, bei Aggerstrand an der Westküste Jütlands scheiterte. Doch wurden hier Offiziere und Mannschaften gerettet.

*) „Prinz Adalbert" am 6. Mai 1890 aus der Liste der Kriegs= fahrzeuge gestrichen.

**) „Hansa" 26. Oktober 1872 von Stapel gelaufen.

und über die Haltung der Offiziere und Mannschaften aus. Endlich sollte das Geschwader auch noch im Herbst seine Probe unter den Augen Seiner Majestät des Kaisers Wilhelm I. bestehen. Bereits am 20. September treffen wir das Geschwader auf der Rhede zu Warnemünde, harrend der Ankunft des Kaisers, der sich am 22. September Vormittags 9 Uhr in Rostock zur Fahrt auf die Rhede einschifft, um dann durch das Kaiserboot an Bord des „Kaiser" überzufahren. Die paradirende Mannschaft begrüßt unter dem Donner der Geschütze den nahenden Kriegsherrn. An Bord des „Kaiser" wie auch an Bord des „König Wilhelm" besichtigte Seine Majestät die Mannschaft beim Schlagen des Generalmarsch bezw. beim Feuerlärm, dann wurden, nachdem Allerhöchstderselbe noch um 12 Uhr ein Frühstück an Bord des „König Wilhelm" eingenommen, die Anker zu Gefechtsevolutionen des Geschwaders in See und unter Dampf gelichtet. Um 3 Uhr Nachmittags wieder auf der Rhede von Warnemünde vor Anker gehend, wohnte Seine Majestät noch den Signalmanövern der Schiffe und dem Wett= rudern der Mannschaft bei.

Um 5 Uhr wurde die Rückfahrt nach Rostock auf der „Grille" angetreten. Auch dieses Mal war es der Flotte gelungen, sich die Allerhöchste Anerkennung zu erringen.

Flottenrevue 1881. Am Nachmittag des 16. September 1881 traf Seine Majestät der Kaiser in Kiel ein, um am Abend einem Feste auf Bellevue beizuwohnen. Zum Empfange stellte das See=Bataillon am Bahn= hof eine Ehrenkompagnie unter Hauptmann Beck. Am 17. Sep= tember früh schiffte sich Kaiser Wilhelm dann an Bord der Yacht „Hohenzollern"*) ein, um das diesjährige Geschwader noch vor seiner Auflösung zu inspiziren.

Das Flottenmanöver in See zeigte dem Kriegsherrn Evo= lutionen im Geschwader, einen Angriff desselben auf die vom See= Bataillon, der Matrosen=Artillerie sowie von dem Rest der Mann= schaften der Matrosen= und Werft=Division besetzten Hafenbefesti= gungen des Reichskriegshafens und ein Landungsgefecht gegen das Fort Falkenstein und Feste Friedrichsort. Das Geschwader, unter Kommando des Kapitäns zur See v. Wickede, bestand aus den Panzern:

„Friedrich Carl", an Bord vom S. B. Pr. Lt. Bünte,
„Kronprinz", = = = = Sek. Lt. Rasmus,
„Preußen", = = = = Sek. Lt. Bullrich,
„Friedrich der Große", = = = = Pr. Lt. Goehde,
mit je 1 Sergeanten, 5 Unteroffizieren, 2 Spielleuten, 3 Stabs= gefreiten, 70 Seesoldaten.

Kaiser Wilhelm geruhte nach Schluß der Manöver, nachdem er auf seiner Rückfahrt noch die Feste Friedrichsort besucht und einer Schießübung mit Torpedos beigewohnt, dem Chef der Admi=

---

*) „Hohenzollern" 6. Juli 1875 von Stapel gelaufen.

1883

Sec Lieutenant · · · · · Consul in · · · · · Seeson[?]at · · · · · Militaer · · · · · Officier

J Knickel

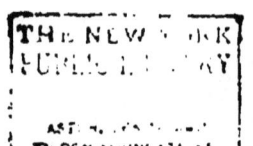

ralität v. Stosch seine besondere Zufriedenheit und lebhafte An=
erkennung über die vortreffliche Verfassung des Uebungsgeschwaders
wie aller anderen Marinetheile auszusprechen und dies insbesondere
dem Chef der Admiralität persönlich in Hinsicht auf dessen hervor=
ragendes Verdienst um die Fortentwickelung der Marine durch
Verleihung des Schwarzen Adler=Ordens zu erkennen zu geben.

Aber schon im Jahre 1883 zwang den General v. Stosch
sein Gesundheitszustand, aus der Stelle auszuscheiden, in der er
11 Jahre lang zur vollsten Zufriedenheit seines Kaiserlichen Herrn
Ungewöhnliches geleistet, indem er die Entwickelung der jungen
Marine in kaum zu hoffender Weise gefördert und dieselbe in feste
Bahnen gebracht hatte. Kaiser Wilhelm sprach dies besonders
in seinem gnädigen Handschreiben vom 20. März 1883 aus, in dem
es weiter lautet:

Wechsel in der Stellung des Chefs der Admiralität.

„Es ist Mir ein tief empfundenes Bedürfniß, Ihnen hierfür
heute in dem Augenblick des Scheidens nochmals den wärmsten
Dank auszusprechen. Einen äußeren Ausdruck Meiner Empfin=
dungen wollen Sie darin erkennen, daß Ich Ihnen eine dauernde
Ehrenstelle in der Marine durch die Bestimmung angewiesen
habe, Sie auch ferner in den Listen der Marine à la suite des
Seeoffizier=Korps mit dem Range eines Admirals und à la suite
des See=Bataillons*) zu führen, und wünsche Ich hierdurch auch
die Marine fortgesetzt an die Pflichten ihrer dankenden Erinnerung
an Sie zu mahnen.“

Zum Nachfolger des Generals der Infanterie v. Stosch in
der Leitung der Geschäfte des Chefs der Admiralität wurde durch
Allerhöchste Kabinets=Ordre vom 20. März 1883 der bisherige
Kommandeur der 30. Division, Generallieutenant v. Caprivi**)
ernannt.

Noch am 19. März 1883 hatte der General v. Stosch als
Chef der Admiralität in Berlin einer Feier beiwohnen können, die
für das See=Bataillon von ganz besonderer Bedeutung. Am 6. März
war nachstehende Ordre Sr. Majestät des Kaisers und Königs an
den Chef der Admiralität ergangen:

Verleihung einer Fahne an das See= Bataillon.

Ich habe beschlossen, Meinem im Jahre 1852 errichteten
See=Bataillon nunmehr eine Fahne zu verleihen. Ich erwarte
zuversichtlich, daß dasselbe dies von Mir ihm anvertraute Feld=
zeichen unverbrüchlich in Ehren halten und allezeit zu seinem
und der ganzen Marine Ruhm und zum Wohle des Vaterlandes
führen werde.

---

*) General der Infanterie v. Stosch war bereits am 20. September
1874 à la suite des See=Bataillons gestellt. Sein Name ist für die
Marine auch in der Kreuzerfregatte „Stosch“ und in dem Fort „Stosch“
auf dem Jägersberg bei Kiel verewigt.

**) Siehe Anlage Nr. 4,4.

Die feierliche Nagelung und Weihe dieser Fahne soll am 19. d. Mts. in Meinem hiesigen Palais, bezw. in Kiel nach den von Mir getroffenen besonderen Bestimmungen erfolgen, und sind zu ersterer und zur Uebernahme der Fahne der Kommandeur des qu. Bataillons, sowie 1 Hauptmann, 1 Premier-, 1 Sekond= lieutenant und Feldwebel desselben hierher zu beordern. Ich beauftrage Sie, diese Meine Ordre der Marine bekannt zu machen und das weiter Erforderliche zu veranlassen.

(gez.) Wilhelm.

An den Chef der Admiralität.

Am 19. März 1883 Mittags 12 Uhr fand danach in dem im Parterregeschoß des Königlichen Palais gelegenen Waffenzimmer die Nagelung des neu verliehenen Feldzeichens statt. Außer den kommandirten Vertretern des See=Bataillons, dem Kommandeur Major Kleckl, dem Chef der 3. Kompagnie Hauptmann Beck, dem Premierlieutenant Scheller, dem Sekondlieutenant v. Faber und dem Feldwebel Langner der 3. Kompagnie, war es noch den in Berlin weilenden Offizieren des Bataillons: Premierlieutenant Bullrich, Sekondlieutenant Rogge, Adjutant des Bataillons, und Sekondlieutenant Bode Allerhöchst gestattet worden, der Feier beizuwohnen.

Die Fahne lag im Waffenzimmer ausgebreitet auf einem Tisch, hinter welchem sich die Vertreter des See=Bataillons aufgestellt hatten. In das Waffenzimmer eintretend wandte sich Se. Majestät der Kaiser an dieselben und sprach:

„Nachdem Ich beschlossen habe, dem See=Bataillon ein Feld= zeichen, eine Fahne, zu verleihen, will Ich dieselbe jetzt der Truppe übergeben. Die Fahne hat an Stelle der Kriegsflagge zu treten und ist dies den Mannschaften bekannt zu machen. Auf sie ist der Fahneneid abzuleisten, und erwarte Ich, daß das neue Feldzeichen im Frieden und im Kriege unverbrüchlich in Ehren hochgehalten werde. Sie soll sein, wie in Meiner Armee, ein Zeichen der Hingebung an den höchsten Dienst und ist mit Blut und Leben zu vertheidigen."

Darauf überreichte der Kommandeur des Bataillons, Major Kleckl, Seiner Majestät den Hammer, der nun den ersten Nagel in den Fahnenstock, zunächst der Spitze, fest und sicher einschlug. Dieselbe Handlung vollzog Ihre Majestät die Kaiserin und Königin, die es sich trotz ihres schweren Leidens nicht hatte nehmen lassen, der Feier beizuwohnen. Es folgten dann Se. Kaiserliche und Königliche Hoheit der Kronprinz Friedrich Wilhelm, Se. König= liche Hoheit der Prinz Wilhelm, je für sich, Ihre erlauchten Ge= mahlinnen und Kinder. Hieran schloß sich eine glänzende Reihe fürstlicher Personen und Generale, unter welchen sich auch der General=Feldmarschall Graf v. Moltke, der General v. Stosch.

Chef der Admiralität, der Kriegsminister Generallieutenant Bron=
sart v. Schellendorff, befanden. Zuletzt vollzogen die Hammer=
schläge die Vertreter des Bataillons.

Seine Majestät trat dann nochmals an den Tisch heran und
richtete an den Kommandeur des See=Bataillons, Major Kleckl,
ihm huldvollst die Hand reichend, die Worte:

„Nunmehr übergebe Ich Ihnen die Fahne. Möge sie immer
in hohen Ehren gehalten werden, im Frieden wie im Kriege,
und sollte einmal Letzteres der Fall sein, vom Bataillon zu Ruhm
und Sieg geführt werden.“

Die neue Fahne, am 20. März nach Kiel überführt, erhielt
am 1. April vor der Kaserne des See=Bataillons die kirchliche
Weihe durch den Oberpfarrer Langheld.*) Zum ersten Male
stand an diesem Tage das neue Feldzeichen in Reihe und Glied,
zum ersten Male defilirte das See=Bataillon mit der Fahne auf
dem rechten Flügel des fünften Zuges vor seinem in Kiel anwesen=
den höchsten Vorgesetzten, dem Vizeadmiral Batsch, der dem Aller=
höchsten Auftrag gemäß unter dem begeisterten Ruf: „Se. Majestät
der Kaiser und König lebe hoch!“ die Fahne dem See=Bataillon
übergeben hatte.

Noch einmal sollte das See=Bataillon vom Kaiser Wilhelm I. Flottenrevue 1887.
hochgeehrt werden. Den Grundstein zu einem großartigen Friedens=
werk, dem Nord=Ostsee=Kanal, zu legen, traf Seine Majestät am
2. Juni 1887 Nachmittags, begleitet von Sr. Königlichen Hoheit
dem Prinzen Wilhelm, im Königlichen Schlosse in Kiel ein.
Dort war eine Ehrenkompagnie des See=Bataillons mit der Fahne
und Musik aufgestellt. Aus Mannschaften der 3., 5. und 6. Kom=
pagnie bestehend, wurde die Kompagnie vom Hauptmann Gresser,
Chef der 3. Kompagnie, kommandirt. Eingetreten bei derselben
waren der Premierlieutenant Graf v. Hertzberg, die Sekond=
lieutenants Knopf, Freiherr v. Wangenheim, Becker und
Fischer. Sekondlieutenant Freiherr v. Wangenheim besetzte
dann mit Mannschaften dieser Kompagnie die Schloßwache.

Kaiser Wilhelm nahm am 3. Juni, bei Rückkehr von der
Grundsteinlegung an der Schleuse zu Holtenau, an Bord des
Avisos „Pommerania“ die Revue über die im Kriegshafen ver=
sammelte Kriegsflotte ab, eine deutsche Flotte, wie sie stattlicher
noch nicht beisammen gewesen war. 22 große Kriegsschiffe und
13 Torpedoboote mit im Ganzen 6385 gefechtsbereiten Offizieren
und Mannschaften salutirten Sr. Majestät. An Bord des Torpedo=
divisionsbootes D 2 waren Se. Königliche Hoheit Prinz Heinrich
von Preußen als Kommandant und Chef der 1. Torpedoboots=
Division eingeschifft, an Bord des Panzerschiffes „König Wilhelm“
wehte die Flagge des Chefs der Admiralität, Generallieutenant
v. Caprivi, an Bord S. M. Panzerschiff „Friedrich Carl“ die

*) Die Beschreibung der Fahne und die Weiherede siehe An=
lage Nr. 9.

des Chefs der Marinestation der Nordsee, Vizeadmiral Graf
v. Monts, an Bord S. M. Panzerschiff „Hansa" die des Chefs
des Marinestation der Ostsee, Vizeadmiral v. Blanc, und endlich
an Bord S. M. Kreuzerfregatte „Stein" die des Geschwaderchefs,
Kontreadmiral v. Kall.

Von dem Bataillon befanden sich an Bord der Panzerschiffe:

„König Wilhelm" . Pr. Lt. v. Prittwitz u. Gaffron, 1 Serg.,
           6 Unteroffiz., 2 Spiell., 75 Gefr. u. Gem.;
„Kaiser" .... Pr. Lt. Hildebrandt, 1 Serg., 5 Unteroffiz.,
           2 Spiell., 70 Gefr. u. Gem.;
„Oldenburg" *) . . Sek. Lt. v. Freyhold, 1 Serg., 4 Unteroffiz.,
           2 Spiell., 60 Gefr. u. Gem.;
„Friedrich Carl" . Sek. Lt. Geßner, 1 Serg., 5 Unteroffiz.,
           2 Spiell., 70 Gefr. u. Gem.;
Segelfreg. „Niobe". Sek. Lt. Frhr. Treusch v. Buttlar-Bran-
           denfels.

Unter dem Hurrah der zum Theil in den Raaen parabirenden
Matrosen passirte Se. Majestät die lange Linie der stolzen Kriegsschiffe und landete wieder, umjubelt von der Bevölkerung, an der
Brücke am Schuhmacherthor. Noch auf dem Bahnhof vor der
Abfahrt geruhte der Kaiserliche Kriegsherr, dem See-Bataillon wie
der Marine überhaupt eine ganz besondere Auszeichnung zu Theil
werden zu lassen, indem Allerhöchstderselbe verfügte:

    Seine Königl. Hoheit Prinz Wilhelm von Preußen à la suite des See-Bataillons.

Ich habe den Obersten, Prinzen Wilhelm von Preußen,
Königliche Hoheit, Kommandeur des Garde-Husaren-Regiments
und à la suite Meines 1. Garde-Regiments zu Fuß, des Gre-
nadier-Regiments König Friedrich Wilhelm IV. (1. Pommersches)
Nr. 2 und des 2. Garde-Landwehr-Regiments, auch à la suite
des See Bataillons gestellt.

    Kiel, den 3. Juni 1887.

                      (gez.) Wilhelm.

Seine Majestät hatte noch im Moment der Abfahrt vom Bahnhof dem Kommandeur des See-Bataillons, Oberst v. Roques,
ihm huldvollst die Hand reichend, seine Allerhöchste Anerkennung
über die straffe Haltung des Bataillons auszusprechen geruht.
Hier fand auch Oberst v. Roques die Ehre, sich aus Anlaß der
dem Bataillon zu Theil gewordenen Auszeichnung bei Sr. Königlichen Hoheit dem Prinzen Wilhelm von Preußen zu melden,
welcher Höchstseiner Freude über die Gnade seines Kaiserlichen
Großvaters, ihn der Marine, dem See-Bataillon, angehören zu
lassen, huldvoll zu erkennen gab. Zwei Tage später sprach Seine
Königliche Hoheit dies noch besonders durch eine an den Chef der
Admiralität, Generallieutenant v. Caprivi, wie an den Kommandeur des Bataillons, Oberst v. Roques, gerichtete Depesche aus.

---

*) „Oldenburg" am 20. Dezember 1884 von Stapel gelaufen.

Die an den Kommandeur des See=Bataillons gerichtete Depesche lautete:

Oberst v. Roques, Kiel.

Hohenfinow, den 5. Juni 1887, 9¾ V.

Bin unnennbar glücklich und dankbar, durch die Gnade Seiner Majestät Ihrem schönen Korps anzugehören. Der so schon herrliche Tag wird für mein Leben mir unvergeßlich bleiben. Bitte den Kameraden des Bataillons meine herzlichsten Grüße zu übermitteln.

(gez.) Wilhelm.
Prinz von Preußen.

Verlegung der 4. Kompagnie See-Bataillons nach Wilhelms-haven. Vom See=Bataillon war am 1. Oktober 1886 die 4. Kompagnie per Eisenbahn nach Wilhelmshaven übergeführt worden. Diese Dislokation war nothwendig geworden, da seit erneuter Zutheilung von Geestemünde*) zur Marinestation der Nordsee für diese das Bedürfniß nach so viel Infanterie vorlag, daß sie sich in den ersten Mobilmachungstagen selbst zu helfen im Stande war. Es wurden hierdurch Verhältnisse geschaffen, die einem Kriege besser angepaßt, da ein Herüberschaffen der 4. Kompagnie im Mobilmachungsfalle von Kiel nach Wilhelmshaven, wie bisher vorgesehen, nicht mehr nothwendig ward. Auch die Bekleidungswirthschaft des Bataillons wurde hierdurch erleichtert. Die räumliche Trennung der beiden Garnisonen des See=Bataillons, Kiel und Wilhelmshaven und die bisherige Selbstständigkeit der Kompagnien in Wilhelmshaven ließen es aber im Hinblick auf eine etwaige Mobilmachung sowie für gewisse Friedensdienstzweige, schriftlichen Geschäftsverkehr, Bekleidungswesen und Garnisondienstangelegenheiten, wünschenswerth erscheinen, die in Wilhelmshaven stehenden Kompagnien einer gemeinsamen Leitung zu unterstellen. Eine Allerhöchste Ordre vom 7. September 1886 verfügte daher:

Formirung zweier Halb-bataillone des See-Bataillons. „Das See=Bataillon wird mit dem 1. Oktober d. J. in zwei Halbbataillone getheilt, von denen das erste in Kiel, das zweite in Wilhelmshaven in Garnison liegt. Der Kommandeur des See=Bataillons führt neben dem Kommando des Bataillons das erste Halbbataillon, der jedesmalige älteste Offizier des See=Bataillons in Wilhelmshaven übernimmt, neben seinen jetzigen Dienstgeschäften,**) die Führung des zweiten Halbbataillons. Ich verleihe dem Führer des letzteren die Disziplinar=Strafgewalt sowie die Urlaubsbefugnisse des Kommandeurs eines nicht selbstständigen Bataillons."

---

*) Die Befestigungen an der unteren Weser und Elbe, bisher in Armee=Verwaltung, wurden durch Allerhöchste Kabinets=Ordre vom 27. März 1888 der Marine überwiesen.

**) Major Dühring, seit dem 1. Juli 1885 Vorstand des Marine=Bekleidungsamtes zu Wilhelmshaven, wurde am 1. Oktober 1886 Führer des 2. Halbbataillons.

Das 2. Halbbataillon des See = Bataillons*) verließ am
1. Februar 1888 seine so lange innegehabte Kaserne in Wilhelms=
haven und siedelte in den westlichen Flügel der neuerbauten
„Großen Kaserne" in der Nähe des Kriegshafens über. Die alte
Kaserne wurde der II. Werft=Division überwiesen.

Da jedoch das See=Bataillon in seinem Friedensstand für die
im Mobilmachungsfall abzugebenden Kommandos und aufzustellenden
Formationen nicht mehr ausreichte, so wurde die Erweiterung der
bestehenden beiden Halbbataillone zu 3 Kompagnien auf zwei volle
Bataillone zu 4 Kompagnien für das Etatsjahr 1889/90 vorge=
sehen. Es wurde daher schon im Frühjahr 1888 dem I. Halb=
bataillon durch Ernennung eines besonderen Führers diejenige
Stellung gegeben, die das II. Halbbataillon durch obige Ordre
vom 6. September 1888 erhalten. Die bezügliche Allerhöchste
Ordre vom 7. Februar 1888 lautete:

Formation von zwei See=Bataillonen.

Ich bestimme, daß nunmehr in Abänderung Meiner Ordre
vom 7. September 1886 der jedesmalige nächst dem Bataillons=
kommandeur älteste Offizier des See=Bataillons in Kiel neben
seinen sonstigen Dienstgeschäften**) die Führung des I. Halb=
bataillons desselben übernimmt. Ich verleihe demselben die Dis=
ziplinar=Strafgewalt sowie die Urlaubsbefugnisse des Komman=
deurs eines nicht selbstständigen Bataillons.

(gez.) Wilhelm.

Der Etat des See=Bataillons war pro 1888/89 wie folgt
festgesetzt:

I. Halbbataillon: 1 Stabsoffizier, 4 Hauptleute, 3 Premier=
lieutenants, 10 Sekondlieutenants, 1 Büchsenmacher, 4 Feldwebel,
3 Vizefeldwebel, 1 Stabshoboist, 16 Sergeanten, 43 Unteroffiziere,
69 Gefreite, 15 Spielleute, 370 Seesoldaten;

II. Halbbataillon: 4 Hauptleute, 3 Premierlieutenants, 9 Sekond=
lieutenants, 1 Büchsenmacher, 3 Feldwebel, 3 Vizefeldwebel, 16 Ser=
geanten, 33 Unteroffiziere, 51 Gefreite, 15 Spielleute, 363 See=
soldaten.

Im Ganzen: 34 Offiziere, 2 Büchsenmacher, 1005 Unter=
offiziere, Gefreite, Spielleute und Seesoldaten.

Die obige Ordre vom 7. Februar 1888 sollte die letzte, das
See=Bataillon betreffend, sein, die Seine Majestät Kaiser Wilhelm I.
unterschrieben.

*) Das 2. Halbbataillon des See=Bataillons hatte noch am
3. September 1887 die Ehre gehabt, zum Empfange Sr. Königlichen
Hoheit des Prinzen Ludwig von Bayern, der einige Tage den Uebungen
des Geschwaders beigewohnt, eine Ehrenkompagnie unter Hauptmann
Fähnrich an der Hafeneinfahrt zu Wilhelmshaven zu stellen.
**) Hauptmann Lölhöffel v. Löwensprung, Vorstand des Be=
kleidungsamtes in Kiel, wurde zum Führer des I. Halbbataillons er=
nannt.

Tod Kaiser Wilhelm I.

Am 9. März um 8 Uhr 35 Minuten wurde der erste deutsche Kaiser seinem Volke, seiner Armee und seiner Marine nach kurzem Krankenlager im 91. Lebensjahre, im 28. Jahre seiner gesegneten ruhmreichen Regierung, entrissen. Betrauert nicht bloß von seinem deutschen Volke, sondern auch von fast allen Völkern des Erdenrunds wurde Kaiser Wilhelm am 16. März da, wo schon seine Königlichen Eltern ihre friedliche Ruhestätte gefunden, im Mausoleum zu Charlottenburg, beigesetzt.

So groß Kaiser Wilhelm gelebt, so groß ist Er auch gestorben. Erschüttert von dem unheilbaren Leiden seines Sohnes, des herrlichen und ritterlichen Siegers von Wörth, Kronprinz Friedrich Wilhelm, erschüttert von dem plötzlichen Tode eines geliebten Enkels, des Prinzen Max von Baden, galt doch sein letzter Gedanke seines klaren Geistes, der letzte Schlag seines Herzens dem Deutschen Reich, das durch seine Kraft geschaffen, durch seine Weisheit gefestigt worden.

V. Unter Kaiser Wilhelm II.

Kaiser Friedrichs Regierungsantritt und Tod.

Durch Schneestürme und in strenger Winterkälte eilte Kronprinz Friedrich Wilhelm aus dem sonnigen Süden, wo er vergebens Heilung von seiner Krankheit gesucht, herbei, um trotz stets sinkender Lebenskraft den Pflichten eines Herrschers zu genügen. In voller Manneskraft hatte Kaiser Friedrich III. Jahre lang dem Throne am nächsten gestanden und jetzt, wo er diesen Thron seiner Väter eingenommen, war es nur, um nach kurzer Zeit und schweren Leiden ins Grab zu sinken, ohne seine edlen Bestrebungen für seines Volkes Wohlfahrt ausführen zu können. Wahrlich ein noch nie gesehenes tragisches Geschick!

Aber würdig eines Christen und eines Helden starb der Königliche Dulder am 15. Juni 1888 und wurde am 18. desselben Monats in der Friedenskirche zu Potsdam beigesetzt.

Kaiser Wilhelm II.

In dieser schweren Stunde gingen die deutsche Kaiserwürde und die preußische Königskrone an seinen jugendlichen Sohn, an unseres jetzt regierenden Herrn Majestät, Wilhelm II., über.

Mit Stolz und Freude blickte das deutsche Volk auf seinen jugendlichen Fürsten, der mit starker Hand die Zügel der Regierung ergriffen und kurz nach seinem Regierungsantritt, zur Seite den Mitbegründer des Deutschen Reichs, den treuen Berather seines Kaiserlichen Großvaters und Vaters, den Reichskanzler Fürsten v. Bismarck*) und umgeben von allen deutschen Fürsten, allen voran die Herrscher von Bayern, Sachsen, Württemberg und Baden,

---

*) Am 20. März 1890 wurde Fürst v. Bismarck auf seinen Antrag von seinen Aemtern unter Verleihung der Würde eines Herzogs von Lauenburg entbunden. Sein Nachfolger wurde der General der Infanterie v. Caprivi.

ben beutschen Reichstag eröffnete. Nicht in kriegerischem Thun, sondern durch Werke des Friedens auf dem Gebiete nationaler Wohlfahrt, Freiheit und Gesittung will auch Kaiser Wilhelm II. gleich seinem Kaiserlichen Großvater der Hort und Schirm seines deutschen Volkes sein!

Noch am Todestage Kaiser Friedrichs hatte Seine Majestät an seine Marine nachstehenden Erlaß abgesandt:

Ich mache der Marine mit tiefbewegtem Herzen bekannt, Des Kaisers Erlaß an Seine Marine. daß Mein geliebter Vater, Seine Majestät der Deutsche Kaiser und König von Preußen, Friedrich III, heute Vormittag 11 Uhr 5 Minuten sanft in dem Herrn entschlafen ist, und daß Ich, an die Mir durch Gottes Willen bestimmte Stellung tretend, die Regierung der Mir angestammten Lande und somit auch den Oberbefehl über die Marine übernommen habe.

Es ist wahrlich eine tiefernste Zeit, in der Ich das erste Wort an die Marine richte. Soeben erst sind die äußeren Trauerzeichen für Meinen unvergeßlichen, theueren Großvater, den Kaiser Wilhelm I., abgelegt worden, der noch im vorigen Jahre bei Seiner Anwesenheit in Kiel Seine lebhafte Befrie= digung und Anerkennung über die Entwickelung der Marine unter Seiner glorreichen Regierung in den wärmsten Worten aussprach – und schon senken sich die Flaggen wieder für Meinen vielgeliebten Herrn Vater, welcher so große Freude und so lebhaftes Interesse an dem Wachsen und dem Fortschreiten der Marine hatte.

Die Zeit engster und wahrhafter Trauer stärkt und festigt aber den Sinn und die Herzen der Menschen, und so wollen wir — das Bild Meines Großvaters und Meines Vaters treu im Herzen haltend — getrost in die Zukunft schauen.

Die Marine weiß, daß es Mich nicht nur mit großer Freude erfüllt hat, ihr durch ein äußeres Band anzugehören, sondern daß Mich seit frühester Jugend in voller Uebereinstimmung mit Meinem lieben Bruder, dem Prinzen Heinrich von Preußen, ein lebhaftes und warmes Interesse mit ihr verbindet.

Ich habe den hohen Sinn für Ehre und treue Pflicht= erfüllung kennen gelernt, der in der Marine lebt. Ich weiß, daß Jeder bereit ist, mit seinem Leben freudig für die Ehre der deutschen Flagge einzustehen, wo immer es sei. Und so kann Ich es in dieser ernsten Stunde mit voller Zuversicht aus= sprechen, daß wir fest und sicher zusammenstehen werden in guten und bösen Tagen, in Sturm wie im Sonnenschein, immer eingedenk des Ruhmes des deutschen Vaterlandes und immer bereit, das Herzblut für die Ehre der deutschen Flagge zu geben.

Bei solchem Streben wird Gottes Segen mit uns sein.

Schloß Friedrichskron, den 15. Juni 1888.

(gez.) Wilhelm.

Das See-Bataillon. Vereidigung desselben.

Das See-Bataillon hatte erst am 11. März Vormittags in Kiel im Marine-Exerzirhaus, am 10. März Nachmittags in Wilhelmshaven auf der Abalbertstraße gleich allen anderen Marinetheilen dem Kaiser Friedrich III. den Eid der Treue geleistet und schon wieder mußte das Bataillon am 16. Juni zusammentreten, zu schwören, Seiner Majestät dem Kaiser Wilhelm II. treu zu sein, zu Lande und zu Wasser und in Kriegs- und Friedenszeiten.

Die an Bord befindlichen Seesoldaten-Detachements leisteten mit der Besatzung ihrer Schiffe den Eid. Morgens hatten diese mit der Flaggenparade die Raaen über Kreuz getoppt, Flagge, Kommandozeichen wie Gösch halbstock gehißt und mit dem Trauersalut für Kaiser Friedrich, 66 Schuß in größeren Pausen, begonnen, dann waren die Flaggen, Kommandozeichen und Gösch vorgehißt, die Toppflaggen gesetzt, die Raaen vierkant getoppt und 33 in rascher Folge abgefeuerte Schuß verkündeten den Salut für Kaiser Wilhelm II.

Allerhöchste Auszeichnung des See-Bataillons durch Aenderung der Uniform.

Am 29. Juni 1888 verfügte eine Allerhöchste Ordre, daß erstens alle Offiziere des See-Bataillons und die Offiziere à la suite desselben, welche mit Seiner Majestät gemeinsam die Uniform dieses Bataillons getragen, während ihrer Zugehörigkeit zur Marine, zum Andenken an die dem Bataillon vom Kaiser Wilhelm I. am 3. Juni 1887 zu Theil gewordene Auszeichnung,*) eine Kaiserkrone in den Achselstücken zu tragen, daß aber auch die später zum Bataillon hinzutretenden Offiziere dies ehrende Abzeichen anzulegen hätten. Weiter sollten sämmtliche Offiziere des Bataillons auf den Aermelpatten des Waffenrocks goldene Stickerei, die Mannschaften am Kragen und auf den Aermelpatten gelbe Litzen anlegen.

Nach einer weiteren Ordre vom 7. August 1888 sind die Epauletts von den Offizieren des Bataillons nur noch zur Gala, zum Parabeanzug und in der bisher üblichen Weise zum Gesellschaftsanzug zu tragen.

Aenderung in der Organisation der obersten Marinebehörde.

Da eine Aenderung der Organisation der obersten Marinebehörde bei der fortschreitenden Entwickelung der Marine sich als erforderlich herausgestellt, so wurde durch Allerhöchste Kabinetsordre vom 5. Juli 1888 der Chef der Admiralität, General der Infanterie v. Caprivi, von dieser Stellung entbunden und der Chef der Marinestation der Nordsee, Vize-Admiral Graf v. Monts,**) unter vorläufiger Belassung in seiner Stellung als Chef der Marinestation der Nordsee und unter Ernennung zum kommandirenden Admiral, zur Admiralität, behufs Vertretung des Chefs derselben, kommandirt. Seine Majestät der Kaiser geruhte in seiner am 5. Juli 1888 erlassenen Ordre dem scheidenden Chef der Admiralität, General v. Caprivi, seinen Kaiserlichen Dank durch Verleihung des Großkreuzes des Rothen Adler-Ordens besonderen Ausdruck zu

---

*) Siehe Seite 91.
**) Siehe Anlage Nr. 4, 5.

verleihen, hierbei noch die so großen Verdienste des Generals um die Marine hervorhebend. Es heißt in dem Schreiben:

„Sie haben in den fünf Jahren Ihrer Kommandoführung die Fortentwicklung der Marine in hohem Grade gefördert, Sie haben ihre Organisation mit nicht genug anzuerkennender persönlicher Hingabe durch Instruktionen und Bestimmungen vervollständigt, die ein dauernder Schatz für die Marine bleiben werden, wobei Ich Ihrer hohen Verdienste um die Förderung des zu immer höherer Bedeutung gelangenden Torpedowesens noch besonders gedenke. Sie haben es verstanden, Ihr militärisches Wissen und Können dem Offizierkorps der Marine in hohem Grade nutzbar zu machen und Sie haben wahrhaft wohlthätig auf den Kernpunkt aller militärischen Dinge, auf den Sinn des Offizierkorps gewirkt. Das sichert Ihrem Namen für alle Zeiten eine Ehrenstelle in der Geschichte der Marine."

Nicht lange ist es dem Vizeadmiral Grafen v. Monts vergönnt gewesen, an der Spitze der Marine zu stehen. Nach schwerer Krankheit wurde er am 19. Januar 1889 aus seiner Thätigkeit und einem Leben abberufen, das er vom Jahre 1849 ab, seit den ersten Anfängen der Marine, dieser in treuer, unermüdlicher Pflichterfüllung gewidmet.*)

Der Vizeadmiral Freiherr von der Goltz,**) Chef der Marinestation der Nordsee, wurde am 24. Januar 1889 zur Vertretung des Chefs der Admiralität unter Ernennung zum kommandirenden Admiral berufen.

Nach Feststellung des Reichshaushaltsetats pro 1889 bestimmte Seine Majestät der Kaiser durch Ordre vom 30. März, daß erstens das Ober-Kommando der Marine vom 1. April 1889 ab von der Verwaltung getrennt und von einem kommandirenden Admiral geführt werden sollte, daß aber zweitens die Verwaltung der Marine unter Verantwortlichkeit des Reichskanzlers von dem Staatssekretär des Reichs-Marine-Amts mit den Befugnissen einer obersten Reichsbehörde zu führen wäre. Der Vizeadmiral Freiherr von der Goltz wurde in Aenderung der Organisation der obersten Marinebehörde von der Vertretung des Chefs der Admiralität entbunden, führt aber das Ober-Kommando der Marine weiter. Zum Staatssekretär des Reichs-Marine-Amts ernannte die Allerhöchste Ordre den Kontreadmiral Heusner.***)

Das Ober-Kommando der Marine.

S. M. Panzerschiff „Kaiser" hatte unterdessen im Frühjahr 1888 eine Fahrt nach dem Mittelmeer unternommen, um mit

S. M. Panzerschiff „Kaiser" vor Barcelona.

---

*) Zum Begräbniß des Vizeadmirals Grafen v. Monts hatten das I. und II. See-Bataillon zum Tragen des Sarges je 6 Unteroffiziere kommandirt.
**) Anlage 4, 6.
***) Kontreadmiral Heusner wurde am 22. April 1890 unter Verleihung des Charakters als Vizeadmiral mit der gesetzlichen Pension zur Disposition gestellt, dafür Kontreadmiral Hollmann zum Staatssekretär des Reichs-Marine-Amts ernannt.

Hehe, Die Marine-Infanterie.   7

anderen Kriegsschiffen der europäischen Staaten die Königin Christine von Spanien, Majestät, während der dort stattfindenden Weltausstellung zu begrüßen. Das Panzerschiff, an dessen Bord sich mit der Indienststellung, am 26. April, der Premierlieutenant v. Etzel mit einem Seesoldaten=Detachement von 78 Köpfen ein= geschifft, ankerte am 18. Mai im Hafen von Barcelona. Die Be= satzung verlebte dort, oft an Land, eine recht interessante Zeit. Ihre Majestät die Königin drückte zu verschiedenen Malen dem Kommandanten, Kapitän z. S. Hoffmann, gegenüber ihre Freude über die stramme Haltung und das gute Grüßen der gesammten Besatzung des „Kaiser" aus. Bei ihrem Anbordkommen stand das Seesoldaten=Detachement unter Führung des Premierlieutenants v. Etzel als Ehrenwache aufgestellt und mußte auf besonderen Wunsch der Königin die Griffe mit dem Gewehr vorexerziren. Auch diesmal erntete der Kommandant Lob über das Gesehene. — Neben dem Aufenthalt in der prächtigen Stadt, bei den zahlreichen Festen und Stiergefechten, war besonders der Anblick der gesammten hier versammelten Kriegsmacht, 66 Schiffe an der Zahl, entzückend. Durch das gegenseitige Begrüßen der fremden Flaggen, sowie zu Ehren der spanischen Königin und anderer hervorragender Personen hatte allein S. M. Panzerschiff „Kaiser" in einem Zeitraum von 14 Tagen 960 Salutschüsse abgegeben; da mag denn oft der Donner der Geschütze dem Getöse einer Seeschlacht gleichgekommen sein.

Zurückgekehrt nach Kiel, wurde das Panzerschiff „Kaiser" sofort der Manöverflotte eingereiht, die in diesem Sommer berufen sein sollte, eine ganz besondere Aufgabe zu erfüllen.

Des Kaisers erste Reise nach Rußland, Schweden und Dänemark.

Die freundschaftlichen Beziehungen, welche durch die Verwandt= schaft Kaiser Wilhelms I. mit der russischen Kaiserfamilie schon Jahrzehnte lang bestanden, zu festigen, besuchte Seine Majestät der Kaiser im Juli 1888 Petersburg. Die Flotte sollte ihren Kriegsherrn zum ersten Mal seit ihrem Bestehen hinausbegleiten über die hohe See! Eifrig wurden dafür die Zurüstungen getroffen und so konnte denn am 13. Juli die Manöverflotte unter dem Kontreadmiral Knorr, den Befehlen Seiner Majestät gewärtig, im Hafen von Kiel bereit liegen.

Die Manöverflotte bestand aus dem Manövergeschwader:

„Baden" (Flaggschiff), „Bayern", „Friedrich der Große", „Kaiser" und Aviso „Zieten", und aus dem

Schulgeschwader (Kontreadmiral v. Kall):

„Stein" (Flaggschiff), „Moltke", „Gneisenau", „Prinz Adalbert" und Aviso „Blitz".

Vom See=Bataillon befanden sich eingeschifft an Bord der:

„Baden"*) Sek. Lt. Hausmann;

„Bayern"*) Sek. Lt. Transfeldt;

---

*) „Baden" am 28. Juli 1880, „Bayern" am 13. Mai 1873 von Stapel gelaufen.

„Friedrich der Große" Sek. Lt. v. d. Esch;
„Kaiser" Pr. Lt. v. Etzel.

Die Panzerschiffe „Baden" und „Bayern" hatten je ein
Detachement von 1 Serg., 4 Unteroffiz., 2 Spiell., 60 Gefr. und
Seesoldaten; „Kaiser" und „Friedrich der Große" je ein Detachement
von 1 Serg., 5 Unteroffiz., 2 Spiell., 70 Gefr. und Seesoldaten.

Am 14. Juli Vormittags traf Seine Majestät der Kaiser in
Kiel ein, am Bahnhof von Seiner Königlichen Hoheit dem Prinzen
Heinrich, den Spitzen der Marine- und Militärbehörden empfangen.
Vor dem Bahnhofe war eine Ehrenkompagnie des See-Bataillons
unter Befehl des Hauptmanns Damrath mit Fahne und Musik
aufgestellt. Die Mannschaften hatten zum ersten Male bie ihnen
Allerhöchst verliehenen Gardelitzen an den Waffenröcken angelegt.

Nachdem Seine Majestät die Front der Ehrenkompagnie ab-
geschritten, ging's in rascher Fahrt durch die festlich geschmückten
Straßen nach der Barbarossa-Brücke, von da im Kaiserboot an
Bord der von Seiner Königlichen Hoheit dem Prinzen Heinrich
kommandirten Yacht „Hohenzollern". Da bonnerten die Kanonen
der Kriegsschiffe, ihren Kaiserlichen Kriegsherrn zu begrüßen.

Aufgefordert durch die auf der „Hohenzollern" aufgehenden
Signalflaggen, dampfte sobann die gesammte Manöverflotte in Kiellinie an der Kaiserlichen Yacht vorbei, hinaus in die Ostsee. Um
11 Uhr 40 Min. Vormittags verließ auch die „Hohenzollern",
nachdem noch die Torpedobootsflottille in der Wiker Bucht ver-
schiedene Evolutionen unter den Augen Seiner Majestät ausgeführt
hatte, den Hafen, von den Festungswerken Friedrichsort nochmals
aus ehernem Munde begrüßt.

Nur wenige Tage vor der Abfahrt des Geschwaders war die
Allerhöchste Verfügung, betreffend die Auszeichnung des See-
Bataillons durch Verleihung der Garde-Litzen, beim Kommando
des See-Bataillons eingetroffen, und Nächte angestrengter Arbeit
hatte es dem Marine-Bekleidungsamt gekostet, die Ehrenkompagnie
zum 14. Juli früh, sowie die Seesoldaten-Detachements S. M.
Panzerschiffe mit den neuen Waffenröcken zu versehen.

Die Mannschaften nahmen eine vollständige Parabegarnitur
mit an Bord (zum ersten Mal auch die neuen Leder- (Lack-) Czakos
mit Haarbüschen),*) die in leeren Kohlenbunkern oder besonderen
Kammern verstaut wurde.

Am 19. Juli Nachmittags 4½ Uhr näherte man sich unter
dem Salut aller Forts und aller daselbst befindlichen russischen
(wohl mehr wie 50) Kriegsschiffe der Rhede der Seefestung Kron-
stadt im Finnischen Meerbusen. Die Schiffe hatten über die Toppen
geflaggt und die Toppflaggen gesetzt, die Besatzungen paradirten
auf den Reelings bezw. den Raaen, während die Geschütze den
Salut feuerten.

*) Vergl. Seite 10.

7*

Seine Majestät der Kaiser Alexander von Rußland kam auf seiner Yacht „Alexandria" unserem Allerhöchsten Kriegsherrn entgegengefahren, der, eingeholt von Bord der „Hohenzollern" durch den Großfürsten Alexis von Rußland, Kaiserl. Hoheit, den Czaren an Bord der russischen Yacht auf das Herzlichste begrüßte. Dann ging die russische Yacht sofort, mit den Majestäten an Bord, nach dem Hafen von Peterhof.

Am 24. Juli früh, dem festgesetzten Tage der Abfahrt, hatte sich Seine Königliche Hoheit Prinz Heinrich schon früh 7 Uhr von Peterhof auf der russischen Yacht „Morewo" zum Geschwader zurückbegeben, um 9 Uhr folgte Seine Majestät Kaiser Wilhelm auf der russischen Yacht „Strelna", um an Bord des Panzerschiffes „Baden" den Czaren mit dem Großfürsten Thronfolger von Ruß-land zur Besichtigung des Schiffes zu erwarten.

Zum Empfange Seiner Majestät des Czaren stand das See-soldaten-Detachement des Panzerschiffes unter seinem Detachements-führer, Sekondlieutenant Hausmann, mit der Geschwadermusik auf dem rechten Flügel, an Steuerbord achtern, Front nach dem Fallreep.

Die Seesoldaten, aus ausgesuchten Mannschaften der 6. Kom-pagnie*) v. Hartmann bestehend, machten unter präsentirtem Gewehr mit aufgepflanztem Seitengewehr, mit den neuen Waffen-röcken, einen besonders vortheilhaften Eindruck. Seine Majestät Kaiser Wilhelm, Höchstwelcher das Detachement so zum ersten Male sah, gab seine Anerkennung nach dem Abschreiten der Front besonders zu erkennen.

Dem Geschützexerziren in der Kasematte folgte durch die Majestäten eine Besichtigung des ganzen Schiffes.

Nachdem die Allerhöchsten Herrschaften wieder aus den unteren Schiffsräumen auf dem Sturm- bezw. Bootsdeck versammelt waren, hatte Sekondlieutenant Hausmann die Ehre, Seiner Majestät dem Czaren den Mechanismus und die Handhabung des Infanterie-Gewehrs M/71. 84 unter Benutzung von Exerzirpatronen erklären zu dürfen, mußte dann auch das, was er im Einzelnen gezeigt, mit dem Seesoldaten-Detachement auf Befehl Seiner Majestät des Kaisers Wilhelm vorexerziren. Das Detachement machte die Magazinchargirung mit Platzpatronen durch, zeigte dann einige Magazinsalven und das Magazinfeuer. Das Exerziren ging sehr gut; die Salven kamen so rund heraus, wie man es nur irgend wünschen konnte. Die volle Zufriedenheit des Monarchen belohnte denn auch die Mannschaften.

Nachdem die Majestäten noch um 1 Uhr an Bord der „Hohen-zollern" ein Frühstück eingenommen und sich aufs Herzlichste ver-

---

*) Die größten Seesoldaten der in Kiel garnisonirenden Kompagnien des See-Bataillons hatte die 5. Kompagnie, dann folgten die 6. und 3. Kompagnie. Bei dem ausgewählten Ersatz und dem Minimalmaß 1,67 m war der Größenunterschied sehr gering.

abschiedet hatten, ging es bei prächtigstem Sonnenschein wieder
hinaus in die See, galt es doch, noch die befreundeten Höfe von
Stockholm und Kopenhagen aufzusuchen.

Am 26. Juli Vormittags fuhr dann die Kaiserliche Flotte in
die dem Hafen von Stockholm, der schwedischen Hauptstadt, vor=
gelagerten Scheeren ein. Gegen 9 Uhr kam ein schwedisches Ge=
schwader, aus einigen Monitors und flachgehenden Scheeren=Fahr=
zeugen bestehend, in Sicht. Bald kam auch Seine Majestät König
Oskar von Schweden und Norwegen mit dem Kronprinzen an
Bord seiner Yacht „Drott" dem Deutschen Kaiser entgegengefahren
und begrüßte Letzteren an Bord der „Hohenzollern" auf das Herz=
lichste. Die Kaiserliche Yacht warf dann mit dem Geschwader dicht
vor Stockholm Anker; nur die Panzerschiffe „Kaiser" und „Friedrich
der Große" hatten wegen zu großen Tiefganges schon im Lysesund
bei der das enge Fahrwasser sperrenden kleinen Feste Frederiksborg
vor Anker gehen müssen.

Am 27. Juli traf in Stockholm die telegraphische Nachricht von
der Geburt des Prinzen Oskar von Preußen, Königliche Hoheit,
ein, welches freudige Ereigniß durch den Salut sämmtlicher Kriegs=
schiffe gefeiert wurde.

Auch hier vor Stockholm hatte das Seesoldaten=Detachement
der „Baden" die Ehre, Seiner Majestät dem Könige von Schweden
dieselben, dem Kaiser von Rußland gezeigten Uebungen vorzu=
exerziren. Hunderte von Booten, gefüllt mit fröhlichen Menschen,
umschwärmten während dieser Zeit, da die Majestäten sich an Bord
der „Baden" befanden, das Panzerschiff, und geriethen namentlich
bei dem Krachen der Gewehrsalven, die durch vielseitiges Echo an
den felsigen Ufern des prächtigen Hafens wiedergegeben, in volle
Begeisterung. Ununterbrochen wurden da Hochs auf Seine Majestät
den Deutschen Kaiser und seine Marine ausgebracht. — Seine
Majestät der König Oskar*) war mit regstem Interesse dem
Vortrage des Detachementsführers über das Gewehr M/71. 84,
sowie auch dem daran sich anschließenden Exerziren gefolgt und
dankte dann in huldvollster Weise für den großen militärischen
Genuß.

Ueber Kopenhagen, wo Seine Majestät der Kaiser am 30. Juli
Mittags anlangte und auch dort vom König Christian IX. von
Dänemark, Majestät, und der Königlichen Familie auf das Herz=
lichste empfangen wurde, ging die Flotte am 31. Juli wieder nach
dem heimathlichen Kriegshafen Kiel zurück, wo noch am Abend das
Geschwader an den Bojen festmachte. Um 9½ Uhr landete Seine
Majestät, sich sofort nach dem Bahnhof und von da nach Berlin
begebend.

---

*) Ein für die Marine höchst bedeutungsvolles Resultat dieses Be=
suches in Stockholm bestand noch darin, daß dieselbe fortan die hohe
Ehre hatte, Seine Majestät den König von Schweden à la suite führen
zu dürfen.

Noch an Bord seiner Yacht „Hohenzollern" hatte der Kaiser=
liche Kriegsherr in einem an den Chef der Admiralität gerichteten
Schreiben der Flotte seine Allerhöchste Anerkennung ausgesprochen.
Dasselbe lautete:

Ich habe bei Meiner Reise nach Rußland, Schweden,
Dänemark Veranlassung genommen, einen größeren Theil Meiner
in Dienst gestellten Schiffe und Fahrzeuge zu besichtigen und
zur Begleitung auf diesen Fahrten heranzuziehen. Mit lebhafter
Befriedigung habe Ich hierbei gesehen, daß Führung, Dienst=
betrieb und Mannszucht in Meiner Marine mit vollster Hin=
gebung gehandhabt werden, und daß die Erscheinung Meiner
Schiffe in fremden Häfen geeignet war, sie die anerkennende
Beurtheilung des Auslandes finden zu lassen. Gern spreche Ich
daher Meinen Kaiserlichen Dank aus den Admiralen, Komman=
danten, Offizieren und Mannschaften Meiner Manöverflotte, im
Besonderen auch dafür, daß bei der Zusammengehörigkeit von
10 Schiffen zu fast dreiwöchentlicher Fahrt keinerlei Zwischenfälle
eingetreten sind, welche die gestellte Aufgabe in ihrer gewissen=
haften Ausführung hätten beeinträchtigen können. Ich vertraue
daher, daß Schiffe und Fahrzeuge, welche unter Meinen Augen
einen Theil ihrer Uebungsperiode mit so gutem Erfolge absolvirt
haben, auch allen ferneren Aufgaben derselben bis zum Schlusse
zu Meiner Zufriedenheit entsprechen werden.

An Bord Meiner Yacht „Hohenzollern".
Kiel, den 31. Juli 1888.

(gez.) Wilhelm.

Bis zum 14. September 1868 blieb die Manöverflotte noch
zu gemeinsamen Uebungen beisammen, welche Uebungen in der Nord=
see Seine Majestät der Kaiser noch am 11. und 12. September
an Bord der „Hohenzollern" inspizirte, dann trafen die zum Schul=
geschwader gehörigen Schiffe von Neuem Vorbereitungen, sich von Neuem
Mittelmeer zuzuwenden, dort die hauptsächlichsten Häfen aufzusuchen
und dann erst mit dem Frühjahr 1889 nach der Heimath zurück=
zukehren.*) Auch hier befanden sich an Bord S. M. SS. „Stein",
„Moltke", „Gneisenau" und „Charlotte"**) die Sekondlieutenants
Knopf, v. Kaehne, Geppert und v. Kamecke vom See=Ba=
taillon eingeschifft.

Ereignisse auf den auswärtigen Stationen waren unterdessen durch deutsche
Marine= Kriegsschiffe schwere Aufgaben zu lösen. Zwar hatte hierzu das
stationen. See=Bataillon keine Angehörigen an Bord gegeben, die Ereignisse
in den fernen Meeren und an den fremden Küsten wurden aber
auch vom See=Bataillon mit dem Interesse verfolgt, welches durch
langjährige Waffenkameradschaft und durch die enge Zugehörigkeit
zur Marine eingegeben.

---

*) Siehe auch Seite 106.
**) „Charlotte" ist am 5. September 1885 von Stapel gelaufen.

Während auf der ostafrikanischen Station Vizeadmiral Dein=
hard mit den Kriegsschiffen „Leipzig", „Sophie", „Carola",
„Schwalbe", „Pfeil" in angestrengtestem Dienst versuchte, die zur
Unterdrückung des Sklavenhandels nothwendige, am 30. November
1888 erklärte Blockade*) der festländischen Küste des Sultanats
von Zanzibar aufrecht zu erhalten und auch in Landungsgefechten,
im Verein mit der Truppe des Majors v. Wissmann, Reichs=
kommissar für Deutsch=Ostafrika, manchen Strauß auf dem Fest=
lande mit den aufrührerischen Arabern auszufechten hatte, mußten
die Besatzungen der „Olga" und „Eber" in der Südsee den auf=
ständischen Samoanern erst in siegreichem aber verlustvollem Gefecht
am 18. Dezember 1888 die Macht des Deutschen Reiches klar
machen. Kaiserliche Anerkennung wurde all den Tapferen dafür
zu Theil!

Kaum aber mochte die Allerhöchste Anerkennung**) vor Apia
auf Samoa eingetroffen sein, als die, die tapfer dem Pulver und
Blei der Insulaner hatten Stand halten können, einen Kampf mit
den Elementen zu bestehen hatten, die den Kreuzer „Adler" und
das Kanonenboot „Eber" mit 5 Offizieren, 88 Mann dem Unter=
gange zuführten. S. M. S. „Olga", die ebenfalls in dem Orkan
am 16./17. März 1889 gestrandet, hat aber noch, und ohne einen
Mann verloren zu haben, wieder flott gemacht werden können.

Schmerzlich bewegt von dieser Trauerkunde erließ Seine
Majestät der Kaiser nachstehenden Erlaß an seine Marine:

Ein verheerender Orkan hat Meinen bei den Samoa=
Inseln stationirten Schiffen und Fahrzeugen schwere Verluste
zugefügt. Der Kreuzer „Adler" und das Kanonenboot „Eber"
sind mit Theilen ihrer Besatzungen gesunken, die Kreuzerkorvette
„Olga" ist auf den Strand gerathen und hat schwere Beschädigung
erlitten. Mit Meiner Marine beklage Ich den durch die uner=
forschliche Fügung Gottes über dieselbe verhängten Verlust an
vielen Offizieren und Mannschaften tief. Er bewegt Mich um
so schmerzlicher, als Ich brave, unerschrockene Männer verloren
habe, welche ihr Leben in treuer Pflichterfüllung für Kaiser und
Reich voll eingesetzt haben. So erschütternd aber auch die Folgen
des Alles verheerenden und vernichtenden Orkans gewesen sind,

---

*) Die Blockade wurde am 29. September 1889 wieder außer
Kraft gesetzt, nachdem die vereinten energischen Bemühungen der Marine
und des Majors v. Wissmann die Ausfuhr von Sklaven unterdrückt
hatten.

**) Allerhöchste Kabinets=Ordre vom 21. Februar 1889, M. V. Bl.
Die am 18. Dezember 1888 auf den Samoa=Inseln sowie die
vom 6. September 1888 bis 10. Juli 1889 an der Ostküste Afrikas aus=
geführte militärische Aktion ist gemäß Allerhöchster Kabinets=Ordre vom
19. November 1889 im Sinne des § 23 des Gesetzes, betreffend Pensio=
nirung und Versorgung der Militärpersonen des Reichskriegsheeres und
der Kaiserlichen Marine vom 27. Juni 1871 als ein Feldzug anzusehen.

so erwarte Ich von Meiner Marine, daß sie durch solche Un=
glücksfälle sich nicht in dem Vertrauen an ihrer gedeihlichen Ent=
wickelung wird erschüttern lassen. Möge das Beispiel der für
ihren Kaiser und ihr Vaterland bis zum letzten Augenblick treu
ihre Pflicht erfüllenden Dahingeschiedenen Meiner Marine für
alle Zeiten zum Nacheifern voranleuchten und sie dadurch be=
fähigen, ihre vielfachen Aufgaben zum Heile und zur Erhöhung
des Ruhmes des Vaterlandes mit dem Geiste der Hingabe und
Treue, der sie so hoch auszeichnet, auch ferner zu erfüllen!

Sie haben diesen Meinen Erlaß zur Kenntniß Meiner
Marine zu bringen.

(gez.) Wilhelm.

An den Vizeabmiral Freiherrn von der Goltz,
kommandirenden Admiral der Marine.

Veränderung der Organisation des See-Bataillons. Die Marine-Infanterie. Wie erwähnt*) war für das See=Bataillon im Etatsjahr
1889/90 eine Umformirung in zwei selbstständige Bataillone vor=
gesehen worden. Eine Allerhöchste Ordre bestimmte hiernach:

„1. Aus jedem Halbbataillon Meines See=Bataillons wird
ein selbstständiges Bataillon von vier Kompagnien gebildet. Das
I. See=Bataillon garnisonirt in Kiel, das II. in Wilhelms=
haven. Zur Unterscheidung der Bataillone tragen die Mann=
schaften auf den Achselklappen unter den Ankern eine I bezw. II.
Den Bataillonskommandeuren stehen die niedere Gerichtsbarkeit
und die Beurlaubungsbefugnisse der Kommandeure der Matrosen=
Divisionen zu. Bei jedem See=Bataillon besteht ein Ehrengericht
über die demselben angehörigen Hauptleute und Subaltern=
offiziere.

2. Beide See=Bataillone werden einer zu bildenden In=
spektion der Marine=Infanterie unterstellt. Diese besteht
aus einem Inspekteur, einem Premierlieutenant als Adjutant
und dem erforderlichen Unterpersonal. Stabsquartier der In=
spektion ist Kiel. Der Inspekteur erhält die Disziplinarstraf=
gewalt nach Maßgabe des § 14, Absatz 1 und Absatz 3, Ziffer 3,
Theil 1 der Disziplinarstraforbnung für die Kaiserliche Marine
und die Beurlaubungsbefugnisse der Marineinspekteure. In allen
persönlichen Angelegenheiten untersteht der Inspekteur dem Chef
der Marinestation der Ostsee.

3. Die Befugnisse der Chefs der Marinestationen, das zu
ihrer Station gehörige See=Bataillon zum Garnisondienste und
zu gemeinsamen Uebungen mit heranzuziehen, sich durch Inspi=
zirungen von dessen Brauchbarkeit für den Krieg Ueberzeugung
zu verschaffen und darüber geeignetenfalls an Sie zu berichten,
wird hierdurch nicht aufgehoben.

4. Die durch Meine Ordre vom 15. Juni 1886 dem je=
weiligen Kommandeur des See=Bataillons übertragene Wahr=

---

*) Vergl. Seite 93.

nehmung der Geschäfte der Kommandantur Kiel geht in gleichem Umfange auf den jeweiligen Inspekteur der Marine = Infanterie über."

Vorstehende Bestimmungen treten mit dem 1. April dieses Jahres in Kraft. Ich beauftrage Sie unter Aufhebung der entgegenstehenden Erlasse, das zur Ausführung dieser Ordre Erforderliche zu veranlassen.

Berlin, den 12. März 1889.

gez. Wilhelm, I. R.

An den Chef der Admiralität.

Demgemäß wurde am 1. April 1889 bei jedem Halbbataillon des See = Bataillons durch Abgabe von Mannschaften aller drei Kompagnien die Bildung der 4. Kompagnien so vorgenommen, daß in denselben alle drei Jahrgangsklassen der Mannschaften vorhanden. Der Mehrbedarf an Mannschaften wurde durch Einziehung von Dispositionsurlaubern und Einstellung von Dreijährig=Freiwilligen nach Maßgabe der für die Marine=Infanterie pro 1889/90 aufgestellten Etats gedeckt.

Dieselben bestimmten:

1. für die Inspektion der Marine = Infanterie und das I. See = Bataillon:
   1 Inspekteur der Marine = Infanterie mit dem Range eines Regimentskommandeurs der Armee;
   1 Stabsoffizier als Kommandeur;
   5 Hauptleute, 5 Premierlieutenants, 9 Sekondlieutenants, 1 Büchsenmacher;
   8 Feldwebel, 4 Vizefeldwebel, 1 Stabshoboist, 20 Sergeanten, 51 Unteroffiziere, 83 Gefreite, 20 Spielleute, 425 Seesoldaten, im Ganzen 21 Offiziere, 613 Mann;

2. für das II. See=Bataillon:
   1 Stabsoffizier als Kommandeur;
   5 Hauptleute, 4 Premierlieutenants, 9 Sekondlieutenants, 1 Büchsenmacher;
   8 Feldwebel, 4 Vizefeldwebel, 21 Sergeanten, 50 Unteroffiziere, 69 Gefreite, 20 Spielleute, 421 Seesoldaten, im Ganzen 19 Offiziere, 594 Mann; also eine Gesammtstärke der Marine=Infanterie von 40 Offizieren und 1207 Mann.

Die Stellenbesetzung aus Anlaß dieser veränderten Formation und Vermehrung war gleichzeitig durch Allerhöchste Kabinets=Ordre vom 22. März 1889 für den 1. April angeordnet worden. Hiernach wurde der bisherige Kommandeur des See=Bataillons, Oberst v. Roques, unter Stellung à la suite des I. See=Bataillons zum Inspekteur der Marine=Infanterie, als sein Adjutant der Premierlieutenant Bode, bisher Adjutant des See=Bataillons, unter gleicher Stellung à la suite des I. See=Bataillons ernannt.

Zum Kommandeur des I. See=Bataillons ernannte die Allerhöchste Ordre den Major Lölhöffel v. Löwensprung, zu dem

des II. See=Bataillons den Major Gresser, bisher Führer des
1. bezw. 2. Halbbataillons des See=Bataillons.

Schon am 15. April 1889 hatte das neuformirte II. See=
Bataillon eine aus den vier Kompagnien zusammengesetzte Ehren=
wache unter dem Hauptmann Ritter mit dem Premierlieutenant
Freiherrn v. Ende, den Sekondlieutenants von der Esch, Eben
und Alefeld auf dem Bahnhof zu Wilhelmshaven zu stellen, da
Seine Majestät der Kaiser der nach Samoa beorderten Kreuzer=
korvette „Alexandrine"*) das Geleit in die hohe See zu geben
und gleichzeitig das aus dem Mittelmeer zurückkehrende Schul=
geschwader zu inspiziren beabsichtigte.**)

*) „Alexandrine" 7. Februar 1875 von Stapel gelaufen.

**) Am Abend, da Seine Majestät der Kaiser im Marine=Offizier=
kasino sämmtliche Offiziere der Garnison Wilhelmshaven um sich ver=
sammelt, gedachten der Kaiserliche Kriegsherr nochmals der bei Samoa
Untergegangenen:

„Die Worte, die der kommandirende Admiral gesprochen, haben
Mich tief gerührt, und danke Ich Ihnen Allen für die Gefühle, deren
Ausdruck diese Worte waren, auf das Wärmste. Zwei Gründe ver=
anlaßten Mich, zu Ihnen zu eilen. Erstens um der Korvette, die Ich
einst noch im Allerhöchsten Auftrage Meines hochseligen Herrn Groß=
vaters taufte, das Abschiedsgeleit zu geben. Sie trägt den Namen
der Lieblingsschwester (Alexandrine) unseres unvergeßlichen Dahin=
geschiedenen, des einzigen noch lebenden Gliedes aus Kaiser Wilhelms
Generation. Möge die Korvette dem hohen Namen, den sie tragen
darf, Ehre einlegen und Gott seine schützende Hand stets über ihr
halten! Zweitens drängte es Mich, mit Ihnen gemeinschaftlich der
tapferen Männer zu gedenken, die ein so jäher Tod uns entriß. Ge=
theiltes Leid ist halbes Leid! Wackere Männer waren es und gewiß
Manchem von Ihnen gute Freunde und Kameraden; daß sie tapfer
waren, hatten wenige Monde vorher sie bewiesen! Doch nicht in eitle
Klagen wollen wir uns um sie ergehen. Nein! Als Vorbild sollen sie
uns dienen! Nachdem sie siegreich gegen Menschenhand gefochten,
fanden sie im muthigen Kampfe gegen die entfesselten Elemente ihren
rühmlichen Tod. Gott hat es also gewollt! Auch so starben sie den
Tod für Kaiser und Reich! Hier muß Ich an ein schönes Dichterwort
denken, das Manchem unter Ihnen bekannt sein wird. Als der Admiral
Medina Sidonia gebeugten Hauptes dem Könige von Spanien
meldet, daß seine gewaltige Armada vernichtet sei, beruhigt ihn der
König und sagt: „Gott ist über Mir, gegen Menschen sandte Ich Euch
aus, nicht gegen Wellen und Klippen." So ist es auch hier. Möge
einem Jeden von Ihnen, der Kommandant ist, oder es noch werden
wird, das stets gewärtig sein: der Kommandant, welcher rühmlich im
Kampfe mit den Elementen durch Gottes Fügung sein Schiff verliert
oder mit ihm untergeht, stirbt in Meinen Augen gerade eben solchen
Heldentod für das Vaterland, als der Kommandeur, der seinem Re=
giment im Sturm auf die feindliche Stellung voran, den Degen in
der Faust, fällt. Nicht ertrunken sind unsere Kameraden in Samoa
oder auf der „Augusta", sondern gefallen, ihre Pflicht bis zum letzten
Augenblick erfüllend. Nun, Meine Herren Kameraden, möge dieses
schöne Beispiel, welches jene braven Männer uns gegeben, uns Allen

Einen feierlichen Abschluß aber sollte die Umformirung und Verleihung
einer Fahne an
das II. See-
Bataillon. Vergrößerung des alten „See=Bataillons" zur „Marine=Infanterie" noch dadurch erhalten, daß Seine Majestät der Kaiser am 13. April 1889 die Verleihung einer Fahne an das II. See=Bataillon ge= nehmigten und zugleich die Absicht kund zu geben geruhten, dieses Ehrenzeichen selbst der Truppe zu übergeben. Der 29. Juli 1889 wurde dann als solcher Ehrentag bestimmt.

Am 27. Juli war Seine Majestät gestärkt und im besten Wohlsein von einer längeren Seereise nach dem Nordkap auf seiner Yacht „Hohenzollern" nach dem heimathlichen Kriegshafen Wilhelms= haven zurückgekehrt, am 28. Abends trafen auch Ihre Majestät die Kaiserin dort ein, um ihren hohen Gemahl vor erneuter Abreise nach England zu begrüßen und um der das II. See=Bataillon so ehrenden Feier beizuwohnen.

Am 29. Juli Morgens 10 Uhr begaben sich die Majestäten von der „Hohenzollern" nach dem Stationsgebäude, wo im großen Saale die neue Fahne, gehalten vom Flügeladjutanten Seiner Majestät des Kaisers, Kapitän zur See Frhr. v. Senden=Bibran, zur feierlichen Nagelung auf einem Tische ausgebreitet lag. Hinter dem Tische stand der Kommandeur des II. See=Bataillons, Major Gresser, mit einem silbernen Hammer in der Hand, während wieder hinter diesem der Fahnenoffizier, Premierlieutenant Frhr. v. Eude, und der Fahnenunteroffizier, Sergeant Wolf, 4. Kom= pagnie, aufgestellt waren. Im Halbkreise um den Tisch hatten sich ferner die direkten Vorgesetzten des Bataillons, der kommandirende Admiral Frhr. von der Goltz, der Stationschef Vizeadmiral Paschen, der Inspekteur der Marine=Infanterie Oberst v. Roques gruppirt.

Seine Majestät war mit Ihrer Majestät der Kaiserin und in Begleitung Seiner Königlichen Hoheit des Prinzen Heinrich von Preußen und des als Unterlieutenant zur See in der Kaiserlichen Marine dienenden Herzogs Friedrich Wilhelm von Mecklenburg=Schwerin, Hoheit, sowie mit zahlreichem Gefolge eingetreten und vollzogen nun die ersten Hammerschläge zugleich für Ihre Majestäten die Kaiserinnen Mutter und Groß= mutter und für Allerhöchstdero Söhne. Dann folgten Ihre Ma= jestät die Kaiserin, Seine Königliche Hoheit Prinz Heinrich, Seine Hoheit Herzog Friedrich Wilhelm von Mecklenburg= Schwerin und die direkten Vorgesetzten des II. See=Bataillons, endlich auch noch der Fahnenoffizier und der Fahnenunteroffizier.

Kurz nach 12 Uhr erfolgte die feierliche Uebergabe der neuen Fahne auf der Adalbertstraße an das II. See=Bataillon. Dort

---

jederzeit voranleuchten und zum Nacheifern anspornen, und möge der Geist der Hingebung, Disziplin und des todesmuthigen Ausharrens, der Meine Marine von jeher auszeichnet, sich stets in ihr auch ferner so erhalten, und in diesem Sinne ergreife Ich Mein Glas und rufe: „Die deutsche Marine, vor Allem ihr braves Offizierkorps, hurrah!"

war auf der Westseite ein Altar errichtet, welcher, unter einem Baldachin stehend, mit einer rothen Sammetdecke mit Kreuz über= deckt war.

Um den Altar hatten sich in zwei Halbkreisen sämmtliche Offiziere der Garnison, unter denen sich auch die Offiziere des im Hafen liegenden Manövergeschwaders: der Panzer „Preußen", „Friedrich der Große", „Deutschland", „Kaiser", „Baden", „Bayern", „Oldenburg", der Kreuzerkorvette „Irene", sowie des Avisos „Zieten" und der Torpedobootsflottille, befanden, in Gala-Uniform gruppirt.

Gegenüber dem Altar war das II. See=Bataillon zur Parade in Paradeanzug [Czako mit Haarbusch, weiße Hosen; die Offiziere in blauen Beinkleidern mit breiten Goldstreifen*)] aufmarschirt. Beim Herannahen Seiner Majestät, Allerhöchstwelcher die Uniform der Marine-Infanterie mit dem Bande des Schwarzen Adler= Ordens angelegt, präsentirte das Bataillon auf Befehl des Haupt= manns und Kompagniechefs Ritter unter den Klängen der von der Musik des II. See=Bataillons (Hornmusik) gespielten National= hymne.

Ihre Majestät die Kaiserin schritt währenddes, begleitet von Seiner Königlichen Hoheit dem Prinzen Heinrich, zum Altar, wo die erlauchte Frau, obwohl dort Stühle aufgestellt, während der ganzen feierlichen Handlung stehen blieb.

Nachdem die Front des II. See=Bataillons abgegangen, hielt Seine Majestät nachstehende Ansprache an das Bataillon:

„Kameraden! Mit dem Wachsen der Marine seit den sieb= ziger Jahren hat auch das See=Bataillon eine Vergrößerung erfahren müssen und ist jetzt zu einem größeren selbstständigen Truppentheil herangewachsen. Schon unter der Regierung Meines hochseligen Großvaters bin Ich mit dem See=Bataillon und durch dieses mit Meiner Marine in intime Beziehungen getreten. Ich freue Mich daher, jetzt dem neuformirten II. See=Bataillon eine Fahne verleihen zu können. Möge das Bataillon dieselbe hoch in Ehren halten und ein Jeder sie in Gefahr unter Auf= opferung seines eigenen Lebens beschützen. Auch erwarte Ich, daß das Bataillon den übrigen Theilen Meiner Marine in treuer Pflichterfüllung und ausdauernder Tapferkeit da, wo es gilt, nicht nachstehen wird!"

Auf einen Wink Seiner Majestät trat nun der Kommandeur des II. See=Bataillons, Major Gresser, die Fahne tragend, be= gleitet von dem Premierlieutenant Frhrn. v. Ende und dem Sekond= lieutenant von der Esch, aus dem Portal des Stationsgebäudes, bis an den Altar vormarschirend, vor, wo die Fahne sodann dem Fahnenunteroffizier übergeben wurde. Major Gresser dankte jetzt

---

*) Gemäß Allerhöchster Kabinets=Ordre vom 29. Juni 1888 haben die Offiziere des See=Bataillons die dunkelblauen Beinkleider mit Gold= streifen als Galabeinkleid auch im Inlande anzulegen. Vergl. Seite 10.

1890.

Die Fahnen des I. u II. See-Bataillons.

Es dauerte nicht lange, als S. M. Yacht „Hohenzollern" mit
der Kaiserstandarte im Großtopp von Wilhelmshaven her in Sicht
kam. Die Kriegsschiffe grüßten ihren Kriegsherrn mit dem Donner
ihrer Geschütze, die Mannschaften paradirten und langsam dampfte
die „Hohenzollern" durch die beiden Staffeln der vereinigten Kaiser=
lichen Flotte hindurch, von der Besatzung jedes einzelnen Kriegs=
schiffes mit einem dreimaligen weithin schallenden Hurrah begrüßt.

Die Fahrt nach England wurde nun sofort angetreten und
ununterbrochen fortgesetzt.

Am 2. August Morgens passirte die Flotte auch jene Stelle
unweit Folkestone, wo vor Jahren das stolze Panzerschiff „Großer
Kurfürst" mit dem größten Theil seiner braven Besatzung den
Untergang gefunden.*) Nachmittags näherte man sich dem Ziel
der Reise; größere und kleinere englische Dampfer kamen den
deutschen Geschwadern entgegen, sie zu ihrer mächtigen auf Spit=
head=Rhede in drei Treffen zur Revue vereinigten Flotte geleitend.

Gegen 5 Uhr Nachmittags dampfte auf die Kaiserliche Flotte
die Königlich englische Yacht „Victoria and Albert" zu mit dem
Prinzen von Wales Königliche Hoheit an Bord; von sämmtlichen
englischen Schiffen ertönte jetzt der Salut, mit dem sie den hohen
Gast ihrer Königin begrüßten. Die Kaiserliche Flotte salutirte
nun auch ihrerseits die Standarte des englischen Thronfolgers und
dampfte dann, geleitet von der Königlichen Yacht, an dem ersten
Treffen der englischen Geschwader entlang.

Die Mannschaften beider Flotten paradirten. Die einzelnen
Kriegsschiffe begrüßten sich gegenseitig, indem die Wachen Honneurs
erwiesen, eine bei der Ausdehnung der Treffenlinie, bei der großen
Zahl der Kriegsschiffe, nicht gering anzuschlagende Anstrengung der
Besatzungen.

Es fehlen Worte, um dies bunte, bewegte Bild schildern zu
können, welches der schmale Meeresarm zwischen der Küste Eng=
lands und der Insel Wight dem staunenden Auge darbot. Auf der
einen Seite die mächtigen, achtunggebietenden schweren Schlachten=
kolosse, auf der anderen Seite und zwischen unseren Geschwadern
Tausende von größeren und kleineren englischen Dampfern und
Yachten, deren Insassen wohl mit kritischem Auge die Repräsentanten
der german fleet betrachteten. Aber sie brauchten die Kritik nicht
zu scheuen!

Bei dem wenig günstigen Wetter und der immerhin großen
Entfernung zwischen der Kaiserlichen Flotte und der ersten Anlege=
stelle von Cowes (Insel Wight) hatte die Mannschaft nur wenig
Gelegenheit, ans Land zu gehen. Der einzige günstige Tag hierfür
war der Sonntag, der 4. August, und wurde denn auch an diesem
Tage den Mannschaften Urlaub bewilligt. Angenehm fiel die
Mannschaft, die im Auslande stets ohne Seitengewehr das Land

*) Vergl. Seite 79.

betritt, durch ihr musterhaftes Benehmen am Lande, auf den Straßen 2c. auf.

Seine Majestät der Kaiser nahm am 5. August als Ehren= admiral der großbritannischen Flotte (admiral of the fleet) die Revue über die großen englischen Geschwader ab. Am gleichen Tage umfuhr auch die Königin Victoria*) Majestät auf ihrer Yacht das deutsche Geschwader.

Am 6. August sah S. M. Panzerschiff „Baden" Seine Ma= jestät den Kaiser, Ihre Königlichen Hoheiten den Prinzen und die Prinzessin von Wales nebst Höchdero Kindern an Bord. Das Seesoldaten=Detachement unter Kommando des Sekondlieutenants Ludendorff hatte hier die Ehre, vor Seiner Majestät und den Königlichen Herrschaften die Chargirung mit Platzpatronen zu zeigen, welches Exerziren die besondere Allerhöchste Zufriedenheit errang. Sekondlieutenant Ludendorff wurde noch durch Verleihung des Kronen=Ordens 4. Klasse Allerhöchst ausgezeichnet.

Am 8. August fand Vormittags an Land eine Parade der Besatzung der Kaiserlichen Flotte vor Seiner Majestät dem Kaiser und Ihrer Majestät der Königin von Großbritannien und Irland statt. Die Ausschiffung der Mannschaft erfolgte hierzu schiffsweise, indem jedes Landungskorps eines Panzerschiffes, bestehend aus 2 Kompagnien, entweder 1 Matrosen= und 1 Seesoldaten=Kom= pagnie oder 2 Matrosen=Kompagnien, in den Booten — 1 Barkaß, 1 oder 2 Pinnaß, 2 Kutter — an Land übergeführt wurden. Am Strande formirten sich die Landungskorps und marschirten ge= schlossen durch die Parkanlagen des Königlichen Schlosses Osborne= House zum Paradeplatz, zu dem der vor dem Schloß gelegene Rasengrund ausgewählt. Die Aufstellung der Marinetruppen er= folgte in einem länglichen Rechteck, das Musikkorps der II. Matrosen= Division auf dem rechten Flügel, daran anschließend die Kadetten der Flotte, dann die Matrosen=Kompagnien und auf dem linken Flügel die Seesoldaten=Detachements S. M. Panzer „Baden", „Oldenburg", „Bayern" im Paradeanzug (dunkele Beinkleider, Waffenrock, Czako mit Haarbusch 2c.).

Seine Majestät der Kaiser hatte selbst das Kommando über= nommen, stellte sich beim Herannahen Ihrer Majestät der Königin mit gezogenem Säbel vor die Front und ließ das Gewehr präsen= tiren, während das Musikkorps die englische Nationalhymne spielte. Begleitet von Seiner Majestät fuhr die Königin die Front der Marinetruppen ab und nahm dann unter einem vor dem Schloß errichteten Baldachin Platz, um den Vorbeimarsch der Truppen in Zügen (jede Kompagnie hatte deren zwei) abzunehmen. Seine Majestät der Kaiser geruhten selbst die Marinemannschaften, ge=

---

*) Seine Majestät der Kaiser verlieh Ihrer Majestät der Königin von England das 1. Garde=Dragoner=Regiment, welches von dieser Zeit ab den Namen: „1. Garde=Dragoner=Regiment Königin von Großbritannien und Irland" führt.

folgt von Seiner Königlichen Hoheit dem Prinzen Heinrich und den Admiralen v. Kall und Hollmann, seiner erlauchten Großmutter vorzuführen und sprachen dann nach dem Vorbeimarsch und nachdem die Truppen schiffsweise vor dem Pavillon angetreten und präsentirt hatten, seine wie der Königin lebhafte Anerkennung mit den Leistungen aus. Mit einem von Seiner Majestät dem Kaiser auf die Königin von Großbritannien, Kaiserin von Indien, ausgebrachten Hoch, in das die Marinetruppen begeistert einstimmten, endete dieser denkwürdige Vormittag.

Nachmittags trat die Flotte die Rückfahrt an, auf welcher dieselbe, zum ersten Male von Seiner Majestät dem Kaiser Wilhelm persönlich kommandirt, Manöver auszuführen hatte. Am 10. August 1889 gingen die Geschwader wieder auf der Rhede von Wilhelmshaven vor Anker.

Das Uebungsgeschwader im Mittelmeer. Bereits am 31. August desselben Jahres formirte sich ein neues Uebungsgeschwader unter Befehl des Kontreadmirals Hollmann aus den Panzerschiffen „Kaiser" (Flaggschiff), „Deutschland", „Friedrich der Große", „Preußen", Aviso „Wacht". An Bord der Panzer*) befanden sich die Premierlieutenants Graf v. Herzberg, Frhr. v. Ende und die Sekondlieutenants Alefeld und Hausmann der Marine-Infanterie eingeschifft.

Des Kaisers Reise nach Griechenland und der Türkei. Das Geschwader war dazu berufen, mit S. M. Schiff „Irene", Kommandant Prinz Heinrich von Preußen, Königliche Hoheit, Ihre Majestäten den Kaiser und die Kaiserin von Genua, wo sich Seine Majestät an Bord des „Kaiser", Ihre Majestät an Bord der Yacht „Hohenzollern" einschifften, nach dem Piraeus zu geleiten. Am 26. Oktober, Nachmittags 2½ Uhr, ging das Geschwader im Hafen von Piraeus zu Anker. Noch an demselben Abend trafen die Majestäten mit dem Prinzen Heinrich in Athen ein, um der am 27. stattfindenden Hochzeitsfeier der Prinzessin Sophie von Preußen, Königliche Hoheit, mit dem Kronprinzen Konstantin von Griechenland, Königliche Hoheit, beizuwohnen.

Am 2. November, Vormittags 11 Uhr, langten die Majestäten und Seine Königliche Hoheit Prinz Heinrich, welche am 31. Oktober, Nachmittags 5 Uhr, von Piraeus abgefahren, an Bord der „Hohenzollern" und des „Kaiser" vor Konstantinopel an, um Seine Majestät den Sultan der Türkei zu besuchen, während die übrigen Schiffe des Geschwaders im Hafen von Mytilene die Rückfahrt der Allerhöchsten Herrschaften erwarteten. In Mytilene traf auch am 1. November S. M. Kreuzerfregatte „Leipzig", von Zanzibar kommend, ein. Am 10. November ging das Geschwader wieder in See, um sich mit dem Panzer „Kaiser" und der Yacht „Hohenzollern", mit den Kaiserlichen Herrschaften an Bord, die am 6. November von Konstantinopel abgefahren und noch Korfu besucht, wieder zu vereinigen. Am 12. November betraten die

---

*) Vergl. Anmerkung ***) Seite 109.

Majeſtäten in Venedig das Feſtland. Unter den durch Allerhöchſte
Gnadenbeweiſe Ausgezeichneten der Flotte befand ſich auch der
Premierlieutenant Frhr. v. Ende an Bord Seiner Majeſtät Panzer
„Deutſchland", dem der Kronen-Orden 4. Klaſſe Allerhöchſt ver-
liehen war.

Das Uebungsgeſchwader, das noch im Winter Trieſt und
Pola, wo es auf das Gaſtlichſte durch die öſterreichiſchen Behörden
und Marine aufgenommen, dann Smyrna, Malta und einige
ſpaniſche Häfen angelaufen, kehrte erſt am 24. April 1890 nach
dem heimathlichen Kriegshafen Wilhelmshaven zurück, von wo ſich
die „Irene", „Kaiſer", „Deutſchland" Kiel zuwandten.

Dort war durch Allerhöchſte Ordre vom 24. März 1890 der
Inſpekteur der Marine-Infanterie, Oberſt v. Roques, aus der
Marine ausgeſchieden und unter Beförderung zum Generalmajor
in der Armee als Kommandeur der 20. Infanterie-Brigade in
Poſen angeſtellt worden. An ſeine Stelle trat Oberſtlieutenant
v. Natzmer,*) der, bisher à la suite des 1. Garde-Regiments
zu Fuß ſtehend, Kommandeur des Lehr-Infanterie-Bataillons ge-
weſen und nun unter Verleihung des Ranges eines Regimentskommandeurs der Armee zum Inſpekteur der Marine-Infanterie
ernannt wurde.

Wechſel des Inſpekteurs der Marine-Infanterie.

Betreffs Ausbildung der See-Bataillone**) hat ſich nur das
Infanterie-Exerziren inſoweit geändert, als für daſſelbe auch das
für die Infanterie der Armee am 1. September 1888 ausgegebene
Infanterie-Exerzir-Reglement maßgebend geworden iſt. Damit fiel
die dreigliedrige Aufſtellung, die Griffe „Gewehr auf", „Faßt das
Gewehr an", „Fällt das Gewehr", das Schließen und manches
andere fort, während viel Neues dagegen eingeführt wurde.

Ausbildung der Marine-Infanterie.

Der Ausbildung der Offiziere der Marine-Infanterie in der
Truppenführung dienen die ſeit dem Sommer 1888 alljährlich meiſt
im Auguſt ſtattfindenden taktiſchen Uebungsreiſen. — Die Kompagnieführer der See-Bataillone gehören jetzt gemäß Allerhöchſter Be-
ſtimmung vom 23. September 1888 zu den berittenen Offizieren.
Sie haben zwar beim Dienſt zu Pferde hohe Stiefel zu tragen,

*) Gemäß Allerhöchſter Kabinets-Ordre vom 9. Februar 1891 ſchied
Oberſt v. Natzmer behufs Uebertritts zur Armee unter Ernennung zum
Kommandeur des 1. Garde-Regiments zu Fuß von der Marine-Infanterie
aus. An ſeine Stelle ernannte eine Allerhöchſte Ordre vom 14. Februar
1891 den Oberſt (mit dem Range als Regimentskommandeur) v. Mützſche-
fahl, bisher Oberſtlieutenant und etatsmäßiger Stabsoffizier des Groß-
herzoglich Mecklenburgiſchen Füſilier-Regiments Nr. 90, unter Stellung
à la suite des I. See-Bataillons zum Inſpekteur der Marine-Infanterie.
**) Vergl. Seite 76.
Ein Termin für Bewaffnung der Marine-Infanterie mit dem Infanteriegewehr 88 iſt noch nicht feſtgeſetzt, doch waren behufs Information über dieſes Gewehr der Hauptmann Damrath, Premierlieutenant Frhr. v. Poellnitz und Sekondlieutenant Erich vom 14. Juli
bis 23. Auguſt 1890 in Spandau kommandirt.

die Schärpe ist jedoch beim Exerziren und bei Feldbienstübungen von ihnen nicht anzulegen; auch kam für die Kompagnieführer der Offiziertornister in Fortfall.

Die Ehren-
wachen der
See-Bataillone.

Auch die am 13. September 1888 für die Armee genehmigte Garnisonbienstvorschrift fand durch Allerhöchste Ordre vom 23. Sep= tember 1888 Anwendung in der Marine mit der Bestimmung, daß, wenn Ehrenwachen zu stellen, diese durch das See=Bataillon zu geben seien. Eine nähere Erläuterung erhielt diese letzte Ver= fügung durch das für die Reichskriegshäfen am 18. Februar 1890 ausgegebene Reglement betreffend den Empfang Allerhöchster und höchster Personen.

In einzelnen Fällen hatte das See=Bataillon bereits schon früher Ehrenwachen und =Posten stellen können, so auch am 30. Juni 1888 beim Eintreffen der Neuvermählten, des Prinzen Heinrich von Preußen, Königliche Hoheit und der Prinzessin Irene von Preußen, geborenen Prinzessin von Hessen und bei Rhein, Königliche Hoheit. Jetzt, da bestimmte Vorschriften vorlagen, wurde der Marine=Infanterie diese Ehre öfters zu Theil. So gab das I. See= Bataillon eine Ehrenwache am 5. Mai 1889, da der Allerhöchste Kriegsherr zur Taufe des Prinzen Waldemar, Königliche Hoheit, des am 20. März 1889 in Kiel geborenen Sohnes des Prinzen Heinrich, in diesem Reichs=Kriegshafen wieder eintraf,*) endlich auch am 7. Oktober 1889, an welchem Tage Seine Majestät der Kaiser in Kiel weilte, um am 8. Oktober, Nachmittags 4 Uhr, das englische Kanalgeschwader, bestehend aus den Kriegsschiffen „Iron Duke", „Anson", „Monarch" und „Northumberland" zu begrüßen.

Auch am 10. Oktober Nachmittags stellte das I. See=Bataillon, gleich wie am 12. September 1889 bei der Durchreise des Groß= fürsten Thronfolgers von Rußland**), zu Ehren des Kaisers Alexander III. von Rußland vor dem Bahnhof zu Kiel eine Ehren=Kompagnie unter Hauptmann Frhr. v. Schroetter, welche der Czar bei seiner Abfahrt nach Berlin Abends 11½ Uhr mit Interesse musterte. Seine Majestät ehrte noch die direkten Vor= gesetzten des Bataillons wie die in die Ehrenwachen am 12. Sep= tember und 10. Oktober eingetretenen Herren durch Verleihung eines Ordens. So erhielten Oberst v. Roques und Major Lölhöffel v. Löwensprung den St. Annen=Orden 2. Klasse, Hauptmann Frhr. v. Schroetter den St. Stanislaus=Orden 2. Klasse, Hauptmann v. Wrochem und die Premierlieutenants Knopf und Bode den St. Annen=Orden 3. Klasse, die Sekond= lieutenants Transfeldt, Funck, v. Kloeben und v. Kaehne

*) Bei einem Aufenthalt Seiner Majestät des Kaisers oder anderer Allerhöchster Personen im Kieler Schloß wird die Schloßwache jedesmal auch durch einen Offizier bezogen.
**) Das I. See=Bataillon hatte zum Empfange des Großfürsten im inneren Schloßhofe zu Kiel eine Ehrenwache in Stärke eines Zuges unter Hauptmann v. Wrochem gestellt.

ben St. Stanislaus-Orden 3. Klasse und der Kapellmeister Haffel=
mann des I. See=Bataillons die silberne ruffische Verdienft=
medaille. Den in die Ehrenkompagnie eingestellten Unteroffizieren
wurde ein Geldgeschenk von je 11, den Gemeinen von je 5 Mark
zu Theil.

Die für den Sommer 1890 zusammengestellte Manöverflotte
wurde unter Kommando des Vizeadmirals Deinhard gestellt.
Sie bestand aus dem Manövergeschwader mit der „Baden" (Flagg=
schiff), „Bayern", „Württemberg", „Oldenburg" und dem Aviso
„Zieten", und dem Uebungsgeschwader unter Befehl des Kontre=
admirals Schröder mit den Panzerschiffen „Kaiser" (Flaggschiff),
„Deutschland", „Friedrich der Große", „Preußen", „Irene" (Kom=
mandant Prinz Heinrich von Preußen, Königliche Hoheit) und
dem Aviso „Pfeil".

Von der Marine=Infanterie befanden sich eingeschifft an Bord
der Panzerschiffe:

> „Baden" Sekondlieutenant Eben,
> „Bayern" = v. Kloeben,
> „Württemberg" = v. Kaehne,
> „Oldenburg" = v. Kamecke,

mit je einem Detachement von 1 Sergeanten, 4 Unteroffizieren,
2 Spielleuten, 60 Gefreiten und Seesoldaten,

> „Kaiser"*) Sekondlieutenant Ludendorff,
> „Deutschland"*) Sekondlieutenant Hübsch,
> „Friedrich der Große"*) Sekondlieutenant v. Paffow,
> „Preußen"*) Sekondlieutenant Transfeldt.

Am 25. Juni lag die Manöverflotte im Kriegshafen Kiel.
Am Abend dieses Tages trafen in der Hafenstadt Ihre Majestäten
der Kaiser und die Kaiserin ein. Ein Empfang am Bahnhof war
abgesagt worden, doch brachte das I. See=Bataillon, wie gewöhnlich
bei längerem Aufenthalt Seiner Majestät in Kiel, seine Fahne auf
das Schloß.

Nachdem die Allerhöchsten Herrschaften am 26. und 27. der
großen Segelregatta auf dem Kieler Kriegshafen beigewohnt, auch
noch die Arbeiten für den Nordostsee=Kanal sowie die Hafen=
befestigungen bei Pries in Augenschein genommen, ging Seine
Majestät am 27., Abends 8 Uhr, an Bord des Panzerschiffes
„Kaiser",**) mit diesem und der gesammten Manöverflotte die
Fahrt nach Dänemark antretend.

Es war ein unvergleichlich schöner Sommerabend, da das
mächtige Geschwader, S. M. Panzerschiff „Baden" als Flaggschiff
voran, die Besatzung paradirend, an Ihrer Majestät der Kaiserin
mit drei kräftigen Hurrahs der Mannschaft vorbei, in See dampfte.

*) Vergl. Bemerkung Seite 109.
**) Nur bei offiziellen Gelegenheiten wurde die Kaiserstandarte an
Bord des Panzerschiffes „Kaiser" gesetzt, sonst wehte dieselbe immer auf
der Yacht „Hohenzollern".

8*

Am 28. Mittags trennten sich der „Kaiser" mit „Irene" und
„Hohenzollern" von der Flotte, welche bei der Insel Anholt zu
Anker ging, und dampften auf das dänische Geschwader zu,
welches, von Helsingör kommend, auf die deutschen Kriegsschiffe
zu hielt.

An der Spitze des dänischen Geschwaders fuhr die Königliche
Yacht „Danebrog" mit dem König Christian IX. von Dänemark
und den Prinzen des Königlichen Hauses an Bord. Nachdem die
Schiffe gegenseitig die Flaggen der beiden Monarchen salutirt
hatten und auch von Kronborg, dem alten Hamletschloß, der
Kanonendonner verhallt war, begrüßte Seine Majestät der König
seinen hohen Gast an Bord des „Kaiser". Nach der überaus herz=
lichen Begrüßung begab sich der König von Dänemark wieder an
Bord seiner Yacht. Die deutschen Kriegsschiffe dampften nun, be=
gleitet von denen des dänischen Geschwaders, auf die Rhede von
Helsingör, wo sie in den Nachmittagsstunden zu Anker gingen.

Seine Majestät der Kaiser verließ erst jetzt das Panzerschiff,
um während zweier Tage der Gast des dänischen Königs in Fredens=
borg zu sein.

Nach zweitägigem Aufenthalt wurde die Reise nach Christiania
zum Besuche des Königs der Norweger fortgesetzt. In Höhe von
Kullen (an der schwedischen Küste) schloß sich dem „Kaiser", „Irene"
und „Hohenzollern", die erst jetzt die dänische Flagge aus dem
Großtopp niederholten, wieder das ganze Geschwader an.

Bei herrlichem Wetter fuhr die Kaiserliche Flotte am 1. Juli
Mittags den großartigen Fjord von Christiania, der sich abwechselnd
erweitert und verengt, und der von hohen, mit dunklen Tannen und
helleren Birken bestandenen Bergen umrahmt ist, hinauf. Schon
etwa fünf Meilen vor Christiania war dem Geschwader eine nor=
wegische Flottillenabtheilung entgegengekommen, eine Meile vor
der norwegischen Hauptstadt empfingen etwa 70 und mehr Lust=
dampfer die Kaiserliche Flotte, Kaiser Wilhelm mit ihren neun=
maligen kurzen Hurrahs bewillkommnend.

Kaum hatte das Geschwader vor der festlich geschmückten Stadt
Anker geworfen, als auch schon Seine Majestät König Oskar
von Schweden und Norwegen an Bord des „Kaiser" erschien,
seinen hohen Gast in seinen Landen zu begrüßen. Seine Unter=
thanen hatten mit ihm gewetteifert, dem Kriegsherrn der Deutschen
wie auch seiner Marine einen möglichst glänzenden Empfang zu
bereiten.

Am 5. Juli Nachmittags ging das Geschwader Anker auf,
den Kaiser noch auf seiner zweiten Nordlandsfahrt bis Molde zu
geleiten. Am Vormittag hatte Seine Majestät König Oskar von
Schweden noch bei starkem Regenwetter die Panzerschiffe „Baden",
„Oldenburg" und „Irene" besichtigt und dazu die deutsche Admirals=
uniform angelegt, während Seine Majestät der Kaiser zum ersten
Male in der Uniform eines schwedischen Admirals erschien.

Beim Empfange Seiner Majestät des Königs war eine Ehren=

wache seitens des Seesoldaten=Detachements gestellt worden, auch
waren Seesoldaten den Kasematt= und Thurmgeschützen zugetheilt
gewesen, welche dem Könige vorzuexerziren hatten. An die Be=
sichtigung schloß sich ein Abschiedsdiner an Bord der „Hohenzollern".

Neben vielen Auszeichnungen, die Seine Majestät der König
von Schweden an Offiziere und Mannschaften der Flotte verlieh,
erhielt auch der Sergeant Helfer der 1. Kompagnie I. See=
Bataillons an Bord S. M. S. „Baden" die Königlich schwedische
silberne Medaille. Jedem Offizier der Flotte verehrte König Oskar
außerdem zur Erinnerung an den Aufenthalt Kaiser Wilhelms
in Christiania eine Medaille mit den Bildnissen der beiden Monarchen.

Des schlechten Wetters wegen wurde der außerordentlich ge=
schützt liegende Hafen von Christiansand angelaufen, wo dann auf
Befehl Seiner Majestät ein Wettrudern und ein Wettsegeln in
den Booten veranstaltet wurde. Die Seesoldaten waren hierbei
in den Booten vertheilt.

Als der Sturm, welcher während dieser Tage an der West=
küste Norwegens schwer gewüthet hatte, allmälig in seiner elemen=
taren Gewalt nachließ, ging's wieder hinaus in die See. Nördlich
Stavanger fuhr die Flotte zwischen dem Festlande und den vor=
gelagerten Scheeren in Kiellinie auf ihr nächstes Reiseziel, Bergen,
zu. Hier kam ihr auch die Torpedobootsflottille, die bereits in
Bergen eingetroffen war, entgegen.

Nach mehrtägigem Aufenthalt in Bergen dampfte die Flotte
nach Molde ab, unterwegs noch den Alesund anlaufend, wo die
gewöhnlichen Gefechtsübungen bis zur Rückkehr Seiner Majestät,
Höchstwelcher sich seit Bergen auf der „Hohenzollern" von der
Flotte getrennt, vorgenommen wurden.

Molde, unter dem 63. Grad nördlicher Breite, war der nörd=
lichste Punkt, den das Geschwader erreichte.

In forcirter Fahrt wurde dann die Reise gen Süden zu, nach
Wilhelmshaven angetreten. Da S. M. Jacht „Hohenzollern" und
S. M. S. „Irene" noch wieder Bergen anliefen, so konnte die
Flotte früher in Wilhelmshaven anlangen und so am 28. Juli
Vormittags den in die deutschen Lande zurückkehrenden Kriegsherrn
mit militärischen Ehren empfangen. Eine halbe Stunde nach ihrer
Ankunft auf der Rhede von Wilhelmshaven fuhr die „Hohenzollern"
in den inneren Hafen ein.

Am folgenden Tage fand dann in Gegenwart Seiner Majestät
der Stapellauf des neuerbauten Transportdampfers „Pelikan" statt,
dessen Taufe der Marinestationschef, Vizeadmiral Paschen, voll=
zog. Das II. See=Bataillon hatte hierzu eine Ehrenwache: 1 Zug
mit Fahne und Musik unter Kommando des Sekondlieutenants
Geppert, gestellt.

Nachdem Seine Majestät der Kaiser noch am 31. Juli einer
Schießübung an Bord des Artillerie=Schulschiffes „Mars" auf
Schilligrhede beigewohnt, trat Allerhöchstderselbe am 1. August an
Bord der „Hohenzollern", begleitet von der „Irene" mit Seiner

Des Kaisers Reise nach Belgien und England.

Königl. Hoheit dem Prinzen Heinrich als Kommandant, seine Reise nach Ostende zum Besuche des Königs Leopold von Belgien, sowie nach England zum erneuten Besuch der Königin Victoria von Großbritannien und Irland an. Namentlich Seine Majestät der König der Belgier bereitete unserem Allerhöchsten Kriegsherrn in dem berühmten Badeort einen überaus glänzenden Empfang.

Die Ueber-nahme der Insel Helgoland. Dem zwischen England und Deutschland abgeschlossenen Ver-trage*) gemäß war die Insel Helgoland in deutschen Besitz über-gegangen. Am 10. August 1890 sollte die feierliche Uebernahme der Insel und zwar durch Seine Majestät den Kaiser selbst auf seiner Rückfahrt von England erfolgen. Die gesammte Manöver-flotte des Sommers 1890,**) sowie das II. See-Bataillon hatte gemäß Kaiserlicher Ordre vor und auf Helgoland der Feier bei-zuwohnen.

Das II. See-Bataillon schiffte sich zu diesem Zweck am 9. August Vormittags unter seinem Kommandeur, Major Gresser, in Wilhelmshaven an Bord des Artillerie-Schulschiffes „Mars" ein, begleitet von dem Inspekteur der Marine-Infanterie, Oberst v. Natzmer, und dessen Adjutanten, Premierlieutenant Knopf. Abends 8 Uhr ging der „Mars" eine halbe Seemeile von der Insel zu Anker.

Desgleichen war auch an diesem Tage die Manöverflotte unter Vizeadmiral Deinhard vor der Insel eingetroffen. Der Aviso „Blitz" mit 2 Divisionsbooten und 12 Torpedobooten warf erst am 10. August Vormittags vor der Insel Anker.

Um 7 Uhr Morgens am 10. August begann bei ziemlich hef-tigem Seegang die Ausschiffung sämmtlicher Landungsabtheilungen der Schiffe, welche gegen 9 Uhr beendet war. Die Insel hatte sich zur Feier des Tages in ein besonderes Festkleid gehüllt.

Während sich die vom Geschwader gelandeten Truppen auf das Oberland, in die Nähe des Leuchtthurmes, begaben, stellte sich eine aus den Kompagnien des II. See-Bataillons zusammengesetzte Ehrenkompagnie mit der Fahne und Musik unter Hauptmann Lettgau auf der Landungsbrücke auf. In die Kompagnie waren Sekondlieutenant Geppert und die Sekondlieutenants der Reserve des II. See-Bataillons Kreutz, Delze und Bockhacker einge-treten. Der Rest des II. See-Bataillons war zur Absperrung der nach dem Oberlande führenden Straßen befohlen und bildete dort Spalier.

10 Uhr war es, da verkündete der Donner der Geschütze der Flotte das Nahen unseres Kaiserlichen Kriegsherrn an Bord seiner Yacht „Hohenzollern", die, gefolgt von S. M. S. „Irene", soeben um die Südspitze der Insel biegend, sichtbar wurde. Um 10¹⁄₂ Uhr gingen beide Schiffe im Nordhafen vor Anker, um 11³⁄₄ Uhr lan-

---

*) Vom 1. Juli 1890.
**) Vergl. Seite 115.

beten Seine Majeſtät mit Seiner Königl. Hoheit dem Prinzen Heinrich und Gefolge an der Landungsbrücke.

Hier ſtanden zum Empfange der Staatsminiſter v. Boetticher, der kommandirende Admiral Freiherr von der Goltz, der Chef der Marineſtation der Nordſee, Vizeadmiral Paſchen, der deutſche Gouverneur von Helgoland, Kapitän z. S. Geiſeler, der Inſpekteur der Marine=Infanterie, Oberſt v. Ratzmer, ſowie die Chefs des Militär= und Civilkabinets.

Junge Helgoländerinnen überreichten hier Seiner Majeſtät ein Blumenſtück, die Inſel darſtellend, nachdem die Vertreter der Inſelgemeinde dem Kaiſer ihre Treue verſichert hatten. Schulkinder ſtreuten dem Monarchen Blumen auf den Weg, während Allerhöchſt=derſelbe die Front der Ehrenkompagnie unter den Klängen der Nationalhymne abſchritt.

Nach einem von der Ehrenkompagnie in Sektionen ausgeführten Vorbeimarſch ging es hinauf auf das Oberland, wo das geſammte Landungskorps des Geſchwaders, wohl an 3000 Mann ſtark, in geſchloſſenem Viereck Aufſtellung genommen. In der Mitte hatte man einen Altar, mit der Kriegsflagge bedeckt, aufgeſtellt, zu deſſen beiden Seiten je ein Flaggenmaſt aufgerichtet war. Beim Nahen Seiner Majeſtät präſentirten die Truppen, die Muſikkorps intonirten die Nationalhymne, bis der Allerhöchſte Kriegsherr in das Viereck eingetreten und die Front der Truppen abgeſchritten hatte.

Dem nun beginnenden feierlichen Gottesdienſt legte der Marine=Oberpfarrer Langheld das Kapitel Jeſaias 24 Vers 14 bis 15 zu Grunde, die Bedeutung des Tages als eines friedlichen Sieges hervorhebend.

Seine Majeſtät knüpfte ſodann an die an die Helgoländer gerichtete und vom Staatsminiſter v. Boetticher verleſene Pro=klamation mit folgender Anſprache an:

„Kameraden der Marine! Vier Tage ſind es her, daß Wir den denkwürdigen Tag der Schlacht von Wörth feierten, an dem unter Meinem hochſeligen Großvater von Meinem Herrn Vater der erſte Hammerſchlag zur Errichtung des neuen Deutſchen Reichs geführt wurde. Heute, nach 20 Jahren, verleibe Ich dieſe Inſel als das letzte Stück deutſcher Erde dem deutſchen Vaterlande wieder ein, ohne Kampf und ohne Blut! Das Eiland iſt dazu berufen, ein Bollwerk zur See zu werden, den deutſchen Fiſchern ein Schutz, ein Stützpunkt für Meine Kriegs=ſchiffe, ein Hort und Schutz für das deutſche Meer gegen jeden Feind, dem es einfallen ſollte, auf demſelben ſich zu zeigen! Ich, Wilhelm II., Deutſcher Kaiſer, König von Preußen, ergreife hiermit Beſitz von dieſem Lande, deſſen Bewohner Ich begrüßt habe, und befehle zum Zeichen deſſen, daß Meine Standarte und daneben die Meiner Marine gehißt werde!"

Auf das Kommando Seiner Majeſtät: „Heiß auf!" ſtiegen beide Flaggen langſam an den Maſten unter dem Donner der

Geschütze der Landungsbatterien, die am Morgen mit großer Mühe auf das Oberland geschafft waren, unter dem Donner der Kanonen der Kriegsschiffe und begrüßt von dem Hurrah der Helgoländer empor, während die Truppen präsentirten und die Musikkorps das „Heil Dir im Siegerkranz" anstimmten.

Mit einem Vorbeimarsch der Truppen (einschl. der Ehren= kompagnie) in Zugfronten vor Seiner Majestät schloß diese denk= würdige Feier!

Etwa gegen 3½ Uhr Nachmittags verließen Seine Majestät die Insel, an Bord der „Hohenzollern" sich einschiffend, die dann unter dem Salut der Flotte gegen 4½ Uhr Nachmittags die Anker lichtete und nach Wilhelmshaven abdampfte.

Das II. See=Bataillon schiffte sich sodann wieder auf dem „Mars" ein, welcher gegen 10 Uhr Abends auf der Rhede von Wilhelmshaven eintraf, aber erst am 11. August Morgens die Seesoldaten wieder von Bord frei ließ.

Das Geschwader ging noch in der Nacht vom 10. zum 11. August nach Kiel in See.

Des Kaisers zweite Reise nach Rußland. Von hier trat Seine Majestät der Kaiser am 14. August seine zweite Reise nach Rußland zur Beiwohnung der dortigen Armee= manöver an. Ein Empfang am Bahnhof Kiel war nicht gewünscht worden, auch ging der Kaiserliche Kriegsherr kurz nach seiner An= kunft am Abend an Bord der „Hohenzollern", die dann sofort, begleitet von „Irene", Kommandant Seine Königliche Hoheit Prinz Heinrich, in See ging. —

Die Manöver zwischen Armee und Marine, September 1890. Die Uebungen der Manöverflotte des Sommers 1890 sollten noch einen ganz besonderen Abschluß finden.

Hatten bisher gegen Ende jedes Sommers Flottenmanöver im Verein mit Landtruppen nur in kleinerem Maße und dann auch nur in nächster Nähe der Reichskriegshäfen stattgefunden, so war für dieses Jahr ein größeres Manöver zwischen Armee und Marine geplant worden, um festzustellen, inwieweit es der Marine wohl möglich sein möchte, nach vorherigem Einverständniß mit dem Oberkommando der Armee in die Gefechte der Landtruppen einzu= greifen, diese also direkt unterstützen zu können.*)

Unter den Augen Seiner Majestät des Kaisers sollten diese Manöver mit dem IX. Armeekorps und der Manöverflotte des Sommers 1890 in der Gegend von Sonderburg—Flensburg ab= gehalten werden. Es war dies ja das Gelände, in dem vor 26 Jahren**) die preußische Armee sich so blutige Lorbeern er= rungen, aber durch die Ungunst der Verhältnisse hierbei auf die Mitwirkung der preußischen Flotte hatte verzichten müssen.

Kaiserlicher Einladung zur Beiwohnung der großen Manöver

---

*) Des großen Interesses wegen, das dieses Manöver überall er= regte, ist auch hier näher darauf eingegangen.
**) Vergl. Seite 40.

folgend,*) war schon am 29. August ein österreichisches Ge=
schwader, bestehend aus den Kriegsschiffen „Kaiser Franz Josef"
(Flaggschiff), „Kronprinz Rudolph", „Erzherzogin Stephanie" und
dem Torpedojäger „Tiger" als Aviso, im Kriegshafen von Kiel
eingetroffen. An Bord des „Kaiser Franz Josef" kommandirte
Seine Kaiserliche Hoheit Erzherzog Karl Stephan von Oester=
reich.**)

Seine Majestät der Kaiser selbst trafen, um sich von Kiel nach
der Flensburger Föhrde zu begeben, am 2. September Abends
7 Uhr auf dem Bahnhof des Kriegshafens ein. Dort nur von
Seiner Königlichen Hoheit dem Prinzen Heinrich und dem öster=
reichischen Erzherzog empfangen, fuhr Allerhöchstderselbe nach dem
Königlichen Schloß, wo im inneren Hofe zum großen Empfang
eine Ehrenkompagnie des I. See=Bataillons unter Hauptmann
Schack aufgestellt worden war. In derselben waren der Premier=
lieutenant Hildebrandt, die Sekondlieutenants v. Stechow und
Schaefer sowie die Sekondlieutenants der Reserve des I. See=
Bataillons Stechert und Scheidt eingetreten.

Nach nur kurzem Aufenthalt im Schlosse begab sich der Kaiser=
liche Kriegsherr an Bord der „Hohenzollern", deren Kaiserstandarte
erst am andern Morgen, am 3. September früh 8 Uhr, bei der
Flaggenparade salutirt wurde. Vormittags 9 Uhr schiffte sich
sodann Kaiser Wilhelm zu einer Rundfahrt um die vereinigten
Flotten auf der Stations=Yacht ein.

Dem österreichischen Geschwader zu Ehren setzten die deutschen
Kriegsschiffe kurz nach 9 Uhr die österreichische Kriegsflagge im
Großtopp.

Kräftige Hurrahs der parabirenden Mannschaft begrüßten den
Kaiserlichen Kriegsherrn, der sich nach beendigter Fahrt an Bord
des vom Erzherzog Karl Stephan befehligten österreichischen
Flaggschiffes begab.

Um 1 Uhr 30 Minuten ging's hinaus in die See, von der
Feste Friedrichsort beim Passiren mit Salut begrüßt, und schon
Abends 7 Uhr ankerte die „Hohenzollern" mit den vereinigten
deutsch=österreichischen Geschwadern in der Flensburger Föhrde.

An Bord der Manöverflotte befanden sich noch dieselben Offi=
ziere und Mannschaften der Marine=Infanterie***), wie sie im April
bei Indienststellung der Schiffe an Bord gegangen; nur an Bord

---

*) Der besonderen Einladung Seiner Majestät des Kaisers folgend,
wohnten den Manövern noch bei:
Prinz Albrecht von Preußen, Prinz Rupprecht von Bayern,
die Erbgroßherzöge von Oldenburg und Sachsen und die Herzöge
Friedrich Ferdinand und Ernst Günther zu Schleswig=Holstein.

**) Seit dem 2. September hat die Marine die Ehre, auch den Erz=
herzog Karl Stephan von Oesterreich, Kaiserliche Hoheit, zu den
Ihrigen zählen zu dürfen, indem Seine Majestät der Kaiser denselben
à la suite der Marine stellte.

***) Vergl. Seite 115.

des Panzerschiffes „Kaiser" war der Sekondlieutenant Funck an Stelle des zur Armee zurückgetretenen Lieutenants Ludendorff kommandirt worden.

Der Inspekteur der Marine-Infanterie, Oberst v. Natzmer, sowie sein Adjutant, Premierlieutenant Knopf, waren durch Allerhöchste Bestimmung als Gäste Seiner Majestät des Kaisers in das Hauptquartier befohlen, während die Kommandeure der See-Bataillone, Major Gresser und Major Lölhöffel v. Löwensprung, sich gemäß Verfügung des Oberkommandos der Marine zu dem Stabe der 18. Division des IX. Armeekorps begeben hatten.

Am 6. September Vormittags 8 Uhr ging die Manöverflotte behufs Inspizirung durch Seine Majestät den Kaiser aus der Flensburger Föhrde hinaus in die See. Seine Majestät hatte sich hierzu an Bord des Panzerschiffes „Baden" eingeschifft, welch letzteres mit der Kaiserstandarte im Topp an der langen Flottenlinie, deren Schiffe die Toppflaggen gesetzt, unter dem Hurrah der Besatzung und unter dem Salut der Geschütze entlang dampfte. Eine Schießübung mit scharfer Munition schloß die Inspizirung ab. Als Ziel dienten hierzu Pyramidenscheiben, auf die zu Anfang Geschützfeuer abgegeben, in das bei Annäherung an das Gefechtsziel auch die Seesoldaten-Detachements mit Gewehrfeuer eingriffen. Ueberraschend sicher schlugen sowohl Granate, Schrapnel wie Gewehrgeschoß in die feindlichen Ziele ein, Zeugniß dafür ablegend, wie nutzbringend die verflossene Sommer-Uebungsperiode der Besatzung jedes Schiffes geworden. — Ein Rammen der feindlichen Ziele — der Scheiben — bezeichnete die Vernichtung des Gegners und damit auch den Schluß des Gefechtsbildes.

Ihre Majestät die Kaiserin hatte in Begleitung anderer hoher Persönlichkeiten an Bord der „Hohenzollern" den interessanten Manövern und der Schießübung der Flotte beigewohnt.

Sonntag den 7. September fand Vormittags 10 Uhr auf dem Herzogshügel bei Gravenstein für die Flotte ein Feldgottesdienst statt, bei dem auch Seine Majestät anwesend war. Jedes Kriegsschiff hatte Deputationen, unter denen auch Seesoldaten, dazu entsandt, die am Schluß der erhebenden Feier einen Vorbeimarsch vor Seiner Majestät auszuführen hatten.

Noch am 7. Nachmittags wechselte die Manöverflotte ihren Ankerplatz in der Flensburger Föhrde mit einem solchen im Höruphaff, da am andern Morgen die Manöver beginnen sollten.

Das österreichische Geschwader hatte sich zur Beiwohnung der Manöver auf der Rhede von Sonderburg, 3 km von Land, vor Anker gelegt.

Die dem Manöver*) zwischen der Flotte und dem IX. Armeekorps zu Grunde gelegte Idee war Folgende:

„Eine von einer Panzerflotte unterstützte Ost- (18.) Division

*) Militär-Wochenblatt Oktober und November 1890. Aufsatz des Kapitäns zur See z. D. Stenzel.

war überraschend auf Alsen gelandet, um sich des Sundewitts zu bemächtigen.

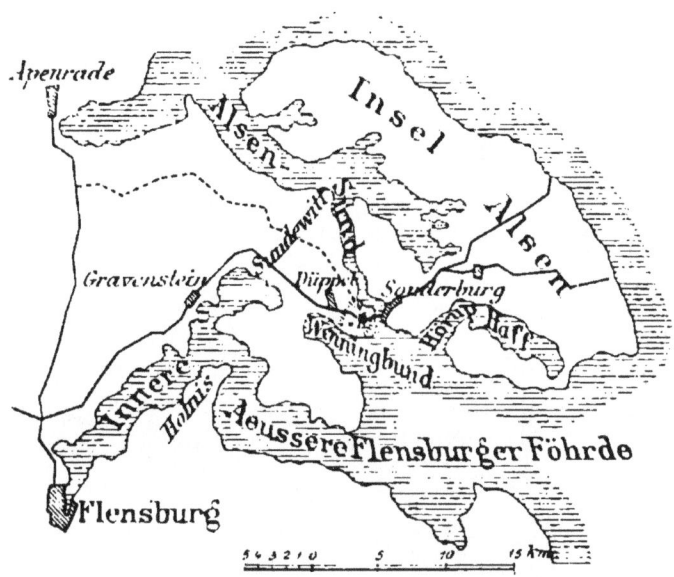

Die Flotte ankerte, nachdem die Vortruppen der Division Sonderburg besetzt, mit dem 1. und 2. Geschwader:

  1. „Baden", „Bayern", „Württemberg", „Oldenburg", „Zieten",

  2. „Kaiser", „Deutschland", „Friedrich der Große", „Preußen", „Pfeil",

im Höruphaff; ein 3. Geschwader:

   „Irene", „Luise", „Ariadne",

ein Panzergeschwader darstellend, sperrte mit einer Torpedoboots-Division die Flensburger Föhrde.

 Auf die Nachricht von der Landung geht eine West= (17.) Division von Flensburg und Apenrade, unterstützt von einer Torpedobootsflottille,*) gegen den Alsensund vor, einen feindlichen Uebergang über diesen zu verhindern."

 Schon früh 7¹/₂ Uhr am 8. September verließ das 1. und 2. Geschwader Höruphaff und nahm, um ein wirksames Bugfeuer zu ermöglichen, in Staffelkiellinie Steuerbord achteraus formirt,

---

*) Die Westflotte wird im Kieler Hafen blockirt, nur eine Torpedobootsflottille befindet sich in der Flensburger Föhrde.

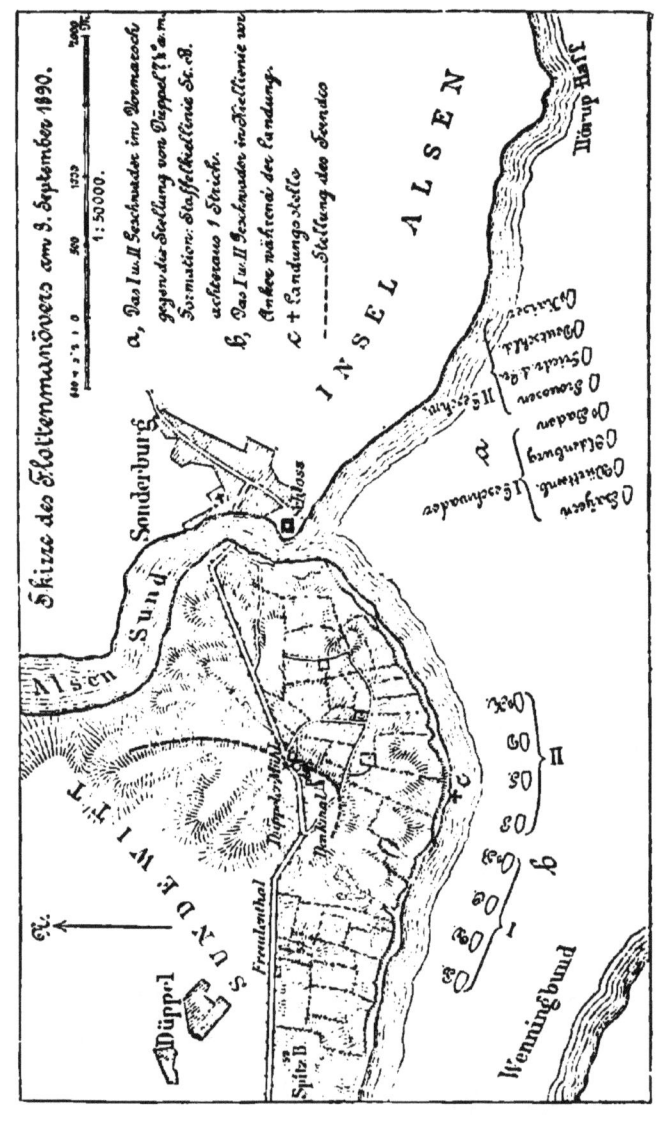

das Granatfeuer auf 4500 m, dann das Schrapnelfeuer auf 3000 m gegen den auf den Düppeler Höhen und am Strande aufgestellten Vertheidiger auf. Von 1500 m ab traten auch die Revolverkanonen in Thätigkeit.

Dieses von den Panzerschiffen und der Artillerie der 18. Division, die sich nördlich Sonderburg aufgestellt, konzentrisch abgegebene Artilleriefeuer säuberte denn auch bald die Ufer vom Feinde, so daß der Uebergang der Ost-Division gelang.

Während diese nun mit ihren Vortruppen gegen die Höhen von Düppel vordrang, wandte sich die Flotte dem Wenningbund zu, um hier südwestlich und südlich der Denkmalshöhe in Kiellinie mit 200 m Distanz vor Anker zu gehen, von da die vorgehenden Truppen durch ein Landungskorps sowie durch ein gegen die Düppeler Höhen abgegebenes Schrapnelfeuer zu unterstützen.

Die Panzerschiffe ankerten im Wenningbund, 500 bis 600 m vom Ufer, mit Bug- und Heckanker und armirten ihre Boote an der dem Feinde abgewendeten Schiffsseite. Nachdem alle Boote fertig armirt, d. h. mit Landungsmannschaften besetzt waren, brachen sie auf Signal gleichzeitig und rudernd zur Landung vor.

Seine Majestät der Kaiser, der von Gravenstein, wo Allerhöchstderselbe während der Manövertage Aufenthalt genommen, schon früh auf dem Manöverfeld erschienen war, sah von einer nahegelegenen Anhöhe der Landung zu und sprach sich später bei der Kritik sehr lobend über dieselbe aus.

Ueberraschend schnell waren die Mannschaften an Land ausgeschifft, denn Offiziere und Mannschaften waren aus allen Booten zugleich bis an den Gürtel ins Wasser gesprungen, und ebenso schnell formirten sich die Landungskorps, ihren Führern in das weitere Gefecht zu folgen.

An das Lauenburgische Jäger-Bataillon Nr. 9, das den Befehlen des Kontreadmirals Schröder unterstellt wurde, sich anschließend, ging der Angriff des Landungskorps, etwa 2000 Mann, in Schützenschwärmen gegen den feindlichen rechten Flügel vor.

Unterstützt von dem gewaltigen Feuer der Flotte zwang das gemeinsame und umfassende Vorgehen der Ost-Division und des Landungskorps den Vertheidiger zum Aufgeben der Düppeler Höhen und zum Rückzug, welcher dann in mehreren Kolonnen ausgeführt wurde.

Sich gegen etwaige feindliche Torpedoangriffe zu schützen, hatte die Flotte während ihres Ankerns im Wenningbund die Torpedoschutznetze ausgebracht. Ein während des Ausschiffens der Truppen erfolgter Angriff der feindlichen Torpedobootsflottille, die schon das die Flensburger Föhrde sperrende 3. Geschwader durchbrochen, wurde dann auch von den Panzerschiffen abgeschlagen.

Die Wiedereinschiffung des Landungskorps erfolgte zwischen 2 und 3 Uhr Nachmittags in derselben Weise wie bei der Ausschiffung.

Am 9. September sollte die Ost-Division weiter gegen Flens-

burg vorgehen, welches Vorbringen die Flotte jedoch der geringen
Tiefe der inneren Flensburger Föhrde wegen nicht unterstützen
konnte. Sie beschränkte sich daher darauf, durch die „Irene",
„Luise", „Ariadne" mit der Torpedobootsflottille das Fahrwasser
bei Holnis abzusperren.

Gegen Mittag mußte aber die Ost=Division, gedrängt von der
verstärkten und nun wieder vorgehenden West=Division bis Düppel
zurückweichen. Hier fand dieselbe eine Aufnahme durch die Flotte,
die mit ihrem Landungskorps*) eine Stellung westlich des Denk=
mals besetzt, während das Feuer ihrer schweren Geschütze den
rechten Flügel des Feindes zwang, in seinem Drängen einzuhalten.

Mit Dunkelwerden ging die Flotte aus dem Wenningbund
zurück und ankerte südlich von Sonderburg.

Für die Nacht vom 9. zum 10. September plante die West=
Division den Sturm der von der Ost=Division fortifikatorisch ver=
stärkten Düppeler Höhen, da ein Sturm am Tage durch das auf
die Flanke des angreifenden Feindes abgegebene Artilleriefeuer der
Flotte zu gefährdet erschien.

Der Sturm, um 5 Uhr früh am 10. September unternommen,
gelang denn auch, und die Ost=Division mußte, auf ihrem Rückzug
über den Alsensund durch die Flotte, unterstützt, indem jedes Kriegsschiff etwa 7 Boote — 2 Barkassen, 2 Pinnassen,
2 Kutter und 1 Jolle — zum Ueberfahren der Truppen stellte,
ihre am 8. September so tapfer erworbene Stellung wieder räumen.

Die Flotte beherrschte von ihrer Stellung aus die östliche Ab=
dachung der Düppelstellung und den Uebergang über den Alsen=
sund, konnte aber in das Gefecht am Lande nicht mehr thätig ein=
greifen, da dieses schon mit Tagesanbruch sein Ende gefunden,
vorher aber Ziele nicht zu erkennen gewesen waren.

Damit hatten die Manöver ihr Ende erreicht. Sie hatten
ihre Probe bestanden und haben gezeigt, daß ein Zusammenwirken
zwischen Armee und Marine bei entsprechenden örtlichen Verhält=
nissen nicht allein möglich ist, sondern daß dieses auch unter
günstigen Umständen zur Entscheidung einer Lage beitragen kann.

Nachdem Seine Majestät der Kaiser noch um 1 Uhr an
Bord S. M. Artillerieschulschiff „Mars", das ebenfalls zu den
Manövern von Wilhelmshaven her beordert worden war, mit den
anwesenden Fürstlichkeiten, Admiralen und Generalen ein Frühstück
eingenommen, fuhr Allerhöchstderselbe Nachmittags auf der „Hohen=
zollern" ohne Begleitung anderer Schiffe von Sonderburg nach
Kiel und dann nach Berlin zurück. Noch vor Sonderburg hatte
Seine Majestät der Marine seine Allerhöchste Zufriedenheit mit
ihren Leistungen durch einen Erlaß ausgesprochen. Derselbe lautete:

*) Die Landung geschah mittelst von den Schiffen hergestellter
schwimmender Landungsbrücken, wodurch zwar die Besatzung der Boote
trocken ans Land gesetzt wurde, die Landung selbst aber länger als am
8. September dauerte.

Nachdem Mir die Besichtigung Meiner Manöverflotte am
6. d. Mts. Veranlassung gegeben hat, den Admiralen und Kom=
mandanten Meine lebhafte Anerkennung mit der Führung und
den Leistungen innerhalb der Flotte auszusprechen, gereicht es
Mir zur Genugthuung, im Verlauf der gemeinsamen Manöver
Meiner Marine und des IX. Armeekorps den guten Eindruck
auch im weiteren Umfang bestätigt gefunden zu haben. Die
soeben beendeten Manöver haben Mir die angenehme Ueber=
zeugung geliefert, daß die Führung durchdacht, die technische Be=
herrschung des Materials gesichert und der Geist der Besatzungen
frisch, den Erfolg verbürgend, ist. Ich erwarte, daß Meine
Marine mit Ausdauer in dem lobenswerthen Streben nach Ver=
vollkommnung fortfahren wird und empfehle Ich hierbei die sorg=
same Beachtung der Bemerkungen, welche Ich am Schlusse der
Uebungen in Bezug auf Führung und Detail gemacht habe.
Indem Ich Sie beauftrage, die aus der Anlage ersichtlichen
Gnadenbeweise bekannt zu geben, spreche Ich Ihnen, den Ad=
miralen und Offizieren Meinen Kaiserlichen Dank für die Hin=
gebung aus, mit welcher Alle gestrebt und gearbeitet haben, und
beauftrage Sie, auch den Mannschaften Meine volle Zufrieden=
heit mit ihren Leistungen bekannt zu geben.

An Bord Meiner Yacht „Hohenzollern“
Sonderburg, den 10. September 1890.

(gez.) Wilhelm.

An
den Vizeadmiral Frhrn. von der Goltz,
kommandirenden Admiral.

Unter den durch Allerhöchste Gnadenbeweise Ausgezeichneten
der Flotte befand sich auch der Premierlieutenant Eben im I. See=
Bataillon, kommandirt an Bord S. M. Panzerschiff „Baden“,
dem der Kronen=Orden 4. Klasse verliehen wurde. Bald darauf
erhielten auch die durch fremde Orden während dieser Manöver
Ausgezeichneten die Allerhöchste Erlaubniß zur Anlegung dieser
Dekorationen und zwar von der Marine=Infanterie der Sekond=
lieutenant v. Kloeden zur Anlegung des Ritterkreuzes 2. Klasse
des Königlich bayerischen Verdienst=Ordens, Sergeant Peuser,
Gefreiter Brahmstedt und Seesoldat Riedel an Bord S. M.
Panzerschiff „Bayern“ zur Anlegung des ihnen von Seiner König=
lichen Hoheit dem Prinz=Regenten von Bayern verliehenen König=
lich bayerischen Verdienstkreuzes.

—

Möge die Marine und mit ihr die Marine=Infanterie sich auch
dann, wenn Seine Majestät der Kaiser seiner Marine und seines
Heeres in naher oder ferner Zeit zur Vertheidigung des Vater=
landes bedarf, stets solch Kaiserlichen Dank erwerben!

Feldmarſchall
Graf v. Moltke
à la suite des
I. See-
Bataillons.

Die vorliegenden Blätter waren bereits dem Drucke über=
geben, als der Marine die frohe und erhebende Kunde ward, daß
Seine Majeſtät der Kaiſer bei Allerhöchſtſeiner Anweſenheit in
Kiel am 3. April 1891 bei Gelegenheit der Abnahme der Parade
über die Kieler Garniſon den mit anweſenden General=Feldmarſchall
Grafen v. Moltke ſeines regen Intereſſes für die Marine halber
à la suite des I. See=Bataillons zu ſtellen geruht hatten.*)

Bewundernd wie die Armee ſieht die Marine auf dieſen
Paladin des großen Kaiſers Wilhelm I., trägt doch auch eins
ihrer ſtolzen Kriegsſchiffe ſeinen Namen. Im Namen Seiner
Majeſtät des Hochſeligen Kaiſers Wilhelm I. hatte am 13. Oktober
1877 der Oberwerftdirektor, Kapitän zur See Livonius, die
auf der Kaiſerlichen Werft zu Danzig erbaute Korvette [Kreuzer=
fregatte**)] mit dem Namen des greiſen Feldmarſchalls taufen
dürfen, indem er u. A. ſprach:

„Der gefeierte Name, der dieſem Schiffe werden ſoll, iſt in
Aller Munde, er ſteht an der Spitze der Feldherren aller Zeiten
und wird genannt und gerühmt werden, ſo lange noch das
Waffenwerk beſteht; er ſchließt in ſich den Begriff militäriſcher
Unfehlbarkeit, das Gekröntwerden mit dem denkbar größten
Erfolg. So taufe ich Dich denn, Du ſchönes, ſtolzes Schiff,
auf Befehl Seiner Majeſtät mit dem hehren Namen „Moltke“.
Selbſt keines Menſchen Feind, biſt Du eine Gewalt, welche
den Feind in einer Größe und Ausdehnung niedergeworfen hat,
wie die Jahrhunderte es nur ausnahmsweiſe erleben. Groß im
Rathe Deines Kaiſers und Herren, klar, ſicher und kühn in den
Lagen, wo das Schickſal der Völker zu entſcheiden iſt, edel, frei
und beſcheiden, ſobald Deine Perſon allein in Betracht kommt,
biſt Du ein leuchtendes Beiſpiel jedem Soldaten und Vaterlands=
verfechter. Mögeſt Du Schiff, mit ſtolzem Namen getauft, nie
fehlen auf den oft mit Gefahren umringten Bahnen, die Du
zu durchlaufen beſtimmt biſt!“

Der Marine zum Anſporn ſoll, ſo will es Seine Majeſtät
Kaiſer Wilhelm II., die Aufnahme des Feldmarſchalls Grafen
v. Moltke in ihre Liſten dienen.

Aber nur zu bald ſollte die hohe Freude über die Allerhöchſte

---

*) Das lebhafte Intereſſe, welches Sie für Meine Marine und deren
Einrichtungen bekunden, macht es Mir zur beſonderen Freude, Sie hier=
durch à la suite des I. See-Bataillons zu ſtellen.
Kiel, den 3. April 1891.
(gez.) Wilhelm.
I. R.

An
den General=Feldmarſchall Grafen v. Moltke,
Chef des Colbergſchen Grenadier=Regiments
Graf Gneiſenau (2. Pommerſches) Nr. 9.
** Jetzt Schiffsjungen-Schulſchiff.

Auszeichnung vom 3. April durch tiefe Trauer gedämpft werden,
als der Telegraph von Berlin weit über die deutschen Lande die
Meldung hinaustrug von dem am 24. April, Abends 9 Uhr
45 Minuten, erfolgten sanften Tode des General-Feldmarschalls.

Tief erschüttert verfügte Seine Majestät der Kaiser:

Nur wenige Wochen sind vergangen, seit Ich den General-
Feldmarschall Grafen v. Moltke dadurch in nähere Beziehungen
zu Meiner Marine brachte, daß Ich ihn à la suite des I. See-
Bataillons stellte, und heute schon erwächst Mir die traurige
Pflicht, die letzten Ehren für den großen Todten, Meinen treuen
Freund und Berather, zu ordnen. Ich will Meine Marine,
von der Ich weiß, wie hoch sie den greisen Helden ehrte und
liebte, dabei in derselben Weise heranziehen, wie Meine Armee
und bestimme deshalb als sichtbaren Ausdruck der Trauer:

1. Sämmtliche Offiziere Meiner Marine legen vom Tage
des Eingangs dieser Ordre ab acht Tage hindurch den
Trauerflor um den linken Unterarm an.
2. Bei den Offizieren Meines Schiffsjungen-Schulschiffes
„Moltke" und den Offizieren des I. See-Bataillons
dauert diese Trauer 14 Tage.

Ich beauftrage Sie hiermit, das Erforderliche im Bereiche
Ihres Ressorts bekannt zu machen.

Berlin, den 26. April 1891.

(gez.) Wilhelm.

An
den Reichskanzler (Reichs-Marine-Amt).

Zu der Trauerfeier selbst, am 28. April, waren Offiziere und
Mannschaften S. M. S. „Moltke" und des I. See-Bataillons
nach Berlin beordert worden. Noch einmal sollte sich die Fahne
des I. See-Bataillons mit denen der Armee vor dem Feldmarschall
senken, als der Verewigte am Vormittage dieses Tages mit militärischen Ehren, gefolgt von Seiner Majestät dem Kaiser, Seiner
Majestät dem Könige von Sachsen, vielen preußischen Prinzen und
deutschen Fürsten, aus dem Heim, in dem er so lange und so
segensreich gewirkt, nach dem Lehrter Bahnhof geleitet wurde, um
von da nach seiner selbstgewählten stillen Ruhestätte in Kreisau
(Schlesien) übergeführt zu werden.

Der Name „Moltke" ist mit goldenen Lettern in die Geschichte
unseres Landes eingeschrieben. Sein Geist aber möge allezeit unter
uns leben, daß wir ihm nacheifern in Hingebung an den Dienst
und in bis zur Aufopferung gehender Pflichttreue! Das walte
Gott!

Das Offizierkorps der Kaiserlichen Marine-Infanterie

vom 13. Mai 1852 bis 1. Oktober 1890.

1. **Burchardt, Eduard,** geb. am 30. 7. 1798 zu Berlin, evang. Eingetr. 1. 4. 1815 in die damal. Brandenburg. Festungs-Pionier-Komp., 29. 6. 16 Port. Fähnr., 11. 11. 16 aggreg. Sel. Lt. in der 1. Ing. Inspekt., Januar 19 in die 2. Ing. Inspekt. einrang., 29. 9. 28 Pr. Lt., 22. 6. 32 zur 1. Ing. Inspekt. und zur Garde-Pion. Abtheil. verf., 1. 10. 38 Kapitän 2. Kl., 22. 12. 43 unter Versetzung zur 3. Ing. Inspekt. zum interim. Kombr. der 8. Pion. Abtheil. ern., 16. 2. 46 Hauptm. 1. Kl. und im Kombdo. der 8. Pion. Abth. bestätigt, 29. 8. 48 zur 1. Ing. Inspekt. zum Kombr. der Garde-Pion. Abtheil. ern., 7. 7. 49 Major unter Versetzung zum Stabe des Ing. Korps, 30. 9. 51 ausgeschieden und als Kombr. des Marinier-Korps angestellt, 13. 5. 52 zum See-Bat. in gleicher Eigenschaft übergeführt, 17. 9. 55 zu Berlin gestorben.

2. **Rode, Carl Philipp Heinrich,** geb. 1. 6. 1818 zu Magdeburg, Sachsen, evang. Eingetr. 4. 10. 35 als Freiwilliger in die 3. Art. Brig., 16. 10. 37 Port. Fähnr., 4. 10. 38 Sel. Lt., 14. 3. 46 zur Feuerwerks-Abtheil. verf. und der 3. Art. Brig. aggreg., März 49 zur Dienstleistung bei der Marine kombrt., 4. 4. 50 unter Beförder. zum Pr. Lt. zum Marinier-Korps verf., 17. 4. 52 Hauptm. und Komp. Chef, 13. 5. 52 zum See-Bat. übergeführt, 26. 1. 57 Major und Führer der Marine-Reserven und Seewehr, 18. 10. 61 Oberstlt. à la suite des See-Bats., 17. 3. 63 Charakter als Oberst, 14. 4. 63 Kombr. der Flotten-Stamm-Div., 24. 10. 67 Patent vom 1. 1. 67 erhalten, 18. 1. 72 Charakter als Gen. Major, 27. 2. 72 der Abschied mit Pension unter Stellung zur Disposition bewilligt. Gestorben am 7. 6. 86 als Gen. Maj. z. D. in Swinemünde.

3. **Zöller, Rudolph Wilhelm Theodor,** geb. 20. 3. 1815 zu Stolp, evang. Eingetr. 11. 9. 32 bei der 2. Art. Brig., 23. 2. 36 Port. Fähnr., 30. 12. 37 Sel. Lt., April 40 bis Oktober 45 Feuerwerkslt., 48 bis 50 als Instruktor zur Marine kombt., 22. 3. 49 Pr. Lt. der 2. Art. Brig., 4. 4. 50 als Komp. Chef zum Marine-Korps verf., 11. 6. 50 Hauptm., 13. 5. 52 zum See-Bat. übergeführt, 5. 7. 55 à la suite des See-Bats. gestellt, 8. 2. 57 in den Etat wieder einrang., 9. 6. 63 mit der gesetzl. Pension zur Disposition gestellt. Gestorben 9. 7. 85.

4. **Däring, Heinrich August Viktor Marie,** geb. 1. 3. 1814 zu Silberberg, Schlesien, evang. Eingetr. 1. 8. 31 als Einjähr. Freim. bei der 2. Pion. Abtheil., 3. 10. 32 Port. Fähnr., 2. 10. 34 Sel. Lt.,

9*

26. 2. 46 Pr. Lt. im Ing. Korps, 30. 5. 50 Hauptm. im Kriegsministerium, 22. 7. 52 Hauptm. à la suite des See-Bats.,
19. 1. 55 Major, 19. 8. 57 entlassen, 24. 6. 59 nachträglich der
Abschied bewilligt.

5. **Liebe**, Amynt Christian Friedrich Hermann, geb. 13. 9. 1816 zu
Berlin, evang. Eingetr. 5. 8. 33 bei der Garde-Art. Brig.,
12. 10. 33 Sek. Lt., vom August 48 bis Mai 51 in Schleswig-
Holsteinschen Diensten, 13. 1. 52 als Pr. Lt. mit dem Charakter
als Hauptm. à la suite des Marinier-Korps angestellt, 13. 5. 52
zum See-Bat. übergeführt, 19. 1. 55 à la suite des See-Bats.
zum wirkl. Hauptm. ern., 8. 1. 64 Charakter als Major, 29. 7. 65
Patent seiner Charge erhalten, 18. 4. 68 Oberstlt. mit Patent
22. 3. 68, 26. 3. 67 Direktor der Marineschule, 18. 8. 71 Oberst,
18 4. 78 Charakter als Gen. Major, 22. 3. 80 Patent seiner
Charge erhalten, 17. 11. 81 in Genehmig. seines Abschiedsgesuchs
mit der gesetzl. Pension zur Disposition gestellt. Lebt als Gen.
Major z. D. in Dresden.

6. **John**, Eugen Heinrich Alexander, geb. 27. 9. 1815 zu Neufahrwasser, evang. Eingetr. 1 11. 32 beim 1. Art. Regt., 14. 10. 37
Port. Fähnr., 3. 10. 38 Sek. Lt. (Patent 21. 6. 39), von November 44 bis Ende März 49 Feuerwerkslt., 18. 11. 49 bis
4. 4. 50 Sek. Lt. der Art. und Lehrer der Kadetten zu Stettin,
4. 4. 50 Pr. Lt. im Marinier-Korps, 13. 5. 52 zum See-Bat.
übergeführt, 23. 1. 54 Hauptm. und Komp. Chef, 17. 1. 57 infolge eines Sturzes an Bord S. M. S. „Barbarossa" gestorben.

7. **Galster**, Carl Christian, geb. 22. 1. 1818 zu Herford, evang.
Eingetr. 1. 10. 36 in die 4. Art Brig., 2. 10. 38 Port. Fähnr.,
29. 9. 39 Sek. Lt., 9. 4. 50 Pr. Lt. im Marinier-Korps, 13. 5. 52
zum See-Bat. übergeführt, 23. 1. 54 Hauptm. à la suite des
See-Bats., 24. 8. 54 in den Etat einrang., 5. 7. 55 wieder
à la suite gestellt, 29. 7. 62 Charakter als Major, 25. 6. 64
Patent seiner Charge, 18. 4. 68 Oberstlt. (Patent 22. 3. 68),
25. 1. 70 à la suite der See-Art. Abtheil. gestellt. Gestorben
18. 2. 82 als Gen. Major z. D. in Hameln.

8. **Jannasch**, Carl Christian Leberecht, geb. 9. 3. 1820 zu Jüterbog,
evang. Eingetr. 6. 4. 40 im Garde-Jäger-Bat., 5. 10. 48 Sek. Lt.
im 20. Landw. Regt., 31. 12. 50 zum Marinier-Korps verf.,
13. 5. 52 zum See-Bat. übergeführt, 7. 9. 52 unter dem gesetzl.
Vorbehalt entlassen.

9. **Keller**, v., Ferdinand Ludwig Carl, geb. 18. 8. 1825 zu Pölitz,
Pommern. Kadett, dem 10. Inf. Regt. am 7. 8. 42 als Port.
Fähnr. überwiesen, 25. 6. 44 Sek. Lt., 30. 5. 50 beim Marinier-
Korps zur Dienstleist., 19. 10. 50 zum Marinier-Korps verf.,
13. 5. 52 zum See-Bat. übergeführt, 24. 8. 54 Pr. Lt., 19. 1. 55
unter Versetzung zum See-Offiz. Korps zum Lt. zur See 2 Kl.
ernannt.

10. **Ramin**, v., Bernhard Friedrich Robert, geb. 8. 2. 1827 zu Hohen-
Leese, Pommern, evang. Eingetr. 1. 10. 46 als Einjähr. Freiw.
in die 2. Pion. Abtheil., 14. 10. 48 Sek. Lt. im 2. Landw. Regt.,
31. 12. 50 unter Vorbehalt der nachträgl. Ablegung des Examens
zum Marinier-Korps verf., 21. 2. 52 Patent als Landw. Offiz.

erhalten, 13. 5. 52 zum See-Bat. übergeführt, 16. 1. 58 Pr. Lt., 27. 6. 61 Charakter als Hauptm., 16. 10. 62 Patent seiner Charge erhalten, 16. 9. 64 Komp. Chef, 2. 10. 65 ausgeschieden und im 6. Pomm. Inf. Regt. Nr. 49 angestellt. Gestorben 28. 3. 83 als Major a. D.

11. **Grabowsky**, Graf v., **Stanislaus**, geb. 15. 7. 1828 zu Berlin, reformirt. Eingetr. 1. 7. 45 im 7. Hus. Regt., 15. 9. 46 Sek. Lt., 19. 2. 48 zum 33. Inf. Regt. versetzt, 13. 3. 52 zur Dienstleist. beim Marinier = Korps kombt., 13. 5. 52 zum See-Bat. übergeführt, 15. 3. 53 von seiner Dienstleistung entbunden und zum 8. Inf. Regt. vers., 55 der Absch. bewilligt.

12. **Rehbein**, **Louis**, geb. 21 5. 1826 zu Schinz, Pommern. In den Militärdienst eingetr. 19. 4. 44, 27. 6. 48 Sek. Lt. im 9. Landw. Regt, 31. 12. 50 zum Marinier-Korps vers., 13. 5. 52 zum See-Bat. übergeführt, 26. 11. 53 unter dem gesetzl. Vorbehalt infolge seines Gesuchs entlassen.

13. **Wormbs**, **Gustav**, geb. 28. 3. 1820 zu Stettin, evang. Eingetr. 7. 3. 37 im 38. Inf. Regt., 17. 12. 37 Port. Fähnr., 27. 7. 40 Sek. Lt., 21. 5. 42 unter Vorbehalt der gesetzl. Dienstpflicht ver= abschiedet, 24. 2. 46 in das 1. Pomm. Landw. Regt. Nr. 2 einrang., 7. 11. 48 bis 4. 4. 49 in Schleswig-Holstein. Diensten, 19. 7. 49 in das Landw. Regt. Nr. 2 einrang., 19. 10. 50 aus= geschieden und im Marinier-Korps angest., 13. 5. 52 zum See-Bat. übergeführt, 23. 1. 54 Pr Lt., 8. 2. 57 Hauptm., 29. 5. 59 Komp. Chef, 15. 4. 65 mit dem Charakter als Major und mit der gesetzl. Pension der Abschied bewilligt. Gestorben 18. 12 87.

14. **Goltz**, Graf von der, **Edmund**, geb. 20. 1. 1819 zu Breslau, evang. Eingetr. 1. 5. 36 im 10. Inf. Regt., 7. 11. 36 Port. Fähnr., 10. 12. 37 Sek. Lt., 14. 9. 50 ausgeschieden und im Marinier= Korps angest., 13. 5. 52 zum See-Bat. übergeführt, 4. 9. 52 Pr. Lt., 26. 7. 55 Hauptm. und Komp. Chef, 13. 8. 64 aus= geschieden und im 8. Ostpreuß. Inf. Regt Nr. 45 angestellt, 67 als Major mit Pension b. Absch. bewilligt.

15. **Brandt**, **Albert Carl Friedrich**, geb. 13. 3. 1820 zu Brandshoff, Pommern, evang. 11. 10. 42 ausgehoben als Ersatz für das 2. Inf. Regt, 1. 10. 44 zur Res. beurl., 17. 5 49 Sek. Lt. im 2. Landw. Regt, 12. 7. 54 zur Dienstleist. beim See-Bat , 30. 3. 55 ausgeschieden und im See-Bat. angestellt, 23. 4. 61 Pr. Lt., 19. 5. 64 Hauptm. und Komp. Chef, 15. 9. 66 ausgeschieden und im 8. Pomm. Inf. Regt. Nr. 61 angestellt. Gestorben 17. 10. 77 als Hauptm. a. D.

16. **Kreisler**, **Hugo**, geb. 9. 5. 1829 zu Liegnitz, Schlesien, evang. Eingetr. 5. 11. 48 beim Jäger-Bat. Nr. 2, 1. 8. 49 zum 4. Gren. Regt. vers., 28. 3. 50 Port. Fähnr., 16. 12. 51 Sek. Lt, 31. 8. 53 ausgeschieden und im See-Bat. angestellt, 22. 6. 55 verab= schiedet.

17. **Ewald**, **Reinhold Leopold Wilhelm**, geb. 31. 5. 1827 zu Forsthaus Massin, Brandenburg, evang. Eingetr. 26. 5. 47 in die Garde= Art. Brig., 3. 2. 49 Port. Fähnr., 14. 6. 51 Sek. Lt. unter Vers. zum 21. Inf. Regt, 22. 11. 53 ausgeschieden und im See-Bat.

angestellt, 8. 2. 57 Pr. Lt, 27. 6. 61 Hauptm., 22. 7. 62 der
der Abschied bewilligt.

18. **Förstner,** Friedrich Wilhelm, geb. 10. 9. 1829 zu Berlin, evang.
Eingetr. 30. 9. 52 als Matrose 2. Klasse in die Matrosen-
Stamm-Div., 25. 12. 52 als Einjähr. Freiw. zum See-Bat.
versetzt, 11. 3. 54 Port. Fähnr., 7. 12. 54 Sel. Lt., 6. 11. 60
Pr. Lt., 21. 3. 63 zur Seewehr des See-Bats. übergetreten.

19. **Müller,** Julius, geb. 3. 9. 1822 zu Rötgen, Rheinprovinz. Eingetr.
11. 4. 42 im 15. Inf. Regt., 16. 9. 42 Port. Fähnr., 19. 4. 45
Sel. Lt., 16 11. 52 der Abschied bewilligt, 23. 1. 54 im See-
Bat. mit dem Charakter als Pr. Lt. angestellt, 24. 8. 54 Pr. Lt.,
27. 11. 57 den nachgesuchten Abschied mit der gesetzl. Pension
erhalten.

20. **Stargardt,** Gustav Adolf, geb. 2. 1. 1832 zu Berlin, evang.
Eingetr. 20. 3. 49 in den Marinedienst, 21. 1. 54 als Kadett
2. Klasse unter Beförderung zum Sel. Lt. zum See-Bat. versetzt, 4. 7. 55 in Stettin gestorben.

21. **Richthofen,** Frhr. v., Emil Louis Friedrich, geb. 18. 6. 1834 zu
Breslau, evang. Eingetr. 27. 4. 49 als Seejunker in die Deutsche
Marine, 22. 6. 52 Kadett 2. Kl. in der Preuß. Marine, 23. 1. 54
als Sel. Lt. zum See-Bat. versetzt, 30. 3. 57 zur Dienstleistung
als persönlicher Adjutant bei S. K. H. dem Prinzen Adalbert
von Preußen kommandirt, 6. 5. 59 Pr. Lt., 17. 5. 62 zum
persönl. Adjutanten bei S. K. H. ernannt unter Stellung
à la suite des See-Bats., 16. 12. 62 entlassen.

22. **Kornatzki,** v., Friedrich Wilhelm, geb. 11. 5. 1827 zu Memel,
evang. Kadett, 27. 5. 45 dem 10. Inf. Regt. als Port. Fähnr.
überwiesen, 20. 12. 45 zum 5. Inf. Regt. versetzt, 21. 5. 46
Sel. Lt., 9. 12. 47 unter dem gef. Vorbehalt entlassen, August 48
bis 25. 3. 51 in Schlesw. Holst. Diensten, 24. 2. 54 im See-
Bat. als Sel. Lt. angestellt, 27. 11. 57 die erbetene Entl. unter
dem gef. Vorbehalt erhalten.

23. **Scheuerlein,** Friedrich Wilhelm, geb. 20. 8. 1810 zu Coennern,
Sachsen, evang. In den Milit. Dienst eingetr. 5. 11. 27; 15. 4. 54,
bisher Hauptm. im 5. Art. Regt., à la suite des See-Bats. als
Hauptm. angestellt, 27. 3. 55 Major, 27. 6. 61 Oberstlt., 11. 10. 61
Rang eines Regts. Kombrs. erhalten, 17. 3. 63 Oberst, 17. 6. 68
den Abschied mit dem Char. als Gen. Major und der gesetzl.
Pension erhalten. Lebt in Dessau.

24. **Jordan,** Adolf, geb. 7. 12. 1824 zu Erfurt, evang. Eingetr.
22. 7. 42 im 24. Inf. Regt., 3. 2. 43 Port. Fähnr., 25. 11. 43
Sel. Lt, 4. 4. 54 der Absch. bewilligt, 24. 9. 54 als Pr. Lt. mit
Patent vom 20. 8. 54 à la suite des See-Bats. angestellt,
12. 1. 56 Hauptm., 24. 6. 59 den nachgesuchten Abschied mit der
gesetzl. Pension erhalten. · Gestorben am 3. 8. 87 als Hauptm. a. D.
in Lychen, Uckermark.

25. **Strachwitz,** Graf v., Carl, geb. 20. 8. 1809 zu Sacrau, Schlesien,
kath. Eingetr. 12 8. 26 im 23. Inf. Regt., 13. 12. 27 Port. Fähnr.,
15. 9. 30 Sel. Lt, 18. 3. 45 Pr. Lt., 8. 7. 50 Hauptm. und
Komp. Chef, 8. 5. 55 zur Dienstleistung auf ein Jahr zum

See-Bat. behufs dessen Führung unter Stellung à la suite des 23. Inf. Regts. kommand., 16. 12. 55 zum Major und Kombr. des See-Bats. ernannt, 18. 10. 61 Oberstlt., 29. 4. 62 ausgeschieden und zum Kombr. des 7. Rhein. Inf. Regts. Nr. 69 ernannt. (Gestorben 25. 9 71 als Oberst z. D.

26. Baller v. Ballerstein, Baron, Friedrich Alexander Karl Joachim Lebrecht, geb. 15. 4. 1814 zu Graudenz, evang. Kadett, 10. 8. 31 als Sek Lt. der Garde-Art. Brig überw., 17. 10. 43 Pr. Lt., 9. 4. 46 in das Kadettenkorps einrangirt, 22. 3. 49 Hauptm. à la suite des Kadettenkorps, 31. 8. 55 ausgeschieden und 15. 9. 55 zum Direktor des See-Kadetten-Instituts unter Beförderung zum Major à la suite des See-Bats. ernannt, 18. 10. 61 Oberstlt., 17. 3. 63 Char. als Oberst, 27. 6. 66 ausgeschieden und unter Versetzung zu den Offizieren von der Armee für die Dauer des mobilen Verhältnisses zum Kombr. des Kadettenhauses zu Bensberg ernannt. 19. 1. 74 als Oberst z. D. in Berlin gestorben.

27. Schramm, v., Heinrich, geb. 16. 1. 1819 zu Ziegenhals, Schlesien, kathol. Eingetr. 13. 3. 36 als Freiw. im 23. Inf. Regt., 22. 10. 36 Port. Fähnr., 26. 9. 38 Sek. Lt., 22. 6. 52 Pr. Lt., 6. 9. 55 ausgeschieden und 10. 10. 55 als Hauptm. à la suite des See-Bats. angestellt, 28. 1. 57 Komp. Chef im See-Bat., 6. 5. 59 à la suite des See-Bats., 12. 11. 61 ausgeschieden und im 2. Oberschles. Inf. Regt. Nr. 23 angestellt. (Gestorben 2. 11. 84 als Oberst a. D.

28. Kleist, v., Hermann Wilhelm Ewald, geb. 27. 3. 1825 zu Berlin, evang. Eingetr. als Einj. Freiw. 1. 10. 45 beim 2. Garde-Regt. z. F., 14. 1. 47 Port. Fähnr., 19. 8. 47 Sek. Lt., 11. 10. 55 ausgeschieden und 27. 10. 55 als Pr. Lt. im See-Bat. angestellt, 6. 5. 59 Hauptm. und Komp. Chef, 15. 9. 66 ausgeschieden und unter Beförderung zum überzähl. Major dem 2. Ostpreuß. Gren. Regt. Nr. 3 aggregirt. 71 als Oberstlt. m. Pension z. D. gestellt.

29. Sobbe, v., Theodor Friedrich Carl, geb. 7. 1. 1828 zu Magdeburg, evang. Kadett, 24. 5. 45 dem 27. Regt. als Port. Fähnr. überwiesen, 22. 6. 47 zum überzähl. Sek. Lt., 11. 10. 48 in den Etat einrang, 18. 10. 55 auf 1 Jahr zur Dienstleistung beim See-Bat. kombt., 13. 6. 57 von seinem Kommando entbunden. Lebt als Hauptm. a. D. in Leipzig.

30. Schlegell, v., Hugo, geb. 4. 8. 1827 zu Münster, evang. Kadett, 8. 7. 44 als Unteroffiz. dem Garde-Ref. Regt. (jetzt Garde-Füs. Regt.) überwiesen, 10. 4. 45 Port. Fähnr, 15 9. 46 Sek. Lt., 17. 7. 52 ins 4. Brandenburg. Inf. Regt. Nr. 24 verf, 16. 11. 55 ausgeschieden und 6. 12. 55 als Pr. Lt. im See-Bat. angestellt, 6. 11. 60 Hauptm. Komp. Chef, 2. 10. 65 ausgeschieden und im Leib-Gren. Regt. (1. Brandenburg.) Nr. 8 angestellt. Am 27. 9. 70 als Major im Leib-Gren. Regt. (1. Brandenburg.) Nr. 8 an der in der Schlacht bei Bionville erhaltenen Wunde gestorben.

31. Schweikart, Richard, geb. 29. 9. 1835 zu Königsberg, Preußen. Eingetr. 1. 10. 53 als Einj. Freiw. im 3. Inf. Regt., Ende Januar 54 ausgeschieden und im See-Bat. angestellt, 13. 6. 54 Port. Fähnr., 6. 12. 55 Sek. Lt., 3. 8. 58 zu den Seewehr-Offiz.

des See-Bats. übergetreten, 27. 7. 60 den Abschied behufs Aus-
wanderung bewilligt erhalten.

32. **Medes**, Julius, Karl August Reinhard, geb. 5. 12. 1831 zu
Marienwerder, evang. Eingetr. 15. 3. 49 als Kadettenaspir. in
die Kgl. Marine, 29. 11. 49 Kadett 2. Kl., 12. 11. 54 Port. Fähnr.
im See-Bat, 6. 12. 55 Sek. Lt., 27. 6. 61 Pr. Lt., 27. 10. 66
Hauptm. und Komp. Chef, 22. 3. 68 ausgeschieden und im 3. Westfäl.
Inf. Regt. Nr. 16 angestellt. Gefallen 16. 8. 70 in der Schlacht
bei Mars la Tour.

33. **Krause**, Adalbert Friedrich Wilhelm, geb. 22. 12. 1833 zu Swine-
münde, evang. Eingetr. 1. 10. 53 als Einj. Freiw. im See-
Bat., 30. 5 55 Port. Fähnr., 2. 5. 56 Sek. Lt., 27. 6. 61
Pr. Lt., 27. 10. 66 Hauptm. à la suite des See-Bats., 6. 4. 72
ausgeschieden und im 5. Brandenburg. Inf. Regt. Nr. 48 angestellt.
Lebt als Major a. D. in Berlin.

34. **Freund**, Wilhelm Friedrich, geb. 4. 1. 1834 zu Stralsund, evang.
Eingetr. 21. 4. 55 im See-Bat., 25. 1. 56 Port. Fähnr.,
8. 2. 57 Sek. Lt., 16. 9. 64 Pr. Lt., 1. 5. 66 ausgeschieden und
im 2. Ostpreuß. Gren. Regt. Nr. 3 angestellt. 70 gefallen vor Metz
als Hauptm. und Komp. Chef.

35. **Jacobi**, Maximilian Friedrich Eduard, geb. 24. 9. 1836 zu
Neu-Ruppin, evang. Eingetr. 1. 10. 53 im 3. Art. Regt.,
1. 10. 54 zum 3. Ulanen-Regt. verf., 5. 12. 54 Port. Fähnr.,
6. 12. 55 zum 2. Ulanen-Regt., 22. 3. 56 zum 24. Inf. Regt.
verf., 11. 8. 57 ausgeschieden und unter Beförderung zum Sek. Lt.
im See-Bat. angestellt, 19. 5. 65 Pr. Lt., 22. 3. 68 Hauptm.
und Komp. Chef, 3. 9. 73 ausgeschieden und im 2. Hanseat. Inf.
Regt. Nr. 76 angestellt. Lebt als Oberstlt. a. D. in Potsdam.

36. **Waldersee**, Graf v., Franz Adolf Georg, geb. 17. 12. 1835 zu
Potsdam, evang. Kadett, 29. 4. 54 dem 1. Garde-Regt. z. F.
als Sek. Lt. überwies., 5. 1. 58 unter dem gesetzl Vorbehalt entl.,
16. 1. 58 à la suite des See-Bats. angestellt, 30. 7. 61 zu dem
See-Offizier-Korps der Marine übergetreten. Kontreadmiral
à la suite der Marine.

37. **Imhoff**, Freiherr v., Arthur Gustav Oscar, geb. 2. 2. 1837 zu
Cöln, evang. Eingetr. 11. 3. 56 im See-Bat., 8. 2. 57 Port.
Fähnr., 16. 1. 58 Sek. Lt., 25. 8. 65 gestorben.

38. **Schönlank**, Richard, geb. 2. 8. 1833 zu Berlin. Eingetr. 1. 4. 53
als Einj. Freiw. im Kaiser Alexander Garde-Gren. Regt., 21. 5. 56
überzähl. Unteroffiz. im See-Bat., 29. 4. 57 Port. Fähnr.,
20. 3. 58 Sek. Lt., 12. 5. 62 an Bord S. M. Fregatte „Thetis"
verstorben.

39. **Rostkovius**, Rudolph, geb. 14. 11. 1823 zu Stettin, evang.
Eingetr. 1. 10. 45 als Einj. Freiw. beim 9. Inf. Regt., 14. 10. 48
Sek. Lt. im 2. Landw. Regt., 13. 4. 58 mit einem Patent als
Linien-Offiz. ausgeschieden und im See-Bat. angestellt, 27. 10. 66
Pr. Lt., 25. 5. 69 mit dem Char. als Hauptm. und der gesetzl.
Pension der Abschied bewilligt.

40. **Neukirchen, gen. v. Nyvenheim, Freiherr v., Carl Gustav**, geb. 1. 5. 1822 zu Coblenz, evang. Eingetr. 11. 7. 39 im 28. Inf. Regt., 8. 1. 42 Sel. Lt, 7. 3. 46 zum 5. Gren. Regt. verf., 14. 8. 52 Pr. Lt., 16. 3. 59 Hauptm., 11. 6. 59 ausgeschieden und 9. 7. 59 im See-Bat. angestellt, 10. 2. 63 ausgeschieden und im Niederrhein. Füs. Regt. Nr. 39 (Patent 16. 3. 58) angestellt. Gestorben 78 als Oberstlt. und Bez. Kombr. 1. Bats. Landw. Regts. Nr. 13.

41. **Müller, Waldemar**, geb. 26. 6. 1835 zu Neiße, evang. Eingetr. 26. 6. 52 im 23. Inf. Regt., 14. 4. 53 Port. Fähnr., 4. 2. 54 Sel. Lt, 9. 7. 59 ausgeschieden und im See-Bat. angestellt, 8. 10. 59 Pr. Lt., 9. 4. 61 ausgeschieden und im 3. Ostpreuß. Gren. Regt. Nr. 4 angestellt. Unter dem Namen v. Münenberg 89 Gen. Major und Kommandeur der 29. Inf. Brigade. Lebt als Gen. Major z. D. in Wiesbaden.

42. **Ritter, Heinrich Hermann**, geb. 4. 9. 1830 zu Cöln, Rheinprovinz, evang. Eingetr. 19. 4. 47 im 17. Inf. Regt., 19. 12. 47 Port. Fähnr., 18. 2. 49 Sel. Lt., 18. 6. 57 Pr. Lt., 27. 9. 59 ausgeschieden und à la suite des See-Bats. unter Beförder. zum Hauptm. angestellt, 13. 11. 66 Major, 18. 8. 71 Oberstlt., 19. 9. 74 Charakter als Oberst, 14. 7. 77 ausgeschieden und zum Kombr. des Bez. Kombos. Geldern ernannt. Lebt als Oberst z. D. in Charlottenburg.

43. **Burszlin, v., Ernst Georg Gustav Julius Cäsar**, geb. 28. 1. 1836 zu Neu-Münsterberg, Westpreußen, evang. Eingetr. 1. 5. 55 im 21. Inf. Regt., 14. 8. 56 Port. Fähnr., 10. 4. 58 Sel. Lt., 29. 9. 59 ausgeschieden und im See-Bat. angestellt, 13. 5. 66 Pr. Lt., 22. 3 68 ausgeschieden und im 2. Rhein. Inf. Regt. Nr. 28 angestellt. Lebt als Hauptm. a. D. zu Trier.

44. **Schönbeck, Richard Joachim Ernst Albert**, geb. 20. 5. 1840 zu Potsdam, evang. Eingetr. 4. 9. 57 im See-Bat., 25. 5. 58 Port. Fähnr., 19. 11. 59 Sel. Lt, 20. 10. 63 ausgeschieden und im 3. Oberschles. Inf. Regt. Nr. 62 angestellt. Major z. D. und 3. Stabsoffiz. des Landw. Bez. I Berlin.

45. **Depdebreck, v., August Friedrich Wilhelm**, geb. 22. 7. 1839 zu Danzig, evang. Eingetr. 7. 4. 57 im See-Bat., 24. 4. 58 Port. Fähnr., 31. 12. 59 Sel. Lt., 18. 11. 66 Pr. Lt., 18. 6. 69 ausgeschieden und im 3. Hannov. Inf. Regt. Nr. 79 angestellt. Gestorben 29. 3 76 als Hauptm. und Komp. Chef im 3. Hannov. Inf. Regt. Nr. 79 zu Hildesheim.

46. **Feichtmayer, Hermann Jakob**, geb. 17. 12. 1837 zu Culm. Eingetr. 1. 8. 58 im See-Bat., 26. 4. 59 Port. Fähnr., 23. 2. 60 Sel. Lt., 23. 4. 61 zu den Offiz. der Seewehr des See-Bats. übergetreten, 21. 8. 62 entlassen.

47. **Pohl, Ernst Ehregott**, geb. 29. 7. 1840 zu Stüblau, Preußen. Eingetr. 15. 5. 58 im See-Bat., 26. 4. 59 Port. Fähnr., 6. 12. 60 Sel. Lt., 19. 3. 62 zu Stüblau gestorben.

48. **Sack, Eugen Carl**, geb. 18. 11. 1840 zu Danzig, evang. Eingetr. 20. 5. 58 im See-Bat., 31. 12. 59 Port. Fähnr., 27. 6. 61 Sel. Lt., 18. 6. 69 ausgeschieden und unter Beförderung zum

Pr. Lt. im 7. Brandenburg. Inf. Regt. Nr. 60 angestellt. Ge=
storben 17. 5. 77 als Hauptm. und Vorstand des Festungs=
Gefängnisses Glatz.

49. **Klamann**, Moritz Carl Fritz, geb. 29. 8. 1839 zu Tauenzien,
Pommern, evang. Eingetr. 11. 5. 58 im See=Bat., 26. 2. 59
Port. Fähnr., 27. 6. 61 Sek. Lt., 13. 10. 65 ausgeschieden und
im 3. Oberschles. Inf. Regt. Nr. 62 angestellt. 88 als Hauptm.
m. Pension der Abschied bewilligt.

50. **Radowitz**, v., Clemens Maria Ludwig Georg Hermann Leopold
Alexis, geb. 25. 9. 1832 zu Berlin, kathol. Eingetr. 3. 9. 51 im
31. Inf. Regt., 12. 6. 52 Port. Fähnr., 8. 3. 53 Sek. Lt., 21. 3. 57
zum 1. Garde = Regt. z. F. verf., 1. 7. 60 Pr. Lt., 20. 8. 61
ausgeschieden und als Hauptm. A la suite des See=Bats. an=
gestellt, 9. 1. 64 ausgeschieden und als Hauptm. und Komp. Chef
im 4. Brandenburg. Inf. Regt. Nr. 24 angestellt. Gestorben
26. 1. 90 als Gen. Lt. z. D. in Berlin.

51. **Barms**, Richard Jakob Benjamin, geb. 20. 2. 1840 zu Braune=
berg, Prov. Preußen, evang. Eingetr. 1. 7. 60 im See=Bat.,
2. 3. 61 Port. Fähnr., 19. 4. 62 Sek. Lt., 1. 10. 69 Pr. Lt.,
24. 9. 70 ausgeschieden und im 3. Ostpreuß. Gren. Regt. Nr. 4
angestellt. Major z. D. und Kommdr. des Landw. Bez. Wehlau.

52. **Diezelsky**, v., Oscar Bernhard Friedrich, geb. 21. 8. 1841 zu
Trier, evang. Kadett, 1. 1. 60 dem See=Bat. überwiesen, 27. 6. 61
Port. Fähnr., 19. 4. 62 Sek. Lt., 1. 5. 66 ausgeschieden und im
1. Schles. Gren. Regt. Nr. 10 angestellt. 71 als Pr. Lt. der Ab=
schied bewilligt.

53. **Gayl**, Baron v., Carl Friedrich Wilhelm, geb. 21. 4. 1814 zu
Berlin, evang. Kadett, 10. 8. 31 dem 2. Inf. (Königs=) Regt. als
Sek. Lt. überwiesen, 22. 5. 45 Pr. Lt., 13. 11. 49 Hauptm. und
Komp. Chef, 16. 5. 57 Major, 18. 10. 61 Obrstlt., 29. 4. 62
ausgeschieden und zum Kommdr. des See=Bats. ernannt, 9. 1. 64
ausgeschieden und zum Kommdr. des 6. Rhein. Inf. Regts. Nr. 68
ernannt. 78 als Gen. der Inf. m. Pension z. D. gestellt.

54. **Zech**, Franz Ludwig, geb. 25. 9. 1838 zu Marienwerder, evang.
Eingetr. 1. 4. 60 im See=Bat., 30. 7. 61 Port. Fähnr., 22. 7. 62
Sek. Lt., 18 6. 69 ausgeschieden und im 3. Thüring. Inf. Regt.
Nr. 71 angestellt. Major und Platzmajor in Magdeburg.

55. **Strehlke**, Richard Martin Konrad, geb. 17. 11. 1842 zu Danzig,
evang. Eingetr. 28. 9. 60 in das Garde=Pion. Bat., 2. 4. 61
Port. Fähnr. unter Verf. zum Ostpreuß. Pion. Bat. Nr. 1,
16. 1. 63 ausgeschieden und im See=Bat. angestellt, 11. 8. 63
Sek. Lt., 22. 3. 68 ausgeschieden und im 3. Niederschles. Inf.
Regt. Nr. 50 angestellt. 68 entlassen.

56. **Märker**, Theodor Albert, geb. 28. 9. 1826 zu Brandenburg,
evang. Eingetr. 1. 10. 48 im 24. Inf. Regt., 11. 6. 49 Port.
Fähnr., 12. 1. 50 Sek. Lt., 31. 5. 59 Pr. Lt., 23. 2. 61 zum
8. Brandenburg. Inf. Regt. Nr. 64 verf., 16. 4. 63 ausgeschieden
und unter Beförder. zum Hauptm. à la suite des See=Bats.
(Patent 13. 1. 63) angestellt, 25. 9. 67 Major, 25. 11. 68 in
Genehmig. seines Abschiedsges. mit der gesetzl. Pension zur Dis=
position gestellt.

57. **Schuster,** Alfred Eduard, geb. 26. 5. 1840 zu Stallupönen, evang.
Eingetr. 1. 4. 60 **als Einjähr. Freiw. im See-Bat.,** 31. 3. 61
zur Res. beurl., 11. 6. 62 wieder eingetr., 8. 11. 62 Port. Fähnr.,
16. 11. 63 Sek. Lt., 19. 1. 71 Pr. Lt., 13. 4. 72 ausgeschieden
und im Ostpreuß. Füs. Regt. Nr. 33 angestellt. Major aggregirt
dem Füs. Regt. Graf Roon (Ostpreuß.) Nr. 33.

58. **Lühmann,** v., Wilhelm Ehrenfried Alwin, geb. 7. 7. 1843 zu
Wohlsdorf, Pommern, evang. Eingetr. 1. 4. 62 **im See-Bat.,**
21. 3. 63 Port. Fähnr., 15. 12. 63 Sek. Lt., 18. 6. 69 aus-
geschieden und im 5. Ostpreuß. Inf. Regt. Nr. 41 angestellt.
Am 11. 10. 70 in Cheuby an der bei Villers l'Orme erhaltenen
Wunde gestorben.

59. **Bismarck,** v., Hugo Hermann, geb. 22. 7. 1814 zu Bittkau, Sachsen,
evang. Eingetr. 5. 6. 31 im 1. Garde-Regt. z. F., 21. 2. 32
Port. Fähnr., 18. 4. 33 Sek. Lt., 21. 5. 47 Pr. Lt., 22. 6. 52
Hauptm., 21. 10 52 Komp. Chef, 14. 6. 59 Major, 9. 1. 64 aus
dem 3. Pomm. Inf. Regt. Nr. 14 **ausgeschieden und zum Kombr.
des See-Bats.** ernannt, 25. 6. 64 Oberstlt., 26. 6. 66 zum
Kombr. des 1. Brandenburg. Landw. Regts. Nr. 8 während der
Dauer des mobil. Verhältn. ernannt, 15. 9. 66 aus der Marine
ausgeschieden und unter Entbind. von seinem letzten Kombo. im
3. Magdeburg. Inf. Regt. Nr. 66 als Kombr. desselben angestellt.
Gestorben 26. 3. 83 als Gen. Major a. D.

60. **Baacke,** Carl August Friedrich, geb. 5. 2. 1844 zu Stettin, evang.
Eingetr. 4. 10. 62 **im See-Bat.,** 11. 8. 63 Port. Fähnr., 22. 10. 64
Sek. Lt., 26. 3. 72 ausgeschieden und unter Beförder. zum Pr. Lt.
im 7. Pomm. Inf. Regt. Nr. 54 angestellt. Lebt als Hauptm. a. D.
in Berlin.

61. **Grützmacher,** Hermann Adolph, geb. 11. 2. 1833 zu Thorn, evang.
Kadett, 27. 4. 50 dem 25. Inf. Regt. als charakteris. Port. Fähnr.
überwiesen, 21. 11. 50 Port. Fähnr., 13. 1. 52 Sek. Lt., 19. 9. 60
Pr. Lt., 23. 2. 61 zum 5. Rhein. Inf. Regt. Nr. 65 vers., 2. 10. 65
**ausgeschieden und unter Beförder. zum Hauptm. und Komp.
Chef im See-Bat. angestellt,** 12. 3. 74 ausgeschieden und als
Major im 3. Posen. Inf. Regt. Nr. 58 angestellt. Lebt als
Oberstlt. a. D. in Kiel.

62. **Oertzen,** v., Felix Hans Heinrich, geb. 3. 5. 1831 zu Kl. Doberthin,
Großherzogth. Mecklenburg-Schwerin, evang. Kadett, 1. 4. 48 dem
32. Inf. Regt. als char. Port. Fähnr. überwiesen, 15. 12. 48
Port. Fähnr., 4. 5. 50 Sek. Lt., 31. 5. 59 Pr. Lt., 1. 7. 60 zum
4. Thüring. Inf. Regt. Nr. 72 vers., 13. 11. 63 Hauptm. und
Komp. Chef, 2. 10. 65 **ausgeschieden und im See-Bat. angestellt,**
15. 4. 69 ausgeschieden und im Schleswig. Inf. Regt. Nr. 84
angestellt. Lebt als Major a. D. in Landeck in Schlesien.

63. **Müller,** v., Ferdinand Leopold Max Eckhard, geb. 9. 12. 1842
zu Bromberg, evang. Eingetr. 20. 12. 61 im Kaiser Franz-
Garde-Gren. Regt. Nr. 2, 6. 6. 62 Port. Fähnr., 10. 10. 63
Sek. Lt., 13. 10. 65 **ausgeschieden und im See-Bat. angestellt,**
13. 11. 66 zu den Seewehr-Offiz. des See-Bats. übergetreten,
18. 2. 68 der Abschied bewilligt.

64. **Schlander,** Gustav Heinrich, geb. 21. 2. 1843 zu Danzig, evang. Eingetr. 1. 2. 63 im See-Bat., 8. 1. 64 Port. Fähnr., 24. 10. 65 Sel. Lt. (Patent 11. 10. 65), 22. 3. 68 ausgeschieden und im hannov. Füs. Regt. Nr. 73 angestellt. 78 als Pr. Lt. der Abschied bewilligt.

65. **Solms,** Gustav Adolph Leo, geb. 10. 1. 1846 zu Wongrowice, Posen, evang. Eingetr. 1. 10. 63 im See-Bat., 18. 6. 64 Port. Fähnr., 24. 10. 65 Sel. Lt. (Patent 11. 10. 65), 15. 11. 69 ausgeschieden und im Schleswig-Holstein. Füs. Regt. Nr. 86 angestellt. Gefallen 11. 12. 70 in der Schlacht bei Beaumont.

66. **Rutzen,** Emil Julius Eduard Joseph, geb. 15. 8. 1845 zu Neustadt, Oberschles., kathol. Eingetr. 1. 5. 64 im See-Bat., 5. 1. 65 Port. Fähnr., 13. 5. 66 Sel. Lt. (Patent 11. 10. 65), 21. 11. 72 ausgeschieden und im Großherzogl. Mecklenburg. Füs. Regt. Nr. 90 angestellt. Major aggregirt dem 3. Niederschles. Inf. Regt. Nr. 50.

67. **Heinrici,** Georg Friedrich Lebrecht Theodor, Anselm, geb. 17. 8. 1846 zu Mahla, Prov. Sachsen, evang. Kadett, 28. 4. 64 dem See-Bat. als charakteris. Port. Fähnr. überwiesen, 5. 1. 65 Port. Fähnr., 13. 5. 66 Sel. Lt. (Patent 11. 10. 65), 2. 10. 68 ausgeschieden und im 1. Thüring. Inf. Regt. Nr. 31 angestellt. 89 als Hauptm. m. Pension der Abschied bewilligt.

68. **Loos,** v., Hugo Edwin, geb. 17. 3. 1820 zu Stettin, evang. Kadett, 5. 8. 37 dem 25. Inf. Regt. als Port. Fähnr. überwiesen, 19. 8. 37 zum 10. Inf. Regt., 2. 12. 38 zum 2. Garde-Regt. z. F. vers., 20. 12. 38 Sel. Lt., vom 9. 5. bis 10. 10. 49 beim mobil. Magdeburg. Garde-Landw. Regt. kombt., 11. 5. 52 Pr. Lt., 12. 6. 55 Hauptm., 21. 5. 57 Komp. Chef, 1. 7. 60 zum 4. Garde-Regt. z. F. vers., 16. 9. 62 Major, 15. 9. 66 ausgeschieden und zum Komdr. des See-Bats. ernannt, 20. 9. 66 Oberstlt., 23. 7. 68 Oberst (Patent 3. 7. 68), 25. 2. 69 ausgeschieden und zum Komdr. des 1. Rhein. Inf. Regts. Nr. 25 ernannt. Am 12. 2. 83 in Berlin als Gen. Lt. z. D. gestorben.

69. **Natzmer,** v., Gneomar Hans Christoph Dubislav, geb. 6. 1. 1830 zu Merseburg, Sachsen, evang. Eingetr. 7. 4. 49 im 1. Garde-Regt. z. F., 14. 7. 50 Port. Fähnr., 18. 1. 51 Sel. Lt., 31. 5. 59 Pr. Lt., 15. 1. 63 Hauptm. und Komp. Chef, 15. 9. 66 ausgeschieden und im See-Bat. angestellt, 24. 9. 70 ausgeschieden und als Major im 6. Brandenburg. Inf. Regt. Nr. 52 angestellt. Gestorben 2. 7. 88 als Gen. Major a. D.

70. **Diepenbroick-Grüter,** Frhr. v., Adolph Friedrich Adam, geb. 23. 10. 1844 zu Merseburg, evang. Eingetr. 22. 4. 62 im 3. Magdeburg. Inf. Regt. Nr. 66, 9. 1. 64 Port. Fähnr., 11. 11. 65 Sel. Lt., 19. 3. 67 ausgeschieden und im See-Bat. angestellt, 21. 11. 72 Pr. Lt., 15. 4. 76 ausgeschieden und im Schleswig-Holstein. Füs. Regt. Nr. 86 angestellt. Hauptm. der Land-Gendarmerie zu Kiel.

71. **Stange,** Paul, geb. 7. 7. 1843 zu Schwarz-Colm, Schlesien, evang. Eingetr. 1. 4. 65 als Einjähr. Freiw. im 1. Posen. Inf. Regt. Nr. 18, 16. 8. 66 Sel. Lt. des 1. Aufgebots 2. Brandenburg. Landw. Regts. Nr. 12, 11. 4. 67 unter Erlaß der Prüfungen

behufs Uebertr. zur Linie als Sec. Lt. mit Patent vom 11. 4. 67
im See-Bat. angestellt, 18. 6. 69 ausgeschieden und im 4. Thüring.
Inf. Regt. Nr. 72 angestellt. Hauptm. z. D., Mitglied des Bekleidungs-Amts IV. A. K.

72. **Lübbers, v.,** Gustav Julius Eugen, geb. 26. 5. 1840 zu Greiffen-
berg, Pommern, evang. Kadett, 19. 5. 59 als Gren. dem Kaiser
Alexander Garde-Gren. Regt. Nr. 1 überwiesen, 13. 8. 59 Port. Fähnr.,
12. 7. 60 Sec. Lt., 23. 2. 61 zum 3. Garde-Gren. Regt. Königin
Elisabeth verf., 11. 4. 67 Pr. Lt., 22. 3. 68 ausgeschieden und
im See-Bat. angestellt, 19. 2. 71 Hauptm. und Komp. Chef,
19. 6. 75 ausgeschieden und im 5. Thüring. Inf. Regt. Nr. 94
angestellt. Lebt als Major z. D. in Weimar.

73. **Schweinitz,** Graf v., Julius Hans George, geb. 21. 12. 1834 zu
Breslau, evang. Eingetr. 1. 4. 54 im 2. Magdeburg Inf. Regt.
Nr. 27, 9. 1. 55 Port. Fähnr., 10. 2. 62 Sec. Lt. (Patent
4. 12. 55), 22. 3. 68 ausgeschieden und unter Beförder. zum
Pr. Lt. im See-Bat. angestellt, 20. 4. 72 ausgeschieden und im
7. Ostpreuß. Inf. Regt. Nr. 44 angestellt. Lebt als Major a. D.
in Biebrich.

74. **Rosentreter,** Adolph Robert Hermann Paul Carl, geb. 1. 4. 1844
zu Oschersleben, Sachsen, evang Eingetr. 15. 9. 61 im 2. Oberschles.
Inf. Regt. Nr. 23, 12. 4. 62 Port. Fähnr., 15. 1. 63 Sec. Lt.,
22. 3. 68 ausgeschieden und im See-Bat. angestellt, 24. 9. 70
Pr. Lt., 11. 11. 75 ausgeschieden und unter Beförderung zum
Hauptm. und Komp. Chef im Ostpreuß. Füs. Regt. Nr. 33 angestellt. Major und Kombr. des Jäger-Bats. Graf Yorck
von Wartenburg (Ostpreuß.) Nr. 1.

75. **Küppel,** Friedrich Wilhelm, geb. 15. 10. 1847 zu Colberg, evang.
Kadett, 15. 6. 66 dem 7. Brandenburg. Inf. Regt. Nr. 60 als
Port. Fähnr. überwies., 15. 1. 67 Sec. Lt., 14. 12. 68 ausgeschieden und im See-Bat. angestellt, 12. 3. 74 ausgeschieden und
unter Beförderung zum Pr. Lt. im Westfäl. Füs. Regt. Nr. 37 angestellt. Hauptm. und Komp. Chef im Füs. Regt. von Steinmetz
(Westfäl.) Nr. 37.

76. **Baeseler, v.,** Curt Philipp Leopold, geb. 9. 6. 1821 zu Berlin,
evang. Kadett, 15. 8. 38 dem 7. Inf. Regt. als Port. Fähnr.
überwies., 9. 6. 39 Sec. Lt., 22. 6. 52 Pr. Lt., 13. 8. 56 Hauptm.,
1. 11. 58 Komp. Chef, 13. 3. 66 Major, 25. 2. 69 aus dem
2. Niederschles. Inf. Regt. Nr. 47 ausgeschieden und zum Kombr.
des See-Bats. ernannt, 18. 6. 69 Oberstlt., 22. 8. 71 ausgeschieden und zum Kombr. des 3. Pomm. Inf. Regts. Nr. 14 ernannt. Gestorben 2. 5. 79 als Oberst a. D. in Dresden.

77. **Spankeren, v.,** Rudolph Friedrich Wilhelm, geb. 26. 7. 1839 zu
Mainz, evang. Kadett, 2. 5. 57 dem 7. Inf. Regt. als Sec. Lt.
überwies., 31. 8. 62 Pr. Lt., 26. 4. 64 à la suite des 3. Westfäl.
Inf. Regts. Nr. 16 gestellt, 21. 5. 64 zum 5. Ostpreuß. Inf. Regt.
Nr. 41, 30. 10. 66 zum 2. Hanseat. Inf. Regt. Nr. 76, 22. 3. 68
unter Stellung à la suite des 2. Hanseat. Inf. Regts. Nr. 76 und
unter Beförderung zum Hauptm. in den Nebenetat des Großen
Generalstabes verf., 15. 4. 69 ausgeschieden und als Komp. Chef
im See-Bat. angestellt, 18. 5. 76 ausgeschieden und im 4. Bad.

Inf. Regt. Nr. 112 angestellt. Oberst und Kommandeur des Inf. Regts. v. Voigts-Rhetz (3. Hannov.) Nr. 78.

78. **Meerscheidt-Hüllessem**, Freiherr v., Emil Julius Paul Louis, geb. 14. 4. 1840 zu Stargard i. P., evang. Kadett, 2. 5. 57 dem 9. Inf. Regt. als char. Port. Fähnr überwiesen, 12. 1. 58 Port. Fähnr., 11. 12. 58 Sek. Lt., 1. 7. 60 zum 9. kombinirten Inf. Regt. (6. Pomm. Inf. Regt. Nr. 49) vers., 10. 2. 66 Pr. Lt., 30. 10. 66 zum 2. Hanseat. Inf. Regt. Nr. 76 vers., 18. 6. 69 **ausgeschieden und im See-Bat. angestellt**, 1. 10. 69 Hauptm. und Komp. Chef, 18. 5. 76 ausgeschieden und im 4. Ostpreuß. Gren. Regt. Nr. 5 angestellt. Oberst und Kommandeur des Inf. Regts. Graf Bülow von Dennewitz (6. Westfäl.) Nr. 55.

79. **Alt**, Georg, geb. 25. 12. 1842 zu Berlin, evang. Eingetr. 1. 5. 60 im 7. Brandenburg. Inf. Regt. Nr. 60, 22. 1. 61 Port. Fähnr., 13. 8 61 Sek. Lt, 9. 1. 68 Pr. Lt, 18. 6. 69 **ausgeschieden und im See-Bat. angestellt**, 18. 10. 71 Hauptm. und Komp. Chef, 20. 4. 72 Patent seiner Charge erhalten, 1. 7. 73 ausgeschieden und im 7. Ostpreuß. Inf. Regt. Nr. 44 angestellt. Lebt als Major a. D. in Berlin.

80. **Elpons**, v., Georg Eugen Gustav, geb. 5. 5. 1845 zu Norok, Schlesien, kathol. Eingetr. 7. 4. 63 in Großh. Mecklenburg. Dienste, 6. 8. 63 Port. Fähnr., 19. 12. 65 Sek. Lt., 10. 7. 66 in Königl. Preuß. Dienste übergetr. und dem 1. Westpreuß. Gren. Regt. Nr. 6 aggreg., 30. 10. 66 in vorgenanntes Regt. einrang., 18. 6. 69 **ausgeschieden und mit einem Patent vom 1. 7. 64 im See-Bat. angestellt**, 30. 3. 71 Pr. Lt., 2. 2. 75 ausgeschieden und im Schleswig. Inf. Regt. Nr. 84 angestellt. Major im Inf. Regt. v. Manstein (Schleswig.) Nr. 84.

81. **Gervais**, Max Arthur Albert, geb. 18. 1. 1846 zu Borken, Ostpreußen, evang. Eingetr. 1. 4. 63 im 5. Ostpreuß. Inf. Regt. Nr. 41, 13. 11. 63 Port. Fähnr., 11. 10. 64 Sek. Lt., 18. 6. 69 **ausgeschieden und im See-Bat. angestellt**, 18. 10. 71 Pr. Lt., 15. 10. 74 ausgeschieden und im 3. Großh. Hess. Inf. Regt. Nr. 117 angestellt. Major im 3. Großh. Hess. Inf. Regt. (Leib-Regt.) Nr. 117

82. **Schirach**, v., Hermann Adolph Christian, geb. 13. 2. 1848 zu Kiel, evang. Eingetr. 5. 10. 65 im 1. Posen. Inf. Regt. Nr. 18, 10. 5. 66 Port. Fähnr., 16. 8. 66 Sek. Lt., 18. 6. 69 **ausgeschieden und im See-Bat. angestellt**, 16. 10. 73 ausgeschieden und unter Beförd. zum Pr. Lt im 1. Bad. Leib-Gren. Regt. Nr. 109 angestellt. Hauptm. und Komp. Chef im 1. Bad. Leib-Gren. Regt. Nr. 109.

83. **Danselow**, Ernst Otto August Wilhelm, geb. 24. 4. 1846 zu Bromberg, evang. Kadett, 18. 4. 65 dem 1. Westfäl. Inf. Regt. Nr. 13 als char. Port. Fähnr. überwies., 11. 11. 65 Sek. Lt., 18. 6. 69 **ausgeschieden und im See-Bat. angestellt**, 18. 3. 73 überzähl. Pr. Lt., 3. 9. 73 als Pr. Lt. einrang., 11. 11. 76 ausgeschieden und im 8. Westfäl. Inf. Regt. Nr. 57 angestellt. Major im Inf. Regt. Herzog Ferdinand von Braunschweig (8. Westfäl.) Nr. 57.

84. **Sorsche**, Ferdinand Bernhard Adolph, geb. 9. 5. 1846 zu Maltschawe, Schlesien, evang. Eingetr. 1. 4. 66 in das 2. Garde-Regt.

ju Fuß, 13. 12. 66 Port. Fähnr., 16. 7. 67 Sef. Lt., 18. 6. 69 ausgeschieden und im See-Bat. angestellt, 12. 3. 74. Pr. Lt., 18. 5. 76 ausgeschieden und im 5. Ostpreuß. Inf. Regt. Nr. 41 angestellt. Major im 1. Naffau. Inf. Regt. Nr. 87.

85. **Tyszka, v.,** Fritz Ernst Hugo, geb. 8. 10. 1838 ju Neuhaus, Westfalen, evang. Eingetr. 24. 6. 61 im Kaifer Franz Garde-Gren. Regt. Nr. 2, 12. 11. 61 Port. Fähnr., 11. 11. 62 Sef. Lt., 25. 1. 66 jum 12. Brandenburg. Gren. Regt. Nr. 12 verf., 1. 10. 69 ausgeschieden und im See-Bat. unter Beförd. zum Pr. Lt. angestellt, 19. 6. 75 Hauptm. und Komp. Chef, 30. 4. 77 ausgeschieden und im 7. Westfäl. Inf. Regt. Nr. 56 angestellt. Gest. als Hauptm. a. D. in Angermünde am 20. 7. 90.

86. **Schenk v. Neindorf,** Werner Gebhardt Max Georg, geb. 24. 12. 1842 ju Magdeburg, evang. Eingetr. 1. 7. 63 im 1. Westpreuß. Gren. Regt. Nr. 6, 1. 8. 64 als Unteroffiz. verabschiedet, 1. 11. 64 in das Fürstl. Reuß. Füf. Bat. eingetr., 5. 11. 64 Port. Fähnr., 30. 9. 65 Sef. Lt., 25. 9. 67 in den Verband der Preuß. Armee zurückgetreten und dem 7. Thüring. Inf. Regt. Nr. 96 zugetheilt, 1. 10. 69 ausgeschieden und im See-Bat. angestellt, 25. 5. 72 Pr. Lt., 3. 9. 73 ausgeschieden und im 2. Oberschlef. Inf. Regt. Nr. 23 angestellt. Major j. D. und Bezirksoffizier des Landwehr-Bezirks Beuthen.

87. **Aue,** Ulrich, geb. 19. 2. 1845 ju Cöthen, Herzogth. Anhalt, evang. Eingetr. 26. 4. 66 im 1. Oberschlef. Inf. Regt. Nr. 22, 13. 12. 66 Port. Fähnr., 14. 11. 67 Sef. Lt., 15. 10. 69 ausgeschieden und im See-Bat. angestellt, 16. 11. 72 unter dem gefetzl. Vorbehalt verabschiedet.

88. **Brader,** Johannes Albert Eberhard, geb. 21. 12. 1845 ju Zwischenahn, Großh. Oldenburg, luther. Eingetr. 3. 7. 66 im Großh. Oldenburg. Inf. Regt., 26. 7. 66 Port. Fähnr., 24. 9. 66 unter Beförd. zum Sef. Lt. der Referve überwiefen, 4. 7. 67 als Sef. Lt. im Großh. Oldenburg. Inf. Regt. wieder angestellt, 25. 9. 67 in den Preuß. Armee-Verband übergetreten und im Oldenburg. Inf. Regt. Nr. 91 angestellt, 15. 11. 69 ausgeschieden und im See-Bat. angestellt, 19. 9. 72 ju den Referve-Offizieren des See-Bats. übergetreten. Lebt in Oldenburg i. Großh.

89. **Kleist, v.,** Sigismund Alexander, geb. 12. 8. 1847 ju Neiße, evang. Kadett, 18. 4. 65 dem 1. Thüring. Inf. Regt. Nr. 31 als char. Port. Fähnr. überwief., 11. 11. 65 Port. Fähnr., 13. 10. 66 Sef. Lt., 15. 11. 69 ausgeschieden und im See-Bat. angestellt, 12. 2. 74 ausgeschieden und unter Beförderung zum Pr. Lt. im Ostpreuß. Füf. Regt. Nr. 33 angestellt. 16. 4. 74 ausgeschieden und zu den beurl. Offiz. der Landw. des I. Bats. (Weimar) 5. Thüring. Landw. Regts. Nr. 94 übergetreten.

90. **Roon, v.,** Wilhelm Albert Heinrich, geb. 27. 7. 1844 ju Groß-Tinz, Schlefien, evang. Kadett, 2. 5. 63 dem 4. Garde-Gren. Regt. Königin als char. Port. Fähnr. überwiefen, 13. 11. 63 Sef. Lt., 27. 4. 65 zum 1. Pofen. Inf. Regt. Nr. 18, 17. 9. 67 zum 2. Brandenburg. Gren. Regt. Nr. 12 verf., 22. 8. 70 Pr. Lt., vom 6. 7. 71 bis 12. 11. 72 zur Dienstleift. beim See-Bat. kombrt.

Major und Bats. Kombr. im Inf. Regt. von Lützow (1. Rhein.)
Nr. 25.

91. **Behr, v.**, Gustav Hans, geb. 10. 6. 1826 zu Peterwitz, West=
preußen, evang. Kadett, 10. 8. 43 dem 4. Inf. Regt. als Unteroffiz.
überwies., 10. 8. 43 Port. Fähnr., 11. 2. 47 Sek. Lt., 10. 8. 47
zum 3. Inf. Regt., 3. 9. 50 zum 18. Inf. Regt., 16. 5. 57 zum
Kaiser Franz Garde=Gren. Regt. Nr. 2 unter Beförderung zum
Pr. Lt. versf., 30. 6. 59 Hauptm., 1. 7. 60 zum 4. Garde=Gren.
Regt. Königin verst., 23. 2. 61 Komp. Chef, 18. 6. 69 Major,
30. 8. 71 ausgeschieden und zum Kombr. des See=Bats. ern.,
19. 9. 74 Oberstlt., 5. 4. 77 ausgeschieden und als Oberst mit
der Führ. des 3. Brandenburg. Inf. Regts. Nr. 20 unter Stellung
à la suite desselben beauftragt. Wohnt als Gen. Lt. z. D. in
Berlin.

92. **Caasmann**, Eduard, geb. 28. 2. 1851 zu Detmold, evang.
Eingetr. 1. 10. 68 in das 2. Nassau. Inf. Regt. Nr. 88, 12. 8. 69
Port. Fähnr., 26. 9. 70 Sek. Lt., 26. 3. 72 ausgeschieden und
im See=Bat. angestellt, 20. 5. 76 mit der gesetzl. Pension ver=
abschiedet.

93. **Mützell**, Johannes August Wilhelm, geb. 22. 9. 1848 zu Stolp,
evang. Eingetr. 1. 10. 69 im Gren. Regt. König Friedrich
Wilhelm IV. (1. Pomm.) Nr. 2, 10. 5. 70 Port. Fähnr., 12. 9. 70
Sek. Lt., 13. 4. 72 ausgeschieden und im See=Bat. angestellt,
14. 11. 72 entlassen.

94. **Heyking, v.**, Curt Alexander Wilhelm August, geb. 11. 11. 1849
zu Königsberg, evang. Eingetr. 1. 4. 67 im Gren. Regt. Kron=
prinz (1. Ostpreuß.) Nr. 1, 14. 11. 67 Port. Fähnr., 7. 7. 68
Sek. Lt., 20. 4. 72 ausgeschieden und im See=Bat. angestellt,
11. 11. 75 Pr. Lt., 12. 6. 77 ausgeschieden und im 4. Brandenburg.
Inf. Regt. Nr. 24 angestellt, 13. 11. 77 mit Pension verabschiedet.
Lebt in Berlin.

95. **Litze**, Reinhold Friedrich Leopold, geb. 8. 10. 1845 zu Leobschütz,
evang. Eingetr. 1. 10. 65 als Einjähr. Freiw. im 1. Schles.
Jäger=Bat. Nr. 5, 1. 10. 66 als Unteroffiz. zur Res. beurlaubt,
10. 5. 69 Vizefeldw., 2. 9. 70 Sek. Lt. der Res. des 1. Westpreuß.
Gren. Regts. Nr. 6, 30. 11. 70 zu den Offiz. der Linie übergetr.
und im vorgen. Regt. angestellt, 20. 4. 72 ausgeschieden und im
See=Bat. angestellt, 18. 5. 76 ausgeschieden und im 2. Schles.
Gren. Regt. Nr. 11 angestellt. Hauptm. und Komp. Chef im Gren.
Regt. Prinz Carl von Preußen (2. Brandenburg.) Nr. 12.

96. **Boxman**, Rudolph Joseph, geb. 14. 9. 1851 zu Coblenz, kathol.
Eingetr. 12. 2. 69 im 3. Rhein. Inf. Regt. Nr. 29, 15. 9 69
Port. Fähnr., 6. 9. 70 Sek. Lt., 20. 4. 72 ausgeschieden und
im See=Bat. angestellt, 30. 4. 77 ausgeschieden und im 4. Pomm.
Inf. Regt. Nr. 21 angestellt. Am 22. 11. 84 als Pr. Lt. des
4. Pomm. Inf. Regts Nr. 21 gestorben.

97. **Schneider**, Max Moritz Alexander, geb. 29. 12. 1851 zu Torgau,
evang. Kadett, 7. 4. 70 dem Schleswig=Holstein. Füs. Regt. Nr. 86
als Sek. Lt. überwies., 12. 10. 72 ausgeschieden und im See=
Bat. angestellt, 21. 8. 73 unter dem gesetzl. Vorbehalt ver=
abschiedet.

98. **Wolff,** Fedor, geb. 11. 7. 1849 zu Ohlau, Schlesien, evang.
Eingetr. 19. 11. 68 im 1. Schles. Gren. Regt. Nr. 10, 12. 8. 69
Port. Fähnr., 6. 9. 70 Sec. Lt., 12. 10. 72 **ausgeschieden und
im See-Bat. angestellt,** 7. 8. 77 ausgeschieden und unter Beförd.
zum Pr. Lt. im Pomm. Füs. Regt. Nr. 34 angestellt. Hauptm.
und Komp. Chef im Pomm. Füs. Regt. Nr. 34.

99. **Rathen,** v., Hermann Alexander Gottlieb, geb. 16. 5. 1850 zu
Merseburg, evang. Kadett, 11. 4. 67 dem 1. Thüring. Inf Regt.
Nr. 31 als char. Port. Fähnr. überwiesen, 9. 1. 68 Port. Fähnr.,
10. 8. 68 Sec. Lt., 21. 11. 72 **ausgeschieden und im See-Bat.
angestellt,** 15. 4. 76 Pr. Lt., 13. 12. 79 der Abschied mit der
gesetzl. Pension bewilligt.

100. **Engelbrecht,** Hans Hugo Carl, geb. 22. 4. 1854 zu Reckow,
Pommern, evang. Kadett, 2. 8. 70 als Port. Fähnr. dem 5. Pomm.
Inf. Regt. Nr. 42 überwiesen, 18. 11. 70 Sec. Lt., 21. 11. 72
ausgeschieden und im See-Bat. angestellt, 20. 11. 77 ausgeschieden und im 1. Westpreuß. Gren. Regt. Nr. 6 angestellt. Hauptm.
und Komp. Chef im Inf. Regt. Nr. 128.

101. **Cochius,** Paul Hermann Ernst, geb. 15. 5. 1847 zu Behlefanz,
Brandenburg, evang. Eingetr. 1. 10. 69 im Brandenburg. Füs.
Regt. Nr. 35, 21. 8. 70 Vizefeldw. der Res., 5. 3. 71 Sec. Lt.
der Res., 16. 5. 71 im stehenden Heere als Sec. Lt. des Branden-
burg Füs. Regts. Nr. 35 angestellt, 21. 11. 72 **ausgeschieden
und im See-Bat. angestellt,** 11. 12. 77 ausgeschieden und im
Westfäl. Füs. Regt. Nr. 37 angestellt. Hauptm. z. D., kombrt. zur
Dienstleistung beim Kriegsministerium.

102. **Börner,** Georg, geb. 28. 2. 1851 zu Stichhausen, Hannover,
evang. Eingetr. 1. 10. 69 im 2. Posen. Inf. Regt. Nr. 19,
12. 4. 70 Port. Fähnr., 2. 11. 70 Sec. Lt., 26. 3. 73 **ausgeschieden und im See-Bat. angestellt,** 7. 7. 77 ausgeschieden und
im Ostpreuß. Füs. Regt. Nr. 33 angestellt. Hauptm. und Komp.
Chef im Füs. Regt. Graf Roon (Ostpreuß.) Nr. 33.

103. **Reuter,** Max Emil Wilhelm, geb. 2. 1. 1838 zu Halberstadt,
evang. Eingetr. 1. 4. 58 als Einjähr. Freiw. im 1. Magdeburg.
Inf. Regt. Nr. 26, 1. 4. 59 mit der Qualifik. zum Reserve-Offiz.
entl., 13. 5. 59 während der Kriegsbereitschaft zur Kompletirung eingezogen, 10. 7. 59 Port. Fähnr., 12. 7. 60 Sec. Lt., 30. 10. 66
Pr. Lt., 18. 10. 71 Hauptm. und Komp. Chef, 14. 7. 73 **ausgeschieden und im See-Bat. angestellt,** 14. 2. 76 ausgeschieden und
im 7. Ostpreuß. Inf Regt. Nr. 44 angestellt. Major und Bats.
Kombr. im Inf. Regt. Graf Dönhoff (7. Ostpreuß.) Nr. 44.

104. **Sinhuber,** Otto Ferdinand, geb. 25. 6. 1841 zu Bischofftein,
Ostpreußen, evang. Kadett, 15. 7. 60 dem 8. Ostpreuß. Inf. Regt.
Nr. 45 als Sec. Lt. überwiesen, 14. 12. 60 Patent als Sec. Lt.,
30. 10. 66 Pr. Lt., 3. 9. 73 Hauptm. und Komp. Chef, 3. 9. 73
ausgeschieden und im See-Bat. angestellt, 12. 9. 78 ausgeschieden
und im Westfäl. Füs. Regt. Nr. 37 angestellt. Major z. D. und
Kombr. des Landw. Bezirks Stade.

105. **Zastrow,** v., Friedrich Wilhelm, geb. 21. 1. 1849 zu Swinemünde, evang. Eingetr. 1. 4. 70 im Gren. Regt. Kronprinz Nr. I,

16. 9. 70 Port. Fähnr., 30. 10. 70 Sel. Lt., 3. 9. 73 **ausgeschieden und im See-Bat. angestellt**, 22. 4. 79 ausgeschieden und
unter Beförderung zum Pr. Lt. im 1. Thüring. Inf. Regt. Nr. 31
angestellt. Hauptm. à la suite des 1. Thüring. Inf. Regts. Nr. 31,
kombrt. zur Kriegs-Akademie.

106. **Bendemann**, Hans Emil, geb. 28. 2. 1852 zu Stettin, evang.
Eingetr. 4. 8. 70 im 6. Thüring. Inf. Regt. Nr. 95, 10. 2. 71
Port. Fähnr., 15. 4. 71 Sel. Lt., 3. 9. 73 **ausgeschieden und
im See-Bat. angestellt**, 13. 3. 79 ausgeschieden und im 2. Bad.
Gren. Regt. Nr. 110 angestellt. Hauptm. und Komp. Chef im
Inf. Regt von Lützow (1 Rhein.) Nr. 25.

107. **Krahner**, Johannes Heinrich, geb. 2. 5. 1850 zu Luckau, Brandenburg, evang. Eingetr. 1. 4. 70 im Garde-Füs. Regt., 24. 12. 70
Port. Fähnr. unter Verf. zum Pomm. Gren. Regt. Nr. 9, 20. 6. 71
Sel. Lt., 3. 9. 73 **ausgeschieden und im See-Bat. angestellt**,
31. 3. 78 in Montreux gestorben.

108. **Klinkowström, v.**, Georg Friedrich Theodor, geb. 27. 5. 1849
zu Treptow a. Rega, evang. Eingetr. 27. 7. 66 im 3. Niederschles. Inf. Regt. Nr. 50, 6. 11. 66 zur Res. beurl., 1. 7. 68 im
2. Hess. Inf. Regt. Nr. 82 wieder eingetr., 9. 1. 69 Port. Fähnr.,
12. 4. 70 Sel. Lt., 3. 2. 74 **ausgeschieden und im See-Bat.
angestellt**, 12. 6. 77 Pr. Lt., 26. 11. 78 ausgeschieden und im
6. Thüring. Inf. Regt. Nr. 95 angestellt. Hauptm. und Komp.
Chef im Kadettenhause zu Culm.

109. **Ziegler**, Emil Gustav Adalbert, geb. 27. 7. 1833 zu Insterburg,
evang. Eingetr. 9. 1. 51 im Ers. Bat. der komb. 2. Inf. Brig.,
12. 2. 51 zum 33. Inf. Regt. verf., 4. 10. 51 Port. Fähnr.,
16. 11. 52 Sel. Lt., 9 12. 58 der Abschied ertheilt, 18. 5. 59
wiedereingetr. beim 17. Inf. Regt., 13. 8. 59 Port. Fähnr.,
12. 12. 59 Sel. Lt, 2. 5. 64 zum 4. Pomm. Inf. Regt. Nr. 21
verf., 10. 1. 65 Pr. Lt., 31. 10. 66 zum 1. Hanseat. Inf. Regt.
Nr. 75 verf., 22. 3. 68 Hauptm. und Komp. Chef, 12. 4. 73 dem
vorgen. Regt. aggreg., 12. 3. 74 **ausgeschieden und im See-Bat.
angestellt**, 15. 9. 77 ausgeschieden und unter Beförd. zum Major
im Gren. Regt. Kronprinz (1. Ostpreuß.) Nr. 1 angestellt. Oberstlt.
à la suite des Gren. Regts. König Friedrich III. (1. Ostpreuß.)
Nr. 1, Eisenbahnlinien-Kommissar.

110. **Lossau, v.**, Arthur Eduard Franz Wilhelm, geb. 13. 2. 1838 zu
Neiße, evang. Eingetr. 1. 10. 60 als Einjähr. Freiw. im 2. Schles.
Gren. Regt. Nr. 11, 1. 10. 61 als Unteroffiz. zur Res. beurl.,
26. 8. 64 Vizefeldw., 11. 5. bis 12. 9. 66 infolge Mobilmachung
beim 2. Oberschles. Inf. Regt. Nr. 23 eingezogen, 6. 8. 66 Sel. Lt.
der Landw. 1. Aufgebots, 14. 12. 68 zur Res. des 4. Oberschles.
Inf. Regts. Nr. 63 zurückgetr., 19. 7. 70 infolge Mobilmachung
eingezogen, 11. 4. 71 als Sel. Lt. im 4. Oberschles. Inf. Regt.
Nr. 63 angestellt, 12. 3. 74 **ausgeschieden und im See-Bat. angestellt**, 19. 6. 75 Pr. Lt., 10. 8. 77 ausgeschieden und im
6. Ostpreuß. Inf. Regt. Nr. 43 angestellt. Lebt als Hauptm. z. D.
und Bezirksoffiz. in Elbing.

111. **Schnackenburg**, Paul Hermann Friedrich, geb. 20. 7. 1850 zu
Gardelegen, evang. Eingetr. 12. 8. 70 im Brandenburg. Füs.

Regt. Nr. 35, 2. 2. 71 Port. Fähnr., 4. 4. 71 Sel. Lt., 12. 3. 74 ausgeschieden und im See-Bat. angestellt, 4. 3. 79 ausgeschieden und im 8. Rhein. Inf. Regt. Nr. 70 angestellt. Hauptm. und Komp. Chef im 8. Rhein. Inf. Regt. Nr. 70.

112. *Stosch, v., Albrecht, geb. 20. 4. 1818 zu Coblenz, evang. Kadett, 15. 8. 35 dem 29. Inf. Regt. als Sel. Lt. überwiesen, 26. 6. 49 Pr. Lt., 22. 6. 52 Hauptm., 22. 4. 56 Major, 1. 7. 60 Oberstlt., 22. 5. 61 Chef des Generalstabes des IV. Armeekorps, 18. 10. 61 Oberst, 15. 6. 66 Gen. Major, 17. 5. 66 Oberquartiermeister beim Oberkommando der II. Armee, 17. 9. 66 unter Entbind. von seiner bisherigen Stellung zu den Offiz. von der Armee versetzt, 27. 9. 66 zur Vertret. des beurl. Direktors des Milit. Oekonomie-Departements im Kriegsministerium kombrt., 18. 12. 66 Direktor vorgen. Departements, 26. 7. 70 Gen. Lt. und Gen. Intendant der Armee bei Beginn des Feldzuges 1870/71, 26. 11. 70 Chef des Stabes bei Sr. Königl. Hoheit dem Großherzog von Mecklenburg, 19. 12. 70 von letzter Stellung entbund., 10. 7. 71 Chef des Stabes des Oberkommandos der Okkupations-Armee in Frankreich, 26. 10. 71 zu den Offiz. von der Armee vers. und dem Kriegs- und Marineminister zur Verfügung gestellt, 31. 12. 71 Chef der Admiralität mit dem Charakter als Staatsminister, Mitglied des Bundesraths, 30. 11. 72 Mitglied des Herrenhauses, 20. 9. 74 à la suite des See-Bats., 22. 3. 75 Gen. der Inf., 22. 9. 75 Admiral à lu suite des See-Offizierkorps, 20. 3. 83 von seiner Stellung als Chef der Admiralität entbunden und mit der gesetzl. Pension zur Disposition gestellt, unter Weiterführung in den Listen der Marine und zwar à la suite des See-Offizierkorps mit dem Range eines Admirals und à la suite des See-Bats. stehend, 1. 4. 89 à la suite des I. See-Bats. gestellt.

113. Kuntze, Ernst Wilhelm Otto, geb. 8. 12. 1850 zu Hertwigswaldau, Schlesien, evang. Eingetr. 29. 7. 70 im Leib-Gren. Regt. (1. Brandenburg.) Nr. 8, 13. 5. 71 Port. Fähnr. unter Vers. ins 6. Brandenburg. Inf. Regt. Nr. 52, 9. 3. 72 Sel. Lt., 15. 10. 74 ausgeschieden und im See-Bat. angestellt, 21. 11. 78 ausgeschieden und im 1. Westfäl. Inf. Regt. Nr. 13 mit Patent vom 9. 3. 71 angestellt. Hauptm. und Komp. Chef im 2. Bad. Gren. Regt. Kaiser Wilhelm I. Nr. 110.

114. Hammerschmidt, Titus Friedrich August, geb. 1. 6 1852 zu Rathswalde, Preußen, evang. Eingetr. 21. 9. 70 im 5. Ostpreuß. Inf. Regt. Nr. 41, 10. 2. 72 Port. Fähnr., 14. 4. 73 Sel. Lt., 15. 10. 74 ausgeschieden und im See-Bat. angestellt, 13. 12. 79 ausgeschieden und im Holstein. Inf. Regt. Nr 85 angestellt. Hauptm. und Komp. Chef im Gren. Regt. Prinz Carl von Preußen (2. Brandenburg.) Nr. 12.

115. Mosler, Oscar Paul Julius, geb. 26. 6. 1847 zu Rainowe, Schlesien, evang. Kadett, 18. 4. 65 dem 8. Pomm. Inf. Regt.

*) Sr. Excellenz dem Gen. d. Inf. v. Stosch zu Ehren verfügte Seine Majestät der Kaiser am 20. Sept. 1874, daß der auf dem Jägerberge bei Friedrichsort gelegenen Fortifikation der Name „Fort Stosch", sowie am 8. Oktober 1877, daß dem neuerbauten, vom Stapel gelaufenen Kriegsschiffe der Name „Stosch" gegeben wurde.

Nr. 61 als charakteris. Port. Fähnr. überwiesen, 18. 4. 65 Port.
Fähnr., 9. 12. 65 Sec. Lt., 13. 5. 73 Pr. Lt., 2. 2. 75 ausgeschieden und im See-Bat. angestellt, 14. 8. 80 ausgeschieden
und als Hauptm. und Komp. Chef im 7. Brandenburg. Inf. Regt.
Nr. 60 angestellt. Lebt als Hauptm. a. D. in Stargard i. Pomm.

116. Platen, v., Hans Heinrich Edmund, geb. 19. 6. 1843 zu Roof-
winkel, Brandenburg, evang. Kadett, 25. 4. 61 dem 3. Magdeburg.
Inf. Regt. Nr. 66 als charakteris. Port. Fähnr. überwies., 11. 1. 62
Port. Fähnr., 11. 11. 62 Sec. Lt., 20. 9. 70 Pr. Lt., 11. 11. 75
ausgeschieden und im See-Bat. angestellt, 14. 2. 76 Hauptm.,
18. 6. 76 Komp. Chef, 15. 12. 81 ausgeschieden und im 1. Rhein.
Inf. Regt. Nr. 25 angestellt. Major und Bats. Kombr. im Inf.
Regt von Lützow (1. Rhein.) Nr. 25.

117. Vogel, v., Alexander Friedrich Alfred, geb. 1. 6. 1841 zu Mecheln,
Belgien, evang. Eingetr. 2. 10. 59 im 32. Inf. Regt., 23. 5. 60
Port. Fähnr., 13. 12. 60 Sec Lt. unter Vers. zum 4. Thüring.
Inf. Regt. Nr. 72, 20. 2. 66 à la suite vorgen. Regts., 15. 9. 66
Pr. Lt. à la suite des 1. Westfäl. Inf. Regts. Nr. 13, 25. 9. 67
ins 6. Thüring. Inf. Regt. Nr. 95 vers., 20. 9. 70 Hauptm. und
Komp. Chef, 14. 2. 76 ausgeschieden und im See-Bat. angestellt,
16. 12. 76 mit der gesetzl. Pension verabschiedet.

118. Deininger, Otto Friedrich Carl, geb. 5. 9. 1851 zu Heidelberg,
evang. Eingetr. 1. 5. 68 im 1. Bad. Leib-Gren. Regt. Nr. 109,
29. 12. 68 Port. Fähnr., 15. 10. 69 Sec. Lt., 15. 7. 71 in den
preuß. Armeeverband übergetr., 15. 4. 76 ausgeschieden und im
See-Bat. angestellt, 18. 5. 76 Pr. Lt., 16. 8. 81 ausgeschieden
und im 3. Hess. Inf. Regt. Nr. 83 angestellt. Hauptm. und Komp.
Chef im Inf. Regt. von Wittich (3. Hess.) Nr. 83.

119. Richelmann, Georg Ferdinand Heinrich, geb. 17. 3. 1851 zu Zeitz,
Prov. Sachsen, evang. Eingetr. 3. 1. 71 im 6. Thüring. Inf.
Regt. Nr. 95, 16. 11. 71 Port. Fähnr., 11. 1. 73 Sec. Lt, 15. 4. 76
ausgeschieden und im See-Bat. angestellt, 3. 4. 80 ausgeschieden
und im 5. Rhein. Inf. Regt. Nr. 65 angestellt. Hauptm. a. D.
und Chef in der Schutztruppe für Deutsch-Ostafrika.

120. Gühne, Carl, geb. 26. 12. 1853 zu Naumburg a. S., evang.
Eingetr. 26. 10. 72 im Magdeburg. Füs. Regt. Nr. 36, 15. 6. 73
Port. Fähnr., 15. 10. 74 Sec. Lt., 15. 4. 76 ausgeschieden und
im See-Bat. angestellt, 15. 12. 81 ausgeschieden und im 1. Westfäl.
Inf. Regt. Nr. 13 angestellt. Pr. Lt. im Inf. Regt. Herwarth
von Bittenfeld (1. Westfäl.) Nr. 13.

121. Stamford, v., Oscar Heinrich, geb. 10. 7. 1839 zu Altendorf a. W.,
Hessen-Nassau, evang. Kadett, 30. 5. 58 dem Kurfürstl. Hess.
3. Inf. Regt. als charakteris. Port. Fähnr. überwiesen, 3. 1. 59
Port. Fähnr., 14. 4. 59 Sec. Lt., 30. 10. 66 in preuß. Dienste
übernommen, im 3. Hess. Inf. Regt. Nr. 83 angestellt, 11. 4. 67
Pr. Lt., 12. 11. 72 Hauptm. und Komp. Chef unter Vers. ins
7. Westfäl. Inf. Regt. Nr. 56, 18. 5. 76 ausgeschieden und im
See-Bat. mit Patent 19. 9. 70 angestellt, 22. 3. 81 ausgeschieden
und als Major im 3. Hannov. Inf. Regt. Nr. 79 angestellt. Gestorben am 26. 1. 82 zu Hildesheim.

122. **John,** Richard Eugen Franz, geb. 22. 1. 1848 zu Graudenz, evang. Kadett, 7. 4. 66 dem 7. Ostpreuß. Inf. Regt. Nr. 44 als charakterif. Port. Fähnr. überwiesen, 24. 7. 66 Port. Fähnr., 14. 11. 67 Sef. Lt., 13. 5. 73 Pr. Lt., 18. 5. 76 ausgeschieden und im See-Bat. angestellt, 22. 3. 81 Hauptm. und Komp. Chef; 20. 10. 83 ausgeschieden und im 2. Thüring. Inf. Regt. Nr. 32 angestellt. Hauptm. und Platzmajor zu Hannover.

123. **Kaul,** Wilhelm Eduard Christoph, geb. 23. 12. 1850 zu Kläden, Sachsen, evang. Eingetr. 1. 5. 70 im 3. Magdeburg. Inf. Regt. Nr. 66, 27. 9. 70 Port. Fähnr., 15. 11. 70 Sef. Lt., 18. 5. 76 ausgeschieden und im See-Bat. angestellt, 19. 8. 79 ausgeschieden und im 6. Rhein. Inf. Regt. Nr. 68 angestellt. Gestorben August 1882 zu Marmagen in der Eifel.

124. **Oehlmann,** Hermann Ludwig Wilhelm, geb. 31. 7. 1850 zu Königsberg i. Pr., evang. Eingetr. 22. 7. 70 im Gren. Regt. Kronprinz (1. Ostpreuß.) Nr. 1, 16. 9. 70 Port Fähnr., 28. 12. 70 Sef. Lt., 18. 5. 76 ausgeschieden und im See-Bat. angestellt, 29. 7. 76 in Kiel gestorben.

125. **Bessina von Branconi,** Anton Werner Heinrich, geb. 24. 10. 1852 zu Osterwid, Sachsen, evang. Eingetr. 28. 7. 70 im 4. Magdeburg. Inf. Regt. Nr. 67, 10. 2. 71 Port. Fähnr., 12. 11. 72 zum Colberg. Gren. Regt. (2. Pomm.) Nr. 9 verf., 16. 8. 73 Sef. Lt., 14. 11. 76 ausgeschieden und im See-Bat. angestellt, 17. 9. 78 der Abschied mit der gesetzl. Pension bewilligt. Lebt in Günzerode bei Nordhausen.

126. **Ulrich,** Robert August Eduard, geb. 4. 8. 1844 zu Königsberg, Preußen, evang. Kadett, 6 5. 62 dem 8. Ostpreuß. Inf. Regt. Nr. 45 als Port. Fähnr. überwiesen, 15. 1. 63 Sef. Lt., 12. 10. 70 Pr Lt., 16. 12. 76 ausgeschieden und unter Beförderung zum Hauptm. und Komp. Chef im See-Bat. angestellt, 7. 10. 80 ausgeschieden und im 3. Hess. Inf. Regt. Nr. 83 angestellt. Lebt als Major a. D. in Wiesbaden.

127. **Ende, am,** Theodor Ewald Hermann, geb. 7. 10. 1834 zu Coblenz, evang. Kadett, 27. 4. 52 dem 30. Inf. Regt. als Sef. Lt. über- wiesen, 10. 7. 59 Pr. Lt., 23. 2. 61 zum 8. Rhein. Inf. Regt. Nr. 70 verf., 2. 4. 64 à la suite des 6. Rhein. Inf. Regts. Nr. 68 gestellt und als Hauptm. und Komp. Chef im Kad. Korps angestellt, 2. 6. 66 dem vorgenannten Regt. aggreg., 30. 10. 66 zum 1. Hanseat. Inf. Regt. Nr. 76 verf., 27. 5. 71 dem 1. Hannov. Inf. Regt. Nr. 74 unter Verleih. des Charakters als Major aggreg., 24. 6. 71 in vorgenanntem Regt. als Major einrang., 22. 3. 77 Oberstlt., 5. 4. 77 ausgeschieden und als Kombr. des See-Bats. angestellt, 22. 3. 81 ausgeschieden und mit der Führung des neu formirten 132. Inf. Regts. beauftragt. Gen. Lieut. und Kombr. der 10. Division.

128. **Schroeder,** Oscar Georg Adalbert, geb. 8. 6. 1842 zu Schoetow, Pommern, evang. Eingetr. 24. 2. 61 im 7. Pomm. Inf. Regt. Nr. 54, 8. 12. 61 Port. Fähnr., 10. 10. 63 Sef. Lt., 14. 12. 71 Pr. Lt., 11. 7. 72 à la suite des 7. Pomm. Inf. Regts. Nr. 54 gestellt, 16. 10. 73 zum 4. Ostpreuß. Gren. Regt. Nr. 5 versetzt, 30. 4. 77 ausgeschieden und als Hauptm. und Komp. Chef im

See-Bat. angestellt, 14. 7. 83 ausgeschieden und im 8. Brandenburg. Inf. Regt. Nr. 64 angestellt. Major und Bats. Kombr. im
3. Magdeburg. Inf. Regt. Nr. 66.

129. **Baumgart**, Paul Theodor, geb. 10. 4. 1851 zu Forste, Brandenburg, evang. Eingetr. 1. 10. 69 im 2. Rhein. Inf. Regt. Nr. 28,
10. 5. 70 Port. Fähnr., 6. 9. 70 Sel. Lt., 30. 4. 77 ausgeschieden und im See-Bat. angestellt, 26. 11. 78 Pr. Lt., 22. 3. 81
ausgeschieden und im Gren. Regt. König Friedrich Wilhelm IV.
(1. Pomm.) Nr. 2 angestellt. Hauptm. und Komp. Chef im 4. Bad.
Inf. Regt. Prinz Wilhelm Nr. 112.

130. **Lodemann**, Julius Gerlach Theodor, geb. 28. 8 1853 zu Lüne-
burg, luther. Eingetr. 1. 4. 72 im 1. Hannov. Inf. Regt. Nr. 74,
12. 11. 72 Port. Fähnr., 16. 10. 73 Sel. Lt., 12. 6. 77 ausgeschieden und im See-Bat. angestellt, 7. 9. 79 ausgeschieden und
im 2. Bad. Gren. Regt. Nr. 110 angestellt. Hauptm. und Komp.
Chef im Inf. Regt. Nr. 140.

131. **Modrach**, Anton Theodor Joseph Karl, geb. 4. 3. 1857 zu Bromberg, evang. Kadett, 23. 2. 74 dem 7. Pomm. Inf. Regt. Nr. 54
als Sel. Lt. überwies., 7. 7. 79 ausgeschieden und im See-Bat.
angestellt, 18. 3. 84 ausgeschieden und als Pr. Lt. im 3. Hannov.
Inf. Regt. Nr. 79 angestellt. Hauptm. und Komp. Chef im Inf.
Regt. von Voigts-Rhetz (3. Hannov.) Nr. 79.

132. **Scheller**, Rudolph Alexander, geb. 20. 4. 1848 zu Otter-sleben,
Sachsen, evang. Eingetr. 1. 10. 68 im 1. Brandenburg. Feld-Art.
Regt. Nr. 3, 1. 9. 69 als Unteroffiz. zum Pomm. Füs. Regt.
Nr. 34 vers., 13. 11. 69 Port. Fähnr., 16. 10. 70 Sel. Lt.,
7. 8. 77 ausgeschieden und im See-Bat. angestellt, 18. 3. 79
Pr. Lt., 19. 7. 83 ausgeschieden und im 1. Schles. Gren. Regt.
Nr. 10 angestellt. Hauptm. und Komp. Chef im Gren. Regt. König
Friedrich Wilhelm II. (1. Schles.) Nr. 10.

133. **Meßmer**, Albert Edmund, geb. 13. 9. 1848 zu Karlsruhe, kath.
Eingetr. 10. 6. 67 im 1. Bad. Leib-Gren. Regt., 10. 6. 68 als
Unteroffiz. der Res. entl., 20. 8. 68 wieder eingezog., 29. 12. 68
Sel. Lt. des 4. Bad. Landwehr-Bats., 14. 7. 69 Sel. Lt. im
3. Bad. Inf. Regt., 15. 7. 71 in den preuß. Armee-Verband aufgenommen und mit Patent 14. 7. 69 im 3. Bad. Inf. Regt. Nr. 111
angestellt, 18. 5. 76 Pr. Lt., 10. 8. 77 ausgeschieden und im
See-Bat. angestellt, 18. 3. 79 der Abschied mit der gesetzl. Pension
bewilligt.

134. **Bed**, Rudolph Heinrich, geb. 24. 12. 1841 zu Halle a. S., evang.
Eingetr. 26. 9. 59 im 20. Inf. Regt., 14. 4. 60 Port. Fähnr.,
13. 12. 60 Sel. Lt. im 4. Thüring. Inf. Regt. Nr. 72, 18. 12. 60
zum 3. Brandenburg. Inf. Regt. Nr. 20 zurückvers., 12. 9. 67 Pr. Lt.,
21. 9. 71 Hauptm. und Komp. Chef, 15. 9. 77 ausgeschieden und
im See-Bat. angestellt, 6. 12. 83 ausgeschieden und unter Beförderung zum überzähl. Major im 1. Westpreuß. Gren. Regt. Nr. 6
angestellt. Major z. D. und Kombr. des Landw. Bez. Jauer.

135. **Dantwiz**, Friedrich Eduard Hermann, geb. 5. 7. 1852 zu Stargard,
Mecklenburg, evang. Eingetr. 5. 3. 72 im Pomm. Füs. Regt. Nr. 34,
12. 10. 72 Port. Fähnr., 16. 10. 73 Sel. Lt., 20. 11. 77 aus-

geschieden und im See-Bat. angestellt, 15. 8. 82 ausgeschieden
und als Pr. Lt. im 7. Pomm. Inf. Regt. Nr. 54 angestellt.
Hauptm. und Komp. Chef im Inf. Regt. von der Goltz (7. Pomm.)
Nr. 54.

136. Niem, de, Carl Emil Johann, geb. 18. 8. 1853 zu Schilbau,
Sachsen, evang. Eingetr. 15. 1. 73 im 4. Thüring. Inf. Regt.
Nr. 72, 16. 8. 73 Port. Fähnr., 15. 10. 74 Sef. Lt., 11. 12. 77
ausgeschieden und im See-Bat. angestellt, 5. 6. 83 ausgeschieden
und im Inf. Regt. Nr. 131 angestellt. Lebt als Pr. Lt. a. D.
in Brandenburg a. H.

137. Troschel, Reinhardt Ferdinand Ernst, geb. 19. 2. 1852 zu Berlin,
evang. Eingetr. 10. 8. 70 im 4. Brandenburg. Inf. Regt. Nr. 24,
16. 5. 71 Port. Fähnr., 9. 3. 72 Sef. Lt., 17. 5. 78 ausgeschieden und im See-Bat. angestellt, 12. 4. 81 ausgeschieden und
als Pr. Lt. im 7. Brandenburg. Inf. Regt. Nr. 60 angestellt.
Hauptm. und Komp. Chef im Inf. Regt. Markgraf Karl (7. Brandenburg.) Nr. 60.

138. Rogge, Wilhelm Hermann Arthur Martin Paul, geb. 27. 6. 1856
zu Mainz. Eingetr. 1. 4. 74 im 1. Magdeburg. Inf. Regt. Nr. 26,
12. 11. 74 Port. Fähnr., 12. 10. 75 Sef. Lt., 17. 5. 78 ausgeschieden und im See-Bat. angestellt, 18. 3. 84 ausgeschieden und
im 5. Brandenburg Inf. Regt. Nr. 48 angestellt. Pr. Lt. im
Inf. Regt. von Stülpnagel (5. Brandenburg.) Nr. 48, kombrt. z.
Generalstab.

139. Munkel, Paul Franz, geb. 6. 3. 1854 zu Colberg, evang. Kadett,
28. 4. 72 bem 5. Bad. Inf. Regt. Nr. 113 als char. Port. Fähnr.
überwies., 11. 1. 73 Port. Fähnr., 16. 10. 73 Sef. Lt., 23. 7. 78
ausgeschieden und im See-Bat. angestellt, 17. 9. 82 ausgeschieden
und im 2. Rhein. Inf. Regt. Nr. 28 angestellt. Pr. Lt. im Inf.
Regt. von Goeben (2. Rhein.) Nr. 28.

140. Dühring, August, geb. 19. 12. 1842 zu Luxemburg, evang.
Kadett, 6. 5. 62 bem 4. Niederschlef. Inf. Regt. Nr. 51 als Sef. Lt.
überwies., 9. 3. 69 Pr. Lt., 12. 3. 74 Hauptm. und Komp. Chef,
12. 9. 78 ausgeschieden und im See-Bat. angestellt, 1. 7. 85
Vorstand des Marine-Bekleidungs-Amts der Marinestation der
Nordsee, 12. 1. 86 überzähliger Major, 1. 10. 86 Führer des
2. Halbbataillons, 6. 8. 87 ausgeschieden und als Major und
Bats. Kombr. im 6. Thüring. Inf. Regt. Nr. 95 angestellt.

141. Glahn, Hans Friedrich Wilhelm, geb. 27. 10. 1854 zu Bordeaux,
Frankreich, evang. Eingetr. 1. 4. 74 im 2. Hannov. Inf. Regt.
Nr. 77, 12. 11. 74 Port. Fähnr., 12. 10. 75 Sef. Lt., 26. 10. 78
ausgeschieden und im See-Bat. angestellt, 19. 1. 86 ausgeschieden
und als Pr. Lt. im 2. Posen. Inf. Regt. Nr. 19 angestellt.
Pr. Lt. im Inf. Regt. von Courbiere (2. Posen.) Nr. 19.

142. Schulz, Hermann Benedict Aloys Friedrich, geb. 21. 3. 1853 zu
Braunsberg, Ostpreußen, kath. Eingetr. 26. 7. 70 im 1. Westfäl.
Inf. Regt. Nr. 13, 2. 1. 71 Port. Fähnr., 9. 3. 72 Sef. Lt.,
21. 11. 78 ausgeschieden und im See-Bat. angestellt, 22. 3. 81
Pr. Lt., 15. 4. 84 ausgeschieden und im 1. Magdeburg. Inf. Regt.

Nr 26 mit Patent 22. 3. 80 angestellt. Hauptm. und Komp. Chef
im Inf. Regt. Fürst Leopold von Anhalt-Dessau (1. Magdeburg.)
Nr. 26.

143. **Rasmus**, Hermann Ferdinand Gustav, geb. 10. 11. 1852 zu
Niewieszyn, Westpreußen, evang. Eingetr. 6. 11. 74 im Heff.
Füf. Regt. Nr. 80, 15. 6. 75 Port. Fähnr., 11. 3. 76 Sek. Lt.,
4. 3. 79 ausgeschieden und im See-Bat. angestellt, 25. 9. 84
zu Kiel gestorben.

144. **Goehde**, Hans Leopold, geb. 24. 11. 1847 zu Reetz, Brandenburg,
evang. Eingetr. 12. 10. 68 als Einjähr. Freiw. im 8. Westfäl.
Inf. Regt. Nr. 57, 1. 10. 69 als Unteroffiz. zur Reserve entl.,
20. 7. 70 bis 19. 6. 71 beim 6. Pomm. Inf. Regt. Nr. 49 eingezogen, 1. 9. 70 Vizefeldw., 20. 6. 71 Sek. Lt. der Reserve,
10. 2. 72 im stehenden Heere und zwar im 6. Pomm. Inf. Regt.
Nr. 49 mit Patent 18. 10. 71 angestellt, 13. 3. 79 ausgeschieden
und im See-Bat. angestellt, 22. 3. 81 Pr. Lt., 26. 1. 83 ausgeschieden und im Schlef. Füf. Regt. Nr. 38 angestellt, dort bald
darauf verstorben.

145. **Reinhold**, Franz Theodor Conrad Leopold, geb. 15 2. 1855 zu
Königsberg, Preußen. Eingetr. 7. 5. 75 im Hannov. Füf. Regt.
Nr. 73, 14. 12. 75 Port. Fähnr., 17. 10. 76 Sek. Lt., 18. 3. 79
ausgeschieden und im See-Bat. angestellt, 2. 11 82 ausgeschieden
und im Gren. Regt. Prinz Carl von Preußen (2. Brandenburg.)
Nr. 12 angestellt. 85 ausgeschieden und zu den beurl. Offiz. der
Landw. Inf. des 2. Ref. Landw. Regts. Nr. 35 übergetreten.

146. **Bonin**, v., Georg Fürchtegott Johann, geb. 23. 5. 1855 zu Berlin,
evang. Kadett, 19. 4. 73 dem 1. Garde-Regt. zu Fuß als char.
Port. Fähnr überwief., 15. 11. 73 Port. Fähnr., 26. 4. 74 zum
7. Thüring. Inf. Regt. Nr. 96 verf., 13. 4. 75 Sek Lt., 22. 4. 79
ausgeschieden und im See-Bat. angestellt, 23. 4. 80 ausgeschieden
und im Ostfrief. Inf. Regt. Nr. 78 angestellt. Pr. Lt. im Inf.
Regt Herzog Friedrich Wilhelm von Braunschweig (Ostfrief.)
Nr. 78.

147. **Canstein**, Freiherr v., Rudolph Philipp, geb. 17. 9. 1854 zu Glatz,
evang. Eingetr. 1. 1. 72 im 1. Garde-Regt. zu Fuß, 15. 8. 72
Port. Fähnr., 15 11. 73 Sek. Lt., 16. 3. 76 zum 2. Hess. Inf. Regt.
Nr. 82 verf., 19. 8. 79 ausgeschieden und im See-Bat. angestellt,
12. 12. 82 ausgeschieden und im 2. Bad. Gren. Regt. Nr. 110
angestellt. Gestorben als Pr. Lt. a. D. am 3. 6 88 zu Marburg.

148. **Bormann**, Wilhelm Friedrich Johannes Heinrich, geb. 11. 12. 1852
zu Halberstadt, evang. Eingetr. 1. 10. 73 im 3. Brandenburg.
Inf. Regt. Nr. 20, 21. 5. 74 Port. Fähnr., 11. 2. 75 Sek. Lt.,
7. 9. 79 ausgeschieden und im See-Bat. angestellt, 3. 8. 85
ausgeschieden und als Pr. Lt. im Inf. Regt. Nr. 130 angestellt.
Pr. Lt im Inf. Regt. Nr. 130.

149. **Bünte**, Victor Carl Konrad Felix, geb. 13. 4. 1848 zu Hagen,
Westfalen, evang. Eingetr. 4. 5. 66 im 2. Thüring. Inf. Regt.
Nr. 32, 13. 12. 66 Port. Fähnr., 14. 11. 67 Sek. Lt., 23. 12. 75
Pr. Lt., 13. 12. 79 ausgeschieden und im See-Bat. angestellt,
15. 12. 81 Hauptm. und Komp. Chef, 24. 1. 85 ausgeschieden

und im Magdeburg. Füf. Regt. Nr. 36 angestellt. Lebt als
Hauptm. a. D. auf Gut Bungerstein bei Empel a. Rhein.

150. **Klaeber,** Gustav Richard, geb. 3. 1. 1854 zu Belzig, Brandenburg,
evang. Kadett, 28. 4. 72 dem 3. Brandenburg. Inf. Regt. Nr. 20
als char. Port. Fähnr. überwief., 16. 10. 73 Sec. Lt., 13. 12. 79
ausgeschieden und im See-Bat. angestellt, 26. 1. 83 Pr. Lt.,
11. 12. 86 ausgeschieden und im 7. Thüring. Inf. Regt. Nr. 96
angestellt. Lebt als Hauptm. a. D. in Halle a. S.

151. **Batsch,** Friedrich Carl, geb. 22. 1. 1841 zu Eisenach, evang.
Kadett, 8. 5. 58 dem 3. Art. Regt. als char. Port. Fähnr. überwiesen, 5. 4. 59 Port. Fähnr., 16. 8. 59 Sec. Lt., 9. 5. 66 Pr. Lt.,
21. 9. 70 Hauptm., 16. 1. 72 Batteriechef, 26. 10. 72 zum
Brandenburg. Fuß-Art. Regt. Nr. 3, 12. 12. 72 zum Brandenburg.
Feld-Art. Regt. Nr. 3 verf., 16. 8. 76 à la suite des vorgen.
Regts. gestellt, 12. 9. 78 zum 2. Hannov. Feld-Art. Regt. Nr. 26
verf., 11. 6. 79 mit dem Char. als Major verabschiedet, 27. 3. 80
behufs Ausbildung im Intendanturdienst in der Marine und zwar
à la suite des See-Bats. angestellt, 19. 9. 83 der Abschied mit
der gesetzl. Pension bewilligt.

152. **Bullrich,** Alfred Wilhelm Ferdinand, geb. 10. 4. 1852 zu Charlottenburg, evang. Eingetr. 4. 10. 70 im 5. Pomm. Inf. Regt.
Nr. 42, 1. 6. 71 Port. Fähnr., 11. 5. 72 Sec. Lt., 3. 4. 80 ausgeschieden und im See-Bat. angestellt, 15. 12. 81 Pr. Lt., 17. 6. 87
ausgeschieden und im 6. Rhein. Inf. Regt. Nr. 68 angestellt.
Hauptm. und Komp. Chef im 6. Rhein. Inf. Regt. Nr. 68.

153. **Brennhausen,** Maximilian Robert Julius, geb. 30. 7. 1856 zu
Schweidnitz, evang. Kadett, 19. 4. 73 dem 3. Hess. Inf. Regt.
Nr. 83 als char. Port. Fähnr. überwief., 12. 3. 74 Port. Fähnr.,
15. 10. 74 Sec. Lt., 23. 4. 80 ausgeschieden und im See-Bat.
angestellt, 13. 5. 84 ausgeschieden und im 2. Hess. Inf. Regt.
Nr 82 angestellt. Hauptm. und Komp. Chef im Inf. Regt.
Nr. 145.

154. **Gotsch,** v., Johann Maximilian, geb. 8. 6. 1850 zu Berlin, evang.
Kadett, 7. 4. 68 dem 6. Thüring. Inf. Regt. Nr. 95 als char.
Port. Fähnr. überwief., 14. 12. 68 Port. Fähnr., 13. 11. 69
Sec. Lt., 16. 8. 76 Pr. Lt., 14. 8. 80 ausgeschieden und im
See-Bat. angestellt, 15. 8. 82 ausgeschieden und im 4. Ostpreuß.
Gren. Regt. Nr. 5 angestellt. Hauptm. und Komp. Chef im Gren.
Regt. Graf Kleist von Nollendorf (1. Westpreuß.) Nr. 6.

155. **Boege,** Max Friedrich Konrad, geb. 15. 4. 1845 zu Oels, Schlesien,
evang. Eingetr. 23. 2. 63 im 3. Niederschles. Inf. Regt. Nr. 50,
15. 9. 63 Port. Fähnr., 10. 9. 64 Sec. Lt., 30. 10. 66 zum
2. Hess. Inf. Regt. Nr. 82 verf., 16. 9. 70 Pr. Lt., 11. 3. 76
überzähl. Hauptm., 30. 4. 77 Komp. Chef, 7. 10. 80 ausgeschieden
und im See-Bat. angestellt, 4. 1. 81 ausgeschieden und als
Platzmajor in Hannover angestellt. Lebt als Major a. D. in
Hannover.

156. **Boetticher,** v., Wilhelm Theodor August, geb. 5. 10. 1845 zu
Nordhausen, evang. Eingetr. 5. 3. 64 im 2. Rhein. Inf. Regt.
Nr. 28, 11. 10. 64 Port. Fähnr., 11. 10. 65 Sec. Lt., 14. 12. 71

Pr. Lt., 25. 11. 79 Hauptm. dem 2. Rhein. Inf. Regt. Nr. 28
aggreg., 4. 1. 81 **ausgeschieden und als Hauptm. und Komp. Chef
im See-Bat. angestellt,** 27. 11. 82 in den Adelstand erhoben,
16. 5. 85 ausgeschieden und im 2. Posen. Inf. Regt. Nr. 19 angestellt. Ueberzähl. Major im Inf. Regt. Nr. 143.

157. **Aleck,** Oscar Rudolph Philipp, geb. 23. 5. 1834 zu Mockrau,
Westpreußen, evang. Eingetr. 21. 3. 52 im 32. Inf. Regt.,
1. 1. 53 Port. Fähnr., 14. 11. 54 zum 35. Inf. Regt. verf.,
13. 1. 55 Sek. Lt., 20. 9. 61 Pr. Lt., 9. 6. 65 à la suite des
Regts. gestellt, 19. 2. 67 Hauptm., 18. 7. 72 als Komp. Chef im
Anhalt. Inf. Regt. Nr. 93 angestellt, 13. 9. 76 mit dem Char. als
Major dem vorgen. Regt. aggreg., 10. 2. 77 Patent verliehen
erhalten, 30. 5. 77 in die 19. Hauptmannsstelle einrang., 12. 1. 78
etatsm. Stabsoffiz., 22. 3. 81 **ausgeschieden und als Kommdr.
des See-Bats.** angestellt, 23. 8. 83 ausgeschieden und als Major
und Bats. Kommdr. im Pomm. Füs. Regt. Nr. 34 angestellt. Lebt
als Oberstlt. z. D. in Eisenach.

158. **Faber, v.,** August Carl Maria Philipp, geb. 8. 3. 1855 zu Offen-
burg, Baden, kathol. Kadett, 28. 4. 72 dem 6. Rhein. Inf. Regt.
Nr. 68 als char. Port. Fähnr. überwies., 11. 1. 73 Port. Fähnr.,
16. 10. 73 Sek. Lt., 22. 3. 81 **ausgeschieden und im See-Bat.
angestellt,** 20. 10. 83 Pr. Lt., 22. 3. 87 ausgeschieden und im
Inf. Regt. Nr. 138 angestellt. Hauptm. und Komp. Chef im Inf.
Regt. 138.

159. **Schoch,** Wilhelm Ludwig Carl, geb. 31. 5. 1853 zu Halberstadt,
evang. Eingetr. 20. 4. 73 im Schlesw. Holst. Füs. Regt. Nr. 86,
15. 12. 73 Port. Fähnr., 15. 10. 74 Sek. Lt., 22. 3. 81 **ausgeschieden und im See-Bat. angestellt,** 14. 10. 84 ausgeschieden
und im 3. Ostpreuß. Gren. Regt. Nr. 4 angestellt. Lebt als Pr. Lt.
a. D. in Saargemünd.

160. **Vanasse,** Jean Bernhard Ernst, geb. 20. 6. 1855 zu Colberg, evang.
Kadett, 19. 4. 73 dem 7. Brandenburg. Inf. Regt. Nr. 60 als
char. Port. Fähnr. überwies., 15. 11. 73 Port. Fähnr., 12. 11. 74
Sek. Lt., 12. 4. 81 **ausgeschieden und im See-Bat. angestellt,**
24. 1. 85 Pr. Lt., 22. 3. 86 ausgeschieden und im Inf. Regt.
Nr. 99 angestellt. Hauptm. und Komp. Chef im Inf. Regt. Nr. 99.

161. **Detring,** Richard Carl Friedrich, geb. 2. 12. 1851 zu Berlin,
evang. Eingetr. 1. 10. 69 im 6. Brandenburg. Inf. Regt. Nr. 52,
10. 5. 70 Port. Fähnr., 26. 9. 70 Sek. Lt., 23. 9. 79 Pr. Lt.,
16. 8. 81 **ausgeschieden und im See-Bat. angestellt,** 24. 1. 85
Hauptm. und Komp. Chef, 12. 11. 85 à la suite der Marine
gestellt und mit der Uniform des See-Bats. zur Dienstleist. in
der Admiralität kommandirt. Hauptm. à la suite der Marine,
kommandirt zum Reichs-Marine-Amt.

162. **Geißler,** Wilderich Gustav, geb. 17. 1. 1854 zu Beckum, Westfalen, kathol. Eingetr. 1. 4. 73 im 1. Westfäl. Inf. Regt. Nr. 13,
15. 11. 73 Port. Fähnr., 15. 10. 74 Sek. Lt., 15. 12. 81 **ausgeschieden und im See-Bat. angestellt,** 26. 6. 84 Pr. Lt.,
13. 11. 86 ausgeschieden und im Leib-Gren. Regt. Nr. 8 (1. Brandenburg.) angestellt. Hauptm. und Komp. Chef im Leib-Gren.
Regt. König Friedrich Wilhelm III. (1. Brandenburg.) Nr. 8.

163. **Bode,** Johannes Wilhelm Gustav, geb. 22. 5. 1856 zu Magdeburg, evang. Eingetr. 1. 4. 78 im Magdeburg. Füs. Regt. Nr. 36,
12. 4. 79 Port. Fähnr., 11. 6. 79 Sel. Lt., 15. 8. 82 ausgeschieden und im See-Bat. angestellt, 19. 9. 88 Pr. Lt., 1. 4. 89
Adjutant der Inspektion der Marine-Infanterie unter Stellung
à la suite des I. See-Bats., 8. 5. 90 ausgeschieden und im
Inf. Regt. von der Golz (7. Pomm.) Nr. 54 angestellt.

164. **Prittwitz und Gaffron,** v., Robert Julius Wilhelm, geb. 26.3. 1852
zu Mainz, evang. Kadett, 2. 8. 70 dem 2. Rhein. Inf. Regt.
Nr. 28 als char. Port. Fähnr. überwies., 26. 1. 71 Port. Fähnr.,
9. 3. 72 Sel. Lt., 22. 3. 81 Pr. Lt., 17. 9. 82 ausgeschieden
und im See-Bat. angestellt, 21. 8. 88 Hauptm. und Komp. Chef,
1. 4. 89 Hauptm. und Komp. Chef im I. See-Bat., 30. 7. 89
ausgeschieden und im 4. Großh. Hess. Inf. Regt. Nr. 118 angestellt.

165. **Loeper,** v., Ferdinand Johann, geb. 2. 2. 1859 zu Mubbelmow,
Pommern, evang. Kadett, 15. 4. 78 dem Garde-Füs. Regt. als
Sel. Lt. überwies., 17. 9. 82 ausgeschieden und im See-Bat.
angestellt, 14. 4. 87 ausgeschieden und im Mecklenburg. Füs. Regt.
Nr. 90 angestellt. Pr. Lt. im Mecklenburg. Füs. Regt. Nr. 90.

166. **Beye,** Alexander Friedrich August Johann, geb. 21. 4. 1860 zu
Oldenburg, Großherzogth., evang. Kadett, 14. 4. 77 dem 8. Westfäl.
Inf. Regt. Nr. 57 als char. Port. Fähnr. überwies., 11. 12. 77
Port. Fähnr., 12. 10. 78 Sel. Lt., 2. 11. 82 ausgeschieden und
im See-Bat. angestellt, 28. 6. 87 Pr. Lt. vorl. ohne Patent,
16. 7. 87 Patent seiner Charge erhalten, 16. 8. 87 ausgeschieden
und im 5. Rhein. Inf. Regt. Nr. 65 angestellt. Pr. Lt. im 5. Rhein.
Inf. Regt. Nr. 65.

167. **Maurhoff,** August Karl, geb. 27. 7. 1855 zu Aachen, evang.
Kadett, 23. 4. 74 dem 3. Rhein. Inf. Regt. Nr. 29 als char.
Port. Fähnr. überwies., 12. 12. 74 Port. Fähnr., 6. 76 Sel. Lt.,
12. 12. 82 ausgeschieden und im See-Bat. angestellt, 12. 11. 85
ausgeschieden und im 2. Oberschles. Inf. Regt. Nr. 23 angestellt.
Pr. Lt. im Inf. Regt. von Winterfeldt (2. Oberschles.) Nr. 23.

168. **Fischer,** Ernst Gottfried Eduard, geb. 24. 8. 1856 zu Berlin, evang.
Kadett, 15. 4. 75 dem 4. Oberschles. Inf. Regt. Nr. 63 als char.
Port. Fähnr. überwies., 14. 12. 75 Port. Fähnr., 17. 2. 77 zum
8. Pomm. Inf. Regt. Nr. 61 vers., 12. 3. 78 Sel. Lt., 12. 6. 80
der Abschied bewilligt, 1. 7. 81 als Sel. Lt. mit Patent 1. 7. 81
in Königl. Sächs. Diensten angestellt, 29. 1. 83 der Abschied aus
Königl. Sächs. Diensten bewilligt und im See-Bat. mit Patent
1. 7. 81 angestellt, 16. 5. 88 ausgeschieden und im Inf. Regt.
Graf Werder (4. Rhein.) Nr. 3 angestellt. Offizier in der Schutztruppe für Deutsch-Ostafrika.

169. **Keller,** Jakob Heinrich Carl, geb. 4. 4. 1858 zu Karlsruhe, evang.
Eingetr. 1. 10. 76 im 5. Bad. Inf. Regt. Nr. 113, 26. 1. 77
Unteroffiz. im 2. Nassau. Inf. Regt. Nr. 88, 15. 5. 77 Port. Fähnr.,
14. 2. 78 Sel. Lt., 26. 1. 83 ausgeschieden und im See-Bat.
angestellt, 22. 3. 87 ausgeschieden und unter Beförderung zum
Pr. Lt. im 6. Bad. Inf. Regt. Nr. 114 angestellt. Pr. Lt. im
6. Bad. Inf. Regt. Kaiser Friedrich III. Nr. 114.

170. **Cölpöffel v. Löwensprung**, Curt Hans Paul, geb. 20. 6. 1844 zu
Pr. Stargardt, Westpreußen, evang. Kadett, 2. 5. 63 dem
3. Ostpreuß. Gren. Regt. Nr. 4 als char. Port. Fähnr. überwies.,
11. 12. 63 Port. Fähnr., 11. 10. 64 Sek. Lt., 30. 10. 66 zum
1. Hannov. Inf. Regt. Nr. 74 verf., 22. 8. 70 Pr. Lt., 15. 9. 77
Hauptm. und Komp. Chef, 14. 7. 83 ausgeschieden und im
See-Bat. angestellt, 1. 7. 85 Vorstand des Marine-Bekleidungs-
Amts der Marinestation der Ostsee, 14. 2. 88 char. Major, Führer
des 1. Halbbataillons des See-Bats., 19. 9. 88 Patent seiner
Charge erhalten, 1. 4. 89 Major und Kombr. des I. See-Bats.

171. **Görne, v.**, Curt Ferdinand Carl, geb. 21. 9. 1848 zu Berlin,
evang. Eingetr. 1. 10. 69 in das 2. Garde-Regt. z. F., 26. 9. 70
Port. Fähnr., 10. 11. 70 Sek. Lt., 11. 6. 79 unter Beförderung
zum Pr. Lt. mit Patent 13. 3. 79 zum 4. Garde-Regt. z. F. verf.,
19. 7. 83 ausgeschieden und im See-Bat. mit Patent 13. 3. 76
angestellt, 20. 10. 83 Hauptm. und Komp. Chef, 18. 3. 89 ausgeschieden und als Komp. Chef im Inf. Regt. von Manstein
(Schleswigsches) Nr. 84 angestellt.

172. **Roques, v.**, Georg Friedrich Franz, geb. 20. 7. 1833 zu Cassel,
evang. Kadett, 10. 6. 51 dem ehem. Kurhess. 2. Inf. Regt. als
Port. Fähnr. überwies., 30. 9. 51 Sek. Lt., 7. 8. 59 Pr. Lt.,
30. 10. 66 in preuß. Dienste übernommen und im 2. Hess. Inf.
Regt. Nr. 82 angestellt, 14. 11. 67 Hauptm. und Komp. Chef,
11. 3. 76 bem gen. Regt. als überzähl. Major aggreg., 11. 1. 77
im Pomm. Füs. Regt. Nr. 34 als Major einrang., 5. 11. 79
Bats. Kombr., 23. 8. 83 ausgeschieden und als Kombr. des
See-Bats. angestellt, 27. 11. 83 Oberstlt., 1. 4. 85 Rang und
Kompetenzen eines Regts. Kombrs. erhalten, 29. 6. 86 Allerhöchst
mit Wahrnehmung der Geschäfte der Kommandantur Kiel beauftragt, 15. 1. 87 Oberst, 1. 4. 89 Inspekteur der Marine-Infanterie
unter Stellung à la suite des I. See-Bataillons, 19. 11. 89
Rang als Brigadekommandeur erhalten, 24. 3. 90 ausgeschieden
und unter Beförderung zum Gen. Major zum Kommandeur der
20. Inf. Brigade ernannt.

173. **Freyhold, v.**, Waldemar Adolph Alexander, geb. 30. 1. 1863
zu Graudenz, evang. Kadett, 17. 4. 80 dem 4. Pomm. Inf. Regt.
Nr. 21 als Sek. Lt. überwies., 20. 10. 83 ausgeschieden und im
See-Bat. mit Patent 17. 4. 79 angestellt, 16. 5. 88 ausgeschieden
und unter Beförderung zum Pr. Lt. im Braunschweig. Inf. Regt.
Nr. 92 angestellt.

174. **Greffer**, Hermann, geb. 29. 3. 1843 zu Hamm, Westfalen, evang.
Eingetr. 15. 1. 61 im 3. Thüring. Inf. Regt. Nr 71, 12. 7. 62
Port. Fähnr., 13. 11. 63 Sek. Lt., 15. 7. 71 Pr. Lt., 22. 7. 75
zum 8. Rhein. Inf. Regt. Nr. 70 verf., 30. 4. 77 Hauptm. und
Komp. Chef, 6. 12. 83 ausgeschieden und im See-Bat. angestellt,
6. 8. 87 Char. als Major verliehen erhalten. Führer des 2. Halbbataillons, Vorstand des Marine-Bekleidungs-Amts der Marinestation der Nordsee, 17. 1. 88 Patent seiner Charge erhalten,
1. 4. 89 Kombr. des II. See-Bats.

175. **Geßner**, Otto Friedrich August, geb. 26. 8. 1855 zu Creutzburger
Hütte, Schlesien, evang. Eingetr. 1. 10. 77 im 4. Niederschles.

Inf. Regt. Nr. 51, 14. 5. 78 Port. Fähnr., 11. 2. 79 Sec. Lt.,
18. 3. 84 ausgeschieden und im See-Bat. mit Patent 11. 8. 78
angestellt, 17. 6. 87 Pr. Lt., 18. 3. 89 ausgeschieden und im
3. Magdeburg. Inf. Regt. Nr. 66 angestellt.

176. **Bülow, v.,** Hermann Julius Carl Wilhelm Gottlob Ludwig
Hugo, geb. 6. 8. 1858 zu Braunfels, Rheinprovinz, evang.
Eingetr. 18. 3. 78 im Anhalt. Inf. Regt. Nr. 93, 12. 11. 78
Port. Fähnr., 11. 12. 79 Sec. Lt., 18. 3. 84 ausgeschieden und
im See-Bat. mit Patent 11. 6. 79 angestellt, 21. 8. 88 Pr. Lt.,
16. 2. 89 ausgeschieden und im 3. Großherz. Hess. Inf. Regt.
(Leib-Regt.) Nr. 117 angestellt.

177. **Etzel, v.,** Otto Carl Hermann Franz, geb. 17. 5. 1860 zu Naumburg, evang. Eingetr. 16. 3. 78 im 2. Garde-Regt. zu Fuß,
12. 10. 78 Port. Fähnr., 16. 10. 79 Sec. Lt., 15. 4. 84 ausgeschieden und im See-Bat. mit Patent 16. 10. 78 angestellt,
16. 8. 87 Pr. Lt., 19. 9. 88 ausgeschieden und im 4. Garde-
Gren. Regt. Königin angestellt.

178. **Rützleben, v.,** Friedrich Hans, geb. 11. 11. 1860 zu Weilar,
Großherzogth. Sachsen, evang. Eingetr. 7. 1. 79 im Kaiser Franz
Garde-Gren. Regt. Nr. 2, 12. 8. 79 Port. Fähnr., 14. 10. 80
Sec. Lt., 15. 4. 84 ausgeschieden und im See-Bat. mit Patent
14. 10. 79 angestellt, 13. 12. 88 überzähl. Pr. Lt., 16. 2. 89
einrang., 18. 3. 89 ausgeschieden und im 7. Thüring. Inf. Regt.
Nr. 96 angestellt. Persönlicher Adjutant Sr. Königl. Hoheit des
Prinzen Heinrich von Preußen.

179. **Becker,** Alfred Gotthold, geb. 19. 11. 1859 zu Liebemühl, Ostpreußen, evang. Eingetr. 1. 10. 80 im 5. Ostpreuß. Inf. Regt.
Nr. 41, 14. 5. 81 Port. Fähnr., 11. 2. 82 Sec. Lt., 15. 4. 84
ausgeschieden und mit Patent 11. 2. 81 im See-Bat. angestellt,
1. 4. 89 Sec. Lt. im I. See-Bat., 16. 1. 90 ausgeschieden und
unter Beförderung zum Pr. Lt. im Inf. Regt. Nr. 136 angestellt.

180. **Treusch v. Buttlar-Brandenfels,** Freiherr, Wolfgang Udo
Friedrich Wetter Ludwig, geb. 28. 4. 1861 zu Fulda, evang.
Kadett, 17. 4. 80 dem 5. Pomm. Inf. Regt. Nr. 42 als Sec. Lt.
überwies., 13. 5. 84 ausgeschieden und im See-Bat. mit Patent
17. 4. 79 angestellt, 13. 12. 87 ausgeschieden und unter Beförder.
zum Pr. Lt. im 1. Thüring. Inf Regt. Nr. 31 angestellt. Pr. Lt.
im 1. Thüring. Inf. Regt. Nr. 31.

181. **Scheeffer,** Oscar Friedrich Wilhelm Felix, geb. 7. 3. 1859 zu
Berlin, evang. Kadett, 14. 7. 77 dem 7. Brandenburg. Inf. Regt.
Nr. 60 als Sec. Lt. überwies., 14. 10. 84 ausgeschieden und im
See-Bat. mit Patent 14. 4. 76 angestellt, 22. 3. 86 Pr. Lt.,
1. 4. 89 Pr. Lt. im II. See-Bat., 10. 9. 90 char. Hauptm.

182. **Esch, von der,** Adolf Otto Joseph Arthur Ludwig, geb. 4. 3. 1861
zu Stettin, evang. Eingetr. 7. 2. 79 im 4. Garde-Gren. Regt.
Königin, 21. 6. 79 zum 1. Großherzogl. Hess. Inf. (Leib-) Regt.
Nr. 115 vers., 13. 1. 80 Port. Fähnr., 1. 7. 80 zum 1. Bad. Leib-
Gren. Regt. Nr. 109 vers., 14. 10. 80 Sec. Lt., 14. 10. 84 ausgeschieden und im See-Bat. mit Patent 14. 6. 80 angestellt,
1. 4. 89 Sec. Lt. im II. See-Bat., 27. 8. 89 unter Versetzung

zum I. See-Bat. zum Pr. Lt. befördert, 16. 1. 90 ausgeschieden
und im Inf. Regt. von Courbière (2. Pos.) Nr. 19 angestellt.

183. **Oven, v.,** Burghard Franz Victor, geb. 28. 7. 1861 zu Lubom,
Posen, evang. Eingetr. 3. 4. 81 im Oldenburg. Inf. Regt. Nr. 91,
15. 11. 81 Port. Fähnr., 13. 9. 82 Sek. Lt., 14. 10. 84 ausgeschieden und im See-Bat. mit Patent 13. 9. 81 angestellt,
1. 4. 89 Sek. Lt. im II. See-Bat., 24. 3. 90 ausgeschieden und
unter Beförderung zum Pr. Lt. im 2. Bad. Gren. Regt. Kaiser
Wilhelm I. Nr. 110 angestellt.

184. **Knopf,** Oscar Carl August, geb. 28. 6. 1859 zu Hildburghausen,
evang. Eingetr. 29. 3. 78 im Garde-Pion. Bat., 12. 11. 78
Port. Fähnr., 16. 10. 79 außeretatsmäß. Sek. Lt. der 1. Ing.
Inspekt., 11. 7. 82 zum Garde-Pion. Bat. verf., 11. 11. 84 zur
1. Ing. Inspekt. zurückgetreten, 13. 1. 85 ausgeschieden und im
See-Bat. angestellt, 18. 3. 89 Pr. Lt., 1. 4. 89 Pr. Lt. im
I. See-Bat.

185. **Fähndrich,** Ferdinand Eduard, geb. 10. 2. 1847 zu Berlin,
evang. Eingetr. 2. 7. 66 im 4. Brandenburg. Inf. Regt. Nr. 24,
9. 2. 67 Port. Fähnr., 8. 2. 68 Sek. Lt., 11. 2. 75 Pr. Lt.,
13. 5. 82 Hauptm. und Komp. Chef ohne Patent, 24. 6. 82 Patent
seiner Charge erhalten, 16. 5. 85 ausgeschieden und im See-Bat.
mit Patent 24. 6. 81 angestellt, 1. 4. 89 Hauptm. im II. See-
Bat. und Vorstand des Marine-Bekleidungs-Amts Wilhelmshaven,
16. 1. 90 ausgeschieden und im Inf. Regt. Nr. 128 mit Patent
21. 3. 81 angestellt.

186. **Barnekow,** Freiherr v., Axel Adolph Konstantin, geb. 22. 8. 1856
zu Schneidemühl, Posen, evang. Eingetr. 1. 2. 76 im Kaiser
Alexander Garde-Gren. Regt. Nr. 1, 18. 8. 76 Port. Fähnr.,
13. 10. 77 Sek. Lt., 3. 8. 85 ausgeschieden und im See-Bat.
mit Patent 13. 10. 76 angestellt, 13. 11. 86 Pr. Lt., 28. 6. 87
ausgeschieden und im Kaiser Franz Garde-Gren. Regt. Nr. 2
angestellt. Pr. Lt. im Kaiser Franz Garde-Gren. Regt. Nr. 2.

187. **Hartmann, v.,** Marton Wilhelm, geb. 17. 7. 1852 zu Saalfeld,
Preußen, evang. Kadett, 7. 4. 70 dem Großherzogl. Mecklenburg.
Inf. Regt. Nr. 89 als Sek. Lt. überwies., 12. 10. 78 Pr. Lt.,
14. 4. 85 überzähl. Hauptm., 12. 11. 85 ausgeschieden und als
Hauptm. und Komp. Chef im See-Bat. angestellt, 21. 8. 88
ausgeschieden und als Komp. Chef im Inf. Regt. Großherzog
Friedrich Franz II. von Mecklenburg-Schwerin (4. Brandenburg.)
Nr. 24. Hauptm. à la suite vorgen. Regts., kommandirt als
Gouv. der Herzöge Adolph Friedrich und Heinrich von Mecklen-
burg-Schwerin, H. H.

188. **Herzberg,** Graf v., Eugen Carl Ludwig Wilhelm, geb. 13. 4. 1854
zu Rio de Janeiro, Brasilien, evang. Eingetr. 27. 5. 76 im
1. Nassau. Inf. Regt. Nr. 87, 11. 11. 76 Port. Fähnr., 13. 10. 77
Sek. Lt., 12. 11. 85 ausgeschieden und im See-Bat. angestellt,
22. 3. 87 Pr. Lt., 1. 4. 89 Pr. Lt. im I. See-Bat., 24. 3. 90
ausgeschieden und im Inf. Regt. Graf Tauenzien von Wittenberg
(3. Brandenburg.) Nr. 20 angestellt.

189. **Roques, v.,** Adolf August, geb. 14. 3. 1862 zu Stade, Hannover,
evang. Kadett, 16. 4. 81 dem 3. Hannov. Inf. Regt. Nr. 79 als

Sel. Lt. überwies., 9. 1. 86 **ausgeschieden und im See-Bat. angestellt**, 1. 4. 89 Sel. Lt. im I. See-Bat., 24. 3. 90 ausgeschieden und im Gren. Regt. König Friedrich III. (1. Ostpreuß.) Nr. 1 angestellt.

190. **Damrath,** Rudolph Ernst, geb. 12. 7. 1849 zu Fiblitz, Westpreußen, evang. Eingetr. 10. 1. 68 im 8. Pomm. Inf. Regt. Nr. 61, 10. 9. 68 Port. Fähnr., 8. 4. 69 Sel. Lt., 13. 3. 79 Pr. Lt., 13. 12. 83 überzähl. Hauptm., 12. 1. 84 Komp. Chef, 22. 3. 86 **ausgeschieden und im See-Bat. mit Patent vom 13. 12. 82 angestellt**, 1. 4. 89 Hauptm. und Komp. Chef im I. See-Bat., 7. 4. 89 Vorstand des Bekleidungs-Amts Kiel, 8. 4. 90 von dieser Stelle entbunden und Komp. Chef im I. See-Bat.

191. **Floerle,** Gustav Theodor Christian Max, geb. 30. 7. 1850 zu Parchim, Mecklenburg, luther. Kadett, 12. 4. 69 als char. Port. Fähnr. dem Großherzogl. Mecklenburg. Füs. Regt. Nr. 90 überwiesen, 15. 1. 70 Port. Fähnr., 6. 9. 70 Sel. Lt., 14. 5. 78 Pr. Lt., 22. 3. 81 zum Holstein. Inf. Regt. Nr. 85 vers., 22. 3. 86 **ausgeschieden und unter Beförderung zum Hauptm. und Komp. Chef im See-Bat. angestellt**, 1. 4. 89 Hauptm. und Komp. Chef im II. See-Bat., 8. 5. 90 ausgeschieden und im Gren. Regt. König Wilhelm I. (2. Westpreuß.) Nr. 7 angestellt.

192. **Hildebrandt,** Carl Friedrich Wilhelm, geb. 31. 8. 1856 zu Cammin, Pommern, evang. Eingetr. 26. 6. 76 im 7. Pomm. Inf. Regt. Nr. 54, 10. 2. 77 Port. Fähnr., 14. 2. 78 Sel. Lt., 22. 3. 86 **ausgeschieden und im See-Bat. mit Patent 14. 2. 77 angestellt**, 11. 12. 86 Pr. Lt., 1. 4. 89 Pr. Lt. im I. See-Bat.

193. **Transfeldt,** Max Carl, geb. 17. 12. 1863 zu Salzwedel, Sachsen, evang. Kadett, 14. 4. 83 als Sel. Lt. dem Niederrhein. Füs. Regt. Nr. 39 überwiesen, 13. 11. 86 **ausgeschieden und im See-Bat. mit Patent 14. 4. 82 angestellt**, 1. 4. 89 Sel. Lt. im I. See-Bat., 14. 6. 90 Pr. Lt., 12. 8. 90 zum II. See-Bat. versetzt.

194. **Wangenheim,** Freiherr v., Ernst Hermann Hans Cecil, geb. 15. 11. 1862 zu Berlin, evang. Kadett, 16. 4. 81 als Sel. Lt. dem 5. Thüring. Inf. Regt. Nr. 94 (Großherzog von Sachsen) überwiesen, 11. 12. 86 **ausgeschieden und im See-Bat. mit Patent 16. 4. 80 angestellt**, 18. 3. 89 Pr. Lt., 1. 4. 89 Pr. Lt. im II. See-Bat., 12. 8. 90 ausgeschieden und im 2. Garde-Regt. zu Fuß angestellt.

195. **Eben,** Otto Ferdinand, geb. 10. 7. 1861 zu Ebensee, Westpreußen, evang. Eingetr. 1. 10. 80 im 6. Rhein. Inf. Regt. Nr. 68, 14. 5. 81 Port. Fähnr., 11. 2. 82 Sel. Lt., 22. 3. 87 **ausgeschieden und im See-Bat. mit Patent 11. 2. 81 angestellt**, 1. 4. 89 Sel. Lt. im II. See-Bat., 16. 1. 90 unter Versetzung zum I. See-Bat. zum Pr. Lt. befördert.

196. **Kaehne,** v., Cuno Friedrich August, geb. 7. 6. 1862 zu Petzow, Brandenburg, evang. Eingetr. 6. 10. 83 im 2. Garde-Regt. z. F., 10. 5. 84 Port. Fähnr., 14. 2. 85 Sel. Lt., 22. 3. 87 **ausgeschieden und im See-Bat. angestellt**, 1 4. 89 Sel. Lt. im I. See-Bat.

197. **Ludendorff,** Erich Friedrich Wilhelm, geb. 9. 4. 1865 zu Kruszewini, Posen, evang. Kadett, 15. 4. 82 dem 8. Westfäl. Inf. Regt. Nr. 57 als Sek. Lt. überwies., 14. 4. 87 ausgeschieden und im See-Bat. mit Patent 15. 4. 81 angestellt, 1. 4. 89 Sek. Lt. im I. See-Bataillon, 24. 3. 90 Pr. Lt., 17. 6. 90 zum II. See-Bat. versetzt, 12. 8. 90 ausgeschieden und im Leib-Gren. Regt. König Friedrich Wilhelm III. (1. Brandenburg.) Nr. 8 angestellt.

198. **Geppert,** Franz Theodor August Sylvester, geb. 31. 12. 1861 zu Blankenhagen, Pommern, evang. Eingetr. 23. 1. 82 im 5. Brandenburg. Inf. Regt. Nr. 48, 13. 9. 82 Port. Fähnr., 11. 9. 83 Sek. Lt., 17. 6. 87 ausgeschieden und im See-Bat. angestellt, 1. 4. 89 Sek. Lt. im II. See-Bat.

199. **Ramele,** v., Albrecht Eduard, geb. 29. 8. 1863 zu Lusteluhr, Pommern, evang. Eingetr. 9. 3. 83 im Kaiser Franz Garde-Gren. Regt. Nr. 2, 17. 10. 83 Port. Fähnr., 13. 9. 84 Sek. Lt., 28. 6. 87 ausgeschieden und im See-Bat. angestellt, 1. 4. 89 Sek. Lt. im II. See-Bat.

200. **Lettgau,** Oskar Heinrich Friedrich Gottlieb, geb. 5. 6. 1850 zu Coblenz, evang. Kadett, 12. 4. 69 dem 6. Westfäl. Inf. Regt. Nr. 55 als char. Port. Fähnr. überwies, 9. 12. 1869 Port. Fähnr., 20. 9. 70 Sek. Lt., 13. 3. 79 Pr. Lt., 22. 3. 81 als Pr. Lt. mit Patent, 19. 2. 79 in das Inf. Regt. Nr. 131 versetzt, 12. 6. 86 Hauptm. und Komp. Chef, 6. 8. 87 ausgeschieden und im See-Bat. mit Patent 12. 6. 85 angestellt, 1. 4. 89 Komp. Chef. im II. See-Bat.

201. **Hausmann,** Karl Fritz Eduard Bernhard, geb. 7. 6. 1861 zu Egestorf, Hannover, evang. Kadett, 17. 4. 80 dem 2. Hannov. Inf. Regt. Nr. 77 als char. Port. Fähnr. überwies., 11. 12. 80 Port. Fähnr., 16. 9. 81 Sek. Lt., 16. 8. 87 ausgeschieden und im See-Bat. angestellt, 1. 4. 89 Sek. Lt. im I. See-Bat., 8. 5. 90 Pr. Lt.

202. **Goetsch,** Adolf Karl Gustav, geb. 16. 9. 1860 zu Culm, Westpreußen, evang. Kadett, 17. 4. 1880 dem 6. Pomm. Inf. Regt. Nr. 49 als char. Port. Fähnr. überwiesen, 11. 12. 80 Port. Fähnr., 18. 10. 81 Sek. Lt., 13. 12. 87 ausgeschieden und im See-Bat. angestellt, 19. 9. 88 zu den Res. Offiz. des See-Bats. übergetr., 18. 7. 90 Pr. Lt. der Res. des II. See-Bat.

203. **Alefeld,** Hugo Karl August, geb. 12. 9. 1866 zu Wiesbaden, evang. Kadett, 14. 4. 85 dem 1. Rhein. Inf. Regt. Nr. 25 als Sek. Lt. überwiesen, 16. 5. 88 ausgeschieden und mit Patent vom 14. 4. 84 im See-Bat. angestellt, 1. 4. 89 Sek. Lt. im II. See-Bat.

204. **Funck,** Otto, geb. 8. 4. 1863 zu Berlin, kath. Eingetr. 1. 2. 83 in das Inf. Regt. Nr. 130, 11. 9. 83 Port. Fähnr., 13. 9. 84 Sek. Lt., 16. 5. 88 ausgeschieden und im See-Bat. angestellt, 1. 4. 89 Sek. Lt. im I. See-Bat.

205. **Pagenstecher,** Hugo Karl Julius, geb. 7. 1. 1866 zu Hannover, evang. Kadett, 15. 4. 84 dem 6. Rhein. Inf. Regt. Nr. 68 als char. Port. Fähnr. überwiesen, 11. 12. 84 Port. Fähnr., 16. 9. 85 Sek. Lt., 21. 8. 88 ausgeschieden und im See-Bat. angestellt,

1. 4. 89 Sek. Lt. im II. See=Bat., 24. 3. 90 ausgeschieden und im Inf. Regt. Herzog Wilhelm von Braunschweig (Ostfries.) Nr. 78 angestellt.

206. **Paſſow, v.**, Friedrich Wilhelm Karl, geb. 16. 7. 1865 zu Aasbüttel, Schleswig=Holstein, evang. Kadett, 15. 4. 84 dem 8. Branden= burg. Inf. Regt. Nr. 64 als Sek. Lt. überwiesen, 19. 9. 88 aus= geschieden und im See=Bat. angestellt, 1. 4. 89 Sek. Lt. im II. See=Bat.

207. **Erich**, Theodor Mortimer August, geb. 15. 5. 1860 zu London, England, kath. Eingetr. 1. 10. 80 im Königl. Bayer. 2. Inf. Regt. Kronprinz, 1. 4. 81 Port. Fähnr., 23. 11. 82 Sek. Lt. unter Verſetzung ins Königl. Bayer. 4. Inf. Regt. König Karl von Würt= temberg, 15. 1. 89 der Abſchied bewilligt, 2. 2. 89 auf ſein An= ſuchen im See=Bat. als Sek. Lt. mit Patent vom 23. 11. 82 angestellt, 1. 4. 89 Sek. Lt. im II. See=Bat.

208. **Scheve, v.**, Ernst Arthur, geb. 8. 10. 1865 zu Rendsburg, evang. Kadett, 15. 4. 84 dem 4. Oberſchleſ. Inf. Regt. Nr. 63 als char. Port. Fähnr. überwiesen, 13. 1. 85 Port. Fähnr., 16. 9. 85 Sek. Lt., 16. 2. 89 ausgeschieden und im See=Bat. angestellt, 1. 4. 89 Sek. Lt. im I. See=Bat.

209. **Wrochem, v.**, Walther Karl Ernst, geb. 9. 5. 1848 zu Ohlau, Schleſien, evang. Eingetr. 18. 6. 66 im Erſatz=Bat. 3. Garde= Gren. Regts. Königin Eliſabeth, 15. 1. 67 Port. Fähnr., 7. 3. 68 Sek. Lt., 14. 8. 75 Pr. Lt., 30. 8. 81 Hauptm. und Komp. Chef 1. 4. 89 durch Allerhöchſte Kabinets=Ordre vom 22. 3. 89 aus= geschieden und mit Patent vom 30. 8. 80 im I. See=Bat. an= gestellt, 24. 3. 90 überzähl. Major, 8. 4. 90 Vorſtand des Be= kleid. Amts Kiel.

210. **Schroetter, Frhr. v.**, Nicolaus Ernst Adalbert, geb. 21. 11. 1850 zu Willkühnen, Oſtpreußen, evang. Eingetr. 8. 8. 70 im Erſatz= Bat. des 5. Oſtpreuß. Inf. Regts. Nr. 41, 18. 12. 70 Port. Fähnr., 14. 2. 71 Sek. Lt., 22. 3. 81 Pr. Lt., 12. 9. 86 zum Gren. Regt. Kronprinz (Oſtpreuß.) Nr. 1 mit Patent 14. 2. 80 verſ., 17. 9. 87 Hauptm. und Komp. Chef, 1. 4. 89 durch Allerhöchſte Kabinets= Ordre vom 22. 3. 89 ausgeschieden und im I. See=Bat. an= gestellt, 14. 6. 90 ausgeschieden und im 2. Heſſ. Inf. Regt. Nr. 82 angestellt.

211. **Schack**, Moritz Friedrich Wilhelm, geb. 22. 5. 1849 zu Erfurt, evang. Eingetr. 25. 7. 70 im Erſatz=Bat. 3. Thüring. Inf. Regts. Nr. 71, 3. 2. 71 zum 3. Magdeburg. Inf. Regt. Nr. 66 verſetzt, 8. 4. 71 Port. Fähnr., 9. 3. 72 Sek. Lt., 15. 11. 81 Pr. Lt., 15. 1. 89 überzähl. Hauptm., 1. 4. 89 durch Allerhöchſte Kabinets= Ordre vom 22. 3. 89 ausgeschieden und als Hauptm. und Komp. Chef mit Patent vom 15. 1. 89 im I. See=Bat. angestellt.

212. **Gagern, Frhr. v.**, Otto Karl Friedrich Wilhelm Ernst Johannes Paul, geb. 10. 3. 1854 zu Neu=Strelitz, luth. Eingetr. 21. 10. 72 im 1. Garde=Regt. z. F., 13. 5. 73 Port. Fähnr., 12. 2. 74 Sek. Lt., 7. 11. 83 Pr. Lt., 8. 3. 87 kommdrt. als Adjut. zum Gouvern. Straßburg i. E., 22. 3. 87 à la suite des 1. Garde=Regts. z. F., 1. 4. 89 durch Allerhöchſte Kabinets=Ordre vom 22. 3. 89 aus=

geschieden und unter Beförd. zum überzähl. Hauptm. im I. See-
Bat. angestellt, 30. 7. 89 Komp. Chef.

213. Kloeden, v., Walther Heinrich Friedrich Wilhelm, geb. 28. 1. 1863
zu Berlin, evang. Kadett, 14. 4. 83 dem 3. Garde-Gren. Regt.
Königin Elisabeth als char. Port. Fähnr. überwiesen, 14. 11. 83
Port. Fähnr., 14. 10. 84 Sek. Lt., 1. 4. 89 durch Allerhöchste
Kabinets-Ordre vom 22. 3. 89 ausgeschieden und im I. See-
Bat. angestellt.

214. Ritter, Anton Wilhelm Julius, geb. 7. 12. 1844 zu Plauenthin
in Pommern, evang. Eingetr. 10. 11. 64 im 7. Pomm. Inf. Regt.
Nr. 54, 9. 5. 65 Port. Fähnr., 12. 7. 66 Sek. Lt., 30. 10. 66 ins
Hannov. Füs. Regt. Nr. 73, 12. 2. 74 unter Beförd. zum Pr. Lt.
ins 1. Rhein. Inf. Regt. Nr. 25 versetzt, 12. 6. 80 unter Stellung
à la suite des 4. Rhein. Inf. Regts. Nr. 30 als Adjut. zur
31. Inf. Brig. kombrt., 24. 6. 80 überzähl. Hauptm., 22. 3. 81
als Hauptm. und Komp. Chef ins 4. Westfäl. Inf. Regt. Nr. 17
versetzt, 1. 4. 89 durch Allerhöchste Kabinets-Ordre vom 22. 3. 89
ausgeschieden und mit einem Patent vom 24. 6. 79 im II. See-
Bat. angestellt, 16. 1. 90 überzähl. Major, 28. 1. 90 Vorstand
des Bekleid. Amts Wilhelmshaven.

215. Westernhagen, v., Erich Ludolf Theodor Fritz, geb. 22. 1. 1855
zu Magdeburg, evang. Kadett, 28. 4. 72 dem 6. Thüring. Inf.
Regt. Nr. 94 (Großherzog von Sachsen) als Sek. Lt. überwiesen,
14. 1. 82 Pr. Lt., 16. 5. 88 überzähl. Hauptm., 1. 4. 89 durch
Allerhöchste Kabinets-Ordre vom 22. 3. 89 ausgeschieden und
als Hauptm. und Komp. Chef im II. See-Bat. angestellt.

216. Ende, Frhr. v., Hilmar Hans Adam, geb. 25. 3. 1855 zu Breslau,
evang. Eingetr. 14. 4. 74 im 1. Garde-Regt. z. F., 12. 11. 74
Port. Fähnr., 11. 11. 75 Sek. Lt., 28. 7. 85 Pr. Lt., 1. 4. 89
durch Allerhöchste Kabinets-Ordre vom 22. 3. 89 ausgeschieden
und mit einem Patent vom 18. 2. 85 im II. See-Bat. angestellt,
8. 5. 90 char. Hauptm., 14. 6. 90 Hauptm. und Komp. Chef.

217. Pöllnitz, Frhr. v., Karl Christian Bernhard, geb. 15. 3. 1857 zu
Ingolstadt, Bayern, kath. Eingetr. 1. 8. 77 im 8. Ostpreuß.
Inf. Regt. Nr. 45, 14. 12. 78 Port. Fähnr., 16. 10. 79 Sek. Lt.,
13. 10. 81 ins 3. Garde-Regt. z. F., 12. 1. 86 ins Holstein. Inf.
Regt. Nr. 85 versetzt, 1. 4. 89 durch Allerhöchste Kabinets-Ordre
vom 22. 3. 89 ausgeschieden und unter Beförd. zum Pr. Lt.
im II. See-Bat. angestellt.

218. Bock, Frhr. v., Hans Heinrich Robert Karl, geb. 30. 5. 1864 zu
Berlin, evang. Eingetr. 1. 4. 84 im Garde-Pion. Bat., 11. 11. 84
Port. Fähnr., 16. 9. 85 außeretatsmäß. Sek. Lt., 19. 9. 88 Sek. Lt.,
11. 7. 89 auf ein Jahr zur Dienstleistung beim II. See-Bat.
kommandirt, 16. 1. 90 aus der Armee ausgeschieden und im
II. See-Bat. angestellt.

219. Müller, Friedrich Gustav Paul, geb. 21. 9. 1864 zu Rastatt,
kath. Kadett, 15. 4. 82 dem 3. Magdeburg. Inf. Regt. Nr. 66
als char. Port. Fähnr. überwiesen, 16. 11. 82 Port. Fähnr.,
13. 12. 83 Sek. Lt., 21. 9. 89 ausgeschieden und im II. See-
Bat. angestellt.

220. **Hartmann**, v., Bruno Ludwig Arthur Friedrich, geb. 1. 9. 1855 zu Stettin, evang. Kadett, 23. 4. 74 dem Kaiser Franz Garde-Gren. Regt. Nr. 2 als Sek. Lt. überwiesen, 18. 10. 83 Pr. Lt., 16. 1. 90 ausgeschieden und unter Beförd. zum Hauptm. und Komp. Chef im II. See-Bat. angestellt.

221. **Braunbehrens**, Friedrich Anton Gottschalk, geb. 19. 2. 1868 zu Sagan (Schlesien), evang. Eingetr. 25. 9. 86 in das 4. Magdeburg. Inf. Regt. Nr. 67, 14. 5. 87 Port. Fähnr., 14. 2. 88 Sek. Lt., 16. 1. 90 ausgeschieden und im I. See-Bat. angestellt, 15. 4. 90 behufs Nachsuchung des Auswanderungs-Konsenses der Abschied bewilligt.

222. **Natzmer**, v., Oldewig Wilhelm Ferdinand, geb. 21. 6. 1842 zu Potsdam, evang. Kadett, 6. 3. 1860 dem 1. Garde-Regt. z. F. als char. Port. Fähnr. überwiesen, 18. 8. 60 Port. Fähnr., 18. 6. 61 Sek. Lt., 25. 9. 67 unter Beförd. zum Pr. Lt. ins Anhalt. Inf. Regt. Nr. 93 versetzt, 30. 11. 70 ins 1. Garde-Regt. z. F. zurück-versetzt, 22. 12. 70 Hauptm. und Komp. Chef, 15. 1. 74 Kombr. der Leib-Komp., 30. 8. 81 überzähl. Major, 27. 5. 82 etatsmäß. Stabsoffizier, 17. 6. 87 unter Stellung à la suite des 1. Garde-Regts. z. F. zum Kombr. des Lehr-Inf. Bats. ernannt, 2. 8. 88 Oberstlt., 24. 3. 90 ausgeschieden und unter Verleihung des Ranges eines Regts. Kombrs. und unter Stellung à la suite des I. See-Bats. als Inspekteur der Marine-Infanterie ange-stellt, 10. 9. 90 Oberst.

223. **Schaefer**, Friedrich Wilhelm, geb. 23. 2. 1867 zu Liegnitz, evang. Eingetr. 1. 5. 86 im Magdeburg. Füs. Regt. Nr. 36, 11. 12. 86 Port. Fähnr., 17. 9. 87 Sek. Lt., 24. 3. 90 ausgeschieden und im I. See-Bat. angestellt.

224. **Dahl**, Hermann August Wilhelm, geb. 30. 7. 1867 zu Gahlkow, Pommern, evang. Eingetr. 18. 9. 85 im 1. Magdeburg. Inf. Regt. Nr. 26, 15. 4. 86 Port. Fähnr., 15. 1. 87 Sek. Lt., 24. 3. 90 ausgeschieden und im I. See-Bat. angestellt.

225. **Apelt**, Karl Hermann Friedrich, geb. 3. 12. 1864 zu Schlagsdorf, Brandenburg, evang. Eingetr. 1. 4. 85 als Einjähr. Freiw. im 2. Garde-Regt. z. F., 1. 10. 85 als Laz. Gehülfe zur Res. beurl., 14. 3. 86 im 3. Posen. Inf. Regt. Nr. 58 wieder eingetr., 15. 7. 86 Port. Fähnr., 16. 10. 86 Sek. Lt., 24. 3. 90 ausgeschieden und im II. See-Bat. angestellt.

226. **Bach**, Waldemar Max Theodor, geb. 13. 3. 1865 zu Berlin, evang. Eingetr. 4. 10. 84 im 4. Brandenburg. Inf. Regt. Nr. 24 (Großherzog Friedrich Franz II. von Mecklenburg-Schwerin), 16. 5. 85 Port. Fähnr., 11. 2. 86 Sek. Lt., 24. 3. 90 ausgeschieden und im II. See-Bat. angestellt.

227. **Aschenborn**, Georg, geb. 15. 9. 1852 zu Hirschberg i. Schl., evang. Eingetr. 2. 8. 70 als Einjähr. Freiw. im 2. Niederschles. Inf. Regt. Nr. 47, 5. 8. 71 als Unteroff. mit der Qualifikation zum Res. Offiz. entlassen, 12. 10. 71 im Schleswig. Inf. Regt. Nr. 84 wieder eingetr., 9. 1. 72 Port. Fähnr., 12. 12. 72 Sek. Lt., 22. 4. 82 Pr. Lt., 22. 3. 89 überzähl. Hauptm., 16. 4. 89 Komp. Chef, 8. 5. 90 ausgeschieden und im II. See-Bat. angestellt.

228. Hübsch, Heinrich, geb. 31. 8. 1862 zu Weinheim, Baden, evang. Eingetr. 9. 10. 81 im Heff. Jäg. Bat. Nr. 11, 13. 5. 82 Port. Fähnr., 13. 12. 83 Sel. Lt., 8. 5. 90 ausgeschieden und im I. See-Bat. angestellt.

229. Conta, v., Georg Karl August, geb. 8. 11. 1865 zu Augustenburg, Schleswig-Holstein, evang. Kadett, 14. 4. 85 dem Inf. Regt. Nr. 98 als char. Port. Fähnr. überwiesen, 12. 11. 85 Port. Fähnr., 18. 9. 86 Sel. Lt., 8. 5. 90 ausgeschieden und im I. See-Bat. angestellt.

230. Stechow, v., Heinrich Hans Bolko, geb. 7. 2. 1866 zu Posen, evang. Kadett, 14. 4. 85 dem 5. Rhein. Inf. Regt. Nr. 65 als char. Port. Fähnr. überwiesen. 12. 11. 85 Port. Fähnr., 18. 9. 86 Sel. Lt., 14. 6. 90 ausgeschieden und im I. See-Bat. angestellt.

231. Altritt, August Franz, geb. 9. 11. 1855 zu Worms, kath. Eingetr. 19. 4. 76 im 4. Rhein. Inf. Regt. Nr. 30, 11. 11. 76 Port. Fähnr., 12. 1. 78 Sel. Lt., 22. 3. 87 Pr. Lt., 12. 8. 90 ausgeschieden und im I. See-Bat. angestellt.

232. Knobelsdorff, v., Udo Theodor Julius, geb. 18. 6. 1865 zu Hanstelde, Ostpreußen, evang. Eingetr. 13. 10. 83 im Garde-Füs. Regt., 10. 5. 84 Port. Fähnr., 14. 2. 85 Sel. Lt., 14. 6. 88 ins 2. Hannov. Inf. Regt. Nr. 77 versetzt, 10. 9. 90 ausgeschieden und im II. See-Bat. angestellt.

233. Moltke, Gr. v., Helmuth Karl Bernhard, geb. 26. 10. 1800 zu Parchim, (Großherzogth. Mecklenburg-Schwerin, evang. 1. 1. 19 bis 5. 1. 22 Sel. Lt. in Königl. dänischen Diensten, 12. 3. 22 als Sel. Lt. in der preuß. Armee und zwar im 8. (Leib-) Inf. Regt. angestellt, 30. 3. 33 unter Beförd. zum Pr. Lt. in den Großen Generalstab versetzt, 30. 3. 35 Hauptm., 23. 9. 35 bis 1. 8. 39 auf Reisen nach Wien, Konstantinopel und Neapel und in der Türkei kombrt., 10. 4. 40 zum Generalstab des IV. Armee-korps versetzt, 12. 4. 42 Major, 18. 10. 45 zum perf. Adjut. des Prinzen Heinrich von Preußen, Königl. Hoheit, in Rom ernannt und dem Generalstab der Armee aggreg., 24. 12. 46 von dem Adjut. Verhältniß entbund. und dem Generalstab des VIII. Armee-korps zugetheilt, 16. 5. 48 zum Großen Generalstab zurück, 22. 8. 48 Chef des Generalstabes des IV. Armeekorps, 26. 9. 50 Oberstlt., 2. 12. 51 Oberst, 1. 5. 55 dem Generalstabe der Armee aggreg. und zum 1. perf. Adjut. Sr. Königl. Hoheit des Prinzen Friedrich Wilhelm von Preußen ernannt, 9. 8. 56 Gen. Major (vorläufig ohne Patent), 15. 10. 56 ein Patent seiner Charge erhalten, 29. 10. 1857 von vorstehendem Adjut. Verhältniß ent-bunden und mit Führung der Geschäfte des Chefs des General-stabes der Armee betraut, 18. 9. 58 Chef des Generalstabes der Armee. 31. 5. 59 Gen. Lt., 11. 4. 62 zum preuß. Kommissar für die in Hamburg am 12. b. M. zusammentretende Küsten-vertheidigungs-Kommission ernannt, 11. 2. 64 soll sich zu der alliirten Armee zum General-Feldmarschall Frhrn. v. Wrangel begeben, 30. 4. 64 soll die Geschäfte des Stabes des Ober-Kom-mandos der alliirten Armee für die Dauer der Abkommandirung des Gen. Lts. Vogel v. Falckenstein übernehmen, 18. 12. 64 von diesem Verhältniß entbunden, 8. 6. 66 Gen. d. Inf. (Feldzug

gegen Oesterreich), 28. 7. 66 durch Verleihung des hohen Ordens vom Schwarzen Adler ausgezeichnet, 20. 9. 66 zum Chef des Colberg. Gren. Regts. (2. Pomm.) Nr. 9 ernannt, 4. 6. 68 tritt als Mitglied zu einer Kommission, welche die Emplacements für die Küstenbefestigung einer Prüfung zu unterwerfen und festzustellen hat, 8. 3. 69 fünfzigjähriges Dienstjubiläum, 20. 7. 70 bis 2. 5. 71 Chef des Generalstabes der Armee im großen Hauptquartier Seiner Majestät des Königs während der Dauer des Krieges, 28. 10. 70 in den Grafenstand erhoben, 16. 6. 71 General-Feldmarschall. 8. 3. 79 erhält zu seinem 60jährigen Dienstjubiläum Glückwunsch und Dank, Kreuz und Stern des Ordens pour le mérite, sowie eine Reiterstatuette Seiner Majestät des Kaisers und Königs, 2. 9. 73 die Brillanten zum Schwarzen Adler-Orden erhalten, 27. 12. 81 ausgesprochen, daß seine Verdienste um die Armee viel zu groß sind, um jemals — so lange er lebt — an sein Scheiden aus derselben denken zu können. Auf sein Abschieds-gesuch kann daher weder jetzt noch überhaupt jemals eingegangen werden, 10. 8. 88 zum Präses der Landes-Vertheidigungs-Kommission ernannt unter Entbindung von der Stellung als Chef des Generalstabes der Armee, 8. 3. 89 siebzigjähriges Dienst-jubiläum, 3. 4. 91 à la suite des I. See-Bats. gestellt, 24. 4. 91 in Berlin gestorben.

Anlage 2.

Nachweis der an Bord S. M. Kriegsschiffe eingeschifft gewesenen Offiziere der Marine-Infanterie.
Vom 13. Mai 1852 bis 1. Oktober 1890.

(Die Ziffern vor den Namen bezeichnen die laufende Nummer aus Anlage 1 „Das Offizierkorps der Marine-Infanterie". — Ist kein Ziel der Reise angegeben, so befand sich das Schiff in heimischen Gewässern. Die mit * bezeichneten Offiziere befanden sich zur artilleristischen Ausbildung an Bord des Artillerie-Schulschiffes.)

2. Hauptm. Rode, „Gefion", vom 11. 5. 52 bis 24. 8. 52.

5. Hauptm. Liebe, „Gefion", vom 24. 8. 52 bis 26. 6. 54, Westindien, Mittelmeer.

10. Sek. Lt. v. Kamin, „Danzig", vom 1. 3. 53 bis 14. 7. 54, Mittelmeer; als Pr. Lt. „Thetis", vom 1. 7. 58 bis 2. 11. 58, England, Frankreich.

13. Sek. Lt. Wormbs, „Gefion", vom 28. 10. 53 bis 26. 6. 54, Westindien.

14. Sek. Lt. Graf von der Goltz, „Barbarossa", vom 10. 4. 52 bis 28. 8. 52; als Pr. Lt. „Gefion", vom 28. 8. 52 bis 28. 10. 53, Mittelmeer.

15. Sek. Lt. Brandt, „Danzig", vom 23. 7. 54 bis 9. 9. 54; als Pr. Lt. „Gefion", vom 12. 11. 62 bis 21. 11. 63, Westindien.

17. Sek. Lt. Ewald, „Danzig", vom 11. 5. 56 bis 21. 11. 56, Mittelmeer; als Pr. Lt. „Gefion", vom 1. 5. 58 bis 30. 6. 58.

18. Sek. Lt. Foerstner, „Thetis", vom 9. 7. 55 bis 26. 10. 55.

19. Sek. Lt. Müller, „Gefion", vom 20. 6. 54 bis August 54.

20. Sek. Lt. Stargardt, „Gefion", vom 23. 1. 54 bis Juni 54.

21. Sek. Lt. Frhr. v. Richthofen, „Gefion", vom 23. 1. 54 bis Mai 54.

28. Pr. Lt. v. Kleist, „Thetis", vom 1. 5. 56 bis 11. 6. 57, Mittelmeer.

30. Pr. Lt. v. Schlegell, „Danzig", vom 1. 5. 56 bis 11. 5. 56; „Thetis", vom 11. 6. 57 bis 1. 7. 58, Mittelmeer.

32. Pr. Lt. Mebes, „Gazelle", vom 13. 7. 62 bis 10. 5. 65, Ostasien.

34. Sek. Lt. Freund, „Arcona", vom 12. 12. 63 bis Mai 65.

35. Sek. Lt. Jacobi, „Gefion", vom 1. 5. 58 bis 20. 9. 59, Atlantic.

37. Sek. Lt. Frhr. v. Imhoff, „Arcona", vom 1. 11. 59 bis 30. 11. 62, Ostasien.

38. Sek. Lt. **Schönlank**, „Danzig", vom 1. 7. 59 bis August 59; „Thetis", vom 9. 10. 59 bis 12. 5. 62, Ostasien.

43. Sek. Lt. v. **Burgztin**, „Arcona", vom 23. 10. 65 bis 3. 5. 66.

45. Sek. Lt. v. **Deydebreck**, „Vineta", vom 4. 3. 64 bis 12. 3. 65, Englischer Kanal; „Gefion", vom 3. 5. 66 bis 31. 5. 66.

48. Sek. Lt. **Sack**, „Vineta", vom 12. 3. 65 bis 14. 10. 68, Ostasien.

49. Sek. Lt. **Klamann**, „Arcona", vom 1. 5. 65 bis 13. 10. 65.

51. Sek. Lt. **Darms**, „Hertha", 17. 12. 65 bis 1. 10 66; „Thetis", 1. 10. 66 bis 28. 10. 66; als Pr. Lt. „Friedrich Carl", vom 11. 4. 70 bis 3. 10. 70.

52. Sek. Lt. v. **Diezelsky**, „Gefion", vom 19. 6. 65 bis Januar 66; „Gefion", vom 3. 4. 66 bis Mai 66.

54. Sek. Lt. **Zech**, „Gazelle", vom 3. 4. 66 bis 23. 9. 67, Mittelmeer; „Gefion", vom 18. 9. 68 bis 9. 11. 68.

55. Sek. Lt. **Strehlke**, „Gefion", vom 31. 5. 66 bis 30. 11. 66.

57. Sek. Lt. **Schußler**, „Thetis", vom 1. 4. 67 bis 1. 4. 68; „Arcona", vom 23. 9. 69 bis 14. 4. 71, Mittelmeer, Westindien.

60. Sek. Lt. **Daacke**, „Hertha", vom 8. 4. 67 bis 15. 5. 68, Mittelmeer.

61. Hauptm. **Grüzmacher**, „König Wilhelm", vom 27. 4. 70 bis 19. 5. 71.

63. Sek. Lt. v. **Müller**, „Arcona", vom 31. 5. 66 bis Juli 66.

65. Sek. Lt. **Solms**, „Arcona", vom 15. 7. 66 bis 30. 9. 66.

66. Sek. Lt. **Kußen**, „Arcona", vom 24. 4. 69 bis Juli 69; „Hertha", 1. 8. 69 bis 11. 12. 72, Ostasien.

67. Sek. Lt. **Deinrici**, „Gefion", vom 17. 4. 68 bis 18. 9. 68.

69. Hauptm. v. **Katzmer**, „König Wilhelm", vom 13. 7. 69 bis 30. 8. 69.

70. Sek. Lt. Frhr. v. **Diepenbroick-Grüter**, „Thetis", vom 1. 4. 68 bis 13. 11. 68; „König Wilhelm", vom 27. 4. 70 bis 21. 5. 71; als Pr. Lt. „Vineta", vom 1. 7. 71 bis 30. 4. 73, Ostamerika.

72. Sek. Lt. v. **Lübbers**, „Thetis", vom 1. 4. 69 bis 25. 6. 69; als Pr. Lt. „Friedrich Carl", vom 13. 7. 69 bis 31. 8. 69; „Elisabeth", vom 29. 9. 69 bis 23. 4. 70, Mittelmeer.

73. Pr. Lt. Graf v. **Schweinitz**, „Gefion", vom 1. 4. 69 bis 12. 7. 69; „Kronprinz", vom 13. 7. 69 bis 30. 8. 69, England.

74. Sek. Lt. **Rosentreter**, „König Wilhelm", vom 13. 7. 69 bis 30. 8. 69; als Pr. Lt. „Kronprinz", vom 19. 5. 74 bis 13. 10. 74, Atlantic.

75. Sek. Lt. **Rüppel**, „Gefion", vom 13. 7. 69 bis 31. 7. 69.

78. Hauptm. Frhr. v. **Meerscheidt-Düllessem**, „König Wilhelm", vom 19. 5. 75 bis 10. 10. 75.

80. Pr. Lt. v. **Elpons**, „Gazelle", vom 1. 7. 71 bis 14. 5. 73, Ostamerika.

81. Sef. Lt. **Gervais**, „Gefion", vom 1. 8. 69 bis 19. 9. 69; als Pr. Lt. „Kronprinz", vom 20. 12. 71 bis 22. 1. 72; „Friedrich Carl", vom 1. 10. 72 bis 26. 3. 74, Westindien, Mittelmeer.

82. Sef. Lt. **v. Schirach**, „Friedrich Carl", vom 6. 10. 70 bis 10. 5. 71.

83. Pr. Lt. **Vanselow**, „Friedrich Carl", vom 15. 5. 74 bis 13. 10. 74, Atlantic.

84. Pr. Lt. **Sorsche**, „Kaiser", vom 19. 5. 75 bis 10. 10. 75.

85. Pr. Lt. **v. Cpszta**, „Kronprinz", vom 30. 4. 70 bis 25. 8. 71, England.

86. Sef. Lt. **v. Neindorf**, „Elisabeth", vom 17. 12. 71 bis 23. 1. 72.

89. Sef. Lt. **v. Kleist**, „Elisabeth", vom 18. 7. 70 bis 6. 4. 71.

90. Pr. Lt. **v. Roon**, „Vineta", vom 24. 7. 71 bis 11. 12. 72, Ost-amerika.

96. Sef. Lt. **Boyman**, „Kronprinz", vom 1. 5. 76 bis 16. 2. 77, Mittelmeer.

99. Pr. Lt. **v. Kathen**, „Deutschland", vom 1. 5. 76 bis 28. 9. 76, Mittelmeer.

100. Sef. Lt. **Engelbrecht**, „Preußen", vom 7. 5. 77 bis 6. 11. 77, Mittelmeer.

102. Sef. Lt. **Börner**, „Deutschland", vom 7. 5. 77 bis 6. 11. 77, Mittelmeer.

105. Sef. Lt. **v. Zastrow**, „Friedrich Carl", vom 1. 5. 76 bis 1. 4. 77, Mittelmeer.

108. Sef. Lt. **v. Klinkowström**, „König Wilhelm", vom 19. 5. 75 bis 10. 10. 75.

110. Sef. Lt. bezw. Pr. Lt. **v. Loßau**, „Kronprinz", vom 19. 5. 75 bis 10. 10. 75.

111. Sef. Lt. **Schnackenburg**, „Großer Kurfürst", vom 6. 5. 78 bis 31. 5. 78, England, (gerettet beim Untergang S. M. S. „Großer Kurfürst"); „Preußen", vom 1. 6. 78 bis 5. 6. 78.

114. Sef. Lt. **Hammerschmidt**, „Friedrich der Große", vom 6. 5. 78 bis 8. 6. 78; „Friedrich der Große", vom 5. 5. 79 bis 25. 9. 79.

115. Pr. Lt. **Mosler**, „Kaiser", vom 1. 5. 76 bis 28. 9. 76, Mittelmeer.

118. Pr. Lt. **Deininger**, „Kaiser", vom 7. 5. 77 bis 2. 11. 77, Mittelmeer.

119. Sef. Lt. **Richelmann**, „Renown", vom 1. 7. 78 bis 29. 7. 78, *.

120. Sef. Lt. **Gühne**, „Preußen", vom 6. 5. 78 bis 8. 6. 78, England.

122. Pr. Lt. **John**, „Friedrich Carl", vom 7. 5. 77 bis 3. 11. 77 Mittelmeer; „Sachsen", vom 15. 4. 80 bis 27. 9. 80.

127. Oberstlt. am Ende, „Renown", vom 8. 6. 79 bis 21. 6. 79, *.

128. Hauptm. **Schroeder**, „König Wilhelm", vom 6. 5. 78 bis 13. 7. 78, England.

129. Sef. Lt. **Baumgart**, „Renown", vom 1. 10. 77 bis 30. 10. 77, *.

130. Sel. Lt. **Lodemann**, „König Wilhelm", vom 6. 5. 78 bis 13. 7. 78, England.

131. Sel. Lt. **Modrach**, „Renown", vom 1. 10. 77 bis 30. 10. 77, *; „Preußen", vom 5. 5. 79 bis 25. 9. 79.

132. Pr. Lt. **Scheller**, „Friedrich Carl", vom 5. 5. 79 bis 25. 9. 79.

135. Sel. Lt. **Dantwitz**, „Renown", vom 1. 7. 78 bis 28. 7. 78, *.

136. Sel. Lt. **de Niem**, „Mars", vom 1. 7. 81 bis 28. 7. 81, *.

138. Sel. Lt. **Rogge**, „Kronprinz", vom 5. 5 79 bis 25. 9. 79.

141. Sel. Lt. **Glahn**, „Renown", vom 10. 10. 80 bis 7. 11. 80, *; „Deutschland", vom 1. 5. 83 bis 18. 9. 83.

142. Sel. Lt. **Schulz**, „Renown", vom 1. 7. 79 bis 31. 7. 79, *; „Friedrich Carl", vom 3. 5. 80 bis 27. 9. 80.

143. Sel. Lt. **Rasmus**, „Renown", vom 10. 10. 80 bis 7. 11. 80, *; „Kronprinz", vom 3. 5. 81 bis 30. 9. 81.

144. Pr. Lt. **Goehde**, „Renown", vom 1. 7. 79 bis 28. 7. 79, *; „Friedrich der Große", vom 3. 5. 81 bis 30. 9. 81.

147. Sel. Lt. Frhr. v. **Canstein**, „Friedrich der Große", vom 3. 5. 80 bis 27. 9. 80.

148. Sel. Lt. **Bormann**, „Mars", vom 1. 7. 83 bis 28. 7. 83 *; „Sachsen", vom 22. 4. 84 bis 30. 9. 84.

149. Pr. Lt. **Bünte**, „Friedrich Carl", vom 3. 5. 81 bis 30. 9. 81.

150. Sel. Lt. **Klaeber**, „Preußen", vom 3. 5. 80 bis 27. 9. 80.

152. Sel. Lt. **Bullrich**, „Preußen", vom 3. 5. 81 bis 30. 9. 81.

153. Sel. Lt. **Brennhausen**, „Kronprinz", vom 2. 5. 82 bis 26. 9. 82.

158. Sel. Lt. v. **Saber**, „Kronprinz", vom 1. 5. 83 bis 28. 9. 83.

159. Sel. Lt. **Schoch**, „Mars", vom 1. 7. 81 bis 28. 7. 81 *; „Preußen", vom 2. 5. 82 bis 26. 9. 82.

160. Sel. Lt. **Vanasse**, „Mars", vom 1. 7. 82 bis 28. 7. 82 *; „Friedrich Carl", vom 1. 5. 83 bis 28. 9. 83.

161. Pr. Lt. **Detring**, „Friedrich Carl", vom 1. 5. 82 bis 26. 9. 82.

162. Sel. Lt. **Geißler**, „Kaiser", vom 1. 5. 83 bis 18. 9. 83.

163. Sel. Lt. **Bode**, „Elisabeth", vom 16. 4. 84 bis 13. 4. 86, Ostasien.

164. Pr. Lt. v. **Prittwitz und Gaffron**, „Baden", vom 22. 4. 84 bis 30. 9. 84; „König Wilhelm", vom 19. 4. 87 bis 19. 9. 87.

165. Sel. Lt. v. **Loeper**, „Bayern", vom 22. 4. 84 bis 30. 9. 84.

167. Sel. Lt. **Mauerhoff**, „Württemberg", vom 22. 4. 84 bis 30. 9. 84.

168. Sel. Lt. **Fischer**, „Mars", vom 1. 7. 84 bis 28. 7. 84, *; „Bayern", vom 1. 5. 85 bis 31. 10. 85.

169. Sel. Lt. **Keller**, „Mars", vom 1. 7. 83 bis 28. 7. 83, *; „Niobe", vom 1. 4. 84 bis 25. 9. 84, England; „Moltke", vom 15. 4. 85 bis 31. 3. 87, Atlantic, Ostamerika.

170. Hauptm. **Cölhöffel v. Löwenfprung,** „Mars", vom 1. 7. 84 bis
28. 7. 84, *.

173. Sek. Lt. **v. Freyhold,** „König Wilhelm", vom 2. 6. 85 bis 16. 6. 85;
„Oldenburg", vom 3. 5. 87 bis 16. 9. 87.

175. Sek. Lt. **Geßner,** „Niobe", vom 8. 4. 85 bis 3. 10. 85, England;
„Friedrich Carl", vom 27. 1. 86 bis 14. 9. 86, Mittelmeer;
„Friedrich Carl", vom 25. 5. 87 bis 22. 9. 87.

176. Sek. Lt. **v. Bülow,** „Ariadne", vom 10. 10. 84 bis 6. 4. 85,
Westafrika; „Baden", 30. 7. 86 bis 25. 9. 86.

177. Sek. Lt. **v. Eckel,** „Olga", vom 1. 10. 84 bis 29. 5. 85, Westafrika; „Mars", vom 1. 7. 87 bis 28. 7. 87, *; „Kaiser", vom
26. 4. 88 bis 17. 9. 88, Mittelmeer, Rußland, Schweden, Dänemark.

178. Sek. Lt. **v. Rützleben,** „Stein", vom 14. 4. 85 bis 26. 9. 85;
„Oldenburg", vom 8. 4. 86 bis 25. 9. 86.

179. Sek. Lt. **Becker,** „Niobe", vom 8. 4. 86 bis 30. 9. 86, England;
„Sachsen", vom 5. 8. 87 bis 28. 8. 87; „Stein", vom 20. 9. 87
bis 16. 4. 88, Mittelmeer, Atlantic.

180. Sek. Lt. Frhr. **Treusch v. Buttlar-Brandenfels,** „Sophie", vom
1. 10. 85 bis 7. 4. 86, Westindien; „Niobe", vom 5. 4. 87 bis
30. 9. 87, England.

181. Sek. Lt. bezw. Pr. Lt. **Scheeffer,** „Stein", vom 1. 10. 85 bis
1. 4. 86, Westindien.

182. Sek. Lt. **von der Esch,** „Württemberg", vom 30. 7. 86 bis 25. 9. 86;
„Friedrich der Große", vom 8. 5. 88 bis 15. 9. 88, Rußland,
Schweden, Dänemark.

183. Sek. Lt. **v. Oven,** „Stein", vom 1. 4. 86 bis 1. 4. 87, Ostamerika.

184. Sek. Lt. bezw. Pr. Lt. **Knopf,** „Stein", vom 23. 9. 88 bis 30. 4. 89,
Mittelmeer.

186. Sek. Lt. bezw. Pr. Lt. Frhr. **v. Barnekow,** „Prinz Adalbert",
vom 8. 4. 86 bis 1. 4. 87, Ostamerika.

188. Sek. Lt. Graf **v. Herzberg,** „Sachsen", vom 30. 7. 86 bis
25. 9. 86; als Pr. Lt. „Kaiser", vom 1. 5. 89 bis 26. 4. 90,
England, Mittelmeer.

189. Sek. Lt. **v. Roques,** „Mars", vom 1. 6. 86 bis 29. 6. 86, *;
„Moltke", vom 20. 9. 87 bis 20. 4. 88, Mittelmeer, Atlantic;
„Sachsen", 1. 5. 89 bis 13. 9. 89, England.

192. Sek. Lt. **Hildebrandt,** „Mars", vom 1. 6. 86 bis 29. 6. 86, *;
als Pr. Lt. „Kaiser", vom 3. 5. 87 bis 15. 9. 87.

193. Sek. Lt. **Transfeldt,** „Bayern", vom 23. 5. 88 bis 19. 9. 88,
Rußland, Schweden, Dänemark; „Preußen", vom 28. 4. 90,
Dänemark, Norwegen, Mittelmeer.

194. Sek. Lt. Frhr. **v. Wangenheim,** „Mars", vom 1. 7. 87 bis
28. 7. 87 *; „Prinz Adalbert", vom 20. 9. 87 bis 14. 4. 88,
Mittelmeer, Atlantic; „Deutschland", vom 1. 5. 89 bis 18. 9. 89,
England.

195. Sek. Lt. **Eben**, „Gneisenau", vom 20. 9. 87 bis 15. 4. 88, Mittel=
meer, Atlantic; „Oldenburg", vom 1. 5. 89 bis 18. 9. 89, England;
„Baden", vom 2. 5. 90 bis 29. 9. 90, Dänemark, Norwegen.

196. Sek. Lt. v. **Kaehne**, „Moltke", vom 23. 9. 88 bis 26. 4. 89,
Mittelmeer; „Württemberg", vom 2. 5. 90 bis 29. 9. 90, Däne=
mark, Norwegen.

197. Sek. Lt. **Ludendorff**, „Niobe", vom 6. 4. 88 bis 29. 9. 88,
England; „Baden", vom 1. 5. 89 bis 16. 9. 89, England;
„Kaiser", vom 27. 4. 90 bis 23. 8. 90; Dänemark, Norwegen.

198. Sek. Lt. **Geppert**, „Gneisenau", vom 23. 9. 88 bis 30. 4. 89,
Mittelmeer.

199. Sek. Lt. v. **Ramele**, „Mars", vom 1. 7. 88 bis 28. 7. 88, *;
„Charlotte", vom 23. 9. 88 bis 26. 4. 89, Mittelmeer; „Olden=
burg", vom 26. 4. 90 bis 29. 9. 90, Dänemark, Norwegen.

201. Sek. Lt. **Hausmann**, „Baden", vom 23. 5. 88 bis 22. 9. 88,
Rußland, Schweden, Dänemark; „Preußen", vom 1. 5. 89 bis
23. 4. 90, England, Mittelmeer.

202. Sek. Lt. **Goetsch**, „Mars", vom 1. 7. 88 bis 28. 7. 88, *.

203. Sek. Lt. **Alefeld**, „Friedrich der Große", vom 26. 4. 89 bis 24. 4. 90,
England, Mittelmeer.

204. Sek. Lt. **Jund**, „Niobe", vom 1. 4. 89 bis 30. 9. 89, England;
„Mars", vom 1. 7. 90 bis 14. 8. 90, *; „Kaiser", vom 23. 8. 90,
Mittelmeer.

206. Sek. Lt. v. **Paßow**, „Friedrich der Große", vom 24. 4. 90 bis
22. 9. 90, Dänemark, Norwegen.

213. Sek. Lt. v. **Kloeden**, „Bayern", vom 2. 5. 90 bis 26. 9. 90,
Dänemark, Norwegen.

216. Pr. Lt. bezw. char. Hauptm. Frhr. v. **Ende**, „Deutschland", vom
18. 9. 89 bis 14. 6. 90, Mittelmeer.

218. Sek. Lt. Frhr. v. **Bock**, „Mars", vom 1. 7. 90 bis 14. 8. 90, *.

219. Sek. Lt. **Müller**, „Niobe", vom 9. 4. 90 bis 24. 9. 90, England.

228. Sek. Lt. **Hübsch**, „Deutschland", vom 27. 6. 90, Dänemark,
Norwegen, Mittelmeer.

Stellen-Besetzung

bei

a. dem See-Bataillon,

vom 13. Mai 1852 bis 31. März 1889.

1. Kommandeure des See-Bataillons.

Major Burchardt, 13. 5. 52 bis 8. 5. 55.
Major bezw. Oberstlt. Graf Strachwitz, 8. 5. 55 bis 29. 4. 62.
Oberstlt. Baron v. Gayl, 29. 4. 62 bis 9. 1. 64.
Major bezw. Oberstlt. v. Bismarck, 9. 1. 64 bis 15. 9. 66.
Major bezw. Oberstlt. bezw. Oberst v. Loos, 15. 9. 66 bis 25. 2. 69.
Major bezw. Oberstlt. v. Haeseler, 25. 9. 69 bis 22. 8. 71.
Major bezw. Oberstlt. v. Behr, 30. 8. 71 bis 5. 4. 77.
Oberstlt. am Ende, 5. 4. 77 bis 22. 3. 81.
Major Kleckl, 22. 3. 81 bis 23. 8. 83.
Major bezw. Oberstlt. bezw. Oberst v. Roques, 23. 8. 83 bis 31. 3. 89.

2. Kompagnie-Chefs.

1. Kompagnie.

Hauptm. Zoeller, 13. 5. 52 bis 5. 7. 55.
 = Graf von der Goltz, 5. 7. 55 bis 13. 8. 64.
Sek. Lt. Klamann, 13. 8. 64 bis 16. 10. 64.
Hauptm. v. Ramin, 16. 10. 64 bis 2. 10. 65.
 = v. Oertzen, 2. 10. 65 bis 15. 4. 69.
 = v. Spankeren, 15. 4. 69 bis 1. 10. 74.
 = Frhr. v. Meerscheidt, 1. 10. 74 bis 18. 5. 76.
 = v. Vogel, 18. 5. 76 bis 16. 12. 76.
 = v. Stamford, 16. 12. 76 bis 22. 3. 81.
 = Dühring, 22. 3. 81 bis 22. 3. 86.
 = Fähndrich, 22. 3. 86 bis 31. 3. 89.

2. Kompagnie.

Hauptm. Rode, 13. 5. 52 bis 26. 1. 57.
 = v. Schramm, 28. 1. 57 bis 6. 5. 59.
 = v. Kleist, 6. 5. 59 bis 15. 9. 66.
 = Mebes, 15. 9. 66 bis 22. 3. 68.
 = Jacobi, 22. 3. 68 bis 3. 9. 73.
 = v. Lübbers, 3. 9. 73 bis 19. 6. 75.
 = v. Tyszka, 19. 6. 75 bis 30. 4. 77.
 = Schroeder, 30. 4. 77 bis 14. 7. 83.
 = v. Lölhöffel, 14. 7. 83 bis 1. 10. 84.
 = v. Goerne, 1. 10. 84 bis 6. 7. 87.
 = Lettgau, 6. 7. 87 bis 31. 3. 89.

3. Kompagnie.

Hauptm. John, 26. 6. 53 bis 17. 1. 57.
» Zöller, 8. 2. 57 bis 15. 6. 61.
» Frhr. v. Rydenheim, 15. 6. 61 bis 10. 2. 63.
» v. Schlegell, 10. 2. 63 bis 2. 10. 65.
» Grützmacher, 2. 10. 65 bis 12. 3. 74.
» Ziegler, 12. 3. 74 bis 15. 9. 77.
» Bech, 15. 9. 77 bis 6. 12. 83.
» Gresser, 6. 12. 83 bis 6. 7. 87.
» v. Goerne, 6. 7. 87 bis 18. 3. 89.

4. Kompagnie.

Hauptm. Wormbs, 1. 6. 59 bis 14. 4. 64.
» Brandt, 19. 5. 64 bis 15. 9. 66.
» v. Ratzmer, 15. 9. 66 bis 25. 7. 70.
Pr. Lt. Graf Schweinitz, 25. 7. 70 bis 24. 9. 70.
» Rosentreter, 24. 9. 70 bis 19. 2. 71.
Hauptm. Lübbers, 19. 2. 71 bis 3. 9. 73.
» Sinhuber, 3. 9. 73 bis 12. 9. 78.
» Dühring, 12. 9. 78 bis 22. 3. 81.
» John, 22. 3. 81 bis 20. 10. 83.
» v. Goerne, 20. 10. 83 bis 1. 10. 84.
» v. Bötticher, 1. 10. 84 bis 16. 5. 85.
» v. Lölhöffel, 16. 5. 85 bis 22. 3. 86.
» Floerke, 22. 3. 86 bis 31. 3. 89.

5. Kompagnie.

Hauptm. Frhr. v. Meerscheidt, 1. 10. 69 bis 1. 10. 74.
» v. Spanken, 1. 10. 74 bis 18. 5. 76.
» v. Stamford, 18. 5. 76 bis 16. 12. 76
» Ulrich, 16. 12. 76 bis 7. 10. 80.
» Boege, 7. 10. 80 bis 4. 1. 81.
» v. Boetticher, 4. 1. 81 bis 1. 10. 84.
» v. Lölhöffel, 1. 10. 84 bis 16. 5. 85.
» Fähnbrich, 16. 5. 85 bis 22. 3. 86.
» Damrath, 22. 3. 86 bis 31. 3. 89.

6. Kompagnie.

Hauptm. Alt, 1. 10. 71 bis 1. 7. 73.
» Reuter, 1. 7. 73 bis 14. 2. 76.
» v. Vogel, 14. 2. 76 bis 18. 5. 76.
» v. Platen, 18. 5. 76 bis 15. 12. 81.
» Bünte, 15. 12. 81 bis 24. 1. 85.
» Tetring, 24. 1. 85 bis 12. 11. 85.
» v. Hartmann, 12. 11. 85 bis 21. 8. 88.
» v. Prittwitz, 21. 8. 88 bis 31. 3. 89.

3. Adjutanten des See-Bataillons.

Sek. Lt. Wormbs, 13. 5. 52 bis 1. 10. 53.
Pr. Lt. Graf von der Goltz, 1. 10. 53 bis 3. 2. 55.
Sek. Lt. v. Kornatzki, 3. 2. 55 bis 1. 10. 57.
Pr. Lt. v. Kleist, 1. 10. 57 bis 6. 5. 59.
Sek. Lt. Foerstner, 6. 5. 59 bis 13. 1. 63.
 = Jacobi, 13. 1. 63 bis 21. 6. 66.
 = v. Lühmann, 21. 6. 66 bis 1. 10. 68.
 = Kutzen, 1. 10. 68 bis 30. 3. 69.
 = Zech, 30. 3. 69 bis 18. 6. 69.
 = Rüppel, 18. 6. 69 bis 14. 1. 70.
 = Sorsche, 15. 1. 70 bis 30. 4. 75.
 = Krahner, 7. 5. 75 bis 1. 6. 76.
 = Muntze, 1. 6. 76 bis 21. 11. 78.
 = Richelmann, 21. 11. 78 bis 1. 10. 79.
 = Rogge, 1. 10. 79 bis 1. 10. 83.
 = Heye, 1. 10. 83 bis 7. 4. 86.
 = bezw. Pr. Lt. Bobe, 7. 4. 86 bis 31. 3. 89.

b. der Marine-Infanterie.

1. Inspekteure der Marine-Infanterie.

Oberst v. Roques, 1. 4. 89 bis 24. 3. 90.
Oberstlt. bezw. Oberst v. Natzmer, seit 24. 3. 90.

2. Kommandeure.

Des I. See-Bataillons.

Major Lölhöffel v. Löwensprung, seit 1. 4. 89.

Des II. See-Bataillons.

Major Gresser, seit 1. 4. 89.

3. Kompagnie-Chefs.

Des I. See-Bataillons.

1. Kompagnie.

Hauptm. v. Brochem, 1. 4. 89 bis 8. 4. 90.
 = Damrath, seit 8. 4. 90.

2. Kompagnie.

Hauptm. Frhr. v. Schroetter, 1. 4. 89 bis 14. 6. 90.
 = Frhr. v. Ende, seit 14. 6. 90.

3. Kompagnie.

Hauptm. Schack, seit 1. 4. 89.

4. Kompagnie.

Hauptm. v. Prittwitz, 1. 4. 89 bis 30. 7. 89.
 =   Frhr. v. Gagern, seit 30. 7. 89.

Des II. See-Bataillons.

1. Kompagnie.

Hauptm. Ritter, 1. 4. 89 bis 16. 1. 90.
 =   v. Hartmann, seit 16. 1. 90.

2. Kompagnie.

Hauptm. v. Westernhagen, seit 1. 4. 89.

3. Kompagnie.

Hauptm. Lettgau, seit 1. 4. 89.

4. Kompagnie.

Hauptm. Floerke, 1. 4. 89 bis 8. 5. 90.
 =   Aschenborn, seit 8. 5. 90.

4. Adjutanten der Marine-Infanterie-Inspektion.

Pr. Lt. Bode, 1. 4. 89 bis 8. 5. 90.
 =   Frhr. v. Wangenheim, 8. 5. 90 bis 17. 6. 90.
 =   Knopf, seit 17. 6. 90.

5. Adjutanten.

Des I. See-Bataillons.

Sek. Lt. Becker, 1. 4. 89 bis 16. 1. 90.
 =   v. Schewe, seit 21. 1. 90.

Des II. See-Bataillons.

Sek. Lt. v. Oven, 1. 4. 89 bis 24. 3. 90.
 =   Alefeld, seit 24. 3. 90.

Anlage 4.

1. Prinz Heinrich Wilhelm Adalbert von Preußen, K. H., am 29. Oktober 1811 geboren, begann seine militärische Laufbahn in der Infanterie, trat aber, nachdem er 1830 Hauptmann geworden war, 1832 zur Artillerie über und widmete seine reichen Kräfte vorwiegend dieser Waffe. Im Jahre 1838 zum Oberst ernannt, ward er im folgenden Jahre Mitglied der Artillerie-Prüfungs-Kommission und interimistischer Führer der Garde-Artillerie-Brigade, am 22. August 1840 Generalmajor, am 31. März 1846 Generallieutenant und ein Jahr darauf Generalinspekteur der Artillerie. Der stets thätige Geist des Prinzen veranlaßte ihn, in dieser Reihe von Jahren Reisen der verschiedensten Art zu unternehmen, sein Wissenstrieb führte ihn nach allen Ländern Europas, und nachdem er wiederholt England besucht, unternahm er eine mehrmonatliche Reise nach Südamerika. Hierbei und zumal bei der letzteren Gelegenheit ward seine schon früher hervorgetretene Passion für die Marine angeregt, und als die deutsche Bewegung des Jahres 1848 auch den Gedanken an eine deutsche Marine wach-rief, machte sich der Prinz zum Träger dieser Idee in Preußen. Im Jahre 1849 vertraute ihm Seine Majestät der König Friedrich Wilhelm IV. den Oberbefehl über die vorhandenen preußischen Kriegs-Fahrzeuge an und legte dadurch den Grund zu einer Thätigkeit des Prinzen, welche ihn ganz in Anspruch nahm und ihn zum Gründer unserer heutigen deutschen Marine machte. Im Jahre 1854 zum Admiral ernannt, unternahm er im Jahre 1856 mit der Korvette „Danzig" eine Reise nach dem Mittelmeer, wobei er bekanntlich an der Nordost-Küste von Marokko mit den Riffpiraten in feindliche Berührung kam und bei einem Angriff gegen dieselben bei Tres-Forcas verwundet wurde. Am 18. Oktober 1861 wurde er zum Chef des 1. Thüringischen Infanterie-Regiments Nr. 31 ernannt. Im Jahre 1864, in dem Feldzuge gegen Dänemark, erhielt Prinz Adalbert den Oberbefehl über den ausgerüsteten Theil der Flotte. Im Feldzuge 1866 begleitete er die II. Armee und zwar zunächst das V. Armeekorps, wobei er die Schlachten bei Nachod, Skaliß, Schweinschädel und Königgrätz mitmachte. Bei Nachod verlor der Prinz seinen Adjutanten in der Tirailleurlinie. Im Jahre 1870 schloß er sich wieder dem damaligen Führer des V. Armeekorps, General v. Steinmetz, an, der jetzt die I. Armee kommandirte. Er begleitete diesen bei allen Schlachten und Gefechten bis zu dessen Abgang, worauf er sich in das Hauptquartier Seiner Majestät des Kaisers nach Versailles begab und hier bis zu dem Ende des Feldzuges blieb. Trotzdem der Prinz in diesen beiden Kriegen nicht kommandirte, war seine Gegenwart von großem Einfluß, denn er suchte stets die Felder der größten Gefahr und gab allen Leuten ein glänzendes Beispiel seiner Tapferkeit und Ausdauer im dichtesten Kugelregen.

Nach dem Kriege 1870 ernannte Seine Majestät der Kaiser den Prinzen zum Generalinspekteur der Marine. In dieser Stellung

war es dem Prinzen nicht mehr vergönnt, unmittelbar das Leben
der deutschen Marine zu bestimmen, aber es zu fördern, seinen
reichen Einfluß auf dasselbe auszuüben, konnte er sich nicht versagen.
Unermüdlich forschte er und lernte er weiter und machte seine Stimme
in allen Marinefragen zu einer sehr erwünschten und gern gehörten.
Mit lebhaftem Interesse folgte er den großen Fragen des Kriegs=
schiffbaues, und als sich der deutschen Marine in den neufließenden
Geldmitteln die Aussicht zur kräftigeren Entwickelung zeigte, war es
sein sehnlichster Wunsch, daß Deutschland das mächtigste Kriegsschiff
der Welt gewinne. Noch am 4. Juni sandte er Resultate seiner
Untersuchungen in einem längeren Reisebericht an die Admiralität ab.
Zwei Tage später, am 6. Juni 1873 früh 6½ Uhr machte ein
Lungenschlag in Karlsbad, wo er sich zur Kur aufhielt, seinem regen
Leben ein Ende. Die Marine verliert in dem Entschlafenen ein
Herz voll der treuesten Theilnahme an der Sache und an den
Personen, hoch und niedrig. Wie die Träume seiner Kindheit,
so war die Sehnsucht des Jünglings, der Wunsch des Mannes,
das Wollen und Wirken die letzten Jahrzehnte seines Lebens
der eine, für ihn Alles erfüllende Gedanke, die vaterländische
Marine.

(Nachruf des M. V. Bl. 1873.)

Das Andenken ihres so hochverehrten Gründers und Leiters zu
ehren, errichtete die deutsche Marine ihm ein aus freiwilligen Bei=
trägen erbautes Denkmal, welches am 16. September 1882, Mittags
12 Uhr in Gegenwart S. K. H. des Prinzen Heinrich von Preußen,
des Chefs der Admiralität, Generallieutenants v. Stosch, sämmt=
licher Marine= und Civilbehörden, der Offiziere und Mannschaften
der Garnison Wilhelmshaven feierlichst enthüllt wurde.

Seine Majestät der Kaiser verfügte am 1. September 1878,
daß die neugebaute Korvette „Seban" zur Erinnerung an seinen in
Gott ruhenden Vetter, Prinz Adalbert von Preußen, und in An=
erkennung um dessen hohe Verdienste um die Marine den Namen
„Prinz Adalbert" führe. Das bisherige Panzerfahrzeug „Prinz
Adalbert" war am 28. Mai 1878 aus der Liste der Kriegsfahrzeuge
gestrichen.

2. General der Infanterie Albrecht Theodor Emil Graf v. Roon
wurde am 30. April 1803 zu Pleushagen bei Colberg als Sohn
des Lieutenants a. D. und Rittergutsbesitzers v. Roon auf Plens=
hagen geboren. Aus dem Kadettenkorps hervorgegangen, wurde
v. Roon am 9. Januar 1821 als Sekondlieutenant dem damaligen
14. Infanterie=Regiment überwiesen. Im Juni 1858 wurde v. Roon,
der damals Oberst und Kommandeur der 20. Infanterie=Brigade
war, durch Allerhöchste Ordre aufgefordert, eine Denkschrift über die
eventuelle Reorganisation der Armee auszuarbeiten. v. Roon, am
15. Oktober 1858 zum Generalmajor befördert, unterzog sich dieses
ihm gewordenen Allerhöchsten Auftrages mit der ihm eigenen Energie
und Gewissenhaftigkeit. Am 22. November 1858 zum Kommandeur
der 14. Division ernannt, am 31. Mai 1859 zum Generallieutenant
befördert, wurde v. Roon, nachdem er erfolgreich an den Sitzungen
der Kommission zur Berathung der Armee=Reorganisation Theil
genommen, am 5. Dezember 1859 zum Staats= und Kriegsminister
ernannt. Mit dem vollen Bewußtsein der Verantwortung übernahm
v. Roon diesen wichtigen Posten und seine ganze Lebenskraft setzte

er ein, um das Vertrauen seines Herrschers zu rechtfertigen und das Werk, welches über die Zukunft des Vaterlandes und des Heeres entscheiden mußte, in seinem Sinne zu vollenden. Der Beginn des Jahres 1861 brachte dem Minister v. Roon eine Erweiterung seines Wirkungskreises. Unterm 5. März befahl Seine Majestät der König die Auflösung der im Jahre 1853 gestifteten Admiralität, die Errichtung eines Marine-Departements und die Uebertragung dieses Departements an den Kriegs- und Staatsminister v. Roon. Die definitive Ernennung zum Marineminister fand am 16. April 1861 statt, nachdem v. Roon bereits seit dem 15. Januar den Chef der Marine-Verwaltung einstweilen vertreten hatte. Dieselbe energische Hand, welche das Fundament zur Größe des Heeres gelegt hatte, sollte nun auch die weiteren Grundlagen für das Aufblühen der Marine schaffen. Seine Bemühungen für eine raschere und umfassende Hebung der Flotte scheiterten an dem Widerstande des Abgeordnetenhauses, auch wurde die im Jahre 1862 beanstandete Bewilligung von Geldern zur Beschaffung dreier großer Panzerschiffe, sowie zur kräftigeren Fortsetzung der begonnenen Schiffsbauten und zur Anlegung eines Kriegshafens auf der Insel Rügen (am Jasmunder Bodden oder bei Okhöft) abgelehnt, ein Verfahren, das sich in dem späteren Kriege gegen Dänemark bitter rächte. Als in den erneuten Debatten im Abgeordnetenhause 1865 auch die seitens des Ministers beantragte Anleihe von 10 Millionen für Marinezwecke abgelehnt wurde, ließ sich die Regierung von ihrer Sorgfalt für die Sicherheit des Landes nicht abhalten und beschaffte für die Marine schwere Gußstahl-Kanonen und gab eine Panzerfregatte in Bestellung. Fördernd wirkte der Minister auf den Ausbau des an der Jade entstehenden Kriegshafens. Seine Majestät des Königs Werk, die Reorganisation der Armee, an dem der Minister so hohen Antheil hatte, sah er gekrönt durch den so ruhmreichen Feldzug gegen Frankreich. In Ansehung aller dieser Verdienste erhob Seine Majestät der König neben vielen ihm erwiesenen Gnadenbeweisen v. Roon in den erblichen Grafenstand. Da nach Beendigung des Krieges gegen Frankreich die Geschäftslast, die dem Kriegsminister erwuchs, eine kolossale war, so wurde demselben eine Erleichterung aus der Trennung des Marineressorts vom Kriegsministerium zu Theil. Auf des Ministers Wunsch entband Seine Majestät der Kaiser v. Roon am 31. Dezember 1871 unter warmer Anerkennung seiner Verdienste als Marineminister. v. Roon trat, nachdem Seine Majestät der Kaiser ihn noch am 1. November 1873 zum General-Feldmarschall ernannt, am 9. November 1873 in den wohlverdienten Ruhestand, aber auch ferner in der Liste der aktiven General-Feldmarschälle, sowie in dem Verhältniß als Chef des Ostpreußischen Füsilier-Regiments Nr. 33 verbleibend [seit dem 27. Januar 1889 führt das Regiment die Bezeichnung: Füsilier-Regiment Graf Roon (Ostpreußisches) Nr. 33]. Am 23. Januar 1879 gegen 1 Uhr Nachmittags starb v. Roon, nachdem Seine Majestät der Kaiser Wilhelm I. noch zwei Tage früher an das Krankenbett seines treuen Feldmarschalls geeilt, um Abschied zu nehmen. Am 27. Februar wurde sein Leichnam in der Roon'schen Familiengruft zu Crobnitz, Ober-Lausitz, beigesetzt.

3. General der Infanterie Albrecht v. Stosch, siehe Nr. 112 des Offizierkorps der Marine-Infanterie.

4. General der Infanterie Georg Leo v. Caprivi ist am 24. Februar 1831 zu Berlin geboren, trat am 1. April 1849 in das Kaiser Franz Garde-Grenadier-Regiment ein, woselbst er am 19. September 1850 zum Sekondlieutenant befördert wurde. Bereits am 17. Dezember 1861 zum Hauptmann im Generalstab ernannt, sehen wir v. Caprivi, nach einer kurzen Kompagniechef-Zeit im 8. Brandenburgischen Infanterie-Regiment Nr. 64, während des Feldzuges gegen Oesterreich 1866 als Hauptmann im Großen Generalstab dem Stabe des Oberkommandos der II. Armee überwiesen. Im Anfang des Feldzuges 1870/71 gegen Frankreich als Oberstlieutenant stellvertretender Chef des Generalstabes des X. Armeekorps, wurde er am 21. September 1871 definitiv in dieser Stellung bestätigt. Eine Allerhöchste Ordre ernannte v. Caprivi am 2. Dezember 1871 zum Abtheilungs-Chef im Kriegsministerium, dann folgte am 18. Januar 1872 seine Beförderung zum Oberst und am 22. März 1877 die zum Generalmajor. Als solcher am 12. Januar 1878 zum Kommandeur der 5. Infanterie-Brigade in Stettin ernannt, dann im Frühjahr 1881 zum Kommando der 2. Garde-Infanterie-Brigade berufen, mußte v. Caprivi schon am 23. November 1882 seine Stellung wieder mit der eines Führers der 30. Division in Metz vertauschen. Am 12 Dezember 1882 zum Generallieutenant befördert, berief ihn das Vertrauen seines Allerhöchsten Kriegsherrn am 20. März 1883 an die Spitze der Marine als Chef der Admiralität. Wie erfolgreich sein Wirken in dieser Stellung gewesen, zeigt der Allerhöchste Dank, dem der General der Infanterie v. Caprivi am 5. Juli 1888 zu Theil wurde, da eine anderweitige Organisation der obersten Marine-Behörden seine Abberufung von der Stelle des Chefs der Admiralität nothwendig machte. Zu neuer Thätigkeit und zwar als Kommandirender General des X. Armeekorps am 19 Juli 1888 berufen, ernannte Seine Majestät der Kaiser den General der Infanterie in Anerkennung seiner hervorragenden Verdienste zum Chef des Infanterie-Regiments Herzog Friedrich Wilhelm von Braunschweig (Ostfriesisches) Nr. 78. Am 20. März 1890 als Reichskanzler an die Stelle des von seinen Aemtern auf seinen Antrag entbundenen Reichskanzlers Fürsten v. Bismarck berufen, wurde v. Caprivi am 17. Juni 1890 durch Verleihung des hohen Ordens vom Schwarzen Adler Allerhöchst ausgezeichnet.

5. Vize-Admiral Alexander Graf v. Monts, geboren am 9. August 1832 zu Berlin, trat am 29 November 1849 als Kadett 2. Klasse in die damalige Königlich preußische Marine ein. 1855 am 19. Januar erfolgte seine Beförderung zum Fähnrich zur See und 1856 am 27. November zum Lieutenant zur See 2. Klasse. In diese Zeit, und zwar vom 30. April 1854 bis 19. Februar 1855, fällt seine Kommandirung zur Dienstleistung in die englische Marine. Zum Kapitänlieutenant am 12. März 1864 befördert, wurde er am 22. November 1864 als Adjutant zum damaligen Oberkommando der Marine kommandirt, in welcher Stellung er bis 24. Juli 1867 verblieb. 1868 am 20. Februar zum Korvettenkapitän befördert, war Graf v. Monts in dieser Charge vom 1. August 1868 bis 15. Juli 1870 Mitglied der gemischten Sektion für Marine- und Küsten-Angelegenheiten und vom 8. November 1871 bis 18. März 1873 Inspekteur des Torpedowesens und Kommandeur der Torpedo-Abtheilung. Hieran schloß sich vom 19. März 1873 bis 15. Sep-

tember 1873 und vom 3. März 1874 bis 18. August 1875 das Kommando als Kommandant des Artillerie-Schulschiffes „Renown". Zum Kapitän zur See am 2. Mai 1874 befördert, wurde er am 18. Dezember 1877 zum Kommandeur der 1. Werft-Division ernannt und in dieser Stellung bis zum 23. Oktober 1880 belassen. Am 12. April 1881 zum Kontreadmiral befördert, erfolgte am 16. August 1883 seine Ernennung zum Chef der Marinestation der Nordsee und am 24. September 1884 die Beförderung zum Vizeadmiral. In dieser Stellung wurde er bereits vom 10. Oktober 1885 bis 5. Januar 1886 mit der Vertretung des damaligen erkrankten Chefs der Admiralität Allerhöchst beauftragt. An größeren ausländischen See-reisen hat Graf Monts mitgemacht: die mit der „Amazone" im Jahre 1850 als Kadett 2. Klasse nach Schweden; mit dem „Merkur" 1850/51 als Kadett 2. Klasse nach Brasilien; mit der „Gesion" 1852/54 als Kadett 2. Klasse nach Brasilien, La Plata, Westindien und Mittelmeer; mit der „Grille" 1850 als Wachtoffizier nach Frankreich und England; mit der „Arcona" 1859/62 als Wacht-offizier und als Adjutant des ostasiatischen Geschwaders nach Ostasien; mit der „Niobe" 1867/68 als Erster Offizier nach West-indien; mit der „Vineta" 1875/77 als Kommandant nach Ostasien. Im Kriege gegen Dänemark im Jahre 1864 war Graf Monts Kommandant der „Lorelen" und machte als solcher das Gefecht bei Jasmund mit. Das Vertrauen seines Kaisers und Königs berief ihn am 5. Juli 1888 unter Ernennung zum Komman-direnden Admiral, zur Stellvertretung des Chefs der Admiralität. Außerdem war Graf Monts Bevollmächtigter zum Bundesrath und Mitglied der Landesvertheidigungs-Kommission. Bereits am 19. Januar 1889 starb der verdiente Admiral nach mehrwöchigem schweren Leiden in Berlin. (Nachruf des M. V. Bl. 1889.)

6. **Max Leopold Otto Ferdinand Freiherr von der Goltz** wurde am 19. April 1838 als Sohn des Rittergutsbesitzers Frhrn. von der Goltz zu Königsberg i. Pr. geboren und erhielt seine Schulbildung in den Kadettenhäusern Culm und Potsdam. Erst 15 Jahre alt, trat er am 28. Oktober 1853 als Kadett 2. Klasse in die damalige kleine preußische Marine ein. Während seine militärische Ausbildung in dem Seekadetten-Institut zu Danzig bezw. Berlin gefördert wurde, gewann Frhr. von der Goltz als Kadett 2. Klasse und als See-kadett, zu welcher Charge er am 2. November 1855 befördert, seine seemännischen Kenntnisse an Bord S. M. Schiffe „Gesion", „Mercur", „Thetis" und „Danzig" während der Reisen dieser Schiffe nach dem Mittelmeer, in der Ostsee und nach Brasilien. Seiner Beförderung zum Fähnrich zur See am 8. Oktober 1859 folgte seine Komman-dirung als Wachtoffizier an Bord der „Hela", „Barbarossa", vom 11. Februar 1860 bis 29. März 1861. Wiederum als Wachtoffizier an Bord der „Hela" zu einer Reise nach Spanien und Portugal kommandirt, erfolgte am 30. November 1861 seine Beförderung zum Lieutenant zur See, in welcher Charge er auch die zweite preußische Expedition nach Ostasien an Bord der „Gazelle", vom 23. September 1862 bis zum 31. Mai 1865, mitmachte. Kaum in die Heimath zurückgekehrt, erhielt Frhr. von der Goltz das Kommando über das Kanonenboot „Camaeleon", welches während des Sommers in Ost- und Nordsee kreuzte. Am 16. September 1865 zum Kapitän-lieutenant ernannt, verblieb er als Erster Offizier an Bord der

„Hertha" und „Thetis" bis zum 30. November 1867 in der Ostsee
bezw. vor Kiel und wurde dann der Matrosen-Stamm-Division der
Flotte der Ostsee zugetheilt, nachdem er schon früher an Land auf
kurze Zeit als Detachementsführer in Stralsund und in Berlin (zu
Schießversuchen) kommandirt gewesen war. Es folgte dann am
26. Februar 1870 seine Beförderung zum Korvettenkapitän und
seine Berufung zum Marineministerium bezw. in die Admiralität.
Im Sommer 1873 sehen wir ihn als Kommandant S. M. S. „Ariadne"
dem in Ost- und Nordsee übenden Geschwader zugetheilt. Während
dann die Korvette „Augusta" unter seinem Kommando in den
Westindischen Gewässern und vor Brasilien kreuzte, wurde Frhr.
von der Golz am 14. Dezember 1875 zum Kapitän zur See befördert. Als solcher kommandirte er das Panzerschiff „Kaiser" im
Sommer 1876 und 1877, welches dem nach dem Mittelmeer
entsandten Panzergeschwader jedes Mal angehörte. Zwischendurch,
vom 29. September 1876 bis 6. Mai 1877, zum Kommandeur der
2. Werftdivision in Wilhelmshaven ernannt, wurde er am 5. Dezember
1877 als Ober-Werftdirektor nach Kiel versetzt. Im Frühjahr 1882
war er Kommandant S. M. Panzerschiff „Sachsen". Vom 13. August
1882 bis 9. Januar 1883 befand sich der Kapitän zur See an Bord
S. M. S. „Gneisenau" als Kommodore im Mittelmeer stationirt,
wurde dann aber, nachdem am 16. August 1883 seine Ernennung
zum Kontreadmiral erfolgt, als Geschwader-Chef auf die ostasiatische
Station vom 26. August 1883 bis 3. März 1884 an Bord der
Korvette „Stosch" kommandirt. Zurückgekehrt, erhielt er am 9. April
1884 seine Berufung nach Berlin als Direktor in der Admiralität.
Dann erfolgte mit der Beförderung zum Vizeadmiral am 14. August
1888 seine Ernennung zum Chef der Marinestation der Nordsee, aus
welcher Stellung ihn schon am 24. Januar 1889 Seine Majestät
der Kaiser zur Vertretung des Chefs der Admiralität unter Ernennung zum Kommandirenden Admiral an die Spitze der Kaiserlich
deutschen Marine berief.

7. Prinz Albert Wilhelm Heinrich von Preußen, K. H., Bruder
Seiner Majestät des Kaisers Wilhelm II., ist geboren am
14. August 1862 und gehört der Marine seit dem 14. August 1872
an, an welchem Tage der Prinz zum Unterlieutenant zur See ernannt wurde. Im Sommer 1877 als Kadett an Bord S. M. Segelfregatte „Niobe" ausgebildet, machte Seine Königliche Hoheit vom
Herbst 1878 bis Herbst 1880 seine erste große Weltreise an Bord
S. M. Kreuzerfregatte „Prinz Adalbert". Am 18. Oktober 1881
zum Lieutenant zur See befördert, mußte Seine Königliche Hoheit
schon wieder von Herbst 1882 bis Frühjahr 1884 auf der Reise
nach Westindien an Bord S. M. Kreuzerkorvette „Olga" den
heimathlichen Hafen verlassen, besuchte dann im Winter 1884/85
und 1885,86 die Marine-Akademie und war im Sommer 1885 als
Kapitänlieutenant (18. Oktober 1884) und Batterie-Offizier an Bord
S. M. Kreuzerfregatte „Stein", im Sommer 1886 als Erster Offizier
an Bord des Panzerschiffes „Oldenburg" kommandirt. Im Winter
1886/87 übernahm Seine Königliche Hoheit die Führung der 2. Kompagnie 1. Matrosen-Division. Im Sommer 1887 erhielt der Prinz
das erste völlig selbstständige Kommando als Kommandant des
Torpedo-Divisionsschiffes D.2 und Chef einer Torpedoboots-Division
und konnte als solcher mit seiner Division seinen Kaiserlichen Groß-

vater bei der denkwürdigen Flottenrevue am 3. Juni 1887 im Hafen von Kiel mit seinen Torpedobooten begleiten. Seine Königliche Hoheit, am 18. Oktober 1887 zum Korvettenkapitän befördert, begleitete Juli 1888 seinen kaiserlichen Bruder, Se. Majestät Kaiser Wilhelm II., als Kommandant S. M. Yacht „Hohenzollern" nach Petersburg, Stockholm und Kopenhagen und im Sommer 1889 als Kapitän zur See (27. Januar 1889) und Kommandant S. M. S. „Irene" nach dem Mittelmeer, nach Griechenland zur Hochzeit Seiner Königlichen Schwester, Prinzessin Sophie von Preußen, jetzigen Kronprinzessin von Griechenland, und zum Besuche des Sultans in Konstantinopel. Während des Winters 1888/89 hatte der Prinz die Führung der 1. Abtheilung der 1. Matrosen-Division übernommen. Am 24. Mai 1888 mit Ihrer Königlichen Hoheit der Prinzessin Irene, der Tochter des Großherzogs von Hessen, Ludwig IV., vermählt, geruhte Seine Königliche Hoheit der Prinz Heinrich für seinen am 20. März 1889 geborenen Sohn, Prinz Waldemar, K. H., die Pathenschaft der ganzen Marine anzunehmen. Seine Königliche Hoheit der Prinz Heinrich steht außerdem als Oberst à la suite des 1. Garde-Regiments zu Fuß und des Garde-Füsilier-Landwehr-Regiments, ist Linienschiffs-Kapitän à la suite der österreichischen Marine, Inhaber des österreichischen 20. Galizischen Infanterie-Regiments und Chef des russischen Isumschen Dragoner-Regiments Nr. 33.

Nachweisung

des durch das Gefecht bei Tres-Forcas am 7. August 1856
veranlaßten Berlustes an Mannschaften des See-Bataillons.

A. Todt.

vacat.

B. Vermißt.

1. Gefreiter Lüpke, Schuß durch die Stirn und in den Unterleib,
   todt am Lande geblieben.

C. Verwundet.

2. Unteroff. Kummerehl, Bruch des oberen Theils des linken Radius,
   schwer verwundet.

3. Gefreiter Grabe, Schuß durch die linke Lunge und gleichzeitigen
   Substanzenverlust des unteren Theils des linken triceps, schwer
   verwundet.

4. Seesoldat Lensch, Schuß durch die linke Lunge, Schuß durch die
   großen Gesäßmuskeln der linken Seite bis zum Darm, sehr schwer
   verwundet.

5. Seesoldat Hell, Verstauchung der linken Hand, Streifschuß der
   dritten Phalanx des vierten Fingers der linken Hand, leicht verwundet.

6. Seesoldat Mielenz, Verstauchung des linken Fußgelenks, leicht
   verwundet.

7. Seesoldat Schlegel, Verstauchung des rechten Fußgelenks, leicht
   verwundet.

8. Seesoldat Willbrandt, Quetschung des rechten Fußgelenks, leicht
   verwundet.

9. Seesoldat Scholz, Streifschuß der Unterlippe, leicht verwundet.

10. Seesoldat Schulz I., Quetschung des rechten Fußgelenks, leicht
    verwundet.

Anlage C.

Die See-Artillerie während ihrer Zugehörigkeit zum See-Bataillon.

1. Oktober 1857 bis 13. Februar 1867.

Auf den gemeinschaftlichen Bericht vom 25. September d. J. des Kriegsministers und der Admiralität will Ich genehmigen, daß der zur Bildung einer „See-Artillerie-Kompagnie" erforderliche Stamm an Unteroffizieren und ausgebildeten Mannschaften der Artillerie abgegeben werde und die dazu erforderliche Anzahl Offiziere, und zwar 1 Hauptmann 2. Klasse, 1 Premierlieutenant und 2 Sekondlieutenants, unter der Bedingung ihres Rücktritts zur Artillerie nach Verlauf dreier Jahre, zur See-Artillerie übertreten darf. Die Offiziere sind bei ihren Truppentheilen in vorgeschriebener Weise zu ersetzen. Die Namhaftmachung der betreffenden Offiziere erwarte Ich zu Meiner Bestätigung ihres Uebertritts nachträglich, und bestimme Ich, daß dieselben während der Dauer ihres Dienstverhältnisses in Meiner Marine die See-Artillerie-Uniform zu tragen haben, wofür Jedem derselben eine Geldvergütung im Betrage von 100 Thalern einmal gewährt werden soll.

Ich ermächtige die Admiralität, diese Beträge aus einem ihr geeigneten Fonds oder aus Ersparnissen zu zahlen.

Sanssouci, den 31. Oktober 1857.

Im Allerhöchsten Auftrage Sr. Majestät des Königs

(gez.) Prinz von Preußen.

An den Kriegsminister und
die Admiralität.

In Nachachtung dieser Allerhöchsten Ordre wurde zur Besetzung der der Königlichen Marine überwiesenen Küstenbefestigungen und Batterien, sowie zur Ausführung der artilleristischen und Munitionsarbeiten durch das Kommando des See-Bataillons die erste See-Artillerie-Kompagnie in Danzig formirt. Der Etat derselben war mit 1 Hauptmann, 1 Premierlieutenant, 2 Sekondlieutenants, 1 Feldwebel, 1 Oberfeuerwerker, 4 Feuerwerkern, 9 Unteroffizieren, 12 Bombardieren, 16 Gefreiten, 3 Hornisten, 102 Kanonieren ausgeworfen.

Schon am 1. Oktober 1857 waren dem Premierlieutenant Ewald vom See-Bataillon zur Einleitung obiger Formation 3 Unteroffiziere, 6 Bombardiere, 6 Gefreite, 2 Hornisten, 31 Kanoniere, in Summa 45 Mann, übergeben worden, während von der Landarmee nach obiger Ordre 1 Hauptmann, 1 Premierlieutenant, 2 Sekondlieutenants, ferner 1 Feldwebel, 4 Sergeanten, 7 Unteroffiziere, 9 Bombardiere, 10 Gefreite, 27 Kanoniere, in Summa 58 Mann, hinzutraten. Die Mannschaften

der Artillerie der Landarmee, vom 1. und 2. Artillerie-Regiment abgegeben, trafen am 1. bezw. 2. Dezember in Danzig ein. Aber die von
der Artillerie der Landarmee zur See-Artillerie-Kompagnie abzugebenden
Offiziere wurden Allerhöchst erst am 18. März 1858 versetzt, bis zu
welchem Zeitpunkt daher der Premierlieutenant Ewald die Führung
der See-Artillerie-Kompagnie behielt.

Bereits am 1. Juni 1859 erfolgte durch den Premierlieutenant Leo
der 1. See-Artillerie-Kompagnie die Bildung einer 2. See-Artillerie-
Kompagnie in Danzig, welche aber bereits am 8. Oktober 1859 nach
Stralsund in Garnison verlegt wurde. Der Etat der beiden See-Artillerie-
Kompagnien war nunmehr festgesetzt auf:

Formirung der 2. See-Artillerie-Kompagnie.

> 2 Hauptleute, 2 Premierlieutenants, 4 Sekondlieutenants,
> 2 Feldwebel, 10 Sergeanten, 18 Unteroffiziere, 24 Bombar-
> diere, 32 Gefreite, 6 Hornisten, 204 Kanoniere.

Nachdem bereits 1862 aus dem Etat jeder Artillerie-Kompagnie
8 Bombardierstellen gestrichen, verfügte eine Allerhöchste Ordre vom
25. Mai 1866 den Wegfall der Benennung „Bombardiere" und die Ein-
führung der Charge der Obergefreiten.

Die Uniform der See-Artillerie war analog der des See-Bataillons,
nur waren Kragen und Aufschläge des Waffenrockes schwarz, statt dunkelblau (Aufschlags-Patten dunkelblau); von gleicher Farbe war der Besatzstreifen der Mütze, an welcher das aus gelbem Tuche geschlagene K M
bereits 1859, analog wie an den Mannschaftsmützen des See-Bataillons
durch die Nationalkokarde ersetzt wurde. Bei den Offizieren waren Kragen,
Aufschläge des Waffenrocks wie Besatzstreifen der Mütze von schwarzem
Sammet. Auf den Achselklappen der Mannschaftswaffenröcke wie in den
weißen Feldern der Epauletten der See-Artillerie-Offiziere lagen über
dem Anker noch zwei gekreuzte Kanonenrohre. Die Bombardiere bezw.
Obergefreiten trugen das schwarz-weiße Unteroffizier-Troddel am Faschinen-
messer, am Kragen des Waffenrockes den großen (Sergeanten-) Adler-Knopf.

Bekleidung der See-Artillerie

Den See-Artillerie-Offizieren wurde 1866 Allerhöchst das Tragen
der Achselstücke der korrespondirenden Chargen der See-Offiziere, jedoch
mit schwarzem Sammet gefüttert, gestattet.

Die Uniform der See-Artillerie-Offiziere trugen auch noch einige
nicht direkt der Truppe angehörige, aber in der Marine thätig gewesene
Artillerie-Offiziere, wie die Artillerie-Depot-Direktoren und die Artillerie-
Direktoren der Werften. Auch das Zeug- und Feuerwerksoffizier-Personal
der Marine, sowie Zeugfeldwebel und Zeugsergeanten legten die Uniform
der See-Artillerie an.

Bewaffnet waren die See-Artillerie-Kompagnien mit dem Zündnadelgewehr M/41 nebst Infanterie-Faschinenmesser, wohl die erste der-
artige Bewaffnung einer Fußartillerie-Truppe, da die Fußartillerie bezw.
Festungsartillerie der Landarmee erst nach 1870 mit einem Gewehr ausgerüstet worden ist. Die Offiziere und Feldwebel der See-Artillerie
trugen den Artillerie-Offiziersäbel am schwarzlackirten Koppel.

Bewaffnung

Die Ausbildung der See-Artillerie-Kompagnien in den ersten Jahren
ihres Bestehens hatte mit mancherlei Schwierigkeiten zu kämpfen gehabt.
Die Ausbildung am Festungsgeschütz konnte nur theilweise bewerkstelligt
werden, da zur Beschaffung besonderer Exerzirbatterien (Exerzirbastionen)
nicht ausreichende Mittel vorhanden waren, sowie ein angemessenes Geschütz und Zubehör den betreffenden Kompagnien bis Januar 1861 noch
nicht zur Disposition hatte gestellt werden können. Die Uebungsbatterien

Ausbildung.

der Festungs-Artillerie der Landarmee konnten die Kompagnien in Danzig nur periodisch, in Stralsund nur ausnahmsweise benutzen.

Zum Exerziren am Schiffsgeschütz stand der 1. Kompagnie die Uebungsbatterie S. M. S. „Barbarossa" zur Verfügung; die 2. See-Artillerie-Kompagnie konnte mit den ihr von den Ruder-Kanonenbooten überwiesenen 2 Geschützen ihre Mannschaften nur nothdürftig ausbilden.

Auch hatte eine Prüfung der beiden See-Artillerie-Kompagnien betreffs ihrer Schießfertigkeit u. f. w. nur theilweise stattgefunden. Die 1. Kompagnie hatte wenigstens zweimal Gelegenheit, bei den Schieß-versuchen von Neufähr, Mai 1860, eine Art von Schießübung mit Schiffs-geschützen abzuhalten, wohingegen die 2. See-Artillerie-Kompagnie, außer dem Verschießen von 20 Manöver-Kartuschen und der Kommandirung von 1 Offizier (Sekondlieutenant Trautmann) 30 Mann nach Berlin zu den Schießübungen am gezogenen Geschütz im September 1859, nicht in der Lage gewesen war, den Stand der Ausbildung ihrer Mannschaften zu prüfen und zu bethätigen.

Erst vom Jahre 1862 begannen die See-Artillerie-Kompagnien regel-mäßig während des Sommers, in der Regel im Juli, im Verein mit der Artillerie der Landarmee, Schießübungen abzuhalten, so die 1. See-Artillerie-Kompagnie im Sommer 1862, 1863 und 1865 in Königsberg, die 2. See-Artillerie-Kompagnie in denselben Jahren in Stettin.

Die Ausbildung der See-Artilleristen mit dem Zündnadelgewehr, welches denselben als Hülfswaffe gegeben, beschränkte sich nur auf das zum Schießgebrauche dieser Waffe nothwendige Maß, auch sollten die Mannschaften im Wachtdienst zu verwenden sein.

Zur Ausbildung der Avancirten der See-Artillerie wurden alljähr-lich Schüler zum Besuche der Artillerie-Brigadeschulen der Landarmee, so nach Königsberg, Stettin, kommandirt. Auch konnten diese Schüler, die die erforderliche Qualifikation auf den Brigadeschulem erhalten, zum Besuche der Oberfeuerwerkerschule zu Berlin zugelassen werden, waren dort auch denselben Bedingungen und Prüfungen wie die Avancirten der Artillerie der Landarmee unterworfen.

Kriegs-
bereitschaft 1859.

Bereits im Juli 1859 erfuhren die See-Artillerie-Kompagnien infolge der Kriegsbereitschaft Preußens eine Verstärkung durch Einziehen von Reserven auf je 178 Mann, indem für fehlende Reserven der See-Artillerie solche des See-Bataillons als Ersatz eingestellt wurden. Die See-Artillerie-Kompagnien wurden jedoch schon am 13. August 1859 auf den Friedens-etat zurückgeführt.

Kriegs-
bereitschaft 1864.

Die durch Allerhöchste Kabinets-Ordre vom 8. Dezember 1863 für die Marine angeordnete Kriegsbereitschaft verstärkte jede der beiden See-Artillerie-Kompagnien um je 10 Unteroffiziere 60 Mann aus der Reserve. Der Kriegsetat betrug hiernach:

> 2 Hauptleute, 2 Premierlieutenants, 4 Sekondlieutenants, 2 Feldwebel, 10 Sergeanten, 27 Unteroffiziere, 12 Bombar-diere, 32 Gefreite, 6 Hornisten, 336 Kanoniere.

Zu den im März 1864 in Dienst gestellten 18 Kanonenschaluppen und 4 Kanonenjollen gaben die See-Artillerie-Kompagnien im März 1864: 4 Sergeanten, 3 Unteroffiziere, 13 Bombardiere, 10 Gefreite, 3 Hor-nisten, 107 Kanoniere, in Summa 140 Mann ab, welches Detachement im Juni auf 1 Unteroffizier, 4 Bombardiere, 8 Gefreite, 1 Hornist, 39 Kanoniere, in Summa 48 Mann, verringert und im August von der Flottille zurückgezogen wurde.

Als Detachementsführer der an Bord der Kanonenbootsflottille eingeschifften See-Artilleristen und Seesoldaten wurden die während der
Dauer der Kriegsbereitschaft bei der See-Artillerie zur Dienstleistung
kommandirten Sekondlieutenants Peisler und Heimbrod am 20. März
1864 kommandirt.

Mitte Juli mit der Reduzirung der See-Artillerie auf Friedensstärke
vorgegangen, war diese zum September 1864 durchgeführt.

Entsprechend der Wahl des Hafens Kiel zum Kriegshafen und der
darauf folgenden Verlegung der Marinestation der Ostsee von Danzig
nach Kiel erfolgte am 13. September 1865 die Verlegung der 2. See-
Artillerie-Kompagnie von Stralsund nach Kiel, 16. Januar 1866 die
Verlegung derselben Kompagnie von Kiel nach Friedrichsort. Nach Stralsund stellte die 1. See-Artillerie-Kompagnie fortan ein Detachement unter
Führung eines See-Artillerieoffiziers von 3 Sergeanten, 1 Unteroffizier,
1 Gefreiten, 1 Hornisten, 33 Kanonieren, in Summa 39 Mann, welches
im März 1866 auf 3 Sergeanten, 2 Unteroffiziere, 2 Bombardiere, 7 Gefreite, 1 Hornisten, 56 Kanoniere, in Summa 71 Mann, verstärkt wurde.
Die Verlegung der 1. See-Artillerie-Kompagnie von Danzig bezw. Stralsund nach der Jabe, am 20. August 1868, machte erst dieser Theilung
der Kompagnie ein Ende.

Eine Allerhöchste Kabinets-Ordre vom 26. Mai 1866 bestimmte die
Formirung einer 3. See-Artillerie-Kompagnie. Hierzu wurden von der
Festungs-Artillerie der Landarmee 9 Unteroffiziere, 3 Obergefreite, 16 Gefreite, 3 Hornisten, 103 Kanoniere, möglichst gleichmäßig aus den vorhandenen drei Jahrgängen ausgewählt, abgegeben. An Offizieren sollten
1 Hauptmann, 1 Premierlieutenant und 2 Sekondlieutenants der Land-
Artillerie zur See-Artillerie übertreten. Im Weiteren verfügte diese
Allerhöchste Ordre, daß die dann vorhandenen 3 See-Artillerie-Kompagnien zu einer Abtheilung zu formiren, deren Stab aus einem Stabsoffizier und einem Lieutenant als Adjutant — welche beiden Offiziere
gleichfalls von der Festungs-Artillerie zur See-Artillerie übertraten —,
einem Verwalter und einem Schreiber zu bestehen hatte, doch sollte die
Formation der Abtheilung noch bis zum Jahre 1867 ausgesetzt bleiben.

Die Formirung der 3. See-Artillerie-Kompagnie fand daher am
1. Juli 1866 unter dem zur See-Artillerie übergetretenen Hauptmann
Pehlke in Kiel statt, und verblieb diese Kompagnie bis zur Formirung
der Abtheilung wie die beiden anderen Kompagnien dem See-Bataillon
attachirt.

In weiterem Verfolg der Allerhöchsten Ordre vom 26. Mai 1866
bestimmte eine Ordre vom 31. Januar 1867 die Ausführung der in
Aussicht genommenen Formirung der See-Artillerie-Kompagnien zu einer
selbstständigen Abtheilung, nachdem am 19. Januar 1867 als Kommandeur der Abtheilung Oberstlieutenant Daliß*) ernannt worden war.

Die Allerhöchste Ordre vom 31. Januar 1867 lautete:

Infolge der Ernennung eines Kommandeurs der See-Artillerie-
Abtheilung ist nunmehr die durch Meine Ordre vom 26. Mai v. J.
befohlene Formirung der See-Artillerie-Kompagnien zu einer selbstständigen Abtheilung zur Ausführung zu bringen. Mit derselben
scheidet die See-Artillerie aus ihrem bisherigen Verbande mit dem
See-Bataillon, und der Kommandeur der See-Artillerie-Abtheilung

---

*) Gestorben am 1. März 1885 als Oberst a. D. in Eutin.

Marginalien (rechter Rand):

Verlegung der 2. See-Artillerie-Kompagnie nach Kiel.

Die 1. See-Artillerie-Kompagnie in Danzig und Stralsund.

Bildung einer 3. See-Artillerie-Kompagnie.

Formirung einer See-Artillerie-Abtheilung.

Ausscheiden der See-Artillerie aus dem Verbande des See-Bataillons.

erhält die Gerichtsbarkeit und die Disziplinarstrafgewalt eines Regimentskommandeurs der Landarmee.

Berlin, den 31. Januar 1867.

(gez.) Wilhelm.

An das Marineministerium.

Oberstlieutenant Dalitz brachte die Formation der See-Artillerie-
Abtheilung am 13. Februar 1867 zum Abschluß; die Trennung vom
See-Bataillon wurde in Betreff der inneren Verwaltung aber nur allmälig durchgeführt, als erst im Januar 1868 eine Trennung der beider-
seitigen Waffenreparaturgeschäfte stattfand, während die Bekleidungswirthschaft der See-Artillerie-Abtheilung dem See-Bataillon noch für die
nächsten Jahre verblieb. —

Kurze Uebersicht
über die Organi-
sationen der
See-Artillerie
bis 1889.

Am 26. Mai 1877 erfolgte der Uebergang der See-Artillerie-Abtheilung in zwei Matrosen-Artillerie-Abtheilungen zu je zwei Kompagnien
im Verbande der I. bezw. II. Matrosen-Division in Friedrichsort und
Wilhelmshaven. Die bisher zu der See-Artillerie-Abtheilung von der
Landarmee abgegebenen Artillerie-Offiziere schieden gänzlich bei der
Marine aus und wurden ihre Stellen durch See-Offiziere besetzt. Auch
die Matrosen-Artillerie-Abtheilungen legten statt der bisherigen Uniform
die der Matrosen-Mannschaften, am Mützenbande die Inschrift „Matrosen-
Artillerie" tragend, an.

Aus dem Verbande der Matrosen-Divisionen schieden die Matrosen-
Artillerie-Abtheilungen durch Allerhöchste Ordre vom 21. August 1883
wieder aus, indem sie selbstständige Abtheilungen bildeten. Beide selbstständige Abtheilungen, zu denen am 1. Oktober 1886 zur Besetzung der
Befestigungen an der Weser eine III. Abtheilung hinzugetreten, wurden
zur Ueberwachung ihrer Ausbildung einer Inspektion der Marine-Artillerie
unterstellt.

Das Offizierkorps der See-Artillerie

während der Zugehörigkeit derselben zum See-Bataillon.

Vom 1. Oktober 1857 bis 13. Februar 1867.

1. **Arnold**, Eduard Karl Willibald, geb. 13. 1. 1823 zu Bromberg, evang. Diensteintritt 13. 11. 39, bisher Pr Lt (Patent 1. 1. 53) im 5. Art. Regt., 18. 3. 58 ausgeschieden und unter Beförderung zum Hauptm. als Chef der See-Artillerie-Kompagnie angestellt, 24. 8. 61 ausgeschieden und in die Rhein. Art. Brig. (Nr. 8) einrangirt.

2. **Leo**, Friedrich Otto Eduard, geb. 9. 4. 1829 zu Berlin, evang. Diensteintritt 2. 5. 46, bisher Sek. Lt. (Patent 15. 9. 47) im 4. Art Regt., 18. 3. 58 ausgeschieden und unter Beförderung zum Prem. Lt. in der See-Artillerie angestellt, 1. 10. 60 ausgeschieden und unter Beförderung zum Hauptm. in die Schlesische Art. Brig. (Nr. 6) einrangirt.

3. **Trautmann**, Friedrich Wilhelm Theobald, geb. 8 Mai 1832 zu Zduny, Posen, evang. Diensteintritt 21. 5. 50, bisher Sek. Lt. (Patent 19. 10. 52) im 5. Art. Regt., 18. 3. 58 ausgeschieden und in der See-Artillerie angestellt, 20. 11. 60 Pr. Lt. (Patent 1. 10. 60), 24. 8. 61 ausgeschieden und in die Westfäl. Art. Brig. (Nr. 7) einrangirt.

4. **Naumann**, Louis Karl, geb. 7. 11. 1828 zu Klein Zerbst, Herzogth. Anhalt, evang. Diensteintritt 16. 4. 50, bisher Sek. Lt. (Patent 20. 10. 53) im 1. Art. Regt., 18. 3. 58 ausgeschieden und in der See-Artillerie angestellt, 1. 10. 60 ausgeschieden und unter Beförderung zum Pr. Lt. in die Ostpreuß. Art. Brig. (Nr. 1) einrangirt.

5. **Rechenberg**, Oskar Hermann Theodor, geb. 30. 12. 1830 zu Jäntschdorf, Schlesien, evang. Diensteintritt 16. 5. 49, bisher Pr. Lt. (Patent 11. 6. 59) im 6. Art. Regt, 9. 7. 59 ausgeschieden und in der See-Artillerie angestellt, 12. 1. 64 ausgeschieden und unter Beförderung zum Hauptm. in die Schles. Art. Brig. (Nr. 6) einrangirt.

6. **Giersberg**, Albert, geb. 21. 2. 1817 zu Ober-Glogau, Schlesien, evang. Diensteintritt 6. 12. 36, bisher Hauptm. (5. 6. 56) und Komp. Chef im 7. Art. Regt., 9. 7. 59 ausgeschieden und als Komp. Chef in der See-Artillerie angestellt, 6. 6 63 ausgeschieden und als Batterie-Chef in die Pomm. Art. Brig. (Nr. 2) einrangirt.

7. **Peister**, Hermann Heinrich Ferdinand, geb. 7. 3. 1836 zu Berlin, evang. Diensteintritt 3. 10. 53, bisher Sek. Lt. (Patent 2. 2. 56) im 3. Art. Regt., 29. 9. 59 ausgeschieden und in der See-Artillerie angestellt, 6. 6. 63 ausgeschieden und in die Brandenburg. Art. Brig. (Nr. 3) einrangirt, vom 22. 12. 63 bis 30. 8. 64 während der Dauer der Kriegsbereitschaft zur Dienstleistung bei der See-Artillerie.

8. **Helmbrod**, Theobald Franz Jakob, geb. 1. 7. 1834 zu Gleiwitz, kath. Diensteintritt 1. 10. 53, bisher Sek. Lt. (Patent 2. 2. 56) im 6. Art. Regt., 29. 9. 59 ausgeschieden und in der See-Artillerie angestellt, 6. 6. 63 ausgeschieden und in die Schles. Art. Brig. (Nr. 6) einrangirt, vom 22. 12. 63 bis 1. 12. 64 während der Dauer der Kriegsbereitschaft zur Dienstleistung bei der See-Artillerie.

9. **Teichmann-Logischen**, v., Arwed Guido Fedor Sylvius Theodor, geb. 11. 4. 1829 zu Treihahn bei Militsch, Schlesien, evang. Diensteintritt 22. 4. 47, bisher Hauptm. (1. 10. 60) in der Rhein. Art. Brig. (Nr. 8), 24. 8. 61 ausgeschieden und als Komp. Chef in der See-Artillerie angestellt, 18. 4. 65 ausgeschieden und als Komp. bezw. Batterie-Chef in die Schles. Art. Brig. (Nr. 6) einrangirt.

10. **Pehlke**, August Carl Friedrich, geb. 7. 8. 1831 zu Stettin, evang. Diensteintritt 27. 5. 49, bisher Pr. Lt. (Patent 7. 1. 60) in der Pomm. Art. Brig. (Nr. 2), 24. 8. 61 ausgeschieden und in der See-Artillerie angestellt, 18. 4. 65 ausgeschieden und unter Beförderung zum Hauptm in die 2. Art. Brig. einrangirt, 3. 7. 66 ausgeschieden und als Komp. Chef in der See-Artillerie wieder angestellt, 4. 3. 67 gestorben.

11. **Burg**, von der, Otto Anton Albert, geb. 28. 10. 1821 zu Thorn, evang. Diensteintritt 6. 10. 39, bisher Hauptm. (Patent 1. 7. 58) in der Niederschles. Art. Brig. (Nr. 5), 6. 6. 63 ausgeschieden und als Komp. Chef in der See-Artillerie angestellt, 30. 10. 66 ausgeschieden und unter Beförderung zum Major und Abtheil. Kombr. in die 2 Art Brig. einrangirt.

12. **Knaack**, Wilhelm Eduard, geb. 9. 3 1836 zu Romawes, Brandenburg, evang. Diensteintritt 1. 10. 55, bisher Sek. Lt. (Patent 8. 12. 57) in der Pomm. Art Brig. (Nr. 2), 6. 6. 63 ausgeschieden und in der See-Artillerie angestellt, 15. 3 66 ausgeschieden und unter Beförderung zum Pr. Lt. in die 7. Art. Brig. einrangirt.

13. **Kloer**, Franz Gustav Otto, geb. 16. 1. 1840 zu Deutsch-Krone, Westpreußen, evang. Diensteintritt 2. 5 57, bisher Sek. Lt. (Patent 19. 10 58) in der Ostpreuß. Art. Brig. (Nr. 1). 6. 6. 63 ausgeschieden und in der See-Artillerie angestellt, 9. 5. 66 ausgeschieden und unter Beförderung zum Pr. Lt. in die 4. Art. Brig. einrangirt.

14. **Zirzow**, Arthur Ludwig, geb. 12. 10. 1834 zu Berlin, evang. Diensteintritt 1. 10. 51, bisher Pr. Lt (Patent 2. 3. 61) in der Schles Art. Brig. (Nr. 6), 12. 1. 64 ausgeschieden und in der See-Artillerie angestellt, 30. 10 66 ausgeschieden und unter Beförderung zum Hauptm. in die 6. Art. Brig. einrangirt.

15. **Arnim, v.,** August Friedrich Wilhelm, geb. 27. 12 1827 zu Heis-
weiler, Rheinprovinz, kath. Diensteintritt 1. 4. 48, bisher Pr. Lt.
(Patent 1 7. 60) in der Niederschles. Art. Brig. (Nr. 5), 18. 4. 65
ausgeschieden und unter Beförderung zum Hauptm. und Komp.
Chef in der See-Artillerie angestellt, 30. 10. 66 ausgeschieden
und in die 6. Art. Brig. einrangirt.

16. **Durgold,** Georg Viktor Valentin, geb. 10. 12. 1835 zu Ziegenort,
Pommern, evang. Diensteintritt 10. 8. 53, bisher Pr. Lt. (Patent
15. 3. 64) in der Pomm Art. Brig. (Nr 2), 18. 4. 65 ausgeschieden und in der See-Artillerie angestellt, 26. 3. 67 ausgeschieden und unter Beförderung zum Hauptm. in die 2. Art.
Brig. einrangirt.

17. **Beck,** Oskar Louis Friedrich, geb. 2. 11. 1841 zu Luckau, Brandenburg, evang. Diensteintritt 1 10. 59, bisher Sek. Lt. (Patent
6. 6. 61) in der 4. Art Brig, 15. 3. 66 ausgeschieden und in
der See-Artillerie angestellt, 30. 10 66 Pr. Lt, 11. 3. 69 ausgeschieden und in die 3. Art. Brig. einrangirt.

18. **Stein,** Raimund August Joseph, geb. 11. 3. 1842 zu Schönwiese,
Ostpreußen, kath. Diensteintritt 1 4. 61, bisher Sek. Lt. (Patent
16. 10. 62) in der Ostpreuß. Art. Brig. (Nr 1), 9. 5. 66 ausgeschieden und in der See-Artillerie angestellt, 17. 6 68 ausgeschieden und unter Beförderung zum Pr. Lt. in die 1. Art. Brig.
einrangirt.

19. **Hildebrand,** Franz Emil, geb. 26. 3. 1836 zu Falkenburg, Brandenburg, evang. Diensteintritt 1. 12. 54, bisher Pr. Lt. (Patent
15. 3. 64) in der 1. Art Brig, 3. 7. 66 ausgeschieden und in
der See-Artillerie angestellt, 19 1 67 ausgeschieden und unter
Beförderung zum Hauptm. in die 1. Art. Brig. einrangirt.

20. **Winterberg,** Constantin Julius Ludwig Gustav, geb. 31. 3 1841
zu Korbach an der Twiste, Fürstenth. Waldeck, evang. Diensteintritt
1. 10. 61, bisher Sek Lt. (Patent 6. 10. 63) in der 7. Art. Brig.,
3. 7. 66 ausgeschieden und in der See-Artillerie angestellt,
21 7. 67 ausgeschieden und in die 7. Art Brig einrangirt.

21. **Mittelstädt,** Ferdinand Karl Wilhelm, geb. 18. 6. 1829 zu Frau-
stadt, Posen, evang. Diensteintritt 1. 2. 48, bisher Hauptm.
(Patent 12. 8. 62) in der 5. Art. Brig., 30. 10. 66 ausgeschieden
und als Komp. Chef in der See-Artillerie angestellt, 13. 10. 68
ausgeschieden und in die 10. Art. Brig. einrangirt.

22. **Dittrich,** Heinrich Constantin, geb. 11. 3 1825 zu Breslau, kath.
Diensteintritt 11. 11. 44, bisher Hauptm (Patent 6. 12. 60) in
der 6. Art. Brig., 30. 10. 66 ausgeschieden und als Komp Chef
in der See-Artillerie angestellt, 17 11. 69 ausgeschieden und in
die 6. Art Brig einrangirt.

23. **Hauptmann,** Paul Gottlob Emanuel, geb. 5. 8. 1842 zu Torgau,
evang. Diensteintritt 1 10. 61, bisher Sek. Lt. (Patent 20. 10. 64)
in der 4. Art. Brig., 30. 10. 66 ausgeschieden und in der See-
Artillerie angestellt, 16. 10. 69 ausgeschieden und in die 4. Art.
Brig. einrangirt.

Stellen-Besetzung.

Vom 1. Oktober 1857 bis 13. Februar 1867.

1. See-Artillerie-Kompagnie.

Pr. Lt. Ewald, vom See-Bat., 1. 10. 57 bis 18. 3. 58 Führer.
Hauptm. Arnold, 18. 3 58 bis 24. 8. 61.
» v. Teichmann, 24. 8. 61 bis 18. 4. 65.
» v. Arnim, 18. 4. 65 bis 30. 10. 66.
» Dittrich, 30. 10. 66.

2. See-Artillerie-Kompagnie.

Pr. Lt. Leo, 1. 6. 59 bis 9. 7. 59 Führer.
Hauptm. Giersberg, 9. 7. 59 bis 6. 6. 63.
» von der Burg, 6. 6. 63 bis 30. 10. 66.
» Mittelstaedt, 30. 10. 66.

3. See-Artillerie-Kompagnie.

Hauptm. Pehlke, 3. 7. 66.

Nachweis

der an Bord S. M. Kriegsschiffe eingeschifft gewesenen Offiziere der See-Artillerie.

3. Sek. Lt. Trautmann, „Thetis", vom Juli bis Oktbr. 59, Führer des Seesoldaten-Detachements.

7. Sek. Lt. Peister, „Kanonenboots-Flottille", vom März 64 bis August 64, Führer des Seesoldaten- und See-Artilleristen-Detachements.

8. Sek. Lt. Heimbrod, „Kanonenboots-Flottille", vom März 64 bis Juli 64, Führer des Seesoldaten- und See-Artilleristen-Detachements.

Es starben in Erfüllung ihrer Pflicht

1. beim Untergange S. M. S. „Großer Kurfürst" am 31. Mai 1878 bei Folkestone.*)

1. Sergeant Friedrich Wilhelm Grunberg, geb. 22. 1. 1851 zu Graudenz, 4. Komp.

2. Unteroffizier Samuel Ludwig Heinrich Crawack, geb. 29. 3. 1855 zu Greifswald, 4. Komp.

3. Unteroffizier Carl Rudolph Theodor Falke, geb. 2. 10. 1857 zu Groß-Schönebeck, Nieder-Barnim, 4. Komp.

4. Unteroffizier Bruno Emil Franz Karwiese, geb. 7. 2. 1854 zu Dt. Eylau, Rosenberg, 4. Komp.

5. Unteroffizier Friedrich Ferdinand Reske, geb. 14. 5. 1852 zu Waldenburg, Schlochau, 5. Komp.

6. Unteroffizier Theodor Philipp Carl Cäsar Werchann, geb. 26. 12. 1852 zu Marienburg, 5. Komp.

7. Gefreiter Johannes Heinrich Schütt, geb. 29. 4. 1854 zu Eslingholz, Schleswig, 2. Komp.

8. Hornist Jakob Nowack, geb. 10. 7. 1855 zu Weißenhöhe, Wirsitz, 4. Komp.

9. Seesoldat Johann Friedrich Bluhm, geb. 15. 10. 1855 zu Danzig, 5. Komp.

10. Seesoldat August Johann Buttkus, geb. 11. 9. 1856 zu Obschermingken, Labiau, 4. Komp.

*) „Große Trauer geht durch das ganze Vaterland um den Verlust seiner braven Söhne, unserer theueren Kameraden, um die Einbuße an unserer Wehrkraft zur See durch den Untergang des stolzen Schiffes. Ein unsichtbarer aber unvergänglicher Denkstein ist an jenem Unglückstage aufgerichtet worden. So lange unsere Schiffe jene Wasserstraße ziehen werden und so oft sie über jene Stelle zu fahren haben, wird derer gedacht werden, die dort ihren Eid bekräftigten, ihrer Pflicht eingedenk und getreu bis in den Tod.

Wir Anderen aber wollen in steter Erinnerung an jenes traurige Ereigniß und seine schmerzlichen Verluste das Gelöbniß thun und heilig halten, in Eifer und treuer Hingebung Alles zu versuchen, um die große Lücke auszufüllen, die uns das Mißgeschick und der Tod gerissen haben." (Nachruf vom 6. Juni 1878 M. V. Bl.)

11. Seesoldat Ernst Eduard Demmich, geb. 29. 7. 1855 zu Klettendorf, Schweidnitz, 5. Komp.

12. Seesoldat Friedrich August Ernst, geb. 15. 8. 1856 zu Warsleben, Neuhaldensleben, 5. Komp.

13. Seesoldat Heinrich Gottlieb Frank, geb. 26. 9. 1854 zu Naile, Ebersdorf, 5. Komp.

14. Seesoldat Ludwig Garzke, geb. 14. 12. 1854 zu Borowo, Chodziesen, 4. Komp.

15. Seesoldat Wilhelm Albert Geske, geb. 6. 10. 1853 zu Ragnit, 4. Komp.

16. Seesoldat Johannes Fürchtegott Paul Gehrmann, geb. 20. 6. 1857 zu Guetz, Delitzsch, 5. Komp.

17. Seesoldat Wilhelm Christian August Geist, geb. 19. 11. 1853 zu Werben, Demmin, 4. Komp.

18. Seesoldat Robert Carl Giesel, geb. 14. 7. 1856 zu Würben, Schweidnitz, 4. Komp.

19. Seesoldat Franz Goslawski, geb. 13. 9. 1855 zu Kwiczewo, Mogilno, 4. Komp.

20. Seesoldat Carl Wilhelm Haueisen, geb. 23. 11. 1856 zu Wallendorf, Eckardsberga, 5. Komp.

21. Seesoldat Carl Ernst Anton Höhl, geb. 1. 1. 1857 zu Neustadt in Schlesien, 5. Komp.

22. Seesoldat Friedrich Carl Heinrich Holz, geb. 23. 1. 1853 zu Bansen, Belgard, 4. Komp.

23. Seesoldat Friedrich August Jürgensen, geb. 19. 5. 1858 zu Groß-Wabs, Eckernförde, 5. Komp.

24. Seesoldat Fritz Kampler, geb. 27. 1. 1854 zu Kumgehlen, Darkehmen, 4. Komp.

25. Seesoldat Peter Paul Kitta, geb. 31. 1. 1854 zu Sturz, Pr. Stargard, 4. Komp.

26. Seesoldat Ludwig Krüger, geb. 5. 10. 1855 zu Bodschwinglen, Goldap, 4. Komp.

27. Seesoldat Michael Xaver Krzycanowski, geb. 28. 9. 1854 zu Jesavitz, Marienwerder, 4. Komp.

28. Seesoldat Gustav Wilhelm Kühn, geb. 14. 2. 1855 zu Bartelsee, Wongrowitz, 4. Komp.

29. Seesoldat Christian Kuroplat, geb. 7. 4. 1855 zu Wittkampen, Stallupönen, 4. Komp.

30. Seesoldat Andreas Link, geb. 24. 8. 1853 zu Krekollen, Heilsberg, 5. Komp.

31. Seesoldat Friedrich Wilhelm Lüther, geb. 10. 3. 1858 zu Bischhausen, Eschwege, 4. Komp.

32. Seesoldat Friedrich Theodor Rothnagel, geb. 27. 8. 1854 zu Romanshof, Czarnikau, 5. Komp.

33. Seesoldat Carl Wilhelm Pätsch, geb. 9. 12. 1855 zu Gartz, Randow, 5. Komp.

34. Seesoldat Louis Carl Eduard Peip, geb. 7. 12. 1854 zu Willersdorf, Ebersdorf, 4. Komp.

35. Seesoldat Johann Jakob Preuß, geb. 2. 6. 1853 zu Tiegenhof, Marienburg, 4. Komp.

36. Seesoldat Julius Carl Preußner, geb. 20. 5. 1854 zu Louisenthal, Brieg, 4. Komp.

37. Seesoldat Albert Hermann Siegfried Reinke, geb. 9. 11. 1855 zu Seefeld, Colberg, 4. Komp.

38. Seesoldat Robert Carl Reupricht, geb. 11. 9. 1856 zu Conradswaldau, Brieg, 4. Komp.

39. Seesoldat Johann Heinrich Sanftleben, geb. 26. 3. 1853 zu Grätz, Bromberg, 4. Komp.

40. Seesoldat Theodor August Wilhelm Schimmelpfennig, geb. 23. 7. 1854 zu Daber, Naugard, 4. Komp.

41. Seesoldat Paul Lorenz Schneider, geb. 10. 8. 1856 zu Bürgerbezirk, Münsterberg, 4. Komp.

42. Seesoldat Carl August Schneider, geb. 30. 10. 1856 zu Senitz, Nimptsch, 5. Komp.

43. Seesoldat Anton Heinrich Schöppner, geb. 2. 2. 1856 zu Albachten, Münster, 4. Komp.

44. Seesoldat Wilhelm Friedrich Schulze, geb. 8. 10. 1854 zu Hornhausen, Oscheroleben, 4. Komp.

45. Seesoldat Hermann Wilhelm Seiler, geb. 31. 3. 1856 zu Endsschütz, Neustadt, 4. Komp.

46. Seesoldat Friedrich Wilhelm Sommerfeldt, geb. 13. 4. 1853 zu Wildenbruch, Greiffenhagen, 4. Komp.

47. Seesoldat August Gerhard Sunke, geb. 28. 3. 1856 zu Emsdetten, Steinfurt, 4. Komp.

48. Seesoldat Johann Thelen, geb. 21. 5. 1856 zu Virneburg, Adenau, 4. Komp.

49. Seesoldat Friedrich Johann Thom, geb. 5. 5. 1855 zu Altenwalde, Neustettin, 4. Komp.

50. Seesoldat August Friedrich Wilhelm Thom, geb. 6. 12. 1853 zu Gienow, Regenwalde, 4. Komp.

51. Seesoldat Carl Albert Trendel, geb. 10. 1. 1853 zu Rahmel, Neustadt, 4. Komp.

52. Seesoldat Ferdinand Urban, geb. 13. 3. 1854 zu Lewien, Glatz, 4. Komp.

53. Seesoldat Eugen Julius Max Vierling, geb. 24. 10. 1854 zu Danzig, 4. Komp.

54. Seesoldat Albert Carl Heinrich Vobelt, geb. 23. 12. 1854 zu Puttbus, Rügen, 4. Komp.

55. Seesoldat Friedrich Carl Christian Voigt, geb. 27. 10. 1855 zu Neustadt, Magdeburg, 4. Komp.

56. Seesoldat August Ernst Adolph Constant Werlich, geb. 16. 12. 1857 zu Gillersdorf, Arnstadt, 5. Komp.

57. Seesoldat Johann Werner, geb. 5. 1. 1854 zu Cammin, Flatow, 4. Komp.

58. Seesoldat Albert Witowslawsky, geb. 7. 3. 1855 zu Pleschen, Posen, 5. Komp.

59. Seesoldat Carl Ernst Wolff, geb. 2. 8. 1856 zu Espach, Erfurt, 4. Komp.

2. beim Untergange S. M. S. „Augusta" in dem Cyclon im Golf von Aden, Anfang Juni 1885.

1. Gefreiter Friedrich Gustav Mühlberg, geb. 18. 9. 1861 zu Egeln, Wanzleben, 1. Komp.

2. Gefreiter Christian Müller, geb. 17. 11. 1863 zu Pfaffendorf, Coblenz, 2. Komp.

3. Gefreiter Heinrich Wilhelm Seebeck, geb. 18. 9. 1862 zu Brake, Oldenburg, 2. Komp.

1. Die dem See-Bataillon laut Allerhöchster Kabinets-Ordre Seiner Majestät des Kaisers Wilhelm I. vom 6. März 1883 zu verleihende Fahne wurde am 19. März 1883 im Königlichen Palais zu Berlin feierlichst genagelt und am 1. April 1883 dem Bataillon, nachdem sie durch den Marine-Oberpfarrer Langheld geweiht, übergeben.

Die Fahne besteht aus dem weißen, mit der Spitze 3,15 m langen Fahnenstock nebst weißem Fahnentuche. Dasselbe mißt 1,40 m im Quadrat und ist an jenem mit 101 Nägeln befestigt. In der Mitte des Tuches befindet sich, umgeben von zwei goldenen Lorbeerzweigen, welche eine goldene Kaiserkrone tragen, der deutsche heraldische Adler, der auf der Brust in silbernem Felde den preußischen, gleichfalls heraldischen Adler zeigt. Unter der Kaiserkrone, über dem deutschen Adler, leuchten auf blauem gewundenen Bande in goldenen Buchstaben die Worte: „PRO GLORIA ET PATRIA". In den vier Ecken des Flaggentuches befindet sich der silberne verschlungene Namenszug „W. I." (Wilhelm Imperator), gleichfalls umgeben von goldenen Lorbeerzweigen und überragt von der deutschen Kaiserkrone. Zwischen diesen Feldern auf der Mitte jeder Seite zeigt sich eine goldene flammende Granate, mit der Spitze nach dem Adler gerichtet. Die vergoldete Spitze des Stockes trägt in ihrem Innern ebenfalls den verschlungenen Namenszug „W. I." und außerdem zwei schwarz-weiß-rothe schwere seidene Fahnenbänder von 87 und 97 cm Länge, mit silbernen Quasten. Unmittelbar unter dem Fahnentuche ist der Stock mit einem vergoldeten Ringe umgeben, auf dem die Buchstaben „S. B." eingravirt sind, während das untere Ende des schweren Stockes mit einem vergoldeten Schuh eingefaßt ist.

Die Weiherede des Marine-Oberpfarrers Langheld lautete:

Wir rühmen, daß Du uns hilfst!

lautet der Lobgesang Israels in unserm Text zunächst im Hinblick auf den reichen Segen, den ihm Gott in seinem Heldenkönig David geschenkt hat, und so preisen auch wir heute den Herrn der Heerschaaren für den reichen Segen, den er durch seinen Gesalbten, unseren Kaiser und König, unserm Volk hat zu Theil werden lassen, und der auch seiner Marine, und in ihr dem See-Bataillon, zu Gute gekommen ist.

Ja in dem Kaiser Wilhelm hat der Herr unser Volk gnädigst heimgesucht, hat durch ihn das zerrissene und zersplitterte Deutsche Reich fest geeinigt und hat es nach langer Schwäche zu der Machtentfaltung geführt, welche es heute an die Spitze der Nationen gestellt hat. Unter des Kaisers starkem und weisem Szepter ist denn auch die lange Sehnsucht unseres Volkes nach einer Streitmacht auf dem Meere und nach einer kraftvollen Vertretung, selbst bei den fernsten Völkern der Erde, in Erfüllung gegangen. In überraschend schneller Weise hat sich die deutsche Marine von wenig Schiffen zu einer stattlichen Flotte emporgehoben, alle Zeit bereit und tüchtig, das Vaterland zu schützen und sein Ansehen im Auslande zu mehren.

Mit ihr hat sich unter dem Regiment des Kaisers und unter dem sicheren Auge und der festen Hand seines Ministers auch das See-Bataillon in steter und gesunder Entwickelung herausgebildet, so daß es, einstmals mit zwei Kompagnien gegründet, jetzt deren sechs besitzt, und ohne Erröthen auf seine Jugendzeit zurückblicken kann. Wohl hat es während derselben manche Verluste gehabt, die es heute noch in treuer kameradschaftlicher Liebe betrauert, aber ein Verlust an seiner Ehre hat es nie getroffen. Ueberall, wo seine Söhne den Tod gefunden haben, sind sie treu, als brave Soldaten, im Dienste des Vaterlandes gestorben.

Stolz kann das Bataillon sein, daß dieses sein oberster Kriegs-herr anerkannt und dem durch Verleihung dieser Fahne Ausdruck gegeben hat. Stolz darf es vor allen Dingen sein, daß es dieses Ehrengeschenk und Kleinod aus Seinen Händen empfangen hat, welche unsterbliche Lorbeeren um die Fahnen der Armee gewunden haben.

Aber, liebe Brüder, der Kaiser Wilhelm, dieser siegreiche Held Deutschlands, dieser Wiedererrichter, Mehrer und Wahrer des Deutschen Reiches, den unser Volk nicht genug segnen kann, hat auch dieses Banner nicht nur selbst überreicht, sondern hat auch zu seiner Festigung nach altem Königsbrauch den ersten goldenen Nagel hinein-geschlagen, und ihm nach seine hohe erlauchte Gemahlin, die in rührender Liebe zu Euch sich trotz ihres gegenwärtigen Leidens, im Schmerzensstuhle zu diesem Akte Kaiserlicher Huld herbeiführen ließ. Dem Vorgange des allgeliebten Kaiserpaares ist dann das ganze Kaiserliche Haus, sind viele erlauchte deutsche Fürsten gefolgt, so daß diese Fahne ein gar köstliches, unbezahlbares Geschenk ist, ein unveräußerliches Kleinod, dafür das ganze See-Bataillon mit Blut und Leben einzustehen hat; ein Geschenk göttlicher Gnade aus der Hand des Kaisers. Das soll und wird es bleiben, so lange noch ein Mann im See-Bataillon lebt, diese Fahne zu entfalten und zu tragen, so lange noch ein Mann von ihm lebt, die Büchse zu spannen und Schwert und Kolben zu ihrem Schutze zu führen.

Auf daß dieses geschehen möge, empfängt sie heute die Weihe und sagen wir fröhlich:

Im Namen unseres Gottes werfen wir Panier auf!

Ja im Namen des treuen Gottes, der der Gott unserer Väter gewesen ist von Alters her, der uns geholfen hat, sichtbar vor vielen anderen Völkern in Kriegs- und Friedenszeit, der uns in manch heißer Schlacht beigestanden und besonders in jenem letzten Riesen-kampfe mit unserm alten Erbfeinde uns den Sieg gegeben hat — im heiligen Namen des Gottes werfen wir dieses Panier auf, unter dessen Schutze uns damals vom Feinde auch nicht eine Fahne ent-rissen werden konnte, während unser Volk Trophäe auf Trophäe im raschen Siegeslaufe gewann.

Im Namen des Gottes werfen wir Panier auf, der wohl mit heiligem Ernste spricht: „Ohne mich könnt ihr nichts thun!" Wenn nicht der Herr das Haus bauet, so arbeiten umsonst, die daran bauen; wenn nicht der Herr die Stadt behütet, so wachet der Wächter umsonst; — der aber auch wieder gnadenreich verheißt: „Fürchte dich nicht, ich bin mit dir; weiche nicht, denn ich bin dein Gott! Ich stärke dich, ich helfe dir auch, ich erhalte dich durch die rechte Hand meiner Gerechtigkeit."

Im Namen des Gottes werfen wir Panier auf, von dem ein Paulus rühmet: „Ist Gott für uns, wer mag wider uns sein!" und von dem ein David frohlockt: „Er lehret meine Hände streiten und lehret meinen Arm einen ehernen Bolzen spannen. Mit Gott kann ich Kriegsvolk zerschmeißen und mit meinem Gott über die Mauer springen! Mit Gott wollen wir Thaten thun!"

Ja im Namen des allmächtigen und barmherzigen, heiligen und dreieinigen Gottes werfen wir dieses Panier auf als ein Wahr- und Mahnzeichen der Treue, der Manneszucht und des Gehorsams, zum tapferen Ringen für des Vaterlandes Ruhm, Ehre und Größe.

Als ein Wahrzeichen der Treue gilt dieses Banner. Die deutsche Treue, besonders in der Heeresfolge, hat von Alters her einen hohen Ruhm genossen. Möge sich derselbe um diese Fahne alle Zeit er- neuern. Auf diese Fahne wird fortan von der jungen Mannschaft des Bataillons der Eid der Treue abgelegt werden, und zwar mit derselben Verbindlichkeit und Geltung, als wenn er in des Kaisers eigene Hand geschworen würde. Gebe Gott, daß unter dieser Fahne nie ein deutscher Mann steht, der solchen Eid nicht über Alles heilig hält! Möge dieses Feldzeichen vielmehr jedem seiner Soldaten die göttliche Mahnung und Verheißung zurufen: „Sei getreu bis in den Tod, so will ich dir die Krone des ewigen Lebens geben!"

Zu der Treue schaare sich aber weiter die Manneszucht und der Gehorsam um dieses Banner. Die Fahne vertritt des Kaisers geheiligte Person selbst. Wer der Fahne folgt, der verbindet sich und ist gehalten, im Dienste unter derselben seiner Pflicht in all und jeder Weise zu genügen, und jedem Befehle, der ihm im Namen seines obersten Kriegsherrn gegeben wird, unweigerlich zu gehorchen. Wohin die Fahne ihn führt, dahin ruft und führt ihn sein Kaiser — „ein schlechter Knecht mag stille stehen, wenn er den Feldherrn sieht angehen!" Nur durch feste Manneszucht und Gehorsam ist es möglich, jene Wehrfähigkeit und Kriegstüchtigkeit zu erwerben, durch welche die deutsche Armee, und voran die preußische, ihre jetzige Stellung einnimmt, und vermöge der sie manchen herrlichen Sieg errungen und glorreich das Feld behalten hat.

Soll dieses Banner einst für alle Zeiten unbefleckt, stolz durch die Lüfte wehen, so muß es umgeben sein von unerschütterlicher Disziplin, aber auch begleitet von einem tapferen, ritterlichen Ringen für des Vaterlandes Ruhm, Ehre und Größe! „Gloria et Patria!" lautet die Inschrift dieses neuen Feldzeichens: „Ruhm und Vaterland!" Wilhelm Imperator! lesen wir auf ihm, und dieser Kaiser hat dem hinzugefügt: „Ich erwarte, daß das Ba- taillon dieses Feldzeichen unverbrüchlich in Ehren halten und alle Zeit zu seinem und der ganzen Marine Ruhm und zum Wohle des Vaterlandes führen werde. Es soll sein, wie in Meiner Armee, ein Zeichen der Hingebung an den höchsten Dienst und ist mit Blut und Leben zu vertheidigen!"

Wie dieses, in dem Herrn Geliebte, zu geschehen hat, darin ist uns die Armee mit hellleuchtendem Beispiele vorangegangen. Wie die Fahne mit Blut und Leben zu vertheidigen ist, davon erzählt die Geschichte der Armee zu wiederholten Malen. Denkt nur an das Beispiel der tapferen Pommern vom 61. Regiment vor Dijon, die, ihre Fahne mit ihren Leibern deckend, sie im Tode noch bargen.

Mit solcher Liebe bis in den Tod zum Ruhme des Vaterlandes

sei auch dieses Banner umgeben und gewahrt! „Gloria et Patria!"·
„Kaiser und Reich!" sei sein Feldgeschrei! Möge der Kaiserliche
Aar in seinem Felde, so oft es entfaltet wird, seine Königlichen
Schwingen rühren und dem Bataillon zu Ehre und Ruhm voran=
fliegen! Möge, so lange diese Fahne weht, kein Feind festen Fuß
in deutschen Küstenlanden fassen, möge sie mit dem Bataillon alt
und an Ehren und an Siegen reich werden! Zu Einem entflamme
sie aber vor Allem und immer ihre Offiziere und Mannschaften, zu
dem heiligen Gelübde:

> „Lieber todt auf ihr, als jemals ohne sie."
> Amen.

So lasset uns denn das heilige Werk beginnen. Ja hilf, Herr,
Herr laß wohl gelingen! — Beuget die Fahne vor dem Herrn
unserem Gott! Ich aber hebe segnend meine Hände auf und weihe
diese Fahne, kraft meines Amtes, als ein berufener und verordneter
Diener des Herrn, zu einem unverletzlichen und heiligen Sieges=
panier im Namen des dreieinigen Gottes, des Vaters, des Sohnes
und des heiligen Geistes! Amen.

2. Die dem II. See=Bataillon am 29. Juli 1889 in Wilhelmshaven
von Seiner Majestät dem Kaiser Wilhelm II. übergebene und an dem=
selben Tage vom Marine=Oberpfarrer Langheld geweihte Fahne gleicht
der des See=Bataillons, die seit dem 1. April 1889 dem I. See=Bataillon
gehört, fast vollständig, nur daß in den vier Ecken sowie in die goldene
Spitze die Initialen „W. II." eingesetzt und daß auf dem Fahnenring
„II. S. B." eingravirt worden ist. Die Weiherede des Marine=Oberpfarrers
Langheld lautete:

„Dies ist der Tag, den der Herr gemacht hat, lasset uns freuen
und fröhlich darinnen sein!" So rufen wir mit heißem Dank zu
Dir, unserm Gott empor, daß Du uns diesen hohen Fest= und
Ehrentag gegeben hast, an welchem Dein Gesalbter, unser Kaiser
und König mit seiner hohen Gemahlin, unserer vielgeliebten Kaiserin
und Königin, hier am Gestade des deutschen Meeres, in unserer
Mitte weilt, um seinen Kriegsleuten zu Wasser und zu Lande diese
Fahne zu verleihen, als einen hellleuchtenden Beweis seiner großen
Huld und Gnade! Aber wir fügen auch betend hinzu: „O, Herr
hilf! O, Herr laß wohl gelingen!" im Hinblick auf das Werk, zu
dem wir hier vor Dir versammelt sind, und im Hinblick auf die
Zukunft dieses Feldzeichens und des Truppentheils, der nun unter
ihm dienen wird und dem es vorangetragen werden soll als ein
heiliges, unbeflecktes, unveräußerliches Wahr= und Mahnzeichen
treuester Hingabe im höchsten Dienst, im Frieden und im
Kriege, Dir, unserm Gott, zu Lob und Preis, unserm
obersten Kriegsherrn zu Ruhm und Ehre, und unserm
Vaterlande zu Heil und Segen.

„Herr, wir rühmen, daß Du uns hilfst und in Deinem Namen
werfen wir Panier auf. So gewähre uns denn aller unserer Bitte!"
Gieb, daß diese Fahne stets entfaltet und hochgehalten werde von
wahrer Gottesfurcht, mit fester und getroster Zuversicht auf Deine
gnädige Hilfe. Denn ohne Dich können wir nichts thun. Du lehrst
unsere Hände streiten. Du bist der rechte Kriegsmann. Herr ist
Dein Name. So hilf Herr, daß sich um diese hohe Ehrengabe
Kaiserlicher Huld und Kaiserlichen Vertrauens stets schaare jene feste
Manneszucht, jener unweigerliche Gehorsam, jene unent=

wegte Pflichttreue und jene zähe, ausdauernde, todes=
muthige Tapferkeit, die unserm deutschen Volk, von den Vätern
übererbt, eignet, die so große Thaten ausgerichtet hat und welche
lieber im Sterben mit dem eigenen Leibe das ihr anvertraute Feld=
zeichen deckt, als es aufzugeben und in andere Hände fallen zu lassen.
Möge das Bataillon nie vergessen, daß dieses Panier die ge=
heiligte Person Deines Gesalbten selbst vertritt, und laß
es seinem Eide auf dasselbe getreu bleiben bis in den Tod.

Du Gott der Liebe, entfache unter dieser Fahne eine flammende
Begeisterung für Kaiser und Reich, für unser geeinigtes, großes,
stolzes deutsches Vaterland, eine treue, kameradschaftliche Liebe, und
laß dieses Feldzeichen mit seinem Bataillon alt, an Ehren und an
Siegen reich und würdig werden, inmitten der Fahnen und Standarten
der tüchtigsten und erprobtesten Truppen unseres Kaisers aufgepflanzt
zu werden, Dir zu Ruhm und Preis und Ehre! Amen.

So lasset uns denn das heilige Werk beginnen! — Beuget die
Fahne vor dem Herrn, unserm Gott! Ich aber hebe segnend meine
Hände auf und weihe diese Fahne, kraft meines Amtes, als ein be=
rufener und verordneter Diener des Herrn, zu einem unverletzlichen,
heiligen Siegespanier im Namen des dreieinigen Gottes des Vaters,
des Sohnes und des heiligen Geistes! Amen.

Gedruckt in der Königlichen Hofbuchdruckerei von F. S. Mittler & Sohn,
Berlin SW., Kochstraße 68—70.